见证辉煌

——《光明日报》20世纪80年代人物报道回眸

叶 辉 著

光明日报出版社

图书在版编目（CIP）数据

见证辉煌：《光明日报》20世纪80年代人物报道回眸 / 叶辉著. -- 北京：光明日报出版社，2018.8
ISBN 978-7-5194-4599-7

Ⅰ.①见… Ⅱ.①叶… Ⅲ.①《光明日报》—新闻事业史 Ⅳ.①G219.23

中国版本图书馆CIP数据核字(2018)第205692号

见证辉煌：《光明日报》20世纪80年代人物报道回眸
JIANZHENG HUIHUANG:《GUANGMING RIBAO》20 SHIJI 80 NIANDAI RENWU BAODAO HUIMOU

著　　者：叶　辉	
责任编辑：李月娥	封面设计：喜　鹊
责任校对：慧　眼	责任印制：曹　净

出版发行：光明日报出版社
地　　址：北京市西城区永安路106号，100050
电　　话：010-67072197（咨询），010-63131930（邮购）
传　　真：010-67078227，67078255
网　　址：http://book.gmw.cn
E-mail：liyuee@gmw.cn
法律顾问：北京德恒律师事务所龚柳方律师
印　　刷：廊坊市蓝海德彩印有限公司
装　　订：廊坊市蓝海德彩印有限公司
本书如有破损、缺页、装订错误，请与本社联系调换，电话：010-67019571
开　　本：170mm×240mm　　印张：21
字　　数：398千字
版　　次：2019年3月第1版
印　　次：2019年3月第1次印刷
书　　号：ISBN 978-7-5194-4599-7
定　　价：75.00元

序

樊云芳

《光明日报》历史上最辉煌的 10 年，发端于真理标准的讨论。1978 年 5 月 11 日，《实践是检验真理的唯一标准》一文，赫然刊登于《光明日报》头版显著位置。在那乍暖还寒的年月，它就如一声春雷，炸响在中国的上空，震撼了中国政坛，触动了数亿中国人的中枢神经，由此引发了一场意识形态的大讨论，揭开了中国大地上思想解放的大幕，从根本上改变了中国和中国人的命运。

对于这场持续了数月之久、深入民心党心的大讨论，如何高度评价都不过分。正是有了这场全党全民深入持久的大讨论，才有了对党内肆虐多年的极"左"路线的清算，才有了大规模的平反冤假错案，才有了放下阶级斗争、把重点放在搞经济建设的主基调，才有了知识分子政策的步步落实，才有了真正的改革开放。

纵观历史，一家报纸，能够在中国"扭转乾坤"的关节点上，起到如此巨大的作用，是前无古人，也很可能是后无来者的。当然，既然中国已经走到了这个巨变的前夜，这声石破天惊的春雷，不在《光明日报》炸响，也会由《人民日报》或者新华社来炸响，但毕竟是由《光明日报》引爆了。《光明日报》的辉煌也由此开启，并一发不可收，一路呼啸与推动改革——特别是知识分子领域的改革，一路辉煌达 10 年之久。

作为那个时期的《光明日报》记者，我们亲身经历并见证了《光明日报》的 10 年辉煌，这是我们的无上荣耀。本书的作者叶辉是在 1983 年走进《光明日报》记者行列的，虽然来晚了一点，但仍是适逢其时。他亲身经历并见证了《光明日报》如何与时代同行，与祖国与人民同行，与中国共产党同行，在奋力前行中，铸就了照耀青史的辉煌。让我们备感幸福的是，这 10 年，也正是中华人民共和国和中国共产党历史上最辉煌的时期之一——这是中国共产党深刻反省、励志改革，从而深受老百姓拥戴的 10 年；同时又是中华人民共和国成立后气氛最为活跃、最为祥和，举国同心、奋力图变的10年，960万平方公里土地上的深刻变化与飞速发展，举目共睹，也令世界瞩目。

叶辉用他的笔，记下了《光明日报》的这段历史。他选择了一个角度，就是这10年中《光明日报》的人物报道。这确实是一个恰当的角度。假如把《光明日报》那10年的报道比喻成一个宏大无比的工程，人物报道就是整个工程中的钢铁骨架；假如把那10年报道比喻成一幅气势磅礴的巨幅油画，人物报道就是里面最明亮、最艳丽的色彩。

《光明日报》的报道对象是中国的知识分子群体。《光明日报》通过报道中国知识分子数十年的奋斗、经历、沉浮、追求、命运，喊出了人民的心声，喊出了时代的呼唤，喊出了改革的最强音，推动了中国改革的脚步。

从张志新、遇罗克的悲剧，到孙冶方、马寅初的平反；从中年知识分子蒋筑英的英年早逝（过劳死），到工程师韩琨用业余时间为乡镇企业服务被打成经济犯罪；从李谷一探索用气声唱法演唱《乡恋》被横加批判，到工程师谢中秋从国有大企业出走被开除党籍……《光明日报》那些年的每一个典型人物报道，都触动了一个深层次的社会弊端，都引起全社会及高层的激辩与深刻思考，最后都出台了一批新的政策，推动了一项重大的社会改革。

在那10年里，《光明日报》的人物报道数量之多、密度之大、版面之突出、反响之强烈，均超越了其他中国大报。人物报道成为《光明日报》一个极其鲜明的特色。据叶辉统计，仅1982年，上了《光明日报》头版头条的人物报道就达到了95篇，1983年又飙升到了120篇——在《光明日报》上，崇尚科学和尊重人才绝不是一句空话，许多普普通通的知识分子切实享受着"主角"和"明星"的尊荣，而如邓小平接见归侨、胡耀邦出访朝鲜、国务院总理欢迎里根总统等中央领导人的活动，均为这些"小人物"让路，被放到了报眼！——这是一种怎样的风尚！这个"光明特色"又是何等的难能可贵！

那10年，正是这种"光明特色"，建立了《光明日报》在中国知识分子中的巨大威望，铸就了《光明日报》前所未有的辉煌。

感谢叶辉，他用笔记下了这种在特定的历史环境中的"光明特色"。当我读着记载了这些永难忘怀的"历史"的文字时，有一股巨大的暖流在全身激荡……

（樊云芳：光明日报社高级记者，首届范长江新闻奖获得者）

引 言

叶 辉

一片下雨的云彩

2014年，我已是船到码头车到站，即将告别31年的职业生涯，开启了"人生从60岁开始"的新旅程。

似乎刚刚还在"茁壮成长"，忽然已准备"发挥余热"，人生真是"弹指一挥间"啊！

临近退休，时任《光明日报》总编辑何东平和原浙江省委宣传部分管新闻副部长鲍洪俊要为我的职业生涯做个总结，这就有了2014年6月7日由浙江省委宣传部和《光明日报》在杭州联合举办的"叶辉新闻作品研讨会"。初闻此事，我深感意外，而尤其使我感动的是，为了筹办这次活动，这一年的3月，鲍洪俊在率领浙江新闻记者赴京参加两会的繁忙中抽空和何东平夜半长谈，精心策划，而我却一直被蒙在鼓里，直到事情确定后我才知道。

从业31年，报社为我举行过两次作品研讨会。第一次是在我从业10周年的1993年，那是《光明日报》最早为地方记者举行的个人作品研讨会。我当记者的头10年是中国新闻史上一段辉煌的时期，也是我职业生涯的一个高峰。那段时间，我以初生牛犊的无知和无畏，把笔触深入社会的矛盾中，连捅马蜂窝，集中发出一批批评报道和问题报道，结果引火烧身，引来了多起纠纷，五六个笔墨官司同时交织缠绕，这些报道还引发多个权力机构的强烈干预。我疲于应付，四面楚歌，身心疲惫。是报社顶住压力，支持我，给了我力量，使我安然度过这艰难的岁月。事后证明，我的报道都没有错。就在那样的情况下，报社为我举办了一次作品研讨会，在精神上给了我巨大的安慰和支持，激励我继续前进。

而这第二次研讨会是在我退休之际举行的。两次研讨会的共同之处是，报社倡导业务的传统没变，《光明日报》对一线记者关心爱护的风气没变，《光明日报》浓郁的人文情怀没变。特别使我感动的是，总编辑何东平和分管副总编辑李春林是在极其繁忙中，抽身专程赶到杭州主持这次研讨会的，因为5天之后，《光明日报》一年一度的年中工作会议将召开，9天之后，《光明日报》将迎来65周年庆典，中央领导同志将参加庆典活动并来调研。在如此繁忙的情况下，报社主要领导为一个普通一线记者的业务研讨活动专门赶来，这让我感动不已。

这个活动还得到了浙江省委常委、宣传部长葛慧君的支持；浙江省副省长郑继伟亲自到会并发表讲话；北京大学新闻与传播学院新闻系主任吕艺教授，中国政法大学光明新闻与传播学院副院长刘徐州教授，浙江大学新闻传媒与社会发展研究所副所长沈爱国，浙江省报协副秘书长、高级记者胡振，衢州日报社社长杨昕，光明日报出版社社长潘剑凯，《农民日报》浙江记者站站长蒋文龙，出席研讨活动并讲话；诸暨市委宣传部副部长孙陈超以及中央媒体驻浙江的同行和好友袁亚平、何玲玲、黄平、李刚殷、董碧水、朱振岳、张建明、宦建新等前来捧场；研讨会由《光明日报》副总编辑李春林主持。

使我感到意外的是，与会者几乎不约而同地都从我的人物新闻作品入手，进行研讨。

何东平说："叶辉是《光明日报》写人物处于前列的记者。2006年，世界数学难题庞加莱猜想被破解，引起轰动，叶辉立即推出整版报道《朱熹平猜想》；他报道了首先提出生态道德、为治理沙尘暴做出贡献的陈寿朋教授（《陈寿朋：茫茫沙海上的海燕之歌》），'郦学'大家陈桥驿（《陈桥驿：寻山问津治郦学》），著名表演艺术家李默然（《李默然：一出演不完的剧》），还有在浙江省从事医疗器械的研发和贸易工作，中国用于注射执行死刑的高速注射泵研制者杨辉（《杨辉：让死刑犯平静地离去》）等，都曾是他采访的对象。2010年，今传媒杂志发起'中国当代人物传播100家'评选活动，《光明日报》有两人入选，分别是樊云芳和叶辉。"

鲍洪俊原是我的同行，我俩相识于海南。2000年我到海南采访，与时任《人民日报》海南记者站站长的鲍洪俊相识，他与我所崇敬的两位老师——《光明日报》海南站站长丁炳昌和他的夫人樊云芳是挚友。那次他邀请丁、樊夫妇聚会，我也顺便沾光，叨陪末座，因此有了一面之缘。那是一个海风吹拂温馨宜人的傍晚，喝着新鲜椰汁，沐浴着清凉的海风，听着恩师和新识的鲍兄谈天说地，心旷神怡之时，我向鲍兄发出邀请，希望他能有机会到西子湖畔做客。

一年后，我们果然在西湖边聚首。不过他不是来做客，而是奉调浙江担任《人民日报》浙江记者站站长——我们竟成了浙江这块新闻热土上的同行。鲍兄常在人前道及："叶辉是我在浙江新闻界认识的第一个同行。"这"第一"无疑马上拉近了我们之间的距离。此后，我们便经常相聚于各种会议上，结伴深入基层采访，一起切磋业务、探讨问题，我们之间也由相识而相知，友谊与日俱增。2008年，鲍兄调任浙江省委宣传部，我们的关系也由同行、好友变成了领导和被领导的关系。但关系变了，友情依然，台上的他和台下的我没有关山远隔的心理障碍，一旦坐到一起，我们依然是海阔天空地神聊，而他在工作上对我的照顾使我心存感激，至今难忘。

研讨会上，鲍洪俊说："《光明日报》对浙江各项工作，特别是教育卫计、文化、体育工作的特色报道，在新闻界独树一帜，享誉遐迩，尤其是先进人物典型报道，佳作不断，捷报频传。浙江一大批英模人物，通过《光明日报》的版面，走向全国，为浙江的科教文化事业赢得了广泛的喝彩，树立了'最美'的形象。叶辉就是独领人物报道风骚的代表。"

然后他从新闻敏感、政治责任感和时代使命感、职业素养、不断学习善于思考几个层面对我的人物典型的采访写作进行评价。

胡振是《浙江日报》的大牌记者，我们之间虽没有频繁的交往，但作为同在浙江这方热土从事新闻工作的同行，即便是偶尔的聚会，一旦神聊，就会撞出火花。此君南人北相，形制宏巨，外貌酷肖胡人：方面大耳，颧骨高耸，一头长发铺陈于额前，以致常常遮蔽住深陷于眼眶中的双睛，不得不常常用他那熊掌般的大手往后梳去，梳而复落，落而又梳，循环往复，以致成了他的习惯性动作。此君一副落拓不羁的形象，思维更是辽阔邈远。因为经常承担报社重大题材的采写任务，经常一出来就是一大版，因此有"《浙江日报》第一支笔"的美誉。他擅长报告文学，善于写人物，《浙江日报》上的许多重大人物典型都是经他之手炮制出来的。正因为长于人物写作，他选择了对我的人物作品进行评价：

> 叶辉是《光明日报》驻地记者，采访足迹遍布全国，但精耕细作的地盘还是生于斯、长于斯的浙江大地。我们常说"典型在于发

现""始于发现，终于感动"，而对叶辉而言，也许不在于寻寻觅觅的"发现"，准确地说，叶辉比别人有更多的机缘，一不留神就有人物典型"闯"进了他的生活，"闯"进了他的笔下。因为，叶辉从业30多年的新闻生涯，正是改革发展风云际会的年代。他奔走于浙江各地城乡，采访作风踏石留印、抓铁有痕，在全省尤其是知识界留下了秉笔直书的口碑和新闻爆料的资源。所以，往往一个新闻事件采访完了，与其关联的新闻人物迎面走来（世界华人第三届数学家大会——丘成桐）；一个新闻人物采访结束，另一个人物典型相约出现了（陆立军、雷云）……不管你发现没发现，人物典型就在叶辉的眼前——他的生活圈与工作圈叠合在一起，环顾望去，那就是"遍地英雄下夕烟"的媒体视界。从这个意义上说，叶辉的人物报道之所以硕果累累，正是他深入生活、深入基层的必然回报。

　　叶辉的人物典型报道在全国屡屡引发轰动，成为一代传媒人的业绩"奇观"。其实，在落笔的那一刻，叶辉压根儿想不到会有如此诸多"中彩"。一个远离北京的驻地记者，有谁知道"哪块云彩会下雨"？他所认准的道理，就是怎样写好"人"的文章，要把人物典型放到大局中去考虑、去掂量，然后用心去写，用爱去写，写出主流价值的取向与认同，也立足写出"光明"的媒体品牌特性。幸运的是，京城老总与编辑几十年如一日，和叶辉达成了编采融合的非常默契，且对来自地方的选题与来稿高看一眼，多帮一把。此时的信赖和激励，对叶辉来说，比任何褒奖都来得珍贵……

我深知，在《光明日报》，写人物的高手大有人在，我充其量只是其中普通的一员，我的人物报道只能说是一般，虽有一定量，但没有精品佳作。面对大家的热情评价，我很惶恐不安。我知道，我已经是一个退出职业生涯的记者，大家的评价也就以安慰为主，无须苛求责难，锱铢必较；我知道，这都是与会者的好意，目的是一个，哄即将离任的老记开心。他们的好意，我姑妄笑纳，何必当真！

不过，我对人物报道情有独钟倒是事实。

引 言

一段历史的因缘

1983年，我从杭州大学中文系毕业，一个因在特殊的历史时期性格被严重扭曲导致极度内向的山村青年，不善交往，不善言谈，一个有着语言障碍、有着严重的社交恐惧症的人，却要从事每天必须用语言沟通为工具的职业，阴差阳错，不适合当记者的偏让你当记者，命运给我开了个天大的玩笑。在忐忑不安，甚至极度惊恐中，我一头撞进了《光明日报》的大门，成为"光明"大家庭中的一员，开始跌跌撞撞的蹒跚之旅。

彼时的《光明日报》如日中天，1978年发表的《实践是检验真理的唯一标准》引发了一场波及全国的"真理标准大讨论"，这场大讨论为扭转中国长期统领意识形态的以阶级斗争为纲的极"左"路线奠定了基础，大讨论冲破了粉碎"四人帮"后仍然统治着中国的"两个凡是"的指导思想，促使党恢复了实事求是的作风。由此，中国共产党实现了工作重心转移，中国开启了改革开放的新时代。

很幸运，我步入新闻队伍时正是中国社会历史处在大转折时期，整个社会百废待兴，人民群众信心满怀，全国上下都弥漫着蓬勃向上的力量，社会经济各项事业迅猛发展。其时，改革开放大幕初开，中国进入前所未有的大发展时期，这也是中国新闻事业蓬勃向上的大繁荣时期。躬逢其盛，我投身改革大潮中，开始了职业生涯中最值得记忆的激情岁月。在经历了一段严重不适应的阶段之后，我开始进入角色，爱上了新闻这一职业，以至于如醉如痴，并逐渐融入了《光明日报》这个大家庭之中。

从进入《光明日报》开始，我马上感受到浓厚的业务氛围，感受到《光明日报》记者敬业求进、积极向上的精神。每次记者会的会场上、房间里、餐桌上，话题几乎都是业务，人物报道更是大家在探讨业务中谈得最多的内容之一。在浓郁的业务氛围中，我逐渐发现，人物报道是《光明日报》各类新闻报道中最为出彩的一种类型，与中央各兄弟媒体比较，《光明日报》的人物报道数量最多，分量最重，影响当然也很大。

一家报纸的传统

回溯《光明日报》65年历史，不同阶段有不同的特色。20世纪五六十年代的《光明日报》，因独具特色的专刊名动业界。特殊的历史时期产生了特殊的媒体效应，这个特殊之一就是因为毛泽东喜欢《光明日报》的专刊，如史学、哲学、文学遗产等，毛泽东不但喜欢和关注这些专刊，而且经常向其他中央领导推荐《光明日报》的文章，甚至亲自动手为《光明日报》的专刊提供稿件，撰写按语。因为领袖的钟爱和推崇，《光明日报》的这些专刊办得很有生气，许多文章在学界、在全国都产生了巨大的反响，譬如关于《红楼梦》的讨论、关于为曹操平反的议论、关于《兰亭序》真伪的争论，等等。

而在改革开放最初的10年中，《光明日报》的最大特色之一是人物报道，从1978年到1988年，《光明日报》刊发了一大批反响强烈、影响巨大的人物报道，张志新、遇罗克、栾茀、韩琨、蒋筑英、张华、华山抢险团队、孙冶方、夏鼐等，这些人物报道的最大特点是，积极配合了中央拨乱反正、平反冤假错案、落实知识分子政策、科教兴国、尊重知识尊重人才、推动改革开放等中心工作，为中央能顺利开展中心工作扫清障碍，排除阻力，鼓舞人心。

《光明日报》的这些人物报道中的主角身上都有着鲜明的时代特征，正如《光明日报》副总编辑李春林说的："《光明日报》在社会和历史的大转折时期，通过人物报道来引领时代进步，每个人物背后都有着丰富的思想内涵，这些人物报道都是踩在时代变革的点上，因此非常成功。"当时的那些人物报道，每个人物身上都蕴含着深刻的社会问题，或事涉冤假错案的平反，或关乎知识分子政策的落实，或凸显改革开放中遇到的难点、疑点、热点问题等。正是通过这些人物报道，使广大读者感受到社会的脉动、时代的声音，从而也体现了人民的心声、群众的愿望。可以说，《光明日报》通过这些人物报道来反映现实，阐释政策，推动改革开放，用新闻的力量推动社会进步。

人物报道是《光明日报》积数十年办报经验形成的特色：用人物报道为时代立传，用人物报道记录时代的变迁，用人物报道为平反冤假错案鸣锣开道，用人物报道来推动知识分子政策的落实，用人物报道反映社会问题，用人物报道诠释党的方针政策，用人物报道歌颂真善美、鞭挞假恶丑，用人物报道来引导人们解放思想、改变观念、鼓舞精神，用人物报道影响社会……人物报道发挥了媒体应有的信息传播以及教育、启迪、引导、鼓舞的作用。整个20世纪80年代，《光明日报》的人物报道成为一个社会的风向标，一道亮丽的风景线。

我走进《光明日报》的1983年，《光明日报》的人物报道产生的轰动效应还在持续。其后，我有机会与樊云芳、张祖璜、谢军、张天来等名记者一起采访。渐渐地，我开始对人物报道产生兴趣，也投身于人物报道，并且乐在其中，乐此不疲。特别是1985年和1987年，我有幸跟随几位《光明日报》名记者一起采访，获益良多，也加深了我对人物报道的兴趣。1985年我参加《光明日报》采访组赴宝钢采访，采访组由两位名记者领衔，组长是一位著名女作家和名记者，副组长是《光明日报》驻上海的名记者谢军。17天时间，我写出了5篇人物通讯——整个采访活动我写的居然全部是人物报道！采写过程中得到两位名师的指点，使我初尝人物报道带来的喜悦。

1987年，内蒙古40周年大庆，报社组成小分队，由名记者樊云芳挂帅，《光明日报》驻内蒙古记者站站长陆永龙为副组长，我作为组员参与。这次采访不但使我饱览了大草原的风光，领略了驱车在大草原上与黄羊齐奔、与草原狼周旋的难得情景，更使我难忘的是，我参与采写了一批草原上的人物。特别是参与樊云芳创立的全息摄影报道的扛鼎之作《他该不该得伯乐奖？》的整个采访和写作，以及感受此后引起的强烈反响，这对我后来运用全息摄影报道的形式采写有争议的人物发挥了极大的作用。在20世纪80年代中后期，我将稚嫩的笔伸向人物报道领域，写出了职业生涯中的第一批较有分量的人物报道。也就是在这一时期，我接连写出一批带有问题和批评倾向的人物报道，以致新闻官司缠身，终日沉浸在各种矛盾中无法自拔，疲于奔命，苦于应对，惹得自己好几年不得安宁。但我也因此感到苦中有乐，苦中作乐，乐在其中，痛并快乐着。那段经历是我职业生涯中最值得记忆的燃情岁月，也是我最有活力、职业生涯最为辉煌的岁月，至今还无限向往。

1991年，云南站站长王茂修出任记者部主任。他对培养年轻记者非常重视，甫一上任，就派地方记者中有"红旗站长"之称的湖南记者站站长张祖璜领衔，派我充当组员，组成小分队，赴改革开放最前沿的广东、深圳以及海南、广西北海、四川、云南等地采访。张祖璜这个小个子湖南人以其一丝不苟的精神，不涉现场不写稿的深入作风和职业操守，"伐恶效狮吼，逢善魂相就"的凛然正气，深深影响着我的职业生涯。我们深入四川的大山深处，采访了中国核动力的研究者，赴深圳采写了一批科技和医学精英，在广西北海采写了一批改革的弄潮儿。其间写出的一篇人物通讯还被选入高校辅导教材。

一个职业的佳期

31年职业生涯，在退休前，我的人物报道又掀起了一个小高潮，从2009年到2014年退休的5年时间，我采写了20多个人物典型（部分与人合作），其中有9个得到中央领导同志的批示，被中宣部列为全国人物报道宣传典型。之所以能推出这些人物典型，是因为《光明日报》对人物报道的异乎寻常的重视。

何东平自2012年就任总编辑以来，力推人物典型，使得《光明日报》的

见证辉煌
——《光明日报》20世纪80年代人物报道回眸

人物报道在中央媒体中独树一帜，人物报道又成为《光明日报》的重要特色。东平君与我是同龄人，他小我一岁。他少时也有过与我相似的蒙难落魄的经历：曾在农村劳动、教书，靠发愤考上大学而改变命运，毕业后即进入《光明日报》。在《光明日报》，他是有名的工作狂，经常晚上睡在办公室里，当了总编辑更是如此，以报社为家。我经常在深夜接到他的电话。但凡他来电话，内容基本上都是与次日见报的稿件有关。我的许多人物报道都是最后经他之手处理得以见诸报端。东平君对人物报道的重视当源于《光明日报》的传统。他曾向我透露，他对人物报道的高度重视，其中一个原因是老总编徐光春对人物报道的灼见。徐光春是他极为尊敬也是《光明日报》员工普遍尊敬的老总。

徐光春出任《光明日报》总编辑后，重点推出《每月聚焦》《今日话题》等名牌栏目，就一些改革开放中的社会热点、难点、疑点问题进行剖析，其中就有部分是人物报道。面对人物报道已开始衰落的现状，徐光春表示："如果一个月推一个人物典型，一个人物典型给一个整版，一年推出12个人物典型，人物报道不愁打不响！"

徐光春的继任者王晨本人就是一个写人物的高手，他与张天来合作的《划破夜幕的陨星》曾轰动全国，他通过自己的笔，让遇罗克这个人物走进了广大读者的心中。他是最早报道后来获得诺贝尔奖的屠呦呦成就的中央媒体记者，屠呦呦得奖后还曾对前去看她的一位党和国家领导人回忆起当年《光明日报》年轻记者王晨采访她的情景，不但对王晨印象深刻，而且印象极好。

东平君从《光明日报》历任总编辑手中接过人物报道的旗帜，继承《光明日报》的这一优秀传统，上任后就力推人物典型为重要办报特色，数年耕耘，《光明日报》这一新闻园地里典型人物已成为业界的一道风景。

受惠于此，我在结束职业生涯前采写了一批人物报道，也薄有收获，如浙江省委宣传部原副部长雷云被中宣部列为我国思想文化理论战线重大典型推出；坚守海岛39年的好医师吴棣梅被列为中宣部重大人物报道典型，浙江省委宣传部还责成省文化厅将这个人物典型搬上舞台，编成现代戏进行巡回演出；只有中专学历的乡镇医生叶丽萍，靠发愤自学成为站在国际医学舞台上展示专业风采的内窥镜专家，一次次为外国专家做现场手术演示，她的事迹经《光明日报》报道后，中宣部批准将这一典型在全国主流媒体上进行宣传报道；我和同事共同完成的麻风村医疗群体人物典型先后获得多位部级以上领导的批示，其中有3位中央领导同志做了批示，稿件见报后，这个群体组成报告团在全国巡回报告，该群体还被评为共和国时代楷模，据称这还是浙江省60多年来第一次获此殊荣……

  毫无疑问，我喜欢人物报道是受20世纪80年代《光明日报》对人物报道的高度重视的影响。也因为喜欢写人物，我对人物报道比较关注，平时也较多积累各种人物的线索，出版的新闻作品集中，人物作品占了多数。

  缘于此，当中宣部要求"四个一批"人才申报自选课题时，我稍经思考，便把目光对准了人物报道。

  因此，就有了这本书。

（以上小标题为何东平所加）

目 录

第一章　辉煌十年间 …………………………………………………… 1

第一节　《光明日报》十年辉煌的发端 ………………………………… 1
第二节　人物报道是《光明日报》十年辉煌中最亮丽的一道彩虹 …… 4
第三节　每个被报道的对象都是真正的新闻人物 ……………………… 7
第四节　用重大人物报道提出社会问题并推动改革 ………………… 10
第五节　知识分子成了《光明日报》版面上真正的主角 …………… 12
第六节　十年人物报道的阶段划分 …………………………………… 14
20 世纪 80 年代人物报道特色谈之一：樊云芳、丁炳昌谈
《光明日报》人物报道 ……………………………………………… 19

第二章　拨乱反正中的人物报道 ……………………………………… 28

第一节　拨乱反正的时代背景 ………………………………………… 29
第二节　《一份血写的报告》 ………………………………………… 38
第三节　遇罗克、郭维彬、苏阿芒等冤案 …………………………… 50
20 世纪 80 年代人物报道特色谈之二：用人物报道推动改革 ……… 60

第三章　平反冤假错案中的人物报道 ………………………………… 67

第一节　胡耀邦极力推动平反冤假错案 ……………………………… 67
第二节　率先为马寅初平反 …………………………………………… 70
第三节　为经济学家孙冶方平反 ……………………………………… 76

第四节　用人物报道推进平反冤假错案工作 ………………… 81
　20世纪80年代人物报道特色谈之三：悲剧人物——另类正面典型 …… 86

第四章　为落实知识分子政策鼓与呼 ………………………… 90
　　第一节　尊重知识、尊重人才 …………………………………… 91
　　第二节　人物报道的巅峰 ………………………………………… 94
　　第三节　《追求》的巨大影响 …………………………………… 95
　　第四节　知识分子英年早逝现象 ………………………………… 99
　　第五节　推动落实知识分子政策工作 …………………………… 111
　20世纪80年代人物报道特色谈之四：用人物新闻的形式来报道人物 … 115

第五章　让知识分子成为时代主角 ……………………………… 119
　　第一节　开启尊重知识分子的新时代 …………………………… 119
　　第二节　解决知识分子入党难问题 ……………………………… 122
　　第三节　为知识分子解决实际困难 ……………………………… 128
　　第四节　"怀柔事件"及提高教师地位 ………………………… 133
　　第五节　让知识分子走上领导岗位 ……………………………… 140
　20世纪80年代人物报道特色谈之五：光明日报老领导谈
　　　20世纪80年代人物报道 ……………………………………… 147

第六章　韩琨事件 …………………………………………………… 154
　　第一节　是功臣还是罪人 ………………………………………… 155
　　第二节　韩琨无罪 ………………………………………………… 158
　　第三节　"韩琨事件"的持续效应 ……………………………… 165
　　第四节　20世纪80年代媒体人非凡的勇气 …………………… 170
　20世纪80年代人物报道特色谈之六：问题性人物报道
　　　背后的社会问题 ……………………………………………… 178

第七章　从华山到老山 ……………………………………………… 183
　　第一节　张华为救老农壮烈牺牲 ………………………………… 184
　　第二节　从张华到华山抢险 ……………………………………… 189

第三节　从华山到老山 ·· 199
　　第四节　持续不断推出部队典型 ·································· 206
　　20世纪80年代人物报道特色谈之七：不到现场不写稿的深入作风 ··· 211

第八章　开启人才流动的闸门 ·· 215
　　第一节　人才部门所有制的铁门被撞开 ······················ 216
　　第二节　开创全息摄影报道新模式 ······························ 226
　　第三节　异乎寻常的反响 ·· 228
　　第四节　被撼动的闸门 ·· 229
　　20世纪80年代人物报道特色谈之八：人物报道从高、大、
　　　全到平、实、真 ·· 234

第九章　20世纪80年代的批评报道 ··································· 239
　　第一节　批评报道的二度辉煌 ······································ 240
　　第二节　清除极"左"思想 ·· 245
　　第三节　杨小民杀人案的内参震惊中央 ······················ 258
　　第四节　姚迁事件 ·· 263
　　20世纪80年代人物报道特色谈之九：批评报道的黄金期 ··· 271

第十章　引火烧身 ·· 278
　　第一节　记者当法官吃足苦头 ······································ 278
　　第二节　"中国首例受表扬者告记者事件" ·················· 283
　　第三节　《他该不该得伯乐奖？》 ································· 289
　　第四节　全息摄影报道是平息争端的良方 ·················· 296
　　20世纪80年代人物报道特色谈之十：突出小人物
　　　在改革开放中的作用 ·· 297

尾声：人物报道的第二个高峰 ·· 307

跋 ··· 313

主要参考文献 ··· 315

第一章　辉煌十年间

第一节　《光明日报》十年辉煌的发端

把《光明日报》放在历史坐标上来考量，这份报纸是在新中国最关键的历史节点上——1978年5月——发表了《实践是检验真理的唯一标准》一文，此文就像一支火炬，点燃了全国上下一场关于真理标准大讨论的导火索。而正是这场波澜壮阔的大讨论，深入批判了"两个凡是"的错误观点，清算了长期以来横行肆虐的极"左"路线，击碎了禁锢中国人的精神枷锁，解放了十亿中国人的思想，改变了整个中国的政治生态。也正是这场思想解放运动，直接推动中国共产党做出了改革开放的历史决策，从根本上扭转了中国的命运。

纵观历史，一家报纸能发挥如此巨大的作用，这在中国的新闻史上是前无古人，也很可能是后无来者的。

当然，反思"文化大革命"的根源，清算极"左"路线——在那个历史关节点上已是党心所向、民心所向，已是大势所趋，箭在弦上，如《实践是检验真理的唯一标准》这样的文章，《光明日报》不发，《人民日报》也会发，《人民日报》不发，新华社也会发。但是这篇文章毕竟是由《光明日报》发出来了。在那乍暖还寒的时节，它就如一声春雷，炸响在中国的上空，并揭开了中国大地上思想解放的大幕。

《光明日报》发表《实践是检验真理的唯一标准》一文，既有偶然性，也有必然性。

这必然性，就是《光明日报》本身的属性：一方面，它是一张面对知识分子的报纸，在诸多党报党刊中，这是一种不可替代的特殊性，而作为中国知识分子的第一大报，它在历史最关键的节点上，拼命呼喊出中国知识分子最强烈、最迫切的心声，在所必然；另一方面，《光明日报》又是中共中央主办主管的一张党报，作为党中央的喉舌，它在历史关节点上顺应党心民心发出了自己的呐喊，发出了时代的最强音，这同样在所必然。

《光明日报》创刊于1949年6月16日。这份由中国民主同盟主办，面向全国知识界的报纸的创办源于毛泽东的倡议。

1948年8月，著名民主人士胡愈之随同一批来自香港、海外及国统区的爱国民主人士秘密来到解放区考察。这次考察受到了毛泽东的重视。就在这次考察行将结束的一天晚上，毛泽东单独邀请胡愈之长谈，毛泽东提出，中华人民共和国应"办一张主要以知识分子为对象的报纸"，目的是构建一座联系中国共产党与知识分子的桥梁，用这张报纸来团结中国的知识分子，引导知识分子为即将诞生的中华人民共和国贡献力量。毛泽东说："我们一定要造就无产阶级自己的知识分子队伍，包括从旧社会来的经过改造真正站稳工人阶级立场的一切知识分子。"

胡愈之，浙江上虞人，先后担任第五届全国政协副主席、第六届全国人大常委会副委员长。早年在上海参加声援五四运动的斗争，"四一二"政变后流亡法国。回国后从事新闻出版工作，创办了《公理日报》和《世界知识》杂志。后到香港协助邹韬奋推进《生活》周刊和生活书店事业的发展，是影响深远的新闻出版家。胡愈之在1941年民盟成立后即派人到香港创办了机关报《光明报》。随着太平洋战争的爆发，《光明报》只存活了3个月就停刊了，直至1948年1月民盟在香港召开一届三中全会时《光明报》才在香港复刊。

1949年1月，北平和平解放，中华人民共和国定都北京后，创办《光明日报》的工作便按部就班开展起来。当时北平有26家报纸，市军管会保留了《新民报》和《世界日报》，《光明日报》便在这两家报纸的基础上创办。

1949年5月9日，光明日报社务筹备委员会成立，章伯钧任社长，胡愈之任总编辑，萨空了任秘书长。6月16日，《光明日报》创刊，创刊号上刊登了毛泽东的题词："团结起来　光明在望"。

从此，中国有了一张属于知识分子的报纸，中国共产党通过《光明日报》向广大知识分子传递出各种信息，也通过《光明日报》将大批中高层知识分子团结在自己的周围；同时，《光明日报》积极报道知识分子的动向、情绪、学术观点，表达知识界的心声。

"办一张主要以知识分子为对象的报纸"，这是毛泽东与胡愈之西柏坡谈话中为《光明日报》做的定位。《光明日报》这一定位一开始就被注入了文化基因,涵养了高端的知识品格,显示出浓郁的文化气质,并逐渐成为在中国知识分子群体中影响最大的报纸。

"把这张报纸置于一个纵深而宏阔的背景去考察,我们发现,它起意于毛泽东萦绕一生的办报情结,它继承了中国知识分子对中华文化的薪火相传,赓续了中国知识分子追求真理、勇于担当的光荣传统,更呼应了红色政权在百废待兴时对新生力量的渴求——毛泽东说:'一个阶级的政权,没有自己的知识分子那是不行的。'它应时而生,应运而生。它由一群知识分子创办,服务于新中国的知识分子和民众。它传播新知,开启民智,广设言路,畅达视听。诚如100多年前,梁启超在《知新报》发刊词中说:'报者,天下之枢铃,万民之喉舌也,得之则通,通之则明,明之则勇,勇之则强,强则政举而国立,敬修而民智。'"(《我们的光明之路·序》,光明日报出版社2014年版)

20世纪五六十年代《光明日报》的专刊、副刊办得非常好,为其他媒体无可替代,知识分子非常喜欢。1958年创办的副刊《东风》就是读者非常喜欢的栏目,因为喜欢,因为广受关注,更吸引许多名人为这个专栏写稿。中华人民共和国成立初期的中央领导人有很多都是知识分子,文化素养很高,喜欢文化艺术,甚至自己便是其中的大家,譬如,董必武、叶剑英、谢觉哉等党和国家领导人以及郭沫若、邓拓、田间、吴晗、秦牧、臧克家等名人都在这个副刊上发表过诗词和杂文;还发表过梅兰芳、红线女等表演艺术家的"谈艺录",发表过华君武的漫画;至于在专栏上发表学术问题的争议文章就更多了,譬如郭沫若和唐兰关于"盘中诗"的不同看法,沈从文和王力关于古人胡子问题的讨论,吴晗、李希凡、王子野关于历史剧的争论,等等。

毛泽东对这些专刊、副刊也特别偏爱,他曾多次表示,他喜欢《光明日报》,喜欢《光明日报》那些专刊、副刊,并亲自为《光明日报》撰稿。其至还发生过毛泽东亲自抢救几个即将被取消的专刊的事:1958年10月25日,《光明日报》刊登启事,决定哲学、史学、文学遗产、文字改革、民族生活五种专刊停刊。正在郑州视察工作的毛泽东获知消息,高度重视,他不愿意这些曾受到知识分子喜爱也为他所喜欢的专栏停刊,马上专门指示:这些专刊不能停,他看《光明日报》就是喜欢看这些专刊。据查,《毛泽东年谱》中,毛泽东提到《光明日报》就多达49次(《我们的光明之路·序》,2014年,光明日报出版社)。

然而，中华人民共和国成立后，政治运动频仍，中国知识分子的命途多舛。1957年反右，55万知识精英罹难；"文革"十年，知识分子沦为"臭老九"而备受摧残。《光明日报》的"知识分子"属性与生俱来，自然不可避免地成了极"左"路线肆虐的重灾区。

"文革"之后，中国的媒体开始恢复实事求是的办报作风，这才有了1978年发表《实践是检验真理的唯一标准》这样的文章。此文的发表，使《光明日报》在中央媒体中影响至巨，地位骤显，在读者中声望激增，在各级领导层中亦被看好。该文发表后，《光明日报》发行量急剧上升，最高时达到150万份。1982年，《光明日报》被明确为"由中共中央主管和主办"，一跃而成为党中央的第二大报，中国知识分子的第一大报，《光明日报》已毫无疑问成为时代的风向标之一：它的版面上清晰无误地记录着中国知识界前进的步伐，昭示着中国的科教文等思想领域改革的方向。

曾任《光明日报》总编辑的何东平在《我们的光明之路》一书的序言中说：

"65年来，《光明日报》为维护知识分子的权益大声疾呼，为推广科研成果不惜笔墨。知识分子也抱着极大热情，云集《光明日报》，大批文化艺术理论教育科技领域的硕彦巨擘，若云汉含星、光耀洪流。他们以《光明日报》为平台，纵情施展才情和智慧，甚至围绕学术问题，你争我辩，切磋琢磨。《光明日报》鼓励编辑记者转变作风，深入基层，深入广大知识分子群体，了解他们的所思所想和工作生活情况，用充满感情、鲜活生动的笔触为优秀知识分子和美德人物塑像，充分发挥他们的典型引领和感召作用。"

而1978—1988年，无疑是《光明日报》60多年办报历程中最辉煌的10年——用媒体的力量推动改革，《光明日报》把这种作用发挥到了极致。笔者很幸运，是《光明日报》这10年辉煌的亲历者和参与者。能把《光明日报》这段辉煌的历史记录下来，是笔者的责任，也是笔者的荣幸。

第二节　人物报道是《光明日报》十年辉煌中最亮丽的一道彩虹

众所周知，报纸是新闻纸，报纸是报道新闻的。新闻就是"何人何时在何地做了何事"，在新闻中，人的活动是构成新闻的第一要素。因此，国内外所有的报纸，都会将人物报道放在重要位置，人物报道也一定占据版面的很大分量，这是毋庸置疑的。

人物报道相比一般的新闻报道，更注重描述人物在新闻事件中的遭遇与行为，更注重描述人物的喜怒哀乐与跌宕命运，因此也往往更具有感染力与影响力。

回顾中国共产党党报的历史，人物报道也历来是"重头戏"。学界普遍认为，我国典型人物报道始于20世纪40年代的延安时期，其开山之作是1942年4月20日刊登于《解放日报》一版头条的通讯《模范农村劳动英雄吴满有连年收粮特多影响群众积极春耕》。此文的作者莫艾很多年后这样回忆："《解放日报》把一个普通农民的劳动实际，刊登在第一版头条地位，并且连续进行报道，这在我国报业史上是第一次。"（《光明日报历任总编辑文选》，光明日报出版社，1999年第291页）

据莫艾在文中回忆，由他采写的吴满有典型人物报道推出后，毛泽东让博古找他。博古说："毛主席看了你写的吴满有报道，想见见你，并请你吃饭，明天我也去做陪客。"次日，莫艾应约来到毛泽东居住的窑洞，两人长谈了近4小时。毛泽东对莫艾说："自力更生，搞好生产，宣传吴满有，开展吴满有运动，这件事意义很大。陕甘宁做出榜样，将推动整个解放区的生产运动。"就在毛泽东的直接推动下，《解放日报》消息、通讯、评论一起上，用强有力的舆论力量推动边区掀起了"吴满有运动"。

从此，典型人物报道逐渐成为中国共产党党报的一种传统报道样式，也成为我国新闻事业的特色之一。

新华社记者李耐因在《新闻人物人物新闻》（《新闻采写经验谈》，新华出版社，1983年）一文中说，报道先进人物是中国无产阶级新闻的传统。"抗日战争已经过去40年了，那时候报道的一些英雄人物，直到现在还留在人们的记忆里。地雷大王李勇，日寇闻风丧胆，他叱咤风云的形象，何等壮人胸怀；狼牙山五壮士，英勇壮烈，气贯长虹……这些报道确实起了鼓舞人民、打击敌人的作用。

"解放战争、抗美援朝战争，更是英雄辈出了。我们新华社，我们的报纸，报道了大批的先进人物、英雄模范。例如，郭继胜、黄继光、邱少云、杨根思、罗盛教……

"30多年社会主义革命和建设，又有一批新型的人物涌现。50年代和60

年代初期，我们报道了王铁人、焦裕禄、时传祥、容国团、雷锋、王杰等。"

这里还有一个数据：仅1943年上半年，《解放日报》上出现过的模范人物就多达600多人（庄曦，《试论新传播环境下的典型报道》，百度学术）。莫艾在解放日报当记者仅21个月，在一版头条发表稿件88篇，其中有相当部分是人物报道。1973年，莫艾出任《光明日报》临时领导小组负责人。

中华人民共和国成立后，作为党中央机关报的《人民日报》等全国性媒体刊登了大量的人物报道：《伟大的战士邱少云》《祖国的好儿子黄继光》《不朽的杨根思英雄传》《不朽的国际主义战士（罗盛教）》《谁是最可爱的人》等。20世纪五六十年代是我国人物报道鼎盛的阶段，王崇伦、郝建秀、王进喜、李顺达、任国栋、向秀丽……最负盛名的当然要数雷锋、焦裕禄，至今仍发挥着巨大的影响。

把典型人物报道作为诠释党的方针政策的手段，作为引导舆论导向与推动实际工作的有力武器，这在特定的历史条件下确实能起到很大的作用。但我们在这里要特别强调这个"特定的历史条件"：一是被报道的这些典型人物确实符合了当时时代发展的需要，换言之，这些人物确实具有真正的新闻价值；二是这些人物报道必须是实事求是的，而不是夸大的，更不是为了某种政治需要而虚构的。

离开了这两条，人物报道就会变成伪新闻，变成谎言和欺骗。中国新闻史上就有这样的案例。特别是在"文革"期间，白卷英雄张铁生、反潮流英雄黄帅……报纸上充斥着这些畸形扭曲的极"左"典型，这些虚假典型又进一步助长了极"左"思潮的极度膨胀。

再回到《光明日报》。1978年之前，在中国众多的新闻媒体上曾报道过的众多英雄模范人物，知识分子先进典型极为罕见，即使是以知识分子为主要读者对象的《光明日报》，也没有过用大版面报道知识界的精英人物。在阶级斗争较为宽松的年代里，可以刊登学者专家的学术观点，但大多数岁月里，是声嘶力竭地批判这些"反动的"学术观点、包括发表了这些学术观点的"资产阶级右派分子"与"反动学术权威"。

但在1978—1988年的十年间，《光明日报》的人物报道极为突出，报道的对象绝大部分是知识分子。不光人物报道数量众多，版面突出，影响力也极大：张志新、遇罗克、马寅初、孙冶方、夏鼐、韩琨、栾弗、蒋筑英、陈景润、杨乐、张广厚、邓稼先、苏步青、谷超豪、华罗庚、韦钰、王淦昌、修瑞娟、丁声树、吕叔湘、张华……可以说是推出一个，轰动一个。这当中既有在极"左"路线高压下蒙受苦难但始终坚贞不屈的知识分子，又有在各条战线上建立了丰功伟绩的科研人员、专家学者，还有敢于冲破旧框框、第一个吃螃蟹的改革先锋……现在回过头去看，他们如灿烂的群星，照亮了中国的夜空，他们如钢筋铁骨，撑起了中华文明的大厦。

而所有这些人物报道，对于"文化大革命"结束后的拨乱反正，对于大规模平反冤假错案，对于在改革开放初期落实知识分子政策，对于开启尊重知识和人才的崭新时代，均发挥了无可替代的巨大作用。

可以毫不夸张地说，人物报道在那十年里成了《光明日报》最鲜明的一个特色。假如把《光明日报》那十年辉煌比喻成一幅气势磅礴的巨幅油画，人物报道就是里面那抹最明亮、最艳丽的色彩。

那么，这十年间数以千计的人物报道都有哪些共同的特点？这些影响力深远的人物报道究竟是怎样被发现、又是如何被发表出来的？刊发后在读者中激起了怎样的滔天巨浪？又对高层产生了什么样的影响？这些人物报道是怎样一步步推动了中国的改革？笔者作为这个辉煌期后半部分的亲历者，并通过部分亲历者的经历就以上问题进行追溯和探讨。

第三节 每个被报道的对象都是真正的新闻人物

《光明日报》在这十年间大量报道的人物，各具特色，多侧面、全方位地展示了在特定的历史时期中国知识分子的遭遇、命运、所起的作用与他们内心的诉求。当笔者把《光明日报》在这十年间所发表的人物报道集中起来，进行回顾、梳理与总结后，就清晰地看到了中国知识界这十年间艰难前行的脚步，也触摸到了这十年间中国改革的足迹与主线。

作为《光明日报》这段辉煌历史的见证者，我们这一代记者参与了大量人物报道的采访与写作。我们为什么会怀着巨大的激情去采写这些人物？首先，是因为在这些人物身上发生了真正的、重大的新闻。换言之，是这些被采访对象的重大新闻价值具有不可抵挡的吸引力，使每一个有良知、有责任感的记者不能不采写。

以张志新为例。她是在"文革"中对许多极"左"做法非常不理解并公开表述了反对观点而被打成现行反革命的，在监狱里，她受到了惨无人道的批斗和虐待，但仍坚持"我的立场观点未变"，最后由当时的辽宁省最高领导确定：对这样顽固不化的"现行反革命"处以死刑。

张志新只是"文化大革命"中无数个由于说了真话而罹难的知识分子之一。拨乱反正，就必须给这些受冤屈受迫害者平反昭雪。但当时从上到下阻力还极大，尤其是在张志新的罪行里有"反对毛主席"这一条，光这一条就足以令许多人退避三舍，平反的阻力之大更非同一般。任仲夷领导的辽宁省委以非凡的勇气与高瞻远瞩冲破了重重阻力，不仅给张志新平反，还追认她为烈士，甚至还号召全省干部党员向张志新学习——这不是重大新闻是什么？而张志新本人的事迹也构成重大新闻：在黑白颠倒、万马齐喑的年月里，她一个弱女子、一个普通的知识分子、一个普通的共产党员，竟敢于承受着雷霆万钧般的压力在会上陈述自己的看法——包括自己对已被神化的毛泽东的评价（她的这些评价竟然与十年后十一届六中全会的历史决议惊人的相似！）她明明知道这些观点一说出来就会被打入万劫不复的地狱，她也知道只要她"认罪"就可以不死，但她宁肯入狱、被一次次暴打、被戴上沉重的背拷、被拔光头发，最后被枪毙，也要坚持自己认定的真理！这令我们想起了文天祥、苏武、岳飞，想起了赵一曼、江竹筠……可以说，在张志新身上延续了中国历代知识分子最高贵的气节与品格。但她的事就发生在当代，发生在当时！这不是重大新闻是什么？包括她所经历的惨绝人寰的苦难也是新闻——这是对极"左"路线最深刻的揭露与控诉！

陈禹山等采写的长篇人物通讯《一份血写的报告》一发表，《光明日报》的电话就被打爆了，从全国各地寄来的读者来信需用麻袋装——这也反映了这篇报道已触动了当时中国社会最大的热点和痛点。

假如说对张志新、遇罗克的报道是写出了中国普通知识分子对极"左"路线的抗争，那么，1979年对马寅初、孙冶方的报道则是展示了中国老一代专家学者如何因坚持真理而遭受迫害。

马寅初，中国著名经济学家、原北京大学校长，1956—1957年间，他多次提出"要对我国人口进行有计划控制"，但毛泽东对此持不同意见，批判马寅初的看法"是一种违反马克思列宁主义的观点"。伟大领袖此言一出，一场批判围剿马寅初的战役随即打响，批判的调子拔高到"攻击三面红旗""一贯为帝、封、资服务"。但铁骨铮铮的马寅初仍公开发文接受挑战。1960年马寅初被迫辞去北京大学校长职务，从此被剥夺了发言的机会。但"错批一个人，误增3个亿"。20多年后,中国不得不因人口暴增、不堪负担而实施了"独生子女"政策。

孙冶方也是一位著名的经济学家,20世纪60年代他提出了剩余价值和利润问题,认为社会主义经济一定要谈利润。但他的这一观点被扣上"利润挂帅"的帽子而受到批判。"文革"期间又被扣上"里通外国"等罪名被关入监狱达7年之久。但7年牢狱生活不仅未能压垮这个至死不改其志的学者,反而让他构思并完成了30万字的经济学专著《社会主义经济论》——当然,这是一部腹稿,整部30万字的书稿他全凭记忆刻在脑子里。

发生在马寅初和孙冶方身上的悲剧,是一个时代的悲剧,是一代知识分子的悲剧,他们的悲剧与单枪匹马式的无效抗争,深刻地诠释了特殊的时代背景。《光明日报》为他们呐喊,是喊出了中国知识界最强烈的愿望。这里必须说明的是,对这两位著名专家的报道是在他们尚未完全平反之时,这在当时是需要极大的勇气与胆识的。《光明日报》的报道加速了对他们的彻底平反。平反前后《光明日报》又连续跟进报道。

以上列举的这些人物报道都是发表在改革开放初期。随着全国的工作重心转移到经济建设上,随着各项改革的逐步深入,《光明日报》人物报道的内容与形式也在与时俱进。但不管怎么变,这个原则是绝对没有变的:即每篇人物报道首先是真正的新闻,具有真正的新闻价值。在那辉煌的十年里,报社上上下下,都很厌恶与自觉抵制那些为了政治需要而将报道对象刻意拔高的伪新闻,抵制那些在报道中夸大甚至编造情节的不实新闻。对一些重点人物报道报社则不惜版面,连篇累牍地刊发后续报道,还开辟专题讨论,发表持各种不同观点的读者来稿。因为这些被报道的人物太具关注度,他们的事迹太典型,报道里反映出来的社会问题太重大,所以吸引了社会的方方面面都来关注与参与。

现在回过头去看,《光明日报》在这十年间的人物报道,有新闻价值大小之分,有写作手法高低之分,有影响力巨微之分,但真正属于"伪新闻"的却很少,这是很值得欣慰的。

我国传媒的典型报道,在新闻界是有很大争议的。中国人民大学新闻学院教授陈力丹曾在《新闻学刊》(1987年第一期)发表《典型报道之我见》一文,提出"典型报道消亡论",他认为,从19世纪早期空想社会主义者开始,到列宁复兴时期的典型报道,大都是"失败"的,"短命的,或不成功的",一旦典型从半神变成人,典型报道便失去了存在的土壤,他提出"不要强化典型报道理念，而是逐步淡化它"。此文在新闻界引起热烈的争论，围绕典型报道存亡走势的争论持续了一年多。

笔者认为，陈力丹所说的"典型报道"，就是指为了某种政治需要把被报道人物刻意拔高甚至神化的"伪新闻"，指那些本身并不具备新闻价值但为了达到某种政治目的人为制造出来的"伪典型"。像这样的"伪新闻""伪典型"当然要不得，当然是"短命的，或不成功的"。但真正具有新闻价值的人物报道是有生命力的，它的生命力恰恰在于它的典型性，从这个意义说，称其为"典型报道"也无可厚非。《光明日报》那十年里报道的很多知识分子"典型"，已经成了那个年代"标志性人物"被载入史册，至今令同时代的读者难以忘怀，甚至至今还在发挥作用。

第四节　用重大人物报道提出社会问题并推动改革

20世纪80年代，《光明日报》凡重大的人物报道，人物背后都有深厚的时代背景，都蕴含着深刻的社会问题，都触及知识界的热点、痛点，触及社会的疑点、难点。也因此，一发表就能震撼广大读者的心灵，引起党和政府的高度重视。张志新、遇罗克的报道是如此，马寅初、孙冶方的报道亦如此，之后的众多报道无不如此。

1982年12月，《光明日报》一篇仅千字的人物报道在读者中激起了千重浪。文中的主人公韩琨是上海市一个研究所的科技人员，他利用星期天到乡镇企业去提供技术服务，使该乡镇企业从濒临倒闭到盈利。该乡镇企业奖励了他3300元奖金。正是这笔奖金，给他带来了厄运。研究所举报他"受贿"，检察院根据举报立案。韩琨被隔离审查，家被查抄，晋升工程师的资格被取消，甚至还面临着牢狱之灾。

这篇千字文刊登在一版头条，标题是：《救活工厂有功，接受报酬无罪》。据撰写这篇报道的记者谢军介绍，这个标题是编辑部加的。如果说，谢军的报道只是陈述事实，还不敢直接站出来评判是非，而编辑部所加的标题则旗帜鲜明地表明了编辑部的立场，那就是支持改革，支持身为科技人员的韩琨们业余兼职并收取报酬的做法。这一鲜明的立场在当时的社会背景下发挥的作用是惊人的。这篇报道虽短，提出的问题却关乎全国成千上万科技人员的命运：能不能去外单位兼职？领取兼职报酬是合理收入还是犯罪？

一场全国性的大讨论在《光明日报》上持续了一个月之久。案情"直达天听",这一典型报道马上引起了高层的重视,中央书记处、中央政法委专门就此进行讨论,随之明确通知各地:"科技人员在不影响本职工作的前提下可以业余兼职并获取合理报酬,由此而受到打击的科技人员一律予以平反。"此后不久,由中共中央、国务院颁布的关于科技体制改革的文件明确规定:"允许科技人员业余兼职并获取报酬。"

此案被称为"中国星期天工程师无罪第一案"。从此,"星期天工程师"从地下转到地上,由非法变成合法,这一转换极大地解放了科技生产力,推动了我国乡镇企业和民营经济的发展,使我国有限的科技力量在改革开放后的经济发展中最大限度地发挥作用。同时,这一报道也挽救了无数个韩琨,使他们免受牢狱之灾。

1984年,中共中央政治局委员、国务委员、国家科委主任方毅接见《光明日报》总编辑时说:"韩琨事件使一大批类似韩琨这样的科技人员免除了牢狱之灾!"2008年,《新京报》在纪念改革开放30周年的报道中回顾了"韩琨事件",并为此发表上海交通大学教授熊丙奇的文章《给人才"松绑"造福社会》。时隔30多年,韩琨事件还能引起关注,可见其影响力之大。

再举个例子:长篇人物通讯《一个工程师出走的反思》(《光明日报》1986年6月17日一版头条)写的是这样一个故事:国营大厂的副总工程师谢中秋在本单位心情不舒畅,就在提倡"人才流动"的大背景下,不要党籍、户口、工职,擅自出走,几经周折,来到了湖北省京山县一个乡镇企业,原单位宣布谢中秋为"叛徒",将其党内除名,而京山县不仅承认谢中秋的党籍,还评他为"优秀党员"。于是,双方开始了无休止的扯皮……

通讯的主人公谢中秋缺点明显优点也突出;他的擅自出走突破了"人才单位所有制"的旧框框,但不符合组织纪律;他是原单位的"叛徒",但他为京山县的那个乡镇企业做出了很大贡献……人物报道不仅没有判定谁是谁非,而且没有个"结尾",因为双方都还在相互告状、扯皮。

这是新闻吗?

是,而且是当时中国知识界的重大新闻。

因为谢中秋当时的行为和处境,以及因他引起的各方面的纠纷与尴尬,深刻地揭示了1986年中国知识分子"人才流动"的"乱象":一方面,"人才流动"的闸门已开始松动;另一方面,较为完善的相关政策尚未出台。

据湖北省组织部提供的"情报"：当时在中国，像这一类的扯皮事件有几万起，也就是说，在"人才流动"的大背景下，至少有几万个"谢中秋"擅自出走，而当时大多数人还正吊在"半空"中，只有干部管理体制的进一步改革，才有望从根本上找到解决这个问题的途径——这是一个为中国知识界众所瞩目的问题。

《一个工程师出走的反思》在《光明日报》一发表，马上引起轰动，引发党中央、国务院有关部门对人才流动的高度关注，并马上引发整个社会的大讨论，在前后一个多月的时间里，报社和通讯的主人共收到1600多封来信来稿。来信的有各阶层人士。美国《华盛顿邮报》驻中国记者还从北京打长途电话到湖北，要求采访谢中秋。

中组部、国家科委都对这篇报道很感兴趣，认为提出的问题很及时、很重要。在报纸上进行公开讨论，就是国家科委支持的。讨论过程中，国务院发出了关于科技人员流动的决定，可见《一个工程师出走的反思》一文提出的问题正在火候上。中组部调研所把《一个工程师出走的反思》及其公开讨论的每篇材料都剪下来保存，作为研究人才流动问题的参考。

推出一篇人物报道，挖掘一个深刻的社会问题，引起全社会关注讨论，推动有关方面出台相关政策，推进一项重大改革——此"路线图"清晰地勾勒出在那十年里，《光明日报》如何通过人物报道推动中国知识领域的改革。

纵观《光明日报》这十年的人物报道，版面突出，影响巨大，知识分子欢迎，高层也满意。

第五节　知识分子成了《光明日报》版面上真正的主角

回顾《光明日报》那十年的人物报道，可以用"不遗余力"四个字来形容。但凡记者采写了一条好的人物报道，总编辑必定会亲自审阅，编辑部会腾出最佳版面、调动各种手段（评论、插画）向其倾斜，为其服务，甚至连某些中央领导的活动也为其让路，充分体现了知识分子是《光明日报》版面无可置疑的主角这样一个办报特色。

笔者在浏览20世纪80年代的《光明日报》时，对这一个办报特色印象极其深刻。譬如1984年3月整个月在一版头条位置上刊登中央领导个人活动的报道一篇也没有，而在一版头条上刊登的人物报道却有9篇。4月，中央领导活动发在头版头条位置上的报道也仅3篇。

那么当时的《光明日报》是如何来处置中央领导活动的报道呢？笔者发现，中央领导个人出访、接见外宾、视察常常放在报眼甚至是其他次要版面上，而人物报道却常常安排到一版头条，甚至名不见经传的小人物可以上头条，中央领导的活动却不上头条。

譬如1984年4月17日的一版头条是驻山西记者梁衡写的农民朱勤学谈信息的报道，胡耀邦、邓小平、李先念、彭真、邓颖超这么多中央领导一起接见归国华侨的报道却只安排在报眼位置。4月20日，四川农民杨泗贤举办文艺座谈会的报道上一版头条，而胡耀邦出访朝鲜则放在报眼位置。4月28日，一版头条是一个乡镇的农民靠智囊团打开致富大门，而国务院总理欢迎里根总统的消息放在报眼、胡耀邦接见里根的消息发在一版右上方、国务院总理同里根举行会谈的报道放在下面——一个乡的新闻竟盖过了美国总统访问中国的重大新闻？这实在是太不可思议了！

1985年7月在《光明日报》一版头条位置刊出的人物报道有17篇，而在一版头条刊发中央领导的报道仅4篇：7月1日陈云在全国党风会议上的讲话，7月6日党和国家领导人会见香港特别行政区基本法起草委员会委员，7月15日胡启立在整党工作汇报会上讲话，7月31日中共中央国务院要求支持军队改革。

其间，嘉兴市中小学实行县乡村分级管理的消息可以放在头版头条，李先念访美和胡耀邦会见罗马尼亚外宾却放在次要位置上。7月22日，重庆大学一个大学生的人物报道放在一版头条，而邓小平会见日本参议院议长的消息却放在报眼上。

1986年8月《光明日报》一版头条刊出人物报道14篇，而整个8月中央领导出现在一版头条的只有8月16日胡耀邦在中央机关讲师团大会上的讲话一篇报道。

笔者开始时曾对这一现象感到困惑，但这种困惑又从《光明日报》的版面上得到解答：

1980年8月12日，《光明日报》在一版头条刊登《中共中央就坚持"少宣传个人"的问题向全党发出指示，对个人的不适当的纪念方法，容易使人产生个人创造历史的误解，不利于进行马克思主义教育，肃清封建主义和资产阶级思想影响》。《光明日报》忠实地执行中央的决定，中央各类活动和中央领导上头版头条的频率大幅度减少。

另一大原因是基于当时中央对《光明日报》的定位和要求。杨西光出任《光明日报》总编辑后马上实施报纸改版。1978年5月1日，《光明日报》在

《为本报改版致读者》中说："改版以后，本报将作为一张以科学、教育为主要宣传内容的文化战线方面的报纸。以宣传科学、教育方面的路线、方针、政策为主，积极反映国内外科学、教育方面的动态，大力普及科学知识。为了保持和发扬原有特点，还要兼顾社会科学和文化方面其他领域的宣传，办好各种专刊和副刊。国内外政治、经济新闻，除特殊重要者外，一般将不刊登。"

众所周知，"文革"期间，对领袖的个人崇拜几乎达到登峰造极的地步，在这场持续十年的造神运动中，媒体充当了重要的不光彩的角色，或可说造神的效果很大程度上依赖于媒体的宣传。粉碎"四人帮"后，造神之风并未立即终止，翻阅1977年、1978年的《光明日报》（当然其他媒体也同样），有关"英明领袖"的报道数量铺天盖地。比如《光明日报》1978年1月的31天中，华国锋活动的报道在一版头条上刊登的就有16篇，并且常常是通栏大标题。

1981年6月，胡耀邦担任中共中央主席。中央做出少宣传个人的决议之后，中央主要媒体上有关中央领导活动的报道急剧减少，而这一点在《光明日报》上执行得更加坚决。

前面已经提过，《光明日报》是一张面向知识分子的报纸，那就理所当然地要让知识分子成为版面的主角。《光明日报》上上下下都是这样认为的，《光明日报》也确实做到了这一点。当然，要做到这一点其实并不容易，要冒一定的政治风险，但《光明日报》当时的总编辑杨西光及其后任都很有风骨，有远见卓识和政治勇气，有作为媒体人的责任担当，不畏艰险，力推这个让知识分子真正成为《光明日报》版面主角的办报特色，做得很成功。

正因为这样，才有了20世纪80年代《光明日报》人物报道的辉煌。

第六节　十年人物报道的阶段划分

在《光明日报》的办报历程中，1979年至1988年间，人物报道持续地在一个高位上运行，其顶峰是1983年，全年仅在一版头条位置上刊发的人物报道就达到120篇，也就是说每3天就有一篇人物报道刊登在头版头条上，这样高的频率在同类媒体中极为罕见。这一罕见的现象真正显示出《光明日报》对人物报道的偏爱与重视。

笔者对《光明日报》这十年间发表的人物报道包括一二版头条及总量进行检索统计（这里说的二版头条包括三四版头条），获得以下数据：

1979年：一版头条16篇，二版头条40篇，共160篇

1980 年：一版头条 19 篇，其他头条 53 篇，共 442 篇
1981 年：一版头条 19 篇，二版头条 36 篇，共 424 篇
1982 年：一版头条 95 篇，二版头条 61 篇，共 587 篇
1983 年：一版头条 120 篇，二版头条 83 篇，共 620 篇
1984 年：一版头条 81 篇，二版头条 47 篇，共 632 篇
1985 年：一版头条 81 篇，二三版头条 54 篇，共 416 篇
1986 年：一版头条 92 篇，二版头条 41 篇，共 420 篇
1987 年：一版头条 69 篇，二版头条 78 篇，共 476 篇
1988 年：一版头条 61 篇，二版头条 55 篇，共 425 篇
10 年一版头条共 653 篇，二版头条 548 篇，总计 4602 篇。

真是量大面广，影响至巨！

通览这数千篇人物报道，笔者总结出了第四个特点：这些人物报道的内容与形式，是随着中国改革的深入与时俱进的。若从内容上划分，大致可分为 3 个阶段。

第一阶段：1979 年至 1981 年。核心内容是拨乱反正，平反冤假错案。

《光明日报》这 3 年的人物报道从数量上不算很多（当时版面也较少，只有 4 个版），但影响力极大。

这里捎带谈一下这一阶段的前一年，即 1978 年。这一年可以算是《光明日报》人物报道的准备阶段。1978 年的人物报道在数量上是此后十年中最少的，一版头条 10 篇，二版头条 32 篇，全年总共 125 篇。但 2 月 16 日头版整版转载《人民文学》的报告文学《哥德巴赫猜想》却在全国各界反响异常强烈，成为当年影响力最大的人物报道，"文革"期间被扣上屎盆子的"臭老九"的中国知识分子开始以完全正面的形象出现在全国人民面前，知识精英得到了广大人民群众英雄般的顶礼膜拜。可以说，这篇报告文学成为开辟中国知识分子新时代的开山之作。当然，这篇报告文学的影响力是众多媒体合力的结果，《光明日报》只是众多转载这篇报告文学的其中一家，并非《光明日报》原创。但基于《光明日报》在知识分子中的权威地位，转载这篇报告文学在中国知识分子中的影响力是巨大的。因此可以说，1978 年是揭开《光明日报》人物报道黄金岁月序幕的一年，为此后十年的人物报道开了个好头。

1979 年的人物报道较上一年略有上升，一版头条 16 篇，二版头条 40 篇，全年总共 160 篇。数量不多，但引起轰动的一篇就够了：6 月 5 日在一版刊出的《一份血写的报告》，这是《光明日报》人物报道中最大的一次战役，也是

《光明日报》人物报道影响力最大的一篇，甚至可以说是《光明日报》人物报道的里程碑。张志新，一个美丽而多才的女性，一个有独立见解的坚强女性，一个坚持真理绝不向谬误和强权低头的英雄，以其惨烈的死使她的英名得以永驻史册。这篇报道以锐不可当的气势冲击着阻碍中国平反冤假错案的保守力量。如果说一篇好的人物报道是一颗炸弹，那么对张志新的报道则是一颗原子弹，虽然这篇重要的报道没有放在头版头条上，但其影响力可以说超越了《光明日报》中华人民共和国成立之后所有人物报道，直至今天也没有哪一篇报道有如此巨大的影响力，这是《光明日报》人物报道的巅峰之作。

1980年的人物报道出现了明显的上升势头，全年一版头条仍然不多，只有19篇，其他版面头条53篇，但全年总量却有大幅度上升，达到442篇。7月21日在一版下辟栏刊发王晨和张天来的长篇人物通讯《划破夜幕的陨星》，成为年度影响力最大的一篇。这篇人物通讯是张志新报道的姊妹篇。青年理论家遇罗克自学成才，"文革"中曾因写出《出身论》和批判姚文元的文章而引发轰动，但他却因此罹祸被捕。在狱中，他坚持真理，不畏强暴，与错误的血统论以及极"左"的思想路线抗争，结果也像张志新一样，在"文革"期间被迫害致死。这篇长达1.8万字的人物通讯分上下篇用两天时间登完，在全国影响至巨。虽然张志新和遇罗克的英雄事迹其他媒体也有报道，但无论从报道的分量、影响都无法与《光明日报》相比。这两篇人物报道成为两颗投向极"左"势力和"两个凡是"的精神原子弹。

1981年的人物报道保持了头年的发稿势头，一版头条19篇，二版头条36篇，全年总共424篇。最具影响力的人物报道是《光明日报》驻山西记者樊云芳与她丈夫丁炳昌合作完成的他们的成名作《追求》。太原工学院副教授、山西煤炭化工大学筹备组领导成员栾茀一生追求光明、追求真理、追求正义、追求国富民强的历程感天动地，他为自己的追求耗尽了毕生心血，最后因身患绝症去世。樊云芳、丁炳昌夫妇饱含激情写出的这篇人物报道引起的反响异常强烈，报道热情讴歌了中国知识分子热爱祖国，忠诚于党，毕生追求党，潜心于事业的感人经历，同时也控诉了极"左"路线对知识分子的残酷迫害。这篇报道刊出后被《人民日报》、《解放军报》、中央电视台、《新华文摘》等40多家媒体转载，还被改编成电视剧、广播剧、话剧、连环画等，被选入20多种书籍中。

这一阶段的人物报道大多与中央正在力抓却又困难重重的拨乱反正、平反冤假错案、落实知识分子政策、尊重知识尊重人才等方面有关，陈景润破解了哥德巴赫猜想这一世界数学难题，而拨乱反正和平反冤假错案就像哥德巴赫猜想一样顽固地横亘在中国共产党面前。无论是张志新、遇罗克的报道还是栾茀的报道，都是对"文革"极"左"路线给知识分子造成的伤害的反思和批判，是对错误路线的控诉，通过对这些典型人物在"文革"中的遭遇以及惨痛的经历来告诉人们，再也不能用极"左"那一套来整人了，再也不能人为地制造冤假错案，无故伤害知识分子了！

第二阶段：1982年至1984年。核心内容是尊重知识，尊重人才。

这是《光明日报》人物报道最密集的3年，这3年或可说是《光明日报》的人物报道年。

1982年在一版头条刊发的人物报道共有95篇，二版头条61篇，全年总共587篇。

这3年的人物报道数量最大，这些人物报道刊发的位置也更加重要。曾任《光明日报》记者部主任、机关党委书记的汪波清在1982年的《光明通讯》中发表了题为《为知识分子树起光荣榜》一文。该文说：

> 1982年5月份以来，《光明日报》在先进人物报道方面，在知识分子优秀人物报道方面有了新的进展。可以说，以知识分子为主要对象的《光明日报》，已经敬请我国知识分子的优秀人物，光荣地坐在报纸版面的头座。
>
> 5月、6月、7月三个月中，《光明日报》刊登在头版头条的人物新闻，包括一小部分通讯，共47篇，平均每两天有一篇，在92天时间里，平均每隔一天，就有一位知识分子同志，通过《光明日报》同全国读者见面。这是《光明日报》历史上出现的新纪录。

1982年影响力最大的人物报道一是这一年12月23日刊登在一版头条上的《救活工厂有功，接受报酬无罪》。这篇引起轰动的报道触及了改革开放过程中一个重大的社会问题："星期天工程师"问题，提出了科技人员业余兼职领取报酬是否合法的问题。二是关于长春光机所优秀光学专家蒋筑英的报道，这一报道揭开了全社会关注的知识分子英年早逝问题。

1983年一版头条120篇，二版头条83篇，全年总共620篇，一版头条数量达到顶峰，也就是说，每3天就有一个人物上了《光明日报》的头版头条。把人物报道摆在如此重要的地位，这在中央媒体中极为罕见。

《光明日报》原总编辑何东平称当时的人物报道是高原加高峰，即大量的人物报道占据版面，形成了报道上的高原效应——在所有报道中，人物报道数量最大、位置最突出，崛起成为高原。这一年，最有影响的人物报道有华山抢险英雄群体和关于经济学家孙冶方的系列报道等。

1984年一版头条81篇，二版头条47篇，全年总共632篇。虽然一版头条不如上一年，但人物报道总量却达到十年黄金期的顶峰。影响较大的有安徽六安农校打击迫害校医致死的事件，提出了清算"文革"遗风的问题，这一连续报道持续时间很久，影响深远；《工程师王昇是罪人还是改革者》一文也引发较大争议，这是继韩琨事件之后又一个涉及改革中引发争议的问题报道，报纸就此人物报道设立专栏，展开讨论，但是从影响力来说，已没有前几篇那么轰动。此外影响较大的有《敦煌的女儿》，这是一篇传统的知识分子人物报道，报道了扎根敦煌40余年、致力于敦煌学研究的敦煌研究院院长樊锦诗的事迹。值得注意的是，这一年，影响较大的人物报道中开始出现非《光明日报》传统人物报道的小人物，如《听农民朱学勤谈信息》《四川农村又一桩新鲜事》等。这些鲜活的小人物的出现极大地丰富了《光明日报》的人物报道，通过这些小人物的生动事例，呈现出改革开放对社会底层的巨大影响。

第三阶段：1985年至1988年。核心内容：改革艰难前行，逐步进入深水区。

这一阶段的人物报道趋向理性，仍然保持较密集的发稿量，密度稍减，数量略少，人物报道开始向普通人倾斜，向改革开放中呈现的社会问题聚焦，被报道的人物背后都维系着重大的社会问题，报纸通过这些人物报道来解剖这些重大的社会问题，以达到配合中央中心工作，推动社会进步的作用。

1985年一版头条81篇，其他版面头条54篇，全年共416篇。较有影响的是关于考古学家夏鼐的系列报道。这组连续报道呈现了《光明日报》对知识界高端人物的关注，表达了代表民族脊梁的高级知识分子传承中国文化所做出的艰苦卓绝的贡献。《一个苦斗者的足迹》则介绍了王贤才在蒙受极"左"迫害、被错划为右派后仍然孜孜以求翻译世界医学巨著《希氏内科学》的艰难历程。《一颗诚心引来八方人才》记叙了习近平总书记当年在担任正定县县委书记时不遗余力引进人才的感人事迹。

1986年一版头条92篇，二版头条41篇，全年总共420篇。影响最大的是反映人才流动的《一个工程师出走的反思》，此文触动了当时社会最引人关注的人才流动问题，引发了巨大的震荡，报纸就这一问题组织连续报道，并引发讨论，从而引起了国家组织、人事、劳动等相关部门的关注，从而推动了相关政策的出台。此外，关于四所军医大学80名学员赴老山参战的连续报道也引起巨大反响。这组报道是20世纪80年代《光明日报》关于军队典型报道中影响最大的系列人物典型的收官之作——从抢救落入粪坑老农而牺牲的张华，到张华的战友在华山抢救遇险游客，最后到四所军医大学学员赴老山前线参战。

1987年一版头条69篇，二版头条78篇，全年总共476篇。影响最大的是全息摄影报道的经典之作《他该不该得伯乐奖》，这一报道颠覆了传统人物报道非黑即白、非神即鬼、非批评即表扬的平面报道形式，报道采用完全中性的态度如实揭示一个人物正反各方面的表现，不夸大拔高，不虚饰避讳，完全用事实说话，记者不旗帜鲜明地表明自己的立场和观点，这种非传统非平面非单色调的人物报道开创了全息摄影的报道形式，影响巨大。《一个知识型企业家的创业足迹》则揭示了当时破墙开店办公司热的社会现象。

1988年一版头条61篇，二版头条55篇，全年总共425篇。这一年的人物报道中较有影响的有《不该发生的悲剧——记科技人员熊吉祥之死》《一场人才流动的官司》等，但轰动效应已开始弱化。

20世纪80年代人物报道特色谈之一：樊云芳、丁炳昌谈《光明日报》人物报道

2016年1月19日，笔者赴上海拜访20世纪80年代红遍中国新闻界的《光明日报》名记者丁炳昌、樊云芳夫妇。

退休之后，丁樊夫妇退出职场，离开喧嚣的城市，在上海郊区惠南镇的一个村定居。此地是樊云芳的祖居地，早在20世纪90年代，她为父母建造了一栋乡村别墅，而今此地已成了夫妻俩安度晚年的居所。

笔者曾多次去探望他们，一次散步遇到该村农民，笔者问："你知道这两位是什么人？"老农笑了："听说是记者，其他就不知道了。"

当年红遍全国的名记者，如今隐居乡村的普通老人，周边农民并不了解他们当年的业绩，不了解他们曾为中华人民共和国所做出的贡献，不了解他们曾发表过一篇又一篇轰动全国的新闻，其中一些新闻作品曾影响到国家有关决策部门，导致了新政策的出台，并因此曾影响了无数人。

此次笔者拜访两位名记者，一是向他们征求对《光明日报》20世纪80年

见证辉煌
——《光明日报》20世纪80年代人物报道回眸

代人物报道的意见,另一方面是希望他们介绍当年采写人物报道的体会。当年,他们都是写人物的高手,在《光明日报》上写出了栾弗、谢中秋、杨善卿、王遐方、王素华等一系列反响巨大的人物新闻作品。

以下是丁樊夫妇对20世纪80年代人物报道的看法。

回顾《光明日报》20世纪80年代的辉煌十年,很有价值。这十年是中华人民共和国成立后最辉煌的十年,也是中国共产党历史上最辉煌的十年之一;是中国共产党励志改革的十年;是共产党最受老百姓拥护的历史阶段之一;这十年也是我们党思想最解放、整个社会各阶层思想最活跃、人们激情最奔放的阶段。整个80年代全社会充满活力,人民对祖国的未来充满希望,整个社会充满了积极向上的力量,那个时代的激情是今天的人无法想象的。在中国数千年的历史长河中,这十年已以其辉煌而载入史册。

我们很幸运,能经历那个辉煌的时代,是辉煌历史的见证者,是《光明日报》十年辉煌的亲历者和参与者。在中国历史上最辉煌的十年中,作为中国最大的知识分子报纸,作为党报,《光明日报》为这份辉煌增添了无可替代的光彩,忠实地记录了这段历史,《光明日报》也因此成为这份辉煌历史中的重要部分,用媒体的力量推动了改革。这十年也是《光明日报》60多年办报历程中最辉煌的十年,是《光明日报》作为一家媒体发挥最大作用的十年。能把《光明日报》这段辉煌的历史记录下来,非常有价值。

你这本书选择了一个角度,从人物报道来反映这辉煌的十年,我们认为可以。

《光明日报》这十年的报道,尤其是人物报道有如下几大特色。

第一,把《光明日报》放在历史坐标上来考量,这份报纸是在最关键的历史节点上前无古人后无来者地发挥了扭转历史扭转乾坤的作用,这就是发表了《实践是检验真理的唯一标准》一文。这篇文章的发表,在中国引发了一场从上到下、从中央到地方、从官员到知识分子的真理标准大讨论,这场讨论导致了全国的思想大解放,这场大讨论从理论上宣告了中华人民共和国成立后,极"左"路线的终结,推动了中央改革开放决策的出台,推动了中国社会和历史的进步。因此,真理标准大讨论所产生的作用,是中国新闻史上前无古人后无来者的一件大事，一家媒体在历史的节点上，能发挥扭转历史扭转乾坤的作用，这在世界新闻史上也是非常罕见的。当然这个作用是在历史最关键的时刻发挥出来的，这是历史的必然趋势，这样的文章《光明日报》不发，《人民日报》也会发，《人民日报》不发，新华社也会发。但是这篇文章毕竟是由《光明日报》发出来了，并且已在历史最关键的时刻起到了作用，这功劳应该记在《光明日报》上。从这个意义上来说，说《光明日报》的一篇文章起到了扭转历史扭转乾坤的作用，这是符合实际的，这样的评价并不过分。

第二，《光明日报》是一家知识分子报纸，代表着最广大的知识分子的利益。回顾这辉煌的十年，一个最大的特点是：共产党的所作所为与人民的愿望高度一致，这在党的历史上是难能可贵的。《人民日报》作为党中央的机关报，面向的是全国各族各阶层全体人民大众，也代表全体人民。而《光明日报》不同，《光明日报》代表的是知识分子，而知识分子应该是人民群众中最优秀的群体，是一个国家人口构成中最突出也是最精华的部分。《光明日报》通过报道知识分子，喊出了广大知识分子的心声，喊出了时代的最强音，喊出了人们对改革的诉求，通过对知识分子的报道，把广大人民的希冀与愿望表达出来，从而推动了改革的进展，推动了时代的进步。如果《实践是检验真理的唯一标准》这篇文章由其他媒体来发，其影响力未必能达到《光明日报》这样的效果。

第三，《光明日报》这十年的人物报道都是真正的新闻。《光明日报》在这辉煌期所起到的作用，非常重要的一点是通过对知识分子的遭逢变迁来表达的，而这十年间大量报道的人物，各具特色，全面、系统地揭示了在特定的历史阶段中国知识分子的际遇经历，把一份报纸在这十年间所做的一个方面的报道，也就是人物报道如实地记录下来，就等于记录了历史。集中地写这十年间《光明日报》人物报道在这个特定历史阶段所发挥的作用，是很有意义的。

我们这一代记者作为《光明日报》这段辉煌历史的见证者，参与了大量人物报道的采访与写作，我们为什么要写这些人物？首先是因为选择这些人物进行报道完全是因为这些人物身上发生了真正的新闻，在"文革"结束，改革大幕初启的特定的历史阶段，这些

见证辉煌
—— 《光明日报》20世纪80年代人物报道回眸

人物从不同的方面代表了当时这个时代的各个侧面，这些人物真实可信，可歌可泣，可圈可点，《光明日报》刊登的这些人物报道，很少有人为导演策划的痕迹。张志新、遇罗克、栾茀这些报道都如此。当时的大形势首先是要拨乱反正，给谁拨乱反正？给大批受迫害的干部（其中许多干部本身也是知识分子）和被打入另册的广大知识分子，他们在极"左"路线下受到打击迫害，有些甚至失去了生命。拨乱反正就是要拨"文革"浩劫的乱，拨极"左"路线的乱，拨长年阶级斗争你斗我我斗你的乱，拨残酷迫害干部知识分子的乱，反回归本位的正。

选择这些人物进行报道，就是因为他们不是一般人，这些人物身上有着很大的新闻价值，极具典型性，他们身份的特殊性、遭遇的特殊性、反映重大问题的特殊性，解决这些问题的社会紧迫性和重要性都构成了轰动效应，推出一个，轰动一次。譬如我们采写的长篇通讯《一个工程师出走的反思》，报道一见报马上引起轰动，引发各部门对人才流动的高度关注，并马上引发整个社会的大讨论，湖北省委组织部立即介入调查，并呼应《光明日报》的报道写出文章。像孙冶方，真正的经济学家，很有才华，但他的理论却从来不受重视，不但不受重视，而且还不断批判他，不但批判他，还把他关进秦城监狱；钱学森、钱三强等优秀科学家都是从国外回来的，他们本来在国外都有优越的生活，但他们向往光明，心系祖国，毅然放弃了国外的优越条件回到祖国。这些怀抱着为祖国繁荣昌盛而献身的知识分子，回国后却经历坎坷，备受迫害，甚至有些被迫害致死，这样的悲剧令人心痛，发人深思。譬如马寅初，当时就受到严厉的批判，长期被剥夺发言的权利，粉碎"四人帮"后，这些人物重新在媒体上露面，鉴于他们经历遭逢的极端典型性，鉴于他们在学术上的极端重要性，这些人物一经报道就成为重大新闻，成为重磅炸弹而产生轰动效应。为什么轰动？就是因为这些人物代表了中国最优秀的知识分子，他们的遭遇是那样的惨烈，他们对党对祖国还是那么的忠诚，而他们的命运却是那样的悲惨，发生在他们身上的悲剧打动了一代人，打动了广大读者。这些典型人物的经历深刻地阐释了特殊的时代背景，发生在这些人物身上的悲剧，是这个时代的悲剧，为他们呐喊，实际上就是对当时中央拨乱反正这一中心工作的有力支持，为他们平反昭雪，也更好地推动了拨乱反正工作，推动了改革开放的进程，因此意义重大。

第四，《光明日报》对人物报道高度重视，一旦发现有价值的人物典型，就不惜代价，不惜版面，调动整个报社的资源为这些报道服务。应该说，十年当中的《光明日报》各届领导对人物报道都非常重视，杨西光担任《光明日报》总编辑时，《光明日报》推出了张志新、遇罗克、马寅初等重大典型人物；杜导正主政时报道了栾茀、韩琨、孙冶方、张华、华山抢险英雄群体等重大典型。从当时的政治气氛来说，虽然中央对拨乱反正非常重视，但由于几十年极"左"路线的影响，中央还有不少领导坚持"两个凡是"的错误观念，又何况基层许多干部无法一下子扭转思路。在这样的政治形势下，拨乱反正的阻力非常大，报道这些人物需要冒一定的政治风险，而《光明日报》的几任领导都很有风骨，有远见卓识和政治勇气，有作为媒体人的责任担当，不畏艰险，力推这些人物典型，获得了巨大的成功。

第五，《光明日报》有一支高水平的有良知、正直、正派的记者和编辑队伍。

《光明日报》是一家知识分子报纸，编辑记者本身就是知识分子，并且是知识分子中的精英群体。几届《光明日报》编委会以及整个《光明日报》采编队伍成员都非常值得钦佩，他们既是真正的报人，是真正的党的新闻工作者，他们富有良知、正直、正派、品德高尚。从领导班子成员来看，杨西光、杜导正、姚锡华等领导都是政治家，他们深知自己肩头的历史责任，他们身上有着非常敏锐的政治嗅觉和新闻敏感，有极强的大局意识；同时他们也都是坚定的勇于承担责任的革命家，他们身上有着中国传统文人所具有的家国情怀，有着"富贵不能淫，贫贱不能移，威武不能屈"的中国传统文人的特殊禀赋，有着革命者抛头颅洒热血为民族为人民万死不辞的牺牲精神。因此，在当时这个特殊的历史时期中，他们把个人荣辱甚至生命置之度外，一心扑在新闻事业中，做出了不可磨灭的贡献。当杨西光看到《实践是检验真理的唯一标准》这篇文章时，作为一个敏锐的政治家，他马上意识到这样的文章可遇而不可求，于是就调动各方力量补充修改，并让中央党校的理论家吴江等人参与修改。为了使文章得到更广泛的传播，他又联络新华社社长曾涛、《人民日报》总编辑胡绩伟，让他们转载这篇文章。在那个乍暖还寒的历史节点上，他的这一做法无疑是明智之举、智慧之举。正因为他联合了多家中央媒体的负责人，从而形成了强有力的团体力量，才能抗衡"两个凡是"势力的巨大压力。

从《光明日报》中层干部来看，当时的那些部主任也都非常优秀，他们政治素质强，业务精湛，都是各个领域的权威，他们既是政治家和新闻工作者，也是社会活动家，在各自的学科领域中有相当的地位，如《光明日报》记者部主任卢云，他是中国顶尖的编辑，在业界有很高的威望；理论部主任马沛文是从延安出来的我党的理论家，后来他担任了副总编辑。

从记者队伍来看，《光明日报》编辑记者中知识分子比例在当时的中央媒体中是最高的，记得当年有过一个统计，《光明日报》编辑记者的学历平均比《人民日报》稍高。杜导正曾亲口对我们说过，杨西光对《光明日报》的采编队伍有个评价：《光明日报》知识分子很多，但是个杂牌军，跟你新华社不一样，《光明日报》原来是一个民主党派的底子。由于这些编辑记者本身就是知识分子，与中国知识分子共同经历了中华人民共和国成立以来的苦辣酸辛，也共同经历了一次次的政治运动，许多人还是极"左"路线的受害者。因此，他们对广大知识分子的遭逢感同身受，对整个中国知识分子阶层有非常深入的了解。可以说，这支队伍是与真理同行，与时代同步的战斗群体，他们所处的时代是知识分子刚从"臭老九"转变成"劳动人民一部分"的阶段，他们自身的经历以及遭遇、感受、受到的挫折和磨难，使他们更容易融入广大知识分子中，共同的遭遇使他们对知识分子有着深刻的理解和同情，因此，他们非常愿意为知识分子鼓与呼，他们通过自己笔下人物的呼吁，实际上表达的是他们自己的心声。

这里特别要强调的是，被称为《光明日报》半壁江山的地方记者。《光明日报》曾两度在各省派驻记者，第一次在全国各省、市、自治区设记者站是在1959年，到1961年，全国除西藏、新疆、内蒙古、宁夏几个偏远省区外均设立了记者站。每个站配备记者一般为1人，少数省区2人，当时最多的是四川，是3人。"文革"开始后，驻省区记者被召集到报社参加运动。1970年1月27日，当时分管宣传的姚文元一个指令，记者站全部被撤销，绝大部分记者回到省里重新安排工作。

《光明日报》第二次在全国各省区派驻记者是在1978年，这一年的5月27日，中宣部和中组部联合下发通知，要求各省、市、自治区党委宣传部、组织部协助《光明日报》做好建站工作。这次的建站工作进展神速，到1979年1月召开全国记者会时，全国所有省市区除西藏外均建立了记者站。这支记者队伍很快成为《光明日报》报道的中坚力量，许多引起轰动的好新闻大新闻都是由这支队伍完成的。重大报道，特别是头版头条中有三分之一是由地方记者提供的。20世纪80年代的《光明日报》驻省记者出了一批优秀的记者，如梁衡、张祖璜、张贻玖、谢军、胡羊、薛昌词、苗家生、李汀、杨荣、庄电一、唐湘岳等（当然也包括樊云芳、丁炳昌——笔者注）。

20世纪80年代的《光明日报》真可谓名记者云集，张天来、王晨、林玉树、马雨农、张胜友、金涛、邓加荣等，都是第一流的记者；苏双碧、黎丁、王强华、马沛文、秦晋、朱军都是第一流的编辑。像《光明日报》著名编辑黎丁，在中国知识界有着很高的声望，巴金、钱钟书、王蒙等名流都是他的朋友，他对知识分子尤其是大知识分子太了解了，编辑与作者完全是血脉相连的关系，能准确地洞悉知识分子的心声。

20世纪80年代一段时间《光明日报》拼命呼吁知识分子待遇太低，通过大量的人物报道，通过许多典型人物的经历来反映"搞导弹不如搞茶叶蛋"，譬如"文革"把中国教师搞臭了，师道尊严完全丧失，教师待遇太低成为当时的一大问题，这些问题有许多是通过人物报道来揭示的。知识分子能不能提高待遇？该不该提高待遇？《光明日报》通过一个个人物的遭逢，通过一篇篇人物报道来为知识分子呼吁，吁请政府提高知识分子的政治地位和物质待遇。中国知识分子待遇的提高——无论政治待遇还是物质待遇的提高都是与《光明日报》不断呼吁分不开的，知识分子待遇的提高是《光明日报》对改革开放的杰出贡献，没有知识分子的奉献，中国的改革开放是难以想象的。《光明日报》还极力鼓吹让知识分子发挥作用，譬如韩琨事件,科技人员该不该替乡镇企业服务?为乡镇企业服务付出劳动能不能接受报酬?等等。

第六,《光明日报》把知识分子当作真正的时代的主角。知识分子的报纸,自然要代表知识分子说话;而为知识分子说话,在新闻中最好的办法是让知识分子自己在版面上说话,用他们的经历、命运、遭逢说话。在新闻体裁中,人物报道最能反映知识分子心声。这也是《光明日报》对人物报道特别重视的原因。

知识分子是《光明日报》的主角,也是时代的主角,坚持把知识分子放在主角的地位,这是《光明日报》的一大特色。什么叫主角?就是当主角一出现,报纸所有资源都最大限度地向其倾斜,为其服务,其他报道一律为其让路,包括中央领导的报道也为主角让路。让知识分子成为时代主角的一大标志是,中国党政领导干部的年轻化和知识化,《光明日报》对走上领导岗位的知识分子的报道可谓不遗余力,在相当长的时间内这一内容成为《光明日报》版面上的重要内容。

第七,20世纪80年代《光明日报》的人物报道,常常是人物背后有一个重大的时代背景,蕴含着重大的社会问题,也因此,一发表就能震撼全国人民的心灵,引起党和政府的高度重视。譬如张志新、遇罗克背后是遭受冤假错案的知识分子需要平反的问题,这是拨乱反正的主要内容;韩琨事件的背后是科技人员能不能利用业余时间为乡镇企业服务的问题,也是他们的付出能不能获得合理报酬的问题;蒋筑英的背后是中年知识分子英年早逝问题,是知识分子待遇亟待提高的问题;谢中秋的背后是人才流动问题,是人才部门所有制导致人才难以流动、人才难以发挥作用而造成的对改革开放起到阻碍作用的体制壁垒问题,等等。通过对这些人物的报道,揭示社会问题,最终使这些问题得到解决。《光明日报》的这类人物报道因此有了一个鲜明的特色,即通过这些人物报道揭示社会问题,用舆论的力量影响社会、影响决策部门,最终促使决策部门出台相应政策,使问题得到最终解决。张志新、遇罗克的报道直接推动了拨乱反正工作的进展,促使大批冤假错案得到平反昭雪;韩琨事件使科技人员为乡镇企业服务从地下走向地上,最终导致了国家有关部门出台政策,允许并鼓励科技人员业余兼职并收取合法的报酬;

蒋筑英报道促使中央和有关部门重视知识分子的待遇，促使国家出台政策，大幅度提高知识分子待遇；谢中秋事件则促使国家劳动人事部门出台政策，允许并鼓励人才流动，使得人才部门所有制的壁垒被彻底打破，人才流动的闸门因此洞开。

纵观《光明日报》这十年的人物报道，站位高，影响大，效果好，可以说上下欢迎，中央满意，人民群众喜欢。

选择《光明日报》十年中的人物报道这个角度来写这本书，显然与你后来写了不少人物报道有关。你进《光明日报》比我们晚，你是1983年来的，而我们则是1978年来的，我们经历了这辉煌十年的全过程，作为见证者，我们比你有更多的对这十年的认同和更深刻的体会。在这十年中，我们这一代《光明日报》记者，都很重视人物报道，通过人物报道发出中国知识分子对时代、对祖国、对党、对未来的希冀与愿望，发出心灵的呼喊，表达了我们这一代新闻人对中国未来的希望和不懈追求。你来得稍晚，你是在这十年的后期才介入人物报道的，你写人物最多的时间段是在新世纪之后，尤其是在2014年你退休前的五六年。这一阶段的人物报道与80年代的人物报道有着较大的不同，这一时期的人物从新闻诸要素上来看有许多不是真正的新闻，人物报道更多体现的是政治需要，与真正的新闻有距离——当然也不排除有些是真正的新闻。譬如最近几年大量报道的最美教师、最美医生、最美警察等，这些人物更多的是出于政治需要，为了教化民众的需要，人为策划的痕迹明显，是一种宣传。

2016年的1月下旬，正是江南数十年不遇的严寒，气温降至零下10摄氏度，而我们的畅谈却热烈而欢快。樊云芳、丁炳昌毕竟是名师，他们对《光明日报》十年间人物报道的特色的分析很透彻，他们的洞见表达了这一代媒体人深邃的思想和敏锐的目光。

第二章　拨乱反正中的人物报道

记得是世纪之交的那年秋天，深圳市南山区委宣传部部长陈禹山来杭州，受到时任浙江广电局局长马雨农的热情招待，笔者也应邀叨陪末座。两位20世纪80年代《光明日报》的名记者，因为各自的原因先后离开了自己为之服务了数十年的报社，马雨农因夫妻长期分居两地而离京南下，回到出生地浙江，由《光明日报》编委调任《浙江日报》副总编辑，后任浙江人民广播电台台长、省广电局局长，最后在浙江省记协主席任上退休；而陈禹山则叶落归根，离京南下来到深圳，出任深圳市南山区委宣传部长。两位《光明日报》的大牌记者都是写人物的高手，马雨农曾参与审判"四人帮"的报道，他采写的关于陈毅与知识分子关系的《知音曲》影响深远，被许多教科书采用，成为中国新闻史上的经典名篇；陈禹山写过大量的人物报道，尤其是关于张志新的报道引起巨大的轰动，此文已载入新闻史和党史。

那是一个金风送爽的晴好秋日，马雨农做东，把盏迎宾，话题纵横天下，畅谈他们为之付出青春和热血的《光明日报》的燃情岁月，谈到当年各自所写的报道，话题自然触及张志新。张志新的报道是陈禹山记者生涯中最为辉煌的篇章。而由新闻界到官场，他的笔并未停止，他说他正在写一本关于张志新的书，里面有许多不曾公开的内幕，这本书因涉及许多机密还无法出版，但作为记者，他有责任把这段历史记录下来，总有一天会将所有秘密告白天下。

陈禹山是业界公认的名记，笔下行云流水，汪洋恣肆，但他一口广东话却佶屈聱牙，乡音无改，初次接触，他的话不太听得懂，真奇怪他在北京工作这么久，但言语里却很难听到哪怕一丁点儿的京腔。

两位名记者畅叙的情景已积淀在笔者的大脑皮层，成为感性的记忆至今难忘。记者是真理的追求者，真相的揭示者，针砭时弊、揭露黑暗、鞭挞邪恶、为民请命，担起社会良心的重责，记者真正的威力是能够揭露真相，因而记者也是真相的记录者、挖掘者和保卫者。陈禹山关于张志新的暂时还无法公开的秘密，却一直成为笔者大脑中的一个兴奋点，每有触动，便会点燃，但遗憾的是至今仍无法一窥秘密。

不同时代有不同的人物报道。战争年代是战斗英雄，和平时代是劳动模范，20世纪60年代是雷锋、焦裕禄式的楷模，"文革"时期是造反的红卫兵、白卷英雄张铁生和反潮流战士王帅，而七八十年代则是遇罗克、栾弗、蒋筑英、韩琨、步鑫生、鲁冠球、马胜利……而张志新便是《光明日报》20世纪80年代人物报道中最炫目的一个。

第一节　拨乱反正的时代背景

一、胡耀邦的新隆中对

1976年10月，"四人帮"粉碎，中华民族的大劫难"文革"终于宣告结束。但是，极"左"路线和"文革"所形成的惯性还在阻碍着社会前进，"两个凡是"便是这种惯性作用下的产物，"文革"的极"左"思维因此得以延续，中国背着沉重的历史包袱继续在负重前行。

与"两个凡是"针锋相对做斗争，带领全党全国人民卸掉沉重的历史包袱轻装前进，胡耀邦功不可没。粉碎"四人帮"后，胡耀邦是中国改革开放过程中党中央做出具有决定性意义的重大举措的积极参与者和实践者。"四人帮"一被粉碎，胡耀邦就向叶剑英和华国锋提出三条治理国家的建议："一、停止批邓，人心大顺；二、冤案一理，人心大喜；三、生产狠狠抓，人心乐开花。"（《胡耀邦文选》中《对当前如何治理国家的建议》）这就是后来广受赞誉的"新隆中三策"。这三策是后来中央重新确立党的思想路线、组织路线、政治路线的重要依据，也是此后党中央的行动纲领。

事实证明，"新隆中三策"逐一被中央采纳：1977年7月，十届三中全会恢复了邓小平中共中央副主席、国务院副总理、中国人民解放军总参谋长的职务；1977年12月，胡耀邦出任中央组织部部长，在他强有力的推动下，全国性的平反冤假错案工作全面展开；1978年12月，十一届三中全会决定，把全党工作的重点转移到社会主义现代化建设上来，终结"文革"，启动改革，中国进入改革开放的新纪元。

1976年10月6日"四人帮"被抓后，中央马上派人接管了中央主要媒体,迟浩田、孙轶青进驻人民日报社,耿飚接管中央人民广播电台,郑屏年进驻新华社,刘西尧、王维澄、孙中范进驻光明日报社,主要任务是把住报纸的关口,稳定这几家主流媒体的记者编辑队伍,以便在中央正式公布粉碎"四人帮"后深入开展揭批"四人帮"运动。此后是清算"四人帮"极"左"路线和思想上的拨乱反正。但拨乱反正困难重重,原因是"两个凡是"的思想禁锢。这个最大的思想禁锢不冲破,中国只能沿袭以阶级斗争为纲的老路。

"两个凡是"是1977年2月7日《人民日报》、《红旗》杂志、《解放军报》以"学好文件抓住纲"为题发表的社论中提出来的:"凡是毛主席做出的决策,我们都坚决维护,凡是毛主席的指示,我们要始终不渝地遵循。"

"四人帮"倒台了,受到了人民的审判,但是他们所代表的那种传统势力,却并没有被彻底清算。"两个凡是"实际上向人民宣告:"四人帮"的倒台并不意味着"四人帮"所代表的一切旧制度被铲除了,相反,"两个凡是"昭告这个旧制度不能动,极"左"的思想基础不能动,毛主席晚年所犯的错误以及在这种错误思想主导下做出的所有错误的决定都不能动。"两个凡是"严重地阻碍了拨乱反正的进程,中国就是在举步维艰的当口迎来了1978年。

但是,历史的潮流无法阻挡,1978年注定要成为中国改革开放的新纪元,中国改革开放的元年!

1978年的中国知识界好事频至,3月18日,全国科技大会在北京隆重召开,这次会议受到知识分子的热烈追捧,中国"科技的春天来到了";4月5日,中共中央批准中央统战部和公安部的请示报告,决定全部摘掉"右派分子"的帽子。1957年那场反右派运动得以纠正。

然而,乍暖还寒时节最难将息。中央媒体上,"两个凡是"依然不断出现,以阶级斗争为纲的口号仍没有变,包括刘少奇、彭德怀在内的大量的冤假错案依然没能平反。经历了"文革"浩劫的中国,积案如山。据《思念依然无尽——回忆父亲胡耀邦》一书介绍,胡耀邦就任中组部部长之后,面临的局面非常艰难,"文革"前的历史遗留案件188万件,"文革"中立案复查的290万人,占1700万全国脱产干部包括文教系统干部的17%的人蒙受各种冤案,加上被审查的基层干部、工人、老百姓和他们的直系亲属,涉及人口将近1个亿。

平反冤假错案工作阻力重重。

虽然邓小平已经复出,职务也已恢复,但矛头直指邓小平的"天安门事件"仍未平反，因为这是毛主席钦定的案件。改革派和"凡是派"的较量或明或暗地进行，人民心头的压抑和苦闷仍未消除，禁锢着人们的精神枷锁还未能打破，人们还没有从极"左"的梦魇中走出。此时，非常需要舆论来拨开迷雾，廓清是非，解放思想，打破禁锢。

二、杨西光与《实践是检验真理的唯一标准》

刘西尧、王维澄、孙中范于1976年10月7日受中央指派组成《光明日报》临时领导小组接管《光明日报》，然而3个月后的1977年1月11日，刘西尧调任教育部部长，由部队来的范戈接任《光明日报》总编辑。但范戈也是过渡性人物，让谁来主政《光明日报》，这已经是迫在眉睫的事情。

闻鼙鼓而思良将。中央党校副校长胡耀邦1977年12月中旬就任中组部部长，在正式接到任命前，他已经在考虑《光明日报》总编辑的人选问题，而此时正在中央党校学习的杨西光进入了胡耀邦的视野。

杨西光，1915年4月7日出生，安徽芜湖人，参加过"一二·九"运动，1936年入党，1940年秋进入延安，先在延安马列学院学习，后到中共中央统战部工作。1949年5月上海解放后随军赴上海接管同济大学。1949年8月调福建，历任中共福建省委宣传部副部长、部长，《福建日报》总编辑。1954年9月调回上海，历任中共复旦大学党委书记、《解放日报》总编辑、中共上海市委常委、教育卫生部部长、中共上海市委候补书记。"文革"期间被监禁7年之久。1977年入中央党校高级班学习，学习期间很受胡耀邦的器重。

1978年3月14日，中共中央下文，任命杨西光为《光明日报》总编辑。上任之前，胡耀邦找他谈话，称赞他政治思想强、理论水平高，对宣传文化战线的工作相当熟悉，特别是做知识分子的工作，有很丰富的经验。这次调他到《光明日报》任总编辑，就是要充分发挥他熟悉知识分子工作的特长，因为《光明日报》是一张面向全国广大知识分子的报纸。胡耀邦特别指出，北京四大报刊中的《人民日报》和《解放军报》，积极批判极"左"思想，大力推动拨乱反正，而《红旗》杂志和《光明日报》却按兵不动。派他去就是要积极地开创一个新的局面。

这位曾主持过《福建日报》和上海《解放日报》的老报人上任后的第一个大动作便是报纸改版。

邓加荣在《杨西光传》中有这样一段描写：

见证辉煌
――《光明日报》20世纪80年代人物报道回眸

历史上,《光明日报》本来就是一张面向广大知识分子、以宣传报道科学、教育、文艺、理论为主的报纸,可是,"文革"期间受到极"左"路线的干扰,逐渐地脱离开本职,抛弃了本色,变成了与一般全国政治性大报无异的、几乎是完全统一版面的一张报纸;它本来是知识分子之家,现在却因离开了本职而使广大知识分子感到"无家"可归。杨西光想起了邓小平同志在1977年8月8日提出的四化建设"要从科学和教育着手"的伟大号召,想起了临来时胡耀邦同志在谈话中的一再嘱托,于是,一到任便立即着手改版,雷厉风行地改变《光明日报》原来那种大而不当的状况,使之尽快地复归于其历史的本来面貌。他在《为本报改版致读者》的社论中,明确地宣告说,今后的《光明日报》,仍将是一张以科学、教育为主要内容的报纸,着重宣传报道科学、教育方面的路线、方针、政策,介绍国内外科学、教育方面的动态,大力普及科学知识,努力办好理论色彩和文学色彩都很浓厚的各个专刊与副刊,而对于国内外一般的政治经济新闻,除特殊或特别重要者外都不刊登。

特殊的历史时期需要特殊的人物来完成特殊的历史任务,杨西光便肩负特殊的使命走马上任了。

习近平总书记2016年2月19日在新闻舆论座谈会讲话时强调,新闻舆论工作者要增强政治家办报意识,在围绕中心、服务大局中找准坐标定位,牢记社会责任。杨西光就是一个政治家办报意识很强的报人,他当然清楚自己的社会责任。就任《光明日报》总编辑后,他马上提出报纸要突出自己的特色的问题。《光明日报》的特色是什么?作为一张知识界的报纸,当然要突出科学技术、教育、文化等,但当时的报纸还沿袭"文革"的许多做法,千报一面,千报一腔,共性多,个性少,要改,并不容易。但是,杨西光是一个很有见地且很有胆识的政治家,上任一个多月就开始改版,他在《为本报改版致读者》中开宗明义:

> 改版以后,本报将作为一张以科学、教育为主要宣传内容的文化战线方面的报纸,以宣传科学、教育方面的路线、方针、政策为主。积极反映国内外科学、教育方面的动态,大力普及科学知识。

为了保持和发扬原有特点，还要兼顾社会科学和文化方面其他领域的宣传，办好各种专刊和副刊。国内外政治、经济新闻，除特殊重要者外，一般将不刊登。

杨西光好大的胆子！为突出特色，公然提出恢复报纸传播科学知识的职能，纠正"文革"将报纸宣传科学知识定为修正主义办报方向的禁区；更让人瞠目的是，他竟然宣称今后不登政治和经济方面的新闻，这在当时是冒着很大风险的；而更大胆的是，他在改版后毅然将"文革"延续下来的报眼刊登毛主席语录的做法取消，这一做法在中央媒体中是第一家。《光明日报》率先垂范，《人民日报》马上跟进，也效仿《光明日报》的做法。杨西光同时规定，大量压缩政治新闻、会议新闻，特别是中央领导人的活动，中央领导讲话也压缩到最低限度，以最小的版面来报道。这样一来，《光明日报》的特色很快就鲜明起来。这为大量报道人物这一《光明日报》最显著的特色打下了基础。

改版后的《光明日报》呈现出一个明显的特点：每天固定在报眼上的马恩列斯毛的语录为图片新闻所取代，报纸版面傻大黑粗的面貌有所改善，变得清秀了一些，标题没有那么大了，文章没有那么长了，文字密了，信息量增多了，"文革"腔调少了，尤其是报眼取消毛主席语录改登新闻图片这一点在中央媒体中带了一个好头，稿件以"本报记者"署名的做法得以恢复，报纸开始恢复了新闻纸应有的面貌。

就是在这样的情况下，胡乔木对《光明日报》改版的评价为这份报纸做了一个很大的广告，他在接见外宾时说："欲知国内外知识分子情况，请看今日的《光明日报》。"

不过在当时的情况下，完全按新闻规律办报还无法做到，政治需要仍然凌驾于新闻规律之上。譬如1978年7月1日的报纸从一版到四版整张报纸就一篇文章：重新发表毛泽东1962年1月30日的讲话。一天的报纸就登一篇讲话稿，这在世界报业史上恐怕都是绝无仅有的。

杨西光不辱使命，他的到来马上揭开了《光明日报》历史上崭新的一页，也翻开了《光明日报》最辉煌的篇章。

1978年5月11日，一个普通而平常的日子，但是，对于《光明日报》来说，这却是一个绝不平常绝不普通的日子，载入史册的《实践是检验真理的唯一标准》便在这一天横空出世。

这是一篇震撼中国政坛、触动中国最高权力枢纽神经的文章，也是在中国意识形态领域炸响的春雷。文章在中国高层引发剧烈的争论，在全国范围内引起持续的大讨论，思想解放的大幕由此揭开，这才有了此后对极"左"路线危害的清算，才有了平反冤假错案，才有了落实知识分子政策，才有了真正的改革开放。

《光明日报》记者樊云芳在一篇文章中写到的一个细节令人动容：对杨西光来说，发表《实践是检验真理的唯一标准》一文的决定是冒着巨大的政治风险做出的，他深知此稿触动的是中央高层的思想意识，后果将会非常严重，也许，他将为此付出沉重的代价，他已做好坐牢甚至掉脑袋的准备。文章发表那一天，他早早来到办公室，却吩咐秘书陶铠，这一天谢绝所有来访，不接任何电话。那天陶铠几次推门看他，只见他直挺挺地坐在办公桌前一动不动，两眼直愣愣地看着窗外刚爆出嫩芽的柳枝……

《实践是检验真理的唯一标准》发表的背景是，"文革"虽已结束，但许多重大问题依然无法解答，社会各界对这些问题不能拨乱反正感到无法容忍，譬如关于教育上的"两个估计"问题，17年的文艺黑线问题，"走资派"问题，知识分子问题，"四五事件"问题，一大堆历史遗留问题等待拨乱反正。尤其是"四五事件"，"四人帮"都被抓了，"四人帮"将到天安门悼念周总理的干部群众作为反革命来镇压的所谓反革命事件却还得不到平反，怎么说得过去？社会各界对此意见很大，大家心中有气。尤其让人们无法想通的是，这些问题还不让讨论，新的禁区还在继续设定，改革派与凡是派的斗争呈现更加剧烈更加复杂的态势。

但是，《实践是检验真理的唯一标准》毕竟发表了，文章冲破了"两个凡是"设置的禁区，打破教条主义的精神枷锁，使被"四人帮"搞乱了的思想和理论有了澄清的可能，同时也使马克思主义的本来面目得到恢复。文章在全国范围内引发了一场规模宏大的关于真理标准的大讨论。回眸当时的情景，该文引发的巨大反响在报业史上极为罕见，这是一篇在重大的历史关头引导人们深入思考，引导人们正视社会现实，激发人们斗志，与"两个凡是"公开斗争，凝聚力量，扭转历史的具有划时代意义的宏文。在中国当代报业发展史上，像这篇文章产生的作用，是所有党报所没有的。这篇文章的发表，实际上起到了在思想理论界拨乱反正的先导作用，若不澄清被"文革"搞乱了的思想和理论，不扭转长期以来极"左"的错误，不冲破极"左"的思想理论的禁锢，改革开放就无法进行。因此，这篇拨乱反正、正本清源的文章，实际上为党的十一届三中全会恢复实事求是的思想路线做了理论上、舆论上的准备。有人极言:《实践是检验真理的唯一标准》的发表是中国改革开放的源头。

这场由该文引发的思想解放的结果是:中国改革开放的大幕拉开了!

十一届三中全会是中国历史的转折点,这一点无人不知。但此前召开的中央工作会议,却不为大多数人所知。如果没有这次中央工作会议,十一届三中全会不可能做出扭转历史航向的重大决策。

三、拨乱反正初期的政治较量

1978年11月10日,中央工作会议在京西宾馆开幕。这个原定11月25日结束的会议,却因为出现突发情况而整整延迟了21天——开了36天才告结束。

这个突发情况便是陈云在会上提出了6条意见。

在中央工作会议开幕式上,华国锋表示,从1979年1月起,全党工作的着重点将转移到社会主义现代化建设上来,但仍然强调"要阶级斗争、生产斗争、科学实验三大革命运动一起抓"。

与华国锋的意见不同,邓小平在会议召开之前的10月3日下午召集胡乔木、邓力群、于光远谈话时提出:揭批"四人帮"运动应告一段落,全党工作的重心应转移到经济建设上来,以阶级斗争为纲的政治路线必须结束!

关系到中国发展方向的重大分歧便这样在两个主要领导人中间出现。

当会议按正常程序进行时,陈云的意见却使历史发生逆转,他在分组讨论中提出:薄一波同志等61人所谓叛徒集团一案应予平反;对在"文革"中被错误定为叛徒的同志应给以复查;对陶铸、王鹤寿等七七抗战后由我们党向国民党从监狱中要出来的却在"文革"中被定为叛徒的同志应复查并做出实事求是的结论;彭德怀的骨灰应放到八宝山革命公墓;"天安门事件"应予肯定;对康生的错误应予批评。

陈云的6点意见上了会议简报因此得以公开,马上,与会绝大多数代表群情激奋,反响热烈,因为这些意见说出了人们想说而不敢说的心里话。会议很快脱离原定程序,代表们的目光向当时社会呼声最高、最为引人关注的平反冤假错案、解决历史积案问题聚焦。

在中国共产党的历史中,一次党的大会竟中途改变会议主题和议程,这一状况极为罕见。

面对整个会议走向的改变,华国锋以宽厚的胸怀接纳了大家的意见。他肯定会议开得好,不但同意会议时间延长,还表示"六十一人案"、陶铸、杨尚昆、"二月逆流"要平反；彭德怀骨灰要放入八宝山。

　　就在中央工作会议的主题出现重大转折之时，北京市委常委扩大会议上又掀起了一个惊天巨澜：当时在政治上极端敏感的"天安门事件"被重新定性，北京市委常委会结束时宣布："1976年清明节，广大群众到天安门悼念我们敬爱的周总理，完全是出于对周总理的无限爱戴、无限怀念和深切哀悼的心情；完全是出于对'四人帮'祸国殃民的滔天罪行深切痛恨，它反映了全国亿万人民的心愿。广大群众沉痛悼念敬爱的周总理，愤怒声讨'四人帮'，完全是革命行动，对于因悼念周总理、反对'四人帮'而受到迫害的同志一律平反，恢复名誉。"

　　这是在中央没有对"天安门事件"做出明确表态之前由一级地方党委做出的为这一事件平反的决定！

　　1978年11月16日，新华社播发了一篇200多字的消息：《中共北京市委宣布"天安门事件"完全是革命行动》，这一报道在《人民日报》头版头条刊出，全国许多报纸也刊登了这条消息。

　　这一消息马上引起轰动！

　　令人欣慰的是，华国锋顺应了民心民意，坦然地接受了已经造成的事实——11月25日，他代表政治局正式在大会上宣布："天安门事件"完全是革命的群众运动。为"天安门事件"公开彻底平反；政治局决定，反击右倾翻案风是错误的，所有有关文件全部予以撤销；"二月逆流"是林彪、"四人帮"的蓄意陷害，涉案所有领导同志一律平反并恢复名誉；薄一波等六十一人的问题是一起重大错案，中央决定予以平反；彭德怀骨灰放到八宝山革命公墓。华国锋同时宣布：从1979年1月起，把全党工作的着重点转移到社会主义现代化建设上来！

　　会议从11月10日一直开到12月15日方告结束，长达36天的中央工作会议才落下帷幕。

　　5天之后——1978年12月18日，具有历史意义的党的十一届三中全会开幕。三中全会公报说：

　　　　会议决定把全党工作的重点和全国人民的注意力转移到社会主义现代化建设上来。全会批判了"两个凡是"的错误方针，充分肯定了必须完整地、准确地掌握毛泽东思想的科学体系，高度评价了实践是检验真理的唯一标准问题的讨论。确定了解放思想、开动脑筋、实事求是、团结一致向前看的指导方针。全会在正确分析国内外形势的基础上，决定停止使用"以阶级斗争为纲"的口号，否定"无产阶级专政下继续革命"的错误理论。

这是中华民族的一次伟大的历史性转折，中国由此进入了一个历史上最辉煌的时代！

《光明日报》也进入历史的辉煌期，一连串轰动全国的人物报道就是在这样的背景下出台的。

四、拨乱反正阶段的人物报道

从1979年到1981年间，这是《光明日报》十年辉煌期人物报道的初始阶段，这一阶段的人物报道数量不算太多，在整个十年中属于最少的阶段。但这一时期的人物报道有个显著特点：分量极重，常常是一刊发就引起轰动，反响异常强烈。

如前所述，1978年《光明日报》的人物报道还不多，但不可忽视的是，这一年在《光明日报》上出现的最具轰动效应最有影响力的人物报道却不是新闻这一形式，而是报告文学。继1977年11月2日刊登《光明日报》记者采写的通讯《艰苦探索攀高峰——记陈景润刻苦钻研数学的事迹》之后，1978年2月16日，《光明日报》转载《人民文学》第一期徐迟的报告文学《哥德巴赫猜想》（《人民日报》也转载了此文），这篇介绍数学家陈景润的作品从一版整版转二版整版再转三版半个多版，一版配有两幅图片，报眼上是一段马克思语录："在科学上没有平坦的道路，只有不畏劳苦沿着陡峭山路攀登的人，才有希望达到光辉的顶点。"标题下加了长长的编者按。

《哥德巴赫猜想》的刊出使数学家陈景润一举成名，一直被贬斥被嘲笑被羞辱的知识分子开始以正面的形象出现，一时间这个只懂数学不懂生活、走路头撞在树上还会问是谁撞了他的可敬可爱又有点可笑的书呆子成为人们心中的英雄，报道轰动全国，当然，这个轰动是杂志和众多报纸共同完成的。经历了"文革"对知识分子的丑化、矮化、污化之后，陈景润成为第一个重大、正面的知识分子形象出现在大众面前。

值得一提的是，3月25日二版头条刊登记者部主任卢云采写的人物报道《最高的荣誉》，这是《光明日报》最早以本报记者署名的报道之一。这也意味着整个"文革"期间剥夺记者署名权后，报纸开始恢复正常，意味着记者写的稿件不再像"文革"期间那样可以不负责任：不用对党负责，不必对人民负责，不须对历史负责，可以睁着眼睛说瞎话。

拨乱反正期间，《光明日报》刊登了一批以批判林彪"四人帮"，清算"文革"余毒为主要内容的人物报道，通过人物的命运，控诉"文革"给广大干部群众和知识分子造成的灾难。

《哥德巴赫猜想》经中央主流媒体的转载产生了巨大的反响，形成了一股巨大的报告文学热。陈景润的形象也因此传遍全国，深入人心。两个月后，《光明日报》4月16日再次刊登徐迟的报告文学《生命之树常绿》，这是徐迟的又一引起轰动的力作。此文详细介绍了云南热带植物研究所所长、著名植物学家蔡希陶的事迹，整篇作品充满时代特色，洋溢着强烈的爱国主义精神。6月13日，《光明日报》名记者、著名报告文学作家理由的报告文学《扬眉剑出鞘》刊出。1979年1月7日发表报告文学《在四五的激流中》，描写了四五运动中人民群众对周恩来总理的爱戴之情。4月1日刊登报告文学《依傍田野的小屋》，介绍北京农大教授、我国著名小麦专家蔡旭在"四人帮"横行期间顶住压力，坚持研究小麦育种的科学管理经验，取得成就的事迹。11月3日至4日连续刊登黄宗英的报告文学《大雁情》，同时刊登国家科委政策研究室、中国科学院政策研究室共同推荐该文的《荐大雁情》一文。该文刊发后引起强烈反响，《光明日报》11月23日开辟"怎样充分发挥知识分子在四化中的作用"专栏展开讨论，关于知识分子的讨论由此开始。在这一段时间中，报告文学在人物报道中形成了一时之盛，影响至巨。

在1978年的人物报道中，影响较大的还有对后来获得诺贝尔奖的屠呦呦的报道，这年6月18日刊发的由王晨采写的通讯《深入宝库采明珠——记抗疟新药"青蒿素"的研制历程》，王晨是中央媒体第一个报道屠呦呦团队研制"青蒿素"事迹的记者，屠呦呦在获诺贝尔奖后还曾专门提到当年的年轻记者王晨对她的采访，对记者和报道赞赏有加。

拨乱反正和平反冤假错案工作到1982年基本宣告结束。在此期间，《光明日报》刊发的有重大影响的几篇人物报道，笔者将重点予以介绍。

第二节 《一份血写的报告》

2015年12月，一条信息在网络上疯传：

《强行给张志新割喉管的刽子手×××死了》：强行给张志新烈士割喉管的刽子手×××死了，死在一个阴暗的角落，没有人为他送行，只有一双双憎恨的眼睛。他本来是个监狱的犯医，职责就是为犯人治病，可他为了媚上，疯狂地表现自己，不惜丧失做人的起码人性，用屠刀割断刑前张志新的喉管，超出了做人底线，自然留骂千古。

×××从1975年4月4日执刀强行给张志新割喉管，曾一时得到上司赏识，到1979年3月受查处，仅仅张狂了4年，此后直到2015年4月17日病死，在人世间猥猥琐琐地又苟活了36年。因为其所作所为违背人性、违背天理良心，留下的是千载骂名，而张志新坚持说真话，赢得万代美名。

网络的力量是巨大的，这一信息一经刊出，马上疯传网上，再度引起人们对张志新的记忆和怀念。

1979年6月5日，《光明日报》在一版刊出人物通讯《一份血写的报告——记党的好女儿张志新》，报道引起前所未有的轰动，社会各界受到强烈的震撼，许多读者都是眼含热泪读完这篇报道的。报道勾起了人们对"文革"的反思，激发了人们对极"左"路线和"四人帮"的痛恨，也激起了人们对张志新以及遭受极"左"政治残酷迫害的张志新们的深切同情。这篇报道像一篇讨"左"檄文，使国人心潮激荡，血脉贲张，热泪奔涌。报道刊出之后，《光明日报》编辑部电话铃声不断，读者来信雪片似的飞来，据称足足装满好几麻袋。

在《光明日报》历史上，这无疑是一篇里程碑式的报道，是该报历史上影响最大的一篇人物报道，也是"文革"后中国新闻界反响最大的人物报道之一。报道对当时阻力重重的拨乱反正和平反冤假错案工作形成了猛烈的冲击，极大地影响和推动了这一工作的开展。

用报道记录历史，影响社会，推动社会进步，这是新闻的力量和价值所在。《光明日报》这一时期的报道，特别是人物报道，彰显的正是这种力量和价值。《光明日报》这一阶段的不少人物报道都引起轰动，强烈地震撼着人们的心灵，这些人物报道为广大读者宣泄心理怨愤提供了出口。

"文革"这场中华民族的大浩劫导致了党的形象严重损害,粉碎"四人帮"后,急需重塑党在人民大众心中的形象,在这样的情况下,一个被关进自己监狱并被掌握了无产阶级专政权力的坏人杀害的英雄,张志新的报道会不会进一步损害党的形象?

无论谁干了伤天害理的事,都会失去民心,都需要付出代价!经历了"文革",在党面临信任危机时,是掩盖错误,继续蒙骗大众,还是勇敢地正视错误,认真总结经验教训,挽回影响,重新赢得信任?继续屏蔽张志新这样的英雄事迹对党的形象可能会造成更大的损害,只有襟怀坦白地面对"文革"造成的伤害,才能更好地维护党的形象!胡耀邦正是这样一位襟怀坦白并有足够政治勇气的伟人,正是这位具有极大政治智慧和勇气的伟人,以"我不下油锅,谁下油锅"的勇气,冲破"两个凡是"的桎梏,在亲自主持了真理标准问题的大讨论、积极推进平反冤假错案的工作中,张志新的报道就是经胡耀邦批准同意才公开刊出的。

当然,具有这种勇气的还有《光明日报》从领导到普通记者的群体,如杨西光,是他支持了对张志新的报道;记者部主任卢云,他不但具备政治家的胆魄,而且极具新闻敏感,是他首先指派记者去采写张志新的报道;记者陈禹山、孙钧、苗家生,他们都是忠勇可嘉的优秀的新闻工作者。正是这些有正义感、有良知、有胆魄、有勇气的知识精英组成了一个坚强群体,共同推出了"文革"后影响最大的典型人物张志新。

一、名记者与重大题材

原《光明日报》副总编辑马沛文在《有声有色 有始有终》一文中谈到张志新报道时说:"粉碎'四人帮'以后,我国就面临着如何对待过去持续20多年的'左'的路线的拨乱反正的问题。1978年开展的真理标准的讨论,为拨乱反正奠定了理论基础。可是,直到1979年5月,即开展真理标准讨论的周年之际,报纸上还没有报道一个拨乱反正的典型。其实,到这时候,从张志新烈士开始拨乱反正的斗争已超过11个年头,从她为拨乱反正付出了自己宝贵的生命也整整4个年头了。"(《光明日报四十年》,光明日报出版社,1989年,第193页)

1979年5月22日,北京永安路106号《光明日报》记者部。

记者部主任卢云是有着丰富从业经验的中国新闻界顶尖的编辑,正是在他的指挥和领导下,《光明日报》此后推出了一系列重大典型人物报道,这些人物报道使这张全国性老牌大报熠熠生辉。

常务副主任殷毅，一位才华横溢的优秀新闻工作者，他1952年入《光明日报》，1957年因奉命采访高校鸣放并写出精彩的鸣放报道《第一朵迎春花》而被划为右派，被遣送到黑龙江北大荒劳动改造，后又被流放内蒙古，经历了22年的磨难之后，此时刚获改正，重新上岗，正在与时间赛跑，以填补被荒废了的岁月。

副主任阎百琨，记者部党总支书记，优秀的新闻工作者和善于做思想工作的党的优秀干部；副主任张慕勋，一个兢兢业业的老黄牛式的编辑，经验丰富而从业态度认真。

有着如此强大的编辑力量，《光明日报》记者部开始上演精彩的媒体大剧。

这一天，陈禹山一走进办公室就被卢云叫住，询问几天前交给他编辑的有关张志新事迹的稿子的编辑情况，以及询问他对这篇人物报道的看法。

陈禹山1965年毕业于中山大学外语系英语专业，先入新华社当记者，1979年调《光明日报》，在记者部担任编辑和记者。几天前，卢云交给他一篇题为《为真理而斗争》的自由来稿让他编辑，稿子是辽宁《共产党员》杂志社寄来的，内容是关于辽宁省委宣传部干部张志新坚持真理，与林彪"四人帮"斗争，宁死不屈，最后被枪杀的悲剧。

陈禹山是一位优秀记者，具有极强的新闻敏感。看了这篇来稿，他感到非常震撼，他立刻判断，这是一个重大人物典型，但是，他对这篇稿子表示遗憾，因为稿子没有写好。此时部主任来问，他当即表明自己的看法：此稿题材重大，这是揭批林彪"四人帮"的重磅炸弹；但稿子议论过多，人物形象苍白，理性大于形象，情轻理重，讲大道理多，缺乏细节，不生动。他表示，此稿存在严重缺憾，就这样发太可惜了，必须重新采访写作。

"你跑一趟沈阳如何？"得知陈禹山对稿子的态度，卢云心里坦然了，实际上他已看过稿件，对稿子很不满意，同时他强烈地意识到，这是一个不可多得的好题材，发出来肯定是一颗重磅炸弹。此时他马上亮出了本意：让这位爱将出马重新采写这篇稿件。

"好啊！"陈禹山欣然答应。这正是他所希望的。从接触到这个题材开始，这位名记者便已激情迸发，笔头发痒，一个优秀记者发现一个重大题材，就像猎狗发现了大猎物，心中早已是躁动不安，巴不得马上扑向新闻现场！

当日，陈禹山就去购票，5月23日便登上了奔赴沈阳的列车。他准备大干一番，写出一篇大报道来。

一到沈阳，他马上找到了记者站，当时的记者站有两位记者，站长孙钧，记者苗家生。

1978年5月，经中央批准，《光明日报》重新恢复在各省市自治区派驻记者。辽宁记者站是全国第一个恢复的站，孙钧与苗家生便是第一批进入《光明日报》的地方记者。但孙钧不久就离开了，苗家生则一直在记者站干到退休，成为地方记者中德高望重的老记者。

苗家生1945年出生于上海，复旦大学新闻系1966届毕业生，毕业后被分配到辽宁省沈阳市教育局，后调任省委宣传部工作。《光明日报》组建记者站时，被推荐到记者站工作，对他来说这是回归本行。此后他写出了许多优秀新闻作品。

然而，就在陈禹山到达沈阳的第二天，意外发生了——这一天，《人民日报》刊出了《为真理而斗争》这篇稿件。原来《共产党员》杂志一稿多投，在寄给《光明日报》的同时，也给了《人民日报》。现在《人民日报》刊登了，作为新闻的这篇人物报道已落在兄弟媒体后面。怎么办？

新闻要抢，在第一轮的新闻竞争中，《光明日报》落在了兄弟媒体的后面。

就在《人民日报》稿件见报的当天，陈禹山接到卢云打来的电话。发现《人民日报》抢先刊登张志新的报道后，卢云马上来电话与陈禹山商量对策。但卢云是一个民主意识很强的领导，他并没有给陈禹山下命令，而是征求部下的意见。

"看到报道了。但是稿子不怎么样，我们完全可以重写，争取在质量上超过他们。"陈禹山信心满满地表示。

"那好，计划不变，我们写我们的！"卢云放心了。"但是，要快！"卢云强调。

陈禹山当然知道新闻需要抢，既然已经落后，就要后发制人，而后发制人的前提是，质量一定要超过对方。当然，时间也不能太落后。他原计划用半个月时间进行详细周密的采访，现在他决定调整方案，改变采访计划，大面积铺开采访已不可能，必须缩短时间。基于此，他调整采访计划，放弃次要的采访，集中采访了张志新的丈夫曾真、女儿林林和张志新的老邻居、老同事等关键性人物。

一个优秀记者遇到一个值得为之哭，为之笑，为之喜，为之悲，为之倾注感情、倾注心血、倾注生命去描摹的题材，这是一种极大的幸运，一件金风玉露般璧合的大好事啊！陈禹山一头扎进了采访写作中。

二、张志新的悲剧

张志新1930年出生于天津，父亲是一个有很高音乐造诣的高级知识分子。张志新长得美，又是一个才女，小提琴拉得很好，她最喜欢的乐曲是罗马尼亚作曲家波隆贝斯库的小提琴曲《叙事曲》，当时她是辽宁省委宣传部的文化干事，还是个先进工作者。因为对"文革"的种种做法不满，对林彪的毛泽东思想顶峰论以及江青的做法，对成千上万的老干部包括彭德怀等被打倒很有意见，并公开提出了自己对"文革"的不同看法。

实际上，张志新在当时即已开始她个人的拨乱反正：她对江青有怀疑，"江青在历史上究竟是干什么的？说这个是叛徒，那个是特务，她自己怎么样？"还说，"'文革'把电影和戏剧都批了，就剩8个样板戏，这样下去，祖国的文化艺术不是越来越枯竭单调了吗？"她批评江青不是什么文艺旗手，而是破坏祖国文化艺术的祸首！她对林彪不信任，尤其是对他的"顶峰论"非常不满，"顶峰不是到头了吗？"她还公开为刘少奇鸣冤叫屈，对打倒刘少奇有疑问；甚至，她对毛主席也有意见，认为毛主席有错误。

敢对毛主席提意见，这还了得？在当时，哪里容得下这样的独立见解！攻击江青就是反党，就是反革命！何况她还"反对毛主席"！

张志新这么想也公开这么说了。这种大逆不道的思想马上招致灾祸：她于1969年9月被捕，1970年8月24日被扣上"现行反革命"的罪名，判处无期徒刑，被拉到公判处决大会上陪斗，同两个要被处决的犯人一起绑赴刑场陪斩。但事后张志新还是不屈服："我的立场观点未变。如果再出现今天这样的宣判，我是不甘心的，死不瞑目！""我的笔是被你们当作枪给缴去了，但指挥这支枪的思想你们却永远也缴不掉！"

陈禹山在《冤情与昭雪》（《光明日报新闻内情》，光明日报出版社，1999年）一文中回顾道：

> 张志新真正的死因是对毛泽东同志晚年错误的批评。出于对当时政治、社会环境的考虑，我只能写张志新反对林彪、江青"四人

帮",但在稿件中,我亦提到张志新对毛泽东同志的某些工作"提出了意见"。是什么"意见",也没有写。事实上,张志新对毛泽东同志晚年错误提出了批评。她指出,毛泽东同志为新中国的诞生,立下了丰功伟绩,永载史册。但从大跃进、人民公社起就推行"左"倾路线,庐山会议批判彭德怀,这条路线在进一步发展,至"文化大革命"就到了登峰造极了。如果不纠正这条路线,将不堪设想。她对毛泽东的评价与十年后的十一届六中全会的历史决议惊人的相似。她还指出:林彪、江青"四人帮"是这条路线的推波助澜者,是纠正这条错误路线的主要障碍。她还旗帜鲜明地反对个人崇拜,个人迷信。她始终坚持自己的立场观点。张志新被杀害,与其说是反对林彪江青"四人帮",倒不如说是反对毛泽东同志当时推行的"左"倾机会主义路线。她对毛泽东同志晚年的错误看得很清楚,并在会上提了出来,在当时没有极大勇气,是做不出来的。这是"为党和国家担忧"。

张志新在狱中遭受了法西斯式惨无人道、灭绝人性的折磨,其残酷程度令人发指:被强令背着18斤重的背铐和沉重的脚镣;多次被毒打、被拔头发。坊间甚至盛传她被男犯人轮奸,经向苗家生证实,他说他看过很多材料,未发现这样的证据。

1975年4月4日,张志新被判处死刑,立即执行。怕她呼喊口号,临刑前强行割断了她的喉管(执行割喉管的便是本节开头中提到的×××,她呼喊挣扎,痛苦至极,咬断了自己的舌头。目睹这极端残酷的一幕,一个女管教员昏厥过去。)

张志新死了,死得惨烈。暴徒可以割断英雄的喉管,却割不断英雄的浩然正气!子弹可以射穿英雄的心脏,却难以射穿英雄用生命搏击残暴的气概!暴徒用极端残酷的手段杀死了英雄,而其极端的残忍却铸就了英雄极端的伟岸!歹徒们未曾料到,他们杀死英雄的手段越惨烈,英雄的形象就越高大,方式越残忍,英雄的精神就越高扬。正是这特殊的时代,暴徒用极端特殊的方式杀死了英雄,这极端特殊的方式却铸成中华女杰无与伦比的光辉形象,这形象使丑类和屠夫们被映照得无处遁形,也让一些人失色蒙羞。

张志新为坚持真理,为争取民主自由而贡献出了宝贵的生命。她代表的是正义的力量，就像无数烈士为了中华民族的未来付出了生命一样，时代会记住她，人民会记住她，历史会记住她！

波隆贝斯库的《叙事曲》凄婉悲愤，如泣如诉，美到极致，那是乐曲作者为英雄而作的！

三、胡耀邦批示同意刊发张志新报道

为争取时间，陈禹山一到辽宁，就开始突击采访。仅5天时间，他从查看档案材料、采访到写作一气呵成，那5天他每天很少睡觉，一方面是时间紧迫，另一方面，在查看资料和采访中，张志新的事迹深深地震撼了他、感染了他，使他万分感动，激动不已。在整个采访和写作过程中，他一次次忍不住泪流满面。在他的记者生涯中，这是他流泪最多的一次采访，他为英雄的事迹而激动。经过5天采访，5月28日晚上，他通宵赶写稿件，几乎是边哭边写，擦泪的毛巾都湿透了。这篇在中国新闻史上影响巨大的新闻经典力作是在激情中、在泪水的挥洒中完成的。

对陈禹山来说，采写这篇报道并无难处，难的是在稿子中对政治的把握。他在接受《光明日报65年口述实录》（光明日报出版社，2014年）一书记者周华采访时说：

"在我写《一份血写的报告》时，从中央高层到地方基层，仍有一股力量在肯定'文革'。

"报道该如何写，是个问题。我遇到最大的难题是张志新被杀，是因为她指出毛主席发动和领导的'文化大革命'的错误和1958年以来推行'左'倾政治路线。我写这篇报道时，毛主席虽已逝世，但当时关于毛主席的过错是不能写、不能说的。这是'高压线'。当年张志新触及的就是这条'高压线'。

"我不能、也不敢如实披露案件的真相，即使写了，报社也不会登。当时，全国正在批判林彪、'四人帮'。写关于张志新的报道只能把矛头指向林彪、'四人帮'。张志新反对林彪、'四人帮'是事实，但说张志新因反对林彪、'四人帮'被杀，不完全是这么回事。记者报道说假话是天理不容的。我冥思苦想，最后决定在通讯中写张志新反对林彪、'四人帮'，后面加上一个'此外'：'此外，她在充分肯定毛泽东同志的丰功伟绩的同时，情深意切、光明磊落地对自己的领袖的某些工作，提出了自己的意见和看法，表达了她对自己的领袖的热爱和深厚的阶级感情。

"写上这段文字，关于张志新死因的报道也就'全面'了，但还是不那么

真实、客观、公正的。因为事实主次倒置、本末倒置了。"

5月29日一早，记者站孙钧和苗家生来看陈禹山，陈禹山把写好的稿子交给他们送审。稿件经辽宁省委审核通过。当天，陈禹山就带着稿子回到了报社。

这篇稿子能如此顺利通过辽宁省委的审稿，这与当时辽宁省委书记任仲夷有很大的关系。

2005年11月15日去世的任仲夷，是中国改革开放的一员骁将，一个大功臣。友人送他的挽联很能概括他一生的作为："改革开放，勇当先锋；自由民主，高举大旗；南天一柱，世人景仰；仲夷同志，永垂不朽。"

从辽宁调任广东省委第一书记后，任仲夷以非凡的智慧和勇气为中国的改革开放"杀出一条血路"，广东改革开放前沿的地位，深圳特区取得的巨大成就，都与他有着密切关系。

张志新案件是在1979年1月辽宁省委扩大会上披露出来的，任仲夷对此案高度重视，指示公安司法部门清查此案，并明确提出："这个冤案，一定要迅速查清，给予平反。"辽宁省委政法小组、省委宣传部两个月后写出专题报告，省委认真研究后做出《关于为张志新同志彻底平反昭雪，追认她为革命烈士的决定》，并号召全省干部党员向张志新学习。

陈禹山的稿件经辽宁省委审核同意之后，马上赶回报社，并把稿子交给杨西光。虽然《人民日报》已经报道了张志新，但稿件中涉及的内容远没有《光明日报》稿那么深刻敏感，刊发这样的稿子是要冒巨大风险的。杨西光是一位具有卓越胆识的政治家，这位连坐牢甚至杀头都不怕，将生命置之度外而坚持刊发《实践是检验真理的唯一标准》一文的总编辑，在刊发张志新的报道上却表现得很审慎。

杨西光的审慎是有原因的。杜导正曾告诉笔者，当时，他担任新华社国内部主任，他也接到了辽宁分社发来的关于张志新的报道，还附了七八张照片。看到照片他非常震惊。在新华社有着"杜大胆"之称的杜导正也感到犹豫要不要就这样公开报道，太血淋淋了！这可是我们共产党自己制造的处死自己同志的大惨案啊！他觉得，报一下可以，但不能大张旗鼓地报，更不许披露张志新被处死的照片，这对我们党的形象太不好了！有人建议发内参，但这个意见也被"杜大胆"否决了，可见在当时刊发这样的报道难度有多大。杜导正承认，自己当时思想解放的程度赶不上任仲夷。

鉴于稿子内容事关重大，杨西光决定将稿件送中宣部请部长胡耀邦审阅。

辽宁省委审稿通过了，胡耀邦能同意见报吗？

几天后，陈禹山接到杨西光打来的电话，他马上赶到总编辑办公室。杨西光告诉他，经胡耀邦审阅的稿子退回了，同意刊登。但是，杨西光指着稿子最后的几行批示说，胡耀邦特别指示，要求将稿子里张志新临刑前被残暴地割断喉管的这一细节删去，认为"实在太残忍了"。

按照胡耀邦的指示，陈禹山将这一"实在太残忍"的细节改成"用极其残忍的手段剥夺了她用语言表达真理的权利"。

1979年6月5日，《光明日报》在一版下辟栏以通栏大标题隆重推出人物通讯《一份血写的报告——记党的好女儿张志新》，并配发了编者按：

> 这篇通讯歌颂了一个普通的共产党员张志新同志为真理而献身的革命精神。当着林彪、"四人帮"这些庞然大物横行无忌，顺之者昌，逆之者亡，天空中黑云翻滚的严重时刻，她敢于高举起真理的火炬，向这伙最凶恶的敌人宣战。直到临刑，观点不变。她的英雄事迹，使我们想起了在敌人刑场上高唱国际歌的千千万万个先烈。
>
> 张志新同志为什么能够为真理而献身？最根本的一条，就是她有着强烈的革命责任感，时刻想的是党和国家的命运、前途，想的是党和人民的利益。"一个人不管是生或死，只要是为了革命就是有意义的！"她在生命的最后日子写下的语言，反映了一个共产主义战士的崇高品质。当前，实现四化就是党和国家的前途所系，就是亿万人民的根本利益所在。我们要学习张志新同志忠于党忠于人民的高贵品质，时刻把党和人民的利益，社会主义祖国的兴旺发达，放在我们的心上，彻底地为党和人民的利益而战斗！

原记者部副主任阎百琨与笔者谈及张志新报道时说，这篇报道是引爆了一颗"文化原子弹"，影响力空前。陈禹山曾讲到一个细节，稿子见报当天，记者部干事吴力田接到一位读者的电话，这位读者问："用极其残忍的手段剥夺了她用语言表达真理的权利"是什么意思？此时，陈禹山就在旁边，吴力田问该怎么回答，陈禹山说："如实回答！"听了吴力田的回答，电话那头这位读者终于控制不住哭出声来。

这篇引起巨大震撼的稿子，署名的排序为：孙钧、苗家生、陈禹山，陈禹山作为此稿的执笔者，却把两位为他提供采访方便的同事的名字署在前面，可见其气度与胸怀。当时《光明日报》同事之间经常互相谦让，稿件执笔者把同事的名字甚至通讯员的名字放在前面是经常的事，这样的风气在今天已很少见了。

四、揭示产生悲剧的深层原因

张志新报道引起轰动之后，《光明日报》没有就此停止，而是马上开始搞连续报道，配评论，把报道做深做透，最大限度地用足版面资源。6月5日张志新报道刊出，接下来是几个月持续不断的连续报道：

6月7日刊登张志新女儿曾林林的文章《怀念妈妈》和张志新丈夫曾真的文章《永远把你铭记在心中》。

12日，刊登张志新在狱中针对审讯员提出的问题写的感想：《一个共产党员的宣言》。

17日，刊登张志新妹妹张志勤的文章：《姐姐，我为你诉说》，同日刊登姚善堂的文章：《她总是昂着高贵的头》。

6月24日刊出郭罗基的文章：《谁之罪》。

随着连续报道的推进，张志新的事迹传播越来越广，反响越来越大。为了使这个重大典型人物产生最大的宣传效应，《光明日报》7月1日在二版开辟"向党的好女儿张志新烈士学习"栏目，当日便整版刊登纪念张志新的文章，上半版是纪念张志新的4篇文章，下半版6篇稿子是围绕《谁之罪》展开的讨论，这是一场由讨论引发出的对另一主题的讨论。讨论中有人认为，对谁之罪的追问已经超出了对林彪"四人帮"的谴责，超出了对张志新的同情和敬仰，文章提出了"要改造那追求真理要以流血牺牲为代价的环境"，有读者认为，这一追问触及了问题的本质。这也是《光明日报》报道张志新的根本目的。怀念死者，总是为了生者，批判过去，也是为了将来。怀念张志新是为了不再重演张志新的悲剧。批判林彪"四人帮"是为了不再出现林彪"四人帮"这样祸国殃民的丑类。文章还提出了一系列问题：类似张志新的冤案惨案还有多少没有得到平反昭雪？这样的惨案冤案会不会重演？如果说不希望重演，需要什么保证？这也提醒善良的人们，打倒"四人帮"不会万事大吉，高枕无忧，因为产生林彪"四人帮"的社会、经济、思想基础还在。有读者还提出如何对待政治犯、思想犯问题，为什么我国的政治犯会如此多？这些政治犯、思想犯为什么遭遇会这么惨？讨论把问题引向了深入，引发人们对"文革"的深思。

7月11日二版整版转三版半版发表陈禹山续写张志新的长篇通讯:《走向求生的足迹》，进一步介绍了张志新的成长历程。

7月17日刊登著名律师马荣杰的文章:《人民的法律为何保护不了张志新同志？一篇未能在法庭上发表的辩护词和控诉书》，作者从法制角度提出了产生张志新冤案的原因。

8月11日刊发采访张志新烈士狱中难友和监狱管教人员的报道:《她是名副其实的强者》。

……

报道在深入，从新闻到文学艺术，张志新的事迹引发了更大范围的共振。

"她把带血的头颅，放在生命的天平上，让所有的苟活者，都失去重量。"诗人韩瀚在《清明》杂志1979年第2期刊发献给张志新烈士的诗。

1979年7月8日，《光明日报》刊出雷抒雁纪念张志新的长诗:《小草在歌唱》。诗人以澎湃的激情和满腔义愤歌颂了张志新的英勇事迹，抨击了"四人帮"及其爪牙对英雄的迫害，许多读者读了这首诗哭了:

> 虽然不是
> 面对钩子军的大胡子连长，
> 她却像刘胡兰一样坚强；
> 虽然不是
> 在渣滓洞的魔窟，
> 她却像江竹筠一样悲壮！
> 这是二十世纪，七十年代，
> 社会主义中国特殊的土壤里，
> 成长起的英雄
> ——丹娘！
> 她是夜明珠，
> 暗夜里，放射出灿灿的光芒；
> ……
> 法律呵，怎么变得这样苍白，

苍白得像废纸一方；
正义呵，
怎么变得这样软弱，
软弱得无处伸张！
只有小草变得坚强，
托着她的身躯，
抚着她的枪伤，
把白的，红的花朵，
插在她的胸前，
日里夜里，风中雨中，
为她歌唱……

张志新的后续报道持续了3个月，《光明日报》接连刊发了86篇连续报道和文章，约15个整版，累计发表的文字达14万（《光明日报四十年》，光明日报出版社，1989年，第191页），这样的规模和影响力是中国新闻史上罕见的，《光明日报》也是报道张志新最详尽、篇幅最多的媒体。

记者部主任卢云说："一个典型人物的宣传，反响之大，在中国新闻史上是罕见的。"

张志新的报道对拨乱反正产生了巨大的社会影响，此后刊发的遇罗克的报道再次把拨乱反正、平反冤假错案的舆论推向高潮。

"张志新已经离去39年（张志新1975年蒙难）了。如今，她的名字已渐渐被淡忘。但我想，她代表了这个国家曾经经历过的一个巨大创伤，如果这段历史被遗忘，那将是我们这个民族最大的悲剧。"陈禹山说。

第三节 遇罗克、郭维彬、苏阿芒等冤案

张志新报道刊发一年后，《光明日报》另一个重大人物典型遇罗克刊出，这是张志新的姊妹篇，也是一篇影响力巨大的人物报道。遇罗克是一个用生命捍卫真理，用生命与"四人帮"极"左"路线斗争而牺牲的英雄。

一、苏双碧与遇罗克冤案

遇罗克，北京人民机器厂学徒工，一个勤奋自学且善于独立思考的青年。

他博览群书，对许多社会问题都有自己独到的见解。遇罗克的父亲是个高级工程师，1957年被划为右派，因此，他从小就成为"黑五类"而备受歧视，也因出身于右派家庭，他三次高考都被大学拒之门外。自身的遭遇使他更加早熟，更加勤奋地学习，也更善于独立思考。

"龙生龙，凤生凤，老鼠的儿子好打洞"，"老子英雄儿好汉，老子反动儿浑蛋"，这是"文革"期间流传很广的口号。这一血统论使出身于非无产阶级家庭的子女受尽歧视，有些甚至因为家庭出身而被迫害致死。正是血统论改变了遇罗克的命运，改写了他的人生，使他失去了上大学深造的机会。自身的遭逢使他深刻意识到血统论的反动本质，他决心奋起反击，用自己的笔来批驳血统论的危害。在这样的情况下，他写出了振聋发聩的《出身论》等一系列文章。他不曾想到，他将为此付出生命的代价——因言获罪，被捕入狱。

当然，真正使他掉脑袋的不光是这篇《出身论》，还有他与姚文元的论战。

1965年，姚文元在文汇报上刊发《评新编历史剧〈海瑞罢官〉》，就是这篇打棍子扣帽子的文章揭开了"文化大革命"的序幕。读罢这篇充满杀气的极"左"文章，遇罗克非常反感，他写了一篇文章予以反击，题目是《评海瑞罢官》，这篇文章也发表在文汇报上。厄运由此开始，他触犯的是当时红得发紫的"四人帮"大笔杆子，他被捕了。

1970年3月5日，年仅28岁的遇罗克被押上北京工人体育场的十万人大会，和其他19名"政治犯"一起，被"宣判死刑，立即执行"。

有关遇罗克的报道是由《光明日报》理论部编辑苏双磬的一篇文章引起的。

苏双碧，历史学家，他在接受《光明日报65周年口述实录》一书记者采访时说，1978年春夏之交，他到安徽芜湖参加一个史学会议。会上，很多学者听说他是《光明日报》记者，纷纷向他打探消息，询问能不能为吴晗平反。作为吴晗曾经的助手，苏双磬感到心里憋得慌。但在当时，为《海瑞罢官》的作者吴晗平反是不可能的，因为"文革"还没有被否定，吴晗是揭开"文革"序幕的关键人物，"文革"就是因姚文元《评新编历史剧〈海瑞罢官〉》的发表而揭开序幕的，而姚文元的这篇文章是在毛泽东的支持下刊发的，谁有这个胆量为吴晗平反呢？

但是，从人心向背来看，人民心中的一杆秤却早已掂出分量："文革"不否定，天理难容！

　　许多有识之士都清楚，为吴晗平反是早晚的事。

　　1978年9月，苏双碧到兰州参加一个史学会议，又有许多学者来询问他同样的问题，作为一个"站在社会航船上的瞭望者"的新闻工作者，苏双碧意识到，这个问题已无法回避地逼近了，他与著名学者黎澍探讨了这个问题。不能否定"文革"，但批判"四人帮"总可以吧？批判姚文元总可以吧？商讨中，一个念头从他脑子里蹦出：以批判姚文元为由，巧妙地呼吁为吴晗平反。

　　回京后，苏双碧马上开始组稿。但是，多方活动寻访史学界有关专家，却无人敢写这篇文章。早已被政治运动搞成惊弓之鸟的专家学者人人心有余悸，不敢冒这个风险。

　　无人敢写，为什么不自己写呢！苏双磐突然有了冲动。苏双碧曾在北京市历史学会工作，当时的会长就是吴晗，苏双碧是唯一的工作人员，与吴晗有很多接触。作为吴晗曾经的助手，他亲历姚文元批判吴晗的全过程，对整个冤案的来龙去脉非常清楚，苏双磐感到自己有责任站出来为吴晗说话。

　　回北京后的一天，苏双碧在报社楼道上遇到总编辑杨西光，他马上把自己的想法向总编辑做了简单汇报。杨西光一口答应："批判姚文元？没问题，写吧！"苏双碧欣然。

　　为稳妥起见，他又找到自己的直接领导理论部主任马沛文商量。马沛文是《光明日报》的一员理论骁将，其胆识和勇气在理论界备受赞赏。他对苏双碧的想法非常赞同，甚至比苏双碧还急："手头的工作搁一搁，马上动手，先把这篇稿子拿出来！"

　　有了两个领导的支持，苏双碧勇气倍增，立刻动起笔来。

　　仅仅用了两天半时间，一篇8000字的理论文章完成了。

　　马沛文成为该文的第一读者。读罢此文，马沛文说："很不错，文章基调可以，观点正确，可以发表！"

　　按规定，这么敏感的内容，这么重要的文章要经过上级主管部门批准才能发表，而经验丰富的马沛文清楚，一旦送审，此稿必死无疑，但是至少总要送报社一把手审阅吧？不！马沛文决定越俎代庖，减轻杨西光的责任，他故意不让杨西光审稿而送给副总编辑殷参签发。此时的人心向背已非常清楚，英雄所见略同，殷参当然也清楚签发此文责任重大，弄不好可能要"进去"（进监狱），但吴晗冤案必定平反已成共识，他愿意承担这样的责任，于是丝毫没有犹豫，立即痛快地签发了。马沛文一边签字将文章送印刷厂发排，一边告诫苏双碧：绝对保密，千万别泄露我们要发这篇文章的信息，如果传出去被人知道了，上面一发话，文章就发不出来了——当时的"上面"还秉持"两个凡是"的观点。

1978年11月15日，在苏双碧文章脱稿的第三天，在"改变中国历史的36天"的中央工作会议期间，"文革"后第一篇为吴晗平反的理论文章在《光明日报》刊出——整整一个版，标题是《评姚文元〈评新编历史剧"海瑞罢官"〉》。

此文一出，马上引起轰动，中央电台当天广播了这篇文章，《文汇报》等多家报纸转载了这篇文章。国外媒体嗅觉特别灵敏，纷纷转发《光明日报》发表为吴晗平反的文章的有关消息和对此事的评论。美国《纽约时报》称此为"最惊人之举"，日本《朝日新闻》称该文批判了"'文革'的起源"，《日本经济新闻》称这是一篇"冲击性很强的文章"。世界多家通讯社都播发了有关这篇文章的消息和评论，声称这是华国锋政权最惊人的一步。

文章见报当天，正在参加中央工作会议的杨西光成为中心人物，与会代表纷纷与他握手表示祝贺，称赞《光明日报》的胆魄。但汪东兴却很恼火，指责《光明日报》"登这么重大题材的文章，也不先打一下招呼"。北京几家大报想转载这篇文章，版面都处理好了，最后还是被压住不让转载。可见当时斗争的严酷。没有经过中央同意就刊发为吴晗平反的文章，马沛文、殷参以不怕坐牢的勇气承担了这个责任。殷参后来很为此感到自豪，临终时还表示一定要把这一点写进对他的评价中。（苏双碧：《走过的路——苏双碧回忆录》，东方出版社，2016年，第293~295页）。

苏双碧的文章在读者中引起强烈的共鸣，著名导演谢晋读到这篇文章时激动得哭了！

华东师范大学教授吴泽说："这是史学界的《于无声处》！"

为了了解此文发表的背景，《文汇报》总编辑专门飞到北京打探消息。

作为媒体人，作为苏双碧的后辈，笔者震惊于《光明日报》前辈的英勇无畏，也感佩媒体的巨大力量。其勇气令人佩服！

尽管汪东兴已表示对《光明日报》刊发反对"文革"的文章表示极大的不满，但《光明日报》却没有被吓倒，相反却乘胜追击：1979年大年初一，苏双碧的《评〈燕山夜话〉和〈三家村札记〉》刊出，这是《光明日报》送给全国人民的最好的新年大礼——呼吁为邓拓、吴晗、廖沫沙平反。

极"左"的坚冰在舆论的凌厉攻势下逐渐消融，笼罩在人们心头的严寒正在消散。

苏双碧的一连串理论文章在社会上引起巨大反响，犹如春雷轰鸣，暗夜电光，使得人们的心无法宁静。

正是这篇为吴晗平反的文章引来了一位不速之客，从而揭开了中华人民共和国历史上另一桩大冤案，使一个被尘封的英雄得以显露真容。

二、王晨、张天来与《划破暗夜的陨星》

1978年冬天，一个寒气逼人的黄昏，一位中年妇女闯进了苏双碧的家，她手里拿着一份刊有《评姚文元〈评新编历史剧"海瑞罢官"〉》一文的《光明日报》找上门来了。

"我是《光明日报》的读者，我在报纸上读到您写的这篇文章。您在文章中说：冤案不平反就不足以平民愤，冤案不昭雪就不足以快人心！吴晗是市长，您写文章给他平反了，我儿子是老百姓，也是'文革'当中被迫害死的，他的事您管不管？"

这位来客就是遇罗克的母亲王秋琳。因为看到苏双碧写的这些呼吁为受迫害者平反的文章，她便多方打听，找上门来，希望还儿子一个公道。

"党的政策有错必纠，如果是错案，当然应该平反！"苏双碧回答。

"苏双碧同志，您在文章里说：冤案都要一个一个地平反昭雪。我们觉得您是一个主持正义的好心肠的人，而好心肠的人都未免天真。遇罗克就是过于天真而遭到杀身之祸。而今遭受'四人帮'迫害的老干部是不是一个一个地平反昭雪了呢？遇罗克是一个小小的学徒工，就是昭雪也轮不到他身上。遇罗克已经忍恨含冤死了8年，'四人帮'被粉碎已经两年了，不是至今也没有人来过问这个冤案吗？作为他的父母，我们对您写的这篇文章，也感到格外惊诧。一个一个平反昭雪，谈何容易！您想得太天真了吧？有谁能够顾到我们老百姓的冤屈！"

来人的提问有点咄咄逼人，这实在是因为她心中有太深重的伤痛。儿子的惨死使这位中年女性变得无惧无畏，哪怕只有一点细小的可能，她也要为儿子寻找冤案昭雪的机会。王秋琳从口袋里拿出一封信交给苏双碧，她恳求："请《光明日报》为我儿子平反！"

听罢王秋琳关于她儿子冤情的倾诉，苏双碧很激动，作为党的新闻工作者，党的理论工作者，他无法容忍如此残酷的迫害，无法容忍如此才华横溢的有志青年被残酷迫害致死的事实在社会主义社会里出现，记者的良知和正义感使他拍案而起，他决定拔笔相助，施以援手，用手中的笔为遇罗克鸣不平。

苏双碧将遇罗克的情况向报社领导做了汇报，《光明日报》编委会对此非常重视，决定理论文章与新闻报道同时出击，直接干预这起冤案，用媒体的力量推动这起冤案的平反，用这起冤案来揭露"四人帮"的残酷迫害。

报社编委会决定派出两位重量级记者去完成这一重量级选题，这两位记者是王晨和张天来。

此后，苏双碧和理论部编辑张义德、赵少平到北京市中级人民法院了解遇罗克案情；同时，报社派记者王晨、张天来采访此案。

王晨，1950年出生在北京，当过知青，在中国社会底层的近6年经历使他对中国的社会现状有了深刻的了解，同时也历练了他的才干。他出任过基层的通讯干事，采写过长篇报道刊发在《陕西日报》上，因其出众的才华而被延安地委看中，随之被调入延安地委办公室从事农村政策研究和新闻报道工作。因为他在新闻报道上的出色表现，于1974年调入《光明日报》。进《光明日报》后，他不满足现状，1979年，他在才华迸发的年纪，借恢复高考制度之机，考取中国社科院新闻研究生，3年苦读，以8门功课全优的成绩获得硕士学位。

1986年，36岁的王晨就任《光明日报》副总编辑，成为当时中央媒体中最年轻的副总编辑；1995年，45岁的他再度升迁，成为中央媒体中最年轻的总编辑。

张天来，1932年出生在河北农村，14岁参加革命，15岁开始从事新闻工作，1952年调入《光明日报》当记者。虽然他只读过4年小学，却是《光明日报》的名记者，大牌记者。他后来出任《光明日报》机动记者部主任，这个部主要承担重点报道任务，经常采写重大报道。笔者1983年入《光明日报》时就听说，张天来的报道非常了得，他在采写唐山大地震时写的稿子，排字工人边排边流泪，生动极了。后来笔者有幸跟随他外出采访，他深入的作风和刻苦的精神使笔者深受教益。

一个是年轻新锐，一个是铁笔辣手，报社派出这样两位台柱，可见对遇罗克这个人物的高度重视。

王晨、张天来接受采访任务后，专门到北京市公安局翻阅了遇罗克的50

多次审讯记录、24卷庭审资料，一个才华横溢、勤奋进步、坚持真理的青年形象，逐渐清晰起来。

在张天来去世前几个月——2015年7月11日，笔者采访了这位老记者，他说："遇罗克太有才华了，太冤枉了，思想的深刻尖锐程度在年轻人里很少有人能比得上他。我当时觉得，以他的才华，当《人民日报》或《光明日报》总编辑都绰绰有余。这是一个被冤屈的有才华有前景的年轻人。他敢于批评姚文元，甚至敢于提毛泽东的意见。"

但此时遇罗克还没有平反，党报要对一个被无产阶级专政政权判处死刑的"敌人"进行报道，要公开为其鸣冤叫屈，依然存在风险。

果然，当王晨和张天来饱含激情完成了近两万字的人物通讯之后，报社却接到来自上级部门的指示：短期内密集发表与张志新类似的报道不妥，太多的揭露性报道会影响党的形象，产生负面影响。

遇罗克的报道被搁置了起来。

1980年，遇罗克冤案得以平反，《光明日报》才迎来了公开报道遇罗克事迹的机会。此时已到中国社科院攻读新闻研究生的王晨，受命回来重新修改这篇稿件。长达18000字的新闻巨篇《划破夜幕的陨星——记思想解放的先驱遇罗克》于7月21日、22日分两天刊出。在上篇刊出时，编辑部加了编者按：

> 鲁迅先生说："悲剧是把人生的有价值的东西毁灭给人看。"在"文化大革命"这场"史无前例"的大悲剧中，亿万人民眼睁睁地看着多少"有价值的东西"，包括最宝贵的人才在被"毁灭"啊！
>
> 下面这篇通讯描述的就是思想解放的先驱者、一个不可多得的人才遇罗克如何被"毁灭"的悲剧。他的思想，他的才华，他的抱负，对国家、对人民该是多么"有价值"，如果能让他顺利成长起来，对我们的事业该是多么有用处！可是，在"唯成分论"风行的日子里，受歧视，遭打击，绝了他前进的路，最后，在"文化大革命"中，这样一位异常优秀而又风华正茂的青年被彻底"毁灭"掉了。
>
> 遇罗克成长的最大特点，就是他在身处逆境，不断受到打击的情况下，刻苦学习和逐步掌握马克思主义。他之所以能在"文化大革命"一开始就对各种错误思潮和倒行逆施进行批判，他之所以能在"文化大革命"的种种考验，包括监狱和法庭的考验中，做到像

他自己要求的"开始坚强最后还坚强",直到献出生命,就是因为他始终信仰马克思主义,始终热爱社会主义。这一点更是难能可贵的。

今天,我们读着他感动人的事迹,看着他启发人的文章和日记,吟着他激励人的"乾坤特重我头轻"的一类诗句,该从这个悲剧中吸取什么教训呢?值得我们每一个人好生想一想。

《划破暗夜的陨星》的刊出,使遇罗克这个被尘封的英雄终于与大众相见,遇罗克的名字顿时响彻全国,"文革"荒诞岁月的荒诞,极"左"的惨绝人寰的暴行再次得以揭露。报道又一次引起极大的轰动。

遇罗克是 1970 年 3 月 5 日在北京被执行枪决的。遇罗克的狱友张朗朗在《我所知道的遇罗克》一文中讲述了遇罗克在监狱里的情景。张朗朗因为"恶毒攻击中央领导"江青而被关押。他讲述了 1968 年至 1970 年与遇罗克一起被关在北京市公安局看守所的情景。他说,遇罗克非常注意学习,即使在已经被判处死刑之后,关押期间仍坚持学习。关押时因为太寂寞,犯人都很渴望交流,遇罗克也渴望交流,但是他的交流却是为了积累知识。张朗朗与遇罗克很投机,两人经常交流,但遇罗克要求,每次交流双方都要选择一个自己最熟悉的题目来进行,譬如张朗朗选择的题目是"西洋近现代美术简史",而遇罗克的题目是"世界电影现状"。张朗朗说,听了遇罗克的讲述,他还以为遇罗克曾是一个电影资料工作者,谁知他的电影知识是在坐牢期间从别人那里学来的,而他的讲述等于是一次复习,可见他很善于学习。

坐牢期间,遇罗克还利用写思想汇报的机会偷偷把纸条留下来,他和张朗朗一起各自把能够背诵的古诗词复述下来,编了一本《中国古典诗词集》,让同监舍的犯人去抄。他记忆力惊人,常与张朗朗下盲棋,并且知识非常广博。他劝张朗朗一定要学哲学,当张朗朗说自己对古典哲学不感兴趣,只对现代哲学感兴趣,并且表示,他喜欢黑格尔和萨特时,遇罗克表示:"黑格尔的辩证法不但是正确的,而且是神圣的,无与伦比的。萨特之类根本算不上什么哲学家,全是无病呻吟。"一次张朗朗问他是否看过《当头炮进三卒对屏风马》,他立刻说,这是浙江著名棋手何顺安的著作。就是这样一个博学多识的学者,一个记忆力惊人的年轻人,如果能让他发挥作用,他一定可以成为一个对祖国有用的大材。

但是,因为有领导担心过多发表遇罗克这类报道会影响到党的形象,遇罗克的报道无法像张志新等重大题材的报道那样搞连续报道，这篇重型炮弹引爆后无法形成万炮齐发的系列报道效应，只能戛然而止。尽管如此，此稿的巨大反响已经形成。

三、关于郭维彬、苏阿芒等拨乱反正中的其他报道

《一份血写的报告》发表后，《光明日报》收到大量的读者来信，其中有不少读者为报社提供了许多与张志新类似遭遇的报道线索，其中有检察院和法院提供的，可见"文革"中像张志新一样受到迫害甚至被迫害致死的人绝非个别。《光明日报》记者部对这些线索进行梳理，又选出两个人物典型进行报道，这就有了郭维彬和苏阿芒这两个人物。

1980年9月4日，《光明日报》在一版刊登驻黑龙江记者王恩荣、郑笑枫等采写的报道《活着的张志新——郭维彬》。黑龙江铁路局干部郭维彬反对"文革"被捕，被关押了8年，其间曾两度被判处死刑。之所以没有死，是因为一个医生为她开出患有精神病的证明。但这篇报道仅1000多字，位置也不显眼，没有形成大的影响。

5天之后的9月9日，陈禹山重新采写了这一题材，在《光明日报》上发了半个版。在陈禹山的稿子里，郭维彬蒙受的冤屈和苦难震动了广大读者。在陈禹山的原稿里有一段郭维彬在监狱中所受的种种折磨的详细描写，杨西光看了稿子，认为这一段描写太残忍，最后删掉了。

这个典型本可深入挖掘下去，后也因为有领导指出类似的报道不宜多搞而没有做下去。

1979年4月29日刊出的陈禹山的人物报道：《我爱你啊，美丽的中华》，报道讲述了掌握21国语言的天才苏阿芒的冤案。苏阿芒原名苏承宗，天津街道的一个社会青年。他通过自学掌握了21种外文，其中英、法、德、俄、意大利和世界语6种能看、能听、能说、能写。从19岁开始，他就用意大利文和世界语创作了大量诗歌、文艺评论和散文，在世界上50多个国家和地区的报纸杂志发表，意大利准备将他在意大利发表过的30多首诗和20多首还未发表的诗汇集出版。可是荒唐年代出现了荒唐的事：他因为懂外语而被扣上"里通外国"的罪名被捕并被判刑15年。在他家里搜出的外文书刊便是"里通外国"的"罪证"，其中有一期意大利出版的《信使画报》上有他用意大利文写的诗：

> 我爱你，中华
> 世界上有许多美丽的地方，
> 它们常常引起我的幻想。
> 埃及古老的金字塔，
> 俄罗斯神秘的白夜，
> 塞纳河畔迷人的黄昏，
> 和挪威午夜的太阳。
> 但是我最爱的却只有你呵，
> 美丽的中华！

这首诗竟然也被作为"里通外国"罪证！

狱中让他交代对"文化大革命"的看法，诚实的他把自己对江青的不满写了下来，结果罪加一等，成了"现行反革命分子"，被加刑到20年。

在监狱中，苏承宗共写了五六十首世界语诗，表达他的理想和对自由的渴望，也是对林彪、"四人帮"的控诉和战斗，如《诗歌永不屈服》：

> 诗歌是火，诗歌是光，
> 它将冲破紧闭的牢房，
> 越过高墙，越过电网，
> 在人们的心中找到回响。
> 诗歌将永不屈服，
> 不管诗人将遭受多少痛苦。
> 没有纸，也没有笔，
> 只有无比的愤怒！

类似的人物报道后来陆续还是发了一些，如以一个整版篇幅刊出的长篇通讯《在光明与黑暗的决战中——记年青共产党员韩爱民》（1978年5月20日）；《我以我血荐轩辕——青年工人庄辛辛与"四人帮"做斗争的事迹》（1978年7月20日）；《要为真理而斗争——记年轻共产党员窦守芳英勇反对"四人帮"的事迹》（1978年9月23日）；《扑不灭的火焰——记共青团干部李西宁带领青年同"四人帮"斗争的事迹》（1978年10月14日二版头条）；《为真理而斗争的好榜样　江西省赣南医专教师陈耀庭、谢聚璋被授予革命烈士称号》(1980年11月4日)，他们因反对"文革"反对林彪而被判处死刑……

张志新、遇罗克这类人物典型是中华人民共和国成立后从来没有过的，中华人民共和国成立后的人物几乎都是我们这个制度内塑造的英雄人物或先进典型，而张志新一类却是牺牲在制度内的烈士，是党的错误路线的牺牲品，是党内极"左"分子掌权后，利用手中的权力迫害优秀分子造成的悲剧。如果说中华人民共和国成立前我们的队伍里出了许多被日寇和国民党迫害致死的英雄，他们或牺牲在战场上，或被关在敌人的监狱里，他们为了追求真理、追求民族的解放，与敌人展开了殊死的斗争，最后献出了自己宝贵的生命，这样的英烈是我们整个民族的骄傲，他们的事迹他们的英名将永垂青史，人民将永远记住他们。而张志新、遇罗克也是为了追求真理，但他们是与党的错误路线斗争，他们被关在我们自己的监狱里，最后，他们是被党内极"左"势力杀害的。作为党的喉舌与工具的党报，能向人民展示这残酷而惨痛的悲剧？这会不会损害党的形象？会不会导致人民对党的不信任？会不会影响党与人民的关系？

然而大量的事实证明，这样的担心是多余的。党报报道了这样的悲剧，党报把党的错误真实地坦白地呈现在人民的面前，让人民知道党曾经犯过的错误，并毫不避讳地公开承认党所犯的错误，结果如何呢？人民不但不对党失去信任，相反，却更加热爱党、信任党，因为他们看到了党的襟怀坦白，党直面错误的勇气，党能够改正自己的错误，这正是党伟大的地方。

事实上，十一届三中全会后的10年，也是党的威望最高的10年，是人民对党、对国家、对前途充满信心的阶段。

这类典型的推出，使人民在"文革"以来，甚至是中华人民共和国成立以来极"左"路线造成的淤积在心中的怨愤得到释放，使他们放下包袱，轻装上阵，信心满怀地奔向四化。

20世纪80年代人物报道特色谈之二：用人物报道推动改革

20世纪80年代《光明日报》人物报道的一大特色是，通过人物的经历和遭逢来反映改革开放的进程，旗帜鲜明地支持改革，为改革开放鼓与呼，以推动社会的发展。

20世纪80年代是人物报道的复兴期和繁荣期。"文革"结束之后,《光明日报》逐渐摒弃了十年浩劫中人物报道高、大、全和非黑即白的极端政治化模式,摆脱刻板僵化令人生厌的宣传型报道,使人物报道回归正常。在改革开放的时代大潮中,《光明日报》的人物报道力求贴近改革开放这个时代脉搏,推动改革开放向纵深发展。进入20世纪80年代后,《光明日报》人物报道的抛物线线头迅速高扬,直逼顶峰,1982年、1983年、1984年达到顶点。这一阶段便是《光明日报》人物报道的繁荣期和爆发期,大批精彩的人物报道涌向版面,进入读者的视野,为读者所喜闻乐见。而大部分人物报道几乎都与改革开放有关。

一、为改革扫清思想障碍

《实践是检验真理的唯一标准》的发表引发了一场全国性的思想解放大讨论,这场大讨论为十一届三中全会和改革开放奠定了思想和理论基础。在改革开放初期,面对积案如山、极"左"思想负隅顽抗的现实,《光明日报》刊发了张志新、遇罗克、"活着的张志新"郭维彬、因反林彪反"文革"被判处死刑的江西省赣南医专教师陈耀庭、谢聚璋等人物,这些报道在社会上引起震动,使人们充分认识到极"左"危害对国家对民族对人民祸害无穷的现实,对当时的拨乱反正有着深刻的影响,起到了为改革扫清障碍的作用。

企业生产必须获取利润,这一在今天看来属于常识的观点,在荒谬的年代却被冠以"利润挂帅"受到批判,持此观点的人便是著名经济学家孙冶方,他还因此蹲了7年牢。在组织上对孙冶方政治和经济理论问题均未给出正式结论时,《光明日报》1979年就通过公开报道为他平反。为他平反也等于为他的经济理论平反,这实际上是经济理论上的拨乱反正,他的经济理论完全符合市场经济。1983年,《光明日报》开辟"孙冶方颂"专栏,推出20多篇连续报道对孙冶方事迹进行全面的宣传。这组报道以颂歌般歌颂了孙冶方的学术成就,同时也把一个对党对祖国赤胆忠心的知识分子坚持真理,不畏强权,困境中不气馁、危难中仍坚强的精神发扬光大。

二、推动尊重知识、尊重人才风气的形成

改革开放后,党的工作中心开始转移到经济建设上来,党需要团结广大知识分子为改革开放贡献力量。随着党中央关于"尊重知识、尊重人才"的知识分子政策的确立,《光明日报》开始大张旗鼓地宣传报道社会上尊重知识、尊重人才的各种做法。

大量报道知识分子平反冤假错案的案例，推进历史积案的平反和清理（详见第五章）。

为解决知识分子入党难问题而呼吁。长期以来，知识分子入党难一直是困扰着党的知识分子工作的一大难题，《光明日报》在这一问题上的人物报道几乎涵盖整个80年代，从地主出身的农村教师龚福永（1979年11月8日二版《地主家庭出身的教师龚福永入党记》，到著名作家丛维熙（1983年7月5日一版头条《党员作家首先是党员其次才是作家》），从鸟类专家赵正阶（1984年6月26日一版头条《排除掌握实权的某些人的阻挠和压制，著名中年鸟类专家赵正阶入党问题终获解决》），到著名核物理学家王淦昌（1980年1月22日一版《信仰 信任 信心——著名核物理学家王淦昌入党记》），这些知识分子的入党问题从困难重重到最终解决，这些鲜活的事例揭示了造成中国知识分子入党难的历史原因和现实困难，深刻地阐述了中国知识分子从受歧视到得到重视的历程，也表明了党对知识分子的重视和信任（详见第五章）。

中国知识分子的传统是"达则兼济天下，穷则独善其身"，改革开放为广大知识分子提供了"达"的机会，中央提出干部"知识化、年轻化"后，一大批德才兼备的知识分子走上了领导岗位，对此，《光明日报》不惜版面进行报道，如教授开始担任行政职务的《四川省十三名教授副教授被任命为高等院校正副院校长》（1979年8月17日一版），到介绍王金陵、杨纪珂两位教授分别当选黑龙江省和安徽省副省长很快做出显著成绩的《教授当上副省长后不负众托》（1980年6月21日一版头条）；从《副总工程师汪福祥藏族大学毕业生班玛旦增被增选为青海省副省长》（1981年11月9日一版），到"文革"时大胆起用"历史反革命"安振东而使企业健康发展的哈尔滨市整流设备厂党支部书记陈秀云（详见第五章），"女伯乐"慧眼一瞥，使得安振东从一个街道企业技术员跃升为黑龙江省副省长。

三、锋芒直抵旧制度、旧政策的壁垒

在改革过程中，阻力最大的是旧制度、旧政策的壁垒对改革的顽固阻挠，而整个改革过程几乎贯穿着改革与抵制改革两股力量的博弈。《光明日报》大量的人物报道背后都隐藏着这样的较量。譬如关于韩琨的系列报道，关于曹时中事件等报道，涉及的都是当时特别重大特别普遍的一个现象："星期天工程师"问题，报道猛烈冲击科技人员业余兼职收取报酬被视同非法的法律屏障，特别是韩琨事件的连续报道影响深远，形成了全社会关注的重大新闻事件，甚至惊动了中央，最后是中央领导出面干预，国务院出台了允许科技人员业务兼职收取报酬的有关规定。但尽管有了这样的规定，处分甚至抓捕这些在业余兼职中收取报酬的科技人员的事件仍层出不穷，譬如到80年代末仍出现发生在杭州的曹时中事件（见第十章），就像虽有刑法，仍有人违法一样，一项好的政策要得到贯彻执行绝非易事。正因为此，《光明日报》持之以恒地报道科技人员业余兼职问题，为其合理合法性而呼号。正是因为这些持续不断的报道，才使新的冤案最大程度得以避免。

《一个工程师出走的反思》（1986年6月17日一版头条）猛烈冲击的是人才部门所有制，改革过程中急需的人才无法流动，而许多国企和国有研究院所的科技人员却无所事事，这种状况严重影响了经济和社会各方面的发展。《光明日报》通过谢中秋这一个体在人才流动中的遭遇，揭示了人才无法流动对改革开放的严重阻碍，同时也表明人才流动是一个社会大潮势不可当（详情见第八章）。

四、旗帜鲜明地支持新生事物

春江水暖鸭先知，媒体是春寒料峭中最先感知春天气息的那只鸭子，也是社会航船上最先窥见暗礁和远处地平线的那个瞭望者，职业特点使媒体对新生事物具有天然的敏感性。《光明日报》以媒体特有的敏感，对一些新生事物进行报道。譬如，改革开放需要吸收国外先进的科技成果和管理经验，但随着国门洞开，西方思潮和生活习惯也随之渗入，一段时间，年轻人开始喜欢蛤蟆镜、喇叭裤、长头发，对此，有人视同洪水猛兽，于是校门口、厂门口出现了手持剪刀的卫道士，见了长发就铰，见了喇叭裤就剪，一些奇装异服的年轻人甚至被当作流氓阿飞抓起来，跳个舞就被判刑；对一些因受境外影响而出现的探索性的新事物也加以摒弃，将洗澡水连同孩子一起倒掉。譬如邓丽君的歌刚进入大陆时，引起一片"狼来了"的惊呼，被认为是资产阶级的靡靡之音而加以制止。李谷一用气声唱法演唱的《乡恋》本是一种新的探索。可是这一后来被誉为"中国改革开放第一声"的探索却几乎被掐死在萌芽期，受到严厉的批评，有人甚至上纲上线对她进行批判，李谷一的顶头上司也强令她改弦更张。就在一个年轻歌唱家稚嫩的肩头无法承受如此重压时，《光明日报》挺身而出，以大报的担当和开明的态度，公开支持她的探索，为她的探索撑腰。1980年10月8日，《光明日报》隆重推出长篇通讯《李谷一与乡恋》，旗帜鲜明地对李谷一的探索予以肯定。

"四人帮"粉碎了,不少人的思想却还停留在"文革"阶段,许多常识仍被颠倒。徐州重型机械厂工人王书田因为看了一本手抄的世界名著《茶花女》,被认为是受到严重的资产阶级思想毒害而被查处,此事甚至惊动了公安部门。《光明日报》1979年1月10日报道了这件荒唐事,指出被"四人帮"颠倒了常识必须回归。

《光明日报》对改革的支持,大到国家的方针政策,小到一项具体的技术,用媒体的力量来推动时代进步。对王选的激光照排技术的支持便表现了《光明日报》过人的胆识。北大教授王选1975年开始研究汉字激光照排系统,1979年成效初显,这是一项具有自主知识产权和革命性意义的成果。但由于技术尚未成熟无法实施,加上在研制过程中一些媒体提前夸大的报道引人反感,结果当这一技术即将脱颖时新闻界反倒不敢公开报道支持。《光明日报》独家站了出来,给了王选最坚强有力的支持:1979年8月11日,《光明日报》头版头条隆重推出报道《汉字信息处理技术的研究和应用获重大突破——我国自行设计的计算机——激光汉字编辑排版系统主体工程研制成功》。党报的支持有力地激发了王选的科研热情,最终他完成了这一促使我国印刷业告别铅与火、迎来光与电的伟大成果。

五、为改革高唱颂歌

《光明日报》记者王茂修曾写过一篇反响很大的人物报道,说的是一个小偷在家庭联产承包责任制后的巨大转变,稿子于1982年11月13日在一版刊出:《实行生产责任制以后农民觉悟正在迅速提高——鼎山公社"冒尖户"周朴由后进变先进》。报道很短,全文如下:

本报讯 记者王茂修、李家杰,通讯员张友俊报道:秋收的季节里,我们在四川北部访问了大巴山南麓的巴中县,了解到农村推行生产责任制以后农民精神面貌发生巨大变化的情况。其中,最使我们感兴趣的是鼎山公社的周朴的事迹。

周朴现在三十岁,一家三口,孩子才四岁。今年,他夫妻俩承包了三亩九分地,进行科学制种。秋收时光稻谷就分了一万三千八百多斤。除了应交国家和集体的部分外,全家净得粮一万二千五百多斤,加上家庭副业收入,全年的产值共三千五百多元。他丰收不忘国家,决定出售余粮八千斤。然而,他的出名却不在这里，而是在今年九月的一次会议上。

这次是县里召开的"参观'冒尖户'流动现场会"。轮到周朴上台发言，他说："前几年我有些'不落教'（对不起人），做了些'痴业'（罪过），偷过生产队的谷子，偷过群众的鸡婆……"

他开头的这个自我介绍，把全场逗得哄堂大笑。周朴继续发言说："今年，我有了这么多的钱和粮，是党的三中全会使我这样的人走上了正路、发了财！我早就下了决心：等我富裕了，我要把我干的那些'痴业'补起来，吞了集体和社员多少谷子和钱财吐出来！我一共偷了队里五百多斤粮，我算成一百五十元，另外还有一些零敲碎打的鸡呀鸭呀的，加上利息，我算成二百五十元，加倍偿还！另外我再拿出四百元，用来救济我们队里的困难户！"

刚才还是哄堂大笑，现在大家却是议论纷纷，陷入深思了。县委书记心情也很激动，他发言说："这件事的意义绝不止于一个社员的'冒尖'，而是说明了精神世界的转变将比物质生产的转变更有深刻得多的意义！"

周朴的转变从何而来？我们在鼎山访问了周朴，向他提出了这个问题。这个仅仅读过初中的大巴山农民竟对我们说出了这样一番大道理：

"我也始终弄不清是什么力量推动我转变的。过去，我不想干活，只想碰运气，一晚上发一个大财！前两年，我读报纸，看到外面在搞包产到组，周围也在吹'责任田'这件事，我就对我女人说：'现在政策真的变了，我要好好干，把我的恶名声改一改！'万没有想到第一年我就得了这么多的粮食和钱！……我想，一个人活在世上，虽不能流芳千古，但也不可遗臭万年！现在，又选我为'先进'。今天，只有我自己才晓得自己的'内幕'。若不把自己的'内幕'端出来，光说自己好的，还算什么'先进'！"

现在，轮到我们大吃一惊了！他的话说得如此诚恳朴实，不掺一点假！在周朴身上，我们看到了新一代中国农民的巨大精神变化。

这篇稿子实在太精彩了！改革开放不但使农民生活上有了巨大的变化，而且精神面貌大变，连小偷都不偷了。这篇稿子刊出后反响异乎寻常的大，新华社四川分社领导开会时说，这样的新闻为什么新华社发现不了，《光明日报》的王茂修能发现？你们都说没有什么新闻，你看看王茂修，他为什么能写出这么精彩的报道来？

一个小题材却反映出时代大背景，通过一个小偷的变化反映改革开放给农村带来的巨大变化，这真是《光明日报》当时报道的一个缩影。

综观《光明日报》20世纪80年代的人物报道，对改革成功的报道、为改革高唱颂歌已成为报道的常态。中国改革走的是农村包围城市之路。农村实施家庭联产承包责任制使大批农民先富起来，而大批劳动力空余出来促使乡镇企业应运而生并迅速崛起，《光明日报》虽是一家面向中高级知识分子的意识形态方面的报纸，但对农村改革中出现的新鲜事的报道绝不吝惜版面：《社员张文生劳动致富三贴广告》（1983年1月26日一版头条）讲的是张文生致富不忘乡亲的事；《农民梁雄辉捐款三万元办学》（1984年2月20日一版头条）和《农民熊炳其给农技人员章康华发奖金》（1984年3月17日一版）赞颂的是农民致富后乐于助学和重视科技的新鲜事；《工程师当厂长 落后厂变先进 太仓化肥厂能源低耗跃居全国同类厂第一》（1982年10月13日一版头条）揭示的是知识分子走上领导岗位带给企业的新气象；《学部委员力学家谈镐生教授出任闽东新技术开发公司名誉董事长》（1983年3月4日一版头条）倡导的是知识分子直接参与经济发展的新时尚；《老工人耿鼎晋升为工程师级技师》（1983年6月6日一版头条）赞扬职称改革不拘一格允许自学成才者评职称；《上海四名科技人员辞职去公职到乡镇企业大显身手》（1984年6月14日一版头条）、《六名工程师辞职下乡创办兰州特种仪表所》（1987年5月16日一版头条）则鼓励科技人员去承包经济实体；《马胜利正确行使厂长职权的经验有普遍意义》（1985年7月27日一版头条）、《社会主义企业家该不该先富起来？鲁冠球十三大归来一席谈》（1987年11月20日一版头条）以及关于白凯、步鑫生、年广九等人物报道寄托着人们对改革风云人物的欣赏和推崇。《光明日报》20世纪80年代对杭州万向节厂鲁冠球，七八年时间仅在头版头条上就刊登了近30篇报道，可见《光明日报》对改革人物的钟情和偏爱。

第三章 平反冤假错案中的人物报道

1979年1月7日,《光明日报》发表报告文学《在四五的激流中》,正面描写了"天安门事件"中那些悼念周总理、反对"四人帮"的英雄不畏强暴的壮举,他们却为此被捕。报道为他们所蒙受的冤案平反。

浩劫度尽,云开雾散,中国迎来了全新的时代。就在这样的形势下,作为改革开放先声的平反冤假错案开始了。而《光明日报》的人物报道在平反冤假错案中起到了推动和促进的作用。

从1978年到1984年间,《光明日报》刊发了大量有关平反冤假错案的人物报道,这些报道以前所未有的勇气突破了一个个禁区,将许多尘封的冤案昭告天下,让许多被屏蔽的案情得以见天日。这些人物报道呈现了在特殊的历史时期中国知识分子的悲惨命运,他们曲折的人生,因为荒谬的原因而无辜遭受的不白之冤,生动地揭示了极"左"路线带给一代知识分子的苦难,这些鲜活的案例也深刻地揭示了林彪"四人帮"对国家、对民族、对知识分子所犯下的滔天罪行。通过对这些受冤屈的知识分子人生遭逢的报道,也使成千上万含冤者淤积心中的怨气得以宣泄,从而缓解了社会矛盾。同时,也极大地推动了中央关于平反冤假错案的工作,使遭受"文革"迫害变得千疮百孔、经济面临崩溃、民生凋敝的社会尽快卸下包袱,轻装上阵,踏上改革开放的征程。

第一节 胡耀邦极力推动平反冤假错案

粉碎"四人帮"后,历史揭开了新的一页,但仍有两大问题亟待解决:即"两个凡是"的桎梏和堆积如山的冤案等待平反。而要解决这两个问题,首先要废止"以阶段斗争为纲"的政治思想路线,否则成千上万在"文革"中和"文革"前被错误处理甚至蒙冤入狱的干部和知识分子不解放,改革开放便无法进行。这道历史的难题被历史地落到胡耀邦身上。

1977年12月10日,中央下达了任命胡耀邦为中组部部长的文件。5天后,胡耀邦走马上任。正式履新的当天上午,胡耀邦走进北京西单中央组织部大院,迎接他的是一阵鞭炮声,中组部的干部们破天荒用鞭炮迎接这位中共历史上极具开明作风的领导人。

其实,在粉碎"四人帮"之前,胡耀邦就牛刀小试,名动知识界。1973年,邓小平复出,胡耀邦受命整顿中科院,他大刀阔斧开展工作,成就很快显现,成为邓小平的得力干将。但随着反击右倾翻案风邓小平被第三次打倒,他也受到了严厉的批判。粉碎"四人帮"后,他再度复出,出任中央党校副校长,旋即领导和推动了"真理标准"的大讨论;而就任中组部部长后,他所面临的重要工作就是平反冤假错案,为改革开放进行组织上的准备。

在胡耀邦的革命生涯中,平反冤假错案可谓是最辉煌的一页,也是在党内最不受争议的历史功绩。他没有辜负广大党员干部和知识分子的热切期望,从他走进中组部大院起,中国"文革"后的一个重大历史篇章——大规模的平反冤假错案开始了。

拨乱反正是一场政治改革,拨的是林彪"四人帮"之乱,纠正的是"文革"的错误和毛泽东晚年的错误,使党回到正确的政治路线上来。拨乱反正是改革开放的基础。1978年召开的十一届三中全会是中国共产党思想路线、政治路线、组织路线拨乱反正全面开始的标志。

胡耀邦在中央党校时就高度重视冤假错案问题,他亲自出面组织理论工作者撰写了一篇文章:《把"四人帮"颠倒了的干部路线是非纠正过来》,亮出平反冤假错案的大旗,该文于1977年10月7日在《人民日报》上刊出,马上引起轰动,许多读者含着热泪一再阅读这篇文章。但当时的中央组织部有关领导却反对这篇文章,称该文是大毒草。胡耀邦没有妥协,他又组织了第二篇针对平反冤假错案的评论:《毛主席的干部政策必须认真落实》,该文于1977年11月27日在《人民日报》头版头条位置刊出,这次震动更大。中央终于下决心对中组部领导班子进行改组,由胡耀邦出任中央组织部部长。

胡耀邦主政中组部之后,马上开始部署平反冤假错案工作。他继续发挥舆论引导的作用,组织撰写了《切实整顿组织部门落实干部政策》一文,于1978年1月10日以人民日报评论员的名义发表,1月19日又组织了《切实清理干部积案落实干部政策》一文,以人民日报社论的名义发表。强大的舆论对推动冤假错案的平反起到了引导和鼓动的作用。

接着,胡耀邦明确提出冤假错案平反的原则:"有错必纠,全错全纠,不错不纠,部分错部分纠。"但当时主导中央思想路线的仍然是"两个凡是",要完全彻底地平反冤假错案困难重重。针对"两个凡是"的观点,胡耀邦以大无畏的精神针锋相对地提出了"两个不管"的原则:"判断对干部的定性和处理是否正确,根本的依据是事实。不管是什么时候、什么情况下搞的,不管是哪一级组织,什么人定的、批的,都要实事求是地改正过来。"

但是,平反冤假错案工作压力重重,当时分管组织的中央副主席几次当面或在大会上批评平反冤假错案的做法,但胡耀邦一直坚持顶住。面对"文革"制造的冤案,面对巨大的压力,胡耀邦表示:"冤案、假案、错案的平反昭雪,工作量很大,现在全国脱产干部(包括文教)1700万人,立案审查的约占百分之十七,加上被审查的基层干部、工人、老百姓和他们的直系亲属,将近1亿人。这么多人的问题解决不好,就很难同心同德,充分调动大家的积极性,危害团结的因素就消除不了。"胡耀邦表示:"我不下油锅谁下油锅!"坚决与阻碍平反冤假错案的势力做斗争。

继十一届三中全会为邓小平、彭德怀等党和国家领导人平反后,中央又先后为彭真、谭震林、黄克诚、陆定一、罗瑞卿等人平反;十一届五中全会为刘少奇平反;对"文革"前的历史案件也进行了复查处理,譬如纠正了1957年反右扩大化的错误;为1959年反右倾运动中被错定为右倾机会主义分子的人一律平反改正;为邓子恢、习仲勋、谭政等人和国家及军队的一些领导人平反;为胡风反革命集团一案平反。1981年6月十一届六中全会通过了《关于建国以来党的若干历史问题的决议》,对"文革"及其以前的"左"倾错误做出了彻底否定的结论。大规模的平反冤假错案工作从1978年开始,到1984年年底基本结束,全国共复查各类案件涉及500万人,其中"文革"前的历史遗留案件188万件,"文革"中立案复查的290万人,平反纠正了300余万名干部的冤假错案,复查改正错划右派54.7万人,纠正右倾机会主义分子12.5万人,为47万名中共党员恢复了党籍。

第二节 率先为马寅初平反

2015年7月9日上午,《光明日报》离退休办公室,笔者采访了当年参与平反冤假错案报道的记者邓加荣。

邓加荣：

粉碎"四人帮"后的10年开创了共和国历史的新纪元，这10年也是《光明日报》最辉煌的历史阶段，《光明日报》在共和国新纪元中起到了推动历史进步的作用。《光明日报》刊发的《实践是检验真理的唯一标准》这篇文章，后被十一届三中全会确定为党的理论基础，这篇文章的发表推动了我国的思想解放，打破了许多禁区，作用是巨大的。围绕思想解放，揭批"四人帮"，《光明日报》推出一系列的文章，大大推进了拨乱反正工作。

在历史的大转折时期，《光明日报》从"两个凡是"的羁绊中摆脱出来，在大是大非面前站稳了立场，并突破禁锢，冲破禁区，报道了"天安门事件"，促使中央做出决定为"天安门事件"平反；冲破中央媒体报道禁区，勇于揭丑，大胆报道张志新、遇罗克等一系列冤假错案。

在胡耀邦担任中组部部长后开展的大规模的平反冤假错案工作中，《光明日报》积极用舆论与其呼应，用舆论推动这项工作，刊登了大量的人物报道。在这个过程中，我作为亲历者，也写了一些人物报道，譬如最早为马寅初、孙冶方平反的人物报道就是我参与采写的。

邓加荣介绍了参与为马寅初平反报道的经过：

1979年7月10日，《光明日报》发表龚明的文章：《如果没有民主，什么事情也办不好——应该为马寅初先生恢复名誉》。这是全国第一篇公开要求为马寅初平反的文章。文章当时的现实：人口暴涨，引起许多人的忧虑，许多学者对人口问题提出警告，由此想到当年马寅初早已提出警告，却遭受粗暴打击，被剥夺了讲话的权利。作者在文章中呼吁，应为马寅初恢复名誉，将当年强加在他身上的污蔑不实之词统统推倒。此文马上在中国知识界引起强烈反响，读者纷纷来信发表看法，为马寅初的遭遇鸣不平，要求为他平反。

在组织上还没有为马寅初平反时报纸就为其发出呼吁，这正是《光明日报》的胆识和勇气。当时的报纸也较少受到干预，报道的环境比较宽松。

龚明的文章发表后的一天，杨西光从中央开会回来，一进办公室就打电话把邓加荣叫来，给他下达了一个紧急任务：《光明日报》呼吁为马寅初平反的文章在全国各阶层尤其是知识界产生了强烈的反响，也引起了中央的高度重视，中央正在研究准备为马寅初平反。新闻的要诀是新，面对这一新的信息，杨西光认为，由《光明日报》率先刊发为马寅初平反的报道尤为必要，一则《光明日报》是中国最权威的知识分子报纸，联系党和知识分子的关系是《光明日报》的职责；再则，光明日报在历史上与马寅初有很深的渊源，由《光明日报》来首先刊发为马寅初平反的报道有着更深的意义。因此，他让邓加荣尽快去采访马寅初，《光明日报》必须抢在其他媒体之前发出为马寅初平反的报道！

"必须"的背后是《光明日报》历史上的一段隐痛。

马寅初在1956年和1957年两次在报纸上发表文章，提出了我国人口必须进行有计划控制的观点。此后他又在全国人代会上发言指出："人多固然是一个极大的资源，但也是一个极大的负担"，"人多拖住了技术进展和科学前进的后腿"。在当时的历史条件下，马寅初的观点是正确的。但是，毛泽东对他的观点提出不同看法："人多议论多，热气高，干劲大"；甚至公开批评他的观点："某些学者甚至断定，农业增长的速度还赶不上人口增长的速度。他们认为，人口多了，消费就得多，积累就不能多"，"他们只看到人是消费者，人多消费要多，而不是首先看到人是生产者，人多就有可能生产得更多，积累得更多。显然，这是一种违反马克思列宁主义的观点"。

伟大领袖这一席话透露出严厉的批评。在那样一个时代，毛泽东主席的威望如日中天，高到至高无上的地步。伟大领袖的批评就是冲锋号，一场批判围剿马寅初的战役由此打响。1958年和1960年，中国的媒体曾两度发动对马寅初新人口论的批判和围剿，先后发表了200多篇批判文章，这200多篇批判文章调门高，火力大，说理少，扣帽多。而这两次文字围剿都是由《光明日报》率先发难，指责马寅初"攻击三面红旗""一贯为帝、封、资服务"，对新人口论进行了种种污蔑和攻击，在这场污损著名专家的讨伐中，《光明日报》扮演了不光彩的角色，造成了恶劣的影响。在中央媒体中，在对马寅初进行的多次大批判中，《光明日报》冲在了最前面，发表了《驳马寅初的"团团转"》《批判马寅初的人口质量的观点》《马寅初的"团团转"和马克思主义发展观的根本对立》《马寅初"人口质量论"的资产阶级本质》《马寅初的"团团转"和我国大跃进是根本对立的》等。这些出自知识分子报纸的粗暴的大批判文章，深深地伤害了这位学者，马寅初愤然指责"《光明日报》不光明"。

马寅初是一个骨头很硬的学者,他秉性耿直,极富正义感,一身凛然正气。国民党时期,他曾在南京抬着棺材去总统府谏诤,准备杀身成仁,此举曾声震朝野,誉满学界。他是一个有很大影响力的经济学家,尤其是他从经济的视觉提出的新人口论更是影响深远。他在《新经济学》中提出:"物质增长是按算术级数增加,而人口增长是按几何级数增加。"他用简单明了的话语道破了新人口论的奥秘。他的"边际效用论"说一个人吃三碗饭能吃饱,若只吃了两碗,就不算饱,只有吃完第三碗饭才算饱,而第三碗饭的效用就叫边际效用。他就是这样用最直白的语言把深奥的理论讲述得一清二楚。

但面对权力控制下蛮不讲理的批判,这位堂吉诃德式的学者单枪匹马,以一己之力与粗暴的批判抗争。真正的学者,只能臣服于真理,绝不会向谬误也不会向权力投降,他公开发出《接受〈光明日报〉的挑战书》:"我虽年近八十,明知寡不敌众,自当单枪匹马,出来应战,直至战死为止,绝不向专以力压服不以理说服的那种批判者们投降。"

1960年,他被迫辞去北京大学校长职务。这位敢言的专家从此被剥夺了发言的机会。

一个学者的观点被封杀,这个学者的观点所指向的人口问题却以"几何级数"暴涨。从国家层面来说,近20年过去,中国人口暴涨已成为沉重的负担,历史已雄辩地证明,马寅初的人口论是正确的。不能再让人口暴涨下去!国家应采取对策迅速制止人口暴涨的发展态势!

从《光明日报》自身来说,为马寅初平反,这是一个将功补过的机会。这也是杨西光强调"必须"的理由。

邓加荣向笔者还原了当时采访马寅初的情景:

接受了总编辑亲自交代的任务,邓加荣和《光明日报》摄影记者成静平冒着酷暑走进了北京东总布胡同32号的四合院。邓加荣说,他曾来过这里,就在马寅初家旁边的34号院住着哈工大校长李昌,他曾采访过李昌,李昌夫人也是一个经济学家。

时年98岁的马老在病榻上接受了邓加荣的采访。此时他下肢瘫痪,听力微弱,讲话都已非常费力,生命已进入倒计时。邓加荣回顾道,20世纪50年代,马老对《光明日报》是非常友善的。担任北大校长时,他曾为《光明日报》写了很多很有分量的文章,特别是他作为北大校长,应《光明日报》聘任社外编辑的要求,批准了北大的翦伯赞、邓广铭、金岳霖、陈岱孙等著名教授担任《光明日报》的史学、哲学、经济学等专刊的社外编辑；凡《光明日报》记者来访，他必放下手头工作优先接待。

此时，在蒙冤近20年后，面对曾在揭批他的新人口论中扮演了不光彩角色的媒体的来访，老人表现了一个大家的宽阔心胸，也许岁月的流逝早已将老人心中那种"《光明日报》不光明"的积怨涤荡殆尽，面对邓加荣的采访，老人以宽容对待过去的伤害，坦然地接受了采访。

马老的卧室很大，他就躺在一张很大的双人床上，床上堆放了许多报纸。虽然已经是98岁高龄，老人还是非常关心时事。虽然身体虚弱，虽然只能卧床，马老就这样躺着接受了邓加荣的采访。由于耳背，邓加荣的采访只能由马老的儿子充当翻译。当邓加荣告诉他中央将为他平反时，老人显得非常激动。他说，一件做错的事要改正很不容易，党有这么大的勇气很了不起。

采访是在和谐的气氛中进行的。当听说邓加荣是学经济的，老人很高兴，说："学经济的一定要研究人口问题，过去的经济学只研究生产，不研究人口问题，吃了大亏，人口过多，拖住了机械化的后腿，也给四化建设带来很大困难，再不解决人口问题不行了！"

采访顺利完成，当成静平要求为马老拍照时，马老甚至主动要求坐到轮椅上，让家人把他推到院子里照相。

7月20日，邓加荣的访问记在《光明日报》刊出，标题是《马寅初先生访问记》：

> 再过两年，马寅初先生就满一百岁了。现在，他长卧病榻之上，但神志还清楚，与人谈话兴奋有力。当讲到报上最近发表的一些为他"新人口论"平反的文章时，他向记者连声说："人口多，问题多，这个问题早一天解决，困难就少一些！"
>
> 马寅初教授是在1956年12月和1957年5月，先后两次在报纸上发表文章，以后又在人民代表大会浙江小组会上发言，提出要对我国人口进行有计划控制的观点。难能可贵的是，那个时候他就看到人口问题的两重性，"人多固然是一个极大的资源，但也是一个极大的负担"，并且尖锐地指出："人多拖住了技术进展和科学前进的后腿。"但是马寅初先生这个远见卓识竟在1958年夏天和1959年底至1960年初，遭到两次大规模的批判。他被错误地扣上了"攻击三面

红旗""一贯为帝、封、资服务"的政治帽子。1960年被迫离开了北京大学校长的岗位。

马寅初先生坚持科学的态度,始终没有放弃自己的正确观点。他对报刊上两百多篇批判他的文章,逐篇细读,有些合理的因素他虚心采纳,以便进一步完善自己的观点;同时对于那些与真理和现实悖谬的错误观点,进行了针锋相对的学术性的论战,连续在《新观察》《中国经济问题》《北京大学学报》上发表了十余篇说理性文章。面对着那黑压压一片的文字围攻,他斗志更旺,因为透过那些批判他的文章,他更加看清了自己主张的正确,真理是在自己这方面,不能不起而维护,正如他自己所说:"我虽年近八十,明知寡不敌众,自当单枪匹马,出来应战,直至战死为止。"

此间,有几位老朋友找到马老,劝他不要再坚持了,站出来认个错就完了。马老对于朋友们的关怀和劝慰,心中感激不尽;但是在感激之中又很难从命,因为计划生育是关系到我们的国家和民族发展前途的大事,既然自己已经看出这是一条真理,就要勇于坚持。他对许多劝告他的朋友说:"学术问题贵乎争辩,真理愈辩愈明,不能一遇到袭击,就抱'明哲保身,退避三舍'的念头。应当知难而进,绝不应当向困难低头!"

1960年以后,马寅初老先生不便于在报刊上公开发表文章了,但并没因此放弃论战。坐在家里,他仍然坚持看书学习。为了能够更好地弄通马列主义,他偌大的高龄还继续坚持学习俄语,以便能直接看列宁原著。马老攻读之余,便坐下来撰述文章。尽管明知文章写出也不能发表,他还是一丝不苟地阐述他的观点。他将一张张写好的稿纸都摆在地板上,全部写好之后,俯身用糨糊将稿纸粘在一起,一篇文章粘成一个巨幅,然后小心地卷成一个纸卷,外边用白纸封好,存放在案边的卷柜里。多少年来,无冬无夏,无明无晦,到"文化大革命"开始时,这种大大小小的纸卷已经堆满了整整一个卷柜。

不幸,1972年马寅初老先生得了直肠癌,亲友们都为老人的遭遇焦虑和奔忙。医院有些人认为马老已经年逾九十,恐怕承受不了手术治疗,主张采取保守疗法,因此与病人和家属的意见长期不能统一起来。在此情况下,家属给周总理写了信。总理在百忙之中不仅亲自阅读了家属的来信,而且还对来信做了详细的批语。周总理在批语中说,如果病人愿意做手术治疗,家属也坚持要动手术,就应该从手术考虑,并做好一切细致的准备工作,随时向他汇报。手术之后，总理还派专人到医院里去探望马老，详细地听取了探望人员的报告。手术后，马老的身体比从前衰弱了许多，大部分时间不得不躺在病床之上。但他仍以老病之身，时刻关心着国家大事。他与外界的联系可以说是不很多了，但是他的一颗赤子之心，却一直与国家和民族的脉搏紧紧相连、息息相关地跳动在一起。1976年1月，他打开报纸看到了周总理去世的消息时，只看了标题，就把报纸放下，沉痛地合上了眼睛。这个刚强一世从没有人见他流过泪的老人，止不住眼泪簌簌地滚落下来。

在全国人民沉浸在哀痛的旋涡的日子里，老人的一颗心更是痛苦难言。他不顾亲友的劝阻，坚持要到医院里与总理的遗体告别。临去之前，老人整整一个上午颗粒没有下咽，连一杯水也没有喝。在与总理遗体告别时，他要家属将他的手推车绕总理遗体再转一圈，他说他要鞠躬。最后在他一再坚持之下，由家属搀扶向总理遗体鞠了三次躬。后来，朱委员长和毛主席先后逝世时，他都怀着沉痛的心情，亲自向遗体告别。

粉碎"四人帮"后，老人也同全国人民一样，满怀喜悦迎接了祖国灿烂的曙光。那些天里，老人非常兴奋，听到外面游行队伍锣鼓喧天，他也要出外与广大人民群众一道呼吸充满欢乐的新鲜空气。最后在他一再要求下，他坐了一辆小汽车随着游行人群在天安门前转了一圈。

马寅初先生对于北京大学有着极其深厚的感情。在他受批判的时候，还想到北大的师生，他在文章中写道："我平日不教书，与学生没有直接的接触，但总想以行动教育学生，我总希望北大的一万零四百名学生在他们求学的时候和将来在实际工作中要知难而进，不要一遇困难便低头。"后来在病床上，老人也一直怀念着北京大学，他常对来看他的人说，他要到北大去走一走，看看校园里的湖光塔影，看看旧日的老熟人老同事，特别是想看看新成长起来的一代青年学生。

近来，许多人看到报上登载人口问题的文章，便不约而同地想起首先指出控制人口的重要性的马寅初先生来。有一个原在北大学习的同志给报社来信说："北大校友相聚一处时，常谈起马老来。大家都钦佩他，同时也为他遭受这段冤案感叹不已。实践已做了有力的回答，马老的人口学说，是马克思主义的，如果二十多年前就按照他的意见办，我们的日子要好过得多了！"还有人写信说："听到这位年近百岁的老人还活着，我们都很高兴，我们衷心希望这位老人健康长寿，在实现四个现代化的新长征中，多为我们出些好主意！"更多的人来信，要求在报纸上介绍马寅初先生的近况，宣传他关于人口问题的非常有远见的理论，为他恢复名誉。

当我们把这些情况转告给马老时，老人脸上露出亲切的笑容，让我们向广大读者转达他的谢意。

5天之后的7月25日，新华社也播发了有关马寅初的消息。8月5日，《光明日报》再次刊登读者田雪原的文章：《为马寅初先生的新人口论翻案》，同时刊登北京市饲料研究所工作人员朱湘远的文章，朱湘远的文章很短，却用了一个精彩的高度凝练的标题，一刊出便被热传：《错批一个人，误增3个亿》，这是对错误批判马老造成中国人口暴涨的最有力的总结。朱湘远也因此一举成名，后来出任民建北京市主委。

《马寅初先生访问记》见报时距中央9月14日为马寅初平反还有一个多月。此文后被《新华文摘》转载。

为马寅初平反的报道引起巨大反响。读者来信雪片似的飞来，多得必须用麻袋来装。

有了这次采访，邓加荣与马老一家从此结缘，后来邓加荣还专门为马老写了一部传记。

中央宣布为马寅初平反两天后的9月16日，《光明日报》二版头条刊出消息：《马寅初就任北京大学名誉校长》，教育部副部长周林到马老家宣布了这个消息，马老欣然接受。

为马寅初平反的报道刊出之后，邓加荣又发现了一个新的重大人物报道选题——著名经济学家孙冶方。

第三节　为经济学家孙冶方平反

邓加荣是和王晨一起采访农业经济学之父陈翰笙时第一次见到孙冶方的。

邓加荣向笔者回顾了当年采访时的情景：那天去东华门附近的陈翰笙家采访，正谈着，突然进来一位老人，老人瘦骨嶙峋，苍苍白发蓬乱地铺陈在额前，沧桑满面，憔悴的脸上沟壑纵横。与外表不同的是，老人精神矍铄，声音洪亮。老人显然与陈翰笙非常熟悉，关系非同一般，他一进来就抱怨陈老没有把夫人去世的消息告诉他。

老人走后，陈翰笙说，其实，这位老人没有考虑到自己的情况，他刚从监狱里被放出来，陈翰笙夫人顾淑型去世时他还被关在监狱里，怎么告诉他？

这位老人就是孙冶方，他在60年代提出剩余价值和利润问题，他认为，社会主义经济一定要谈利润，但他的这一观点被扣上"利润挂帅"的帽子而受到批判，"文革"期间还因此被冠以"中国的利别尔曼"（叶夫谢·格里戈里耶维奇·利别尔曼，苏联著名经济学家，20世纪60年代提出了以利润刺激为核心的经济理论，把国家和企业之间的关系建立在利润分配的基础上，鼓励企业接受计划，挖掘生产潜力）和"里通外国"等罪名被关入监狱达7年之久。

看着孙冶方离去的身影，陈翰笙忍不住赞叹孙冶方是党内难得的好同志，称他意志坚强，才华横溢，7年牢狱生活，他不但没有被压垮，反而在监狱里构思并完成了30万字的经济学专著《社会主义经济论》，这是一部腹稿，整部30万字的书稿他凭记忆记在脑子里。"了不起的人，了不起的事！"陈翰笙感叹道。

陈老的赞叹触动了邓加荣的新闻敏感，作为一个经验丰富的记者，他马上意识到，孙冶方是一个不可多得的典型人物，他马上产生了强烈的冲动，采访这个奇人！写写这个了不起的人，写写发生在这个奇人身上的了不起的事！

然而，当时孙冶方还刚出狱，还没有获得平反，写了能不能刊登？邓加荣把自己准备采访孙冶方的想法报告了报社领导，得到了报社领导的支持。

"那时孙冶方的政策还没有落实，仍然住在'文革'期间被逐出家门时蜗居的两间狭窄小屋里。除了一张木板床、一个写字台和一张饭桌，再没有其他家具。很多书籍只能摆放在地上和床底下。他写的揭露'四人帮'的文章当时还无法发表，但他仍在孜孜不倦地写作。"邓加荣说。

邓家荣告诉笔者，孙冶方是一个铁骨铮铮的硬汉，一个至死不改志向的学者。监狱没能使他屈服，他出狱后公开表示："我是一不改志，二不改行，三不改变观点。"他还表示："个人恩怨我从不计较，理论上的是非一定要弄清楚，符合真理的观点一个也不放弃！"

1979年9月27日，王晨、邓加荣合作的人物通讯《终身做一好公仆——记八十二岁的中国社会科学院顾问陈翰笙》刊出。

陈翰笙的报道一完成，邓家荣就开始投入孙冶方的采访。在紧张的采访过程中，邓家荣一次次被孙冶方的事迹感动得热泪盈眶，写到激动处，他甚至不能控制自己的感情而泪水奔涌。在澎湃的激情中，报告文学《有这样一位经济学家》完成了。

稿子完成了，能不能发？当时孙冶方刚从监狱里出来，组织上还没有为他做结论，更没有给他平反，特别是他的被批判了20多年的经济理论也还没有得到匡正。邓家荣忐忑不安地把稿子送给总编辑杨西光审阅。杨西光读罢此文很激动，马上签字同意发表。

1980年2月24日，《光明日报》的二版以几乎一个整版的篇幅刊登了这篇报告文学。

反响异乎寻常的强烈。在当年社科院的新春团拜会上，周扬激动地说："在十年'文革'中，表现得始终坚持原则、毫不退让的硬骨头的，只有两个人，一个是贺绿汀，一个是孙冶方。"曾与孙冶方共同在白区工作过的老革命石西民这样评价自己的战友："孙冶方是中华人民共和国成立后少见有如此硬骨头的文人！"

邓加荣的报道揭开了报道孙冶方的序幕，随着人们对这位硬骨头经济学家认识的加深，尊敬之情的增加，一个宣传孙冶方的更大规模的报道已在酝酿中。

邓加荣说，《光明日报》的报道刊出之后不久，孙冶方就住进了医院。七年的监狱折磨使他患上了不治之症。他当时不知道自己得的是无法医治的绝症，每天躺在病床上还坚持写作。他得的是癌症，活在人世的时间已经不多了，而他那部在监狱里打好腹稿的经济学专著《社会主义经济论》还没来得及写出来，老友徐雪寒来看他时焦急地说："千万莫把腹稿烂在肚内，那可是世间一大损失呀！"为抢救这部专著，社科院派吴敬琏、张卓元等十余人来帮助他整理那部传奇之作。这是一场与时间与死神赛跑的战斗。令人欣慰的是，此书终于抢在死神之前完成。

1982年，孙冶方病情加重，医院发出病危通知，这位共和国的功臣即将走完人生的历程。此时，杨西光已经卸任《光明日报》总编辑，杜导正接任杨西光的职务。得知孙冶方病重的信息，杜导正立即决定，对这位中国知识分子的杰出代表进行集中报道、连续报道。

《光明日报》派出最强大的阵容，孙冶方报道组由机动记者部主任张天来领衔，有邓加荣、金涛、林玉树、陈英茨、王武这些《光明日报》实力派记者参与。如此庞大的阵容，足见《光明日报》对这组报道的重视程度。"你们要充分地报道，不受篇幅限制！"杜导正特意对采访组强调。

这是新任总编辑杜导正到任后第一个大型人物报道战役，也是《光明日报》20世纪80年代的又一个重大的典型人物报道。领受任务之后，报道组开始昼夜兼程，追赶时间，与病魔赛跑，要抢在死神之前完成这位知识英雄的系列报道。对于如何更好地呈现孙冶方这个典型人物的事迹，按照一般做法，写一个长篇人物通讯，一两万字，全面总结他的毕生成就和精神风貌，然后再做后续报道。但是，此时的孙冶方已病入膏肓，连说话都很困难了，生命已危在旦夕。在如此短的时间内要写出这样的长篇通讯，时间上不允许，同时5个记者一起写一篇报道也碍手碍脚，无法施展。张天来是一个写人物的高手，他也一直在探索人物写作上的创新。长期的新闻实践使他感到，长篇报道不容易被读者接受，面对黑压压的文字，读者会感到畏惧而丧失阅读的兴趣。此次他决心改革。在基本了解了孙冶方的事迹之后，他和同事商量后确定将这个人物报道分成若干个角度，从孙冶方的学术贡献、学术成就、优良品质和优良品质是如何形成的三个方面来呈现他的事迹和精神风貌，第一期先确定8个题目由5位记者分头采写。

记者们面临的困难是，采访人物需要被采访者本人提供只有他本人才知道的细节。当时的情况是采访他本人已不可能，《光明日报》的这些名记者八仙过海各显神通，先是在社科院召开了两个座谈会，然后想方设法个别采访他身边的人，从外围搜集材料。

这组报道从一开始便拉开阵势：开辟专栏，进行连续报道。关于栏目的名称，张天来经反复考虑后提议用"孙冶方颂"。他是从毛泽东关于写闻一多颂、朱自清颂中得到启发的。但以前媒体报道中对一个人物用"颂"的形式还从来没有过，能不能"颂"？张天来感到难以把握，遂向社科院党委书记梅益请示。梅益是著名翻译家和作家，他回答得斩钉截铁：工人可以颂，农民可以颂，孙冶方为什么不能颂？你们自己完全可以决定！张天来将梅益的态度向杜导正做了汇报，杜导正也表示同意。

杜导正对这个典型非常重视，为了抢时间，采访和写作进行得非常紧张，其间杜导正经常跑到记者办公室了解稿子进展情况，督促尽快完成任务。这使负责指挥整个典型采写任务的张天来感到压力很大。当采访组完成了两篇报道时，他马上发排后把清样送给杜导正。

"孙冶方颂"于1983年1月16日一版头条推出，第一篇是张天来的通讯：《雪山上的莲花》，此后，这组报道均在重要版面陆续见报，每篇都有四五千字，对孙冶方的事迹进行了全方位的报道。

1月17日一版头条刊出林玉树的长篇通讯：《铁肩担正义》。

1月25日一版刊出金涛的长篇通讯：《病房静悄悄……》。

1月28日一版刊出王武的长篇通讯：《新松恨不高千尺——记孙冶方帮助年轻人的故事》。

……

孙冶方的事迹在传播、在发酵、在扩大，人们为共和国有这样的英雄而感动、而骄傲、而自豪。

病中的孙冶方见到报道，非常激动，此时的他已无力捉笔写字，他口述了一封感谢信，对《光明日报》表示感谢：

> 最近一个时期，贵报和其他报刊对我进行了大量的报道。为了宣传党的知识分子政策和讨论有关经济理论问题，做一些适当的报道是可以的。我感谢党和人民给予我的莫大荣誉，也感谢贵报和其他报刊对我的鼓励，深感受之有愧。
>
> 近日来，贵报又开辟专栏，连篇对我个人进行报道，这使我深感不安。作为一个共产党员，为党努力工作，为国家和民族的振兴做些贡献，是应该尽的本分，无可过褒。有多少和我同期参加革命的同志，已为党为国捐躯，英勇壮烈牺牲。又有多少中年、青年同志，艰辛工作，默默无闻。我希望多对这些同志进行宣传。对我的经济理论观点进行适当的宣传和讨论，我是赞成的。但不要对我个人进行过多的宣传。这绝非谦虚之词，实为一片肺腑之言。

孙冶方的报道是及时的，距离"孙冶方颂"推出仅6天，这位中国知识分子的硬汉便走完了人生的历程——1月22日，孙冶方去世。《光明日报》的报道终于赶在孙冶方去世前刊出。他终于在离去之前见到了社会对他的肯定和赞誉。

孙冶方的报道从1983年1月中旬持续到3月中旬，先后共推出13篇报道，计有5万字，另外还发表了诗词3首，图片24幅。这组通讯报道歌颂了孙冶方的学术成就，同时也把一个对党对祖国赤胆忠心的知识分子坚持真理，不畏强权，困境中不气馁，危难中仍坚强的精神表现得淋漓尽致。这是《光明日报》创刊以来对一个专家规格最高、规模最大的一次集中宣传。

1983年，光明日报出版社将《光明日报》上的连续报道集结成书，以《孙冶方颂》的名字出版，书名是陈云亲笔题写的。

此后，邓加荣还为孙冶方写了一部传记：《登上世纪坛的学者——孙冶方》。

第四节　用人物报道推进平反冤假错案工作

中央启动平反冤假错案工作后,《光明日报》围绕这一重点,报道各地平反冤假错案的做法,用大量的典型案例来反映这项工作的进展,以推进这一工作。

1979年4月19日,《光明日报》在一版用整版篇幅发表了报道杨烈宇事迹的长篇通讯《风物长宜放眼量》,并配发评论。稿子刊发后引起强烈反响,杨烈宇的命运也因此而改变。

2015年12月27日,笔者在北京采访了该文作者苗家生和宋言荣,他们介绍了当年采写杨烈宇以及报道刊发后的情况。

1979年4月初,苗家生来到大连海运学院(现大连海事大学)宣传部了解落实知识分子政策情况,与当时的大连人民广播电台政文部副主任宋言荣不期而遇,这次邂逅改变了宋言荣的命运,苗家生也为自己最后的职业生涯找到了一个顶头上司:经苗家生推荐,后来宋言荣进了《光明日报》,出任大连记者站站长,后调任《光明日报》社办主任,再转任记者部主任,终于成为苗家生的直接领导。当然此是后话。

苗家生向笔者回顾了报道杨烈宇的整个过程:

> 大连海运学院党委宣传部部长史业校、副部长马育文向我们介绍情况时,提到该校轮机系老教师杨烈宇。1957年反右时杨烈宇被错划为右派下放工厂劳动,随后又在"文革"期间遭受迫害被赶到农村。杨烈宇虽身处逆境,仍然坚持搞科研,写论文,写教材,并紧密结合生产实际搞发明创造,长期致力于船机修造工程、离子轰击渗扩技术、物理气相沉积技术的研究,取得了多项重大成果,创造了巨大的经济效益。听了他们的介绍,我和宋言荣都被杨烈宇的事迹所感动,很想见见这位老教师,进一步了解他的情况。马育文告诉我们:1975年学校错误决定让杨烈宇在下放所在地庄河县就地退休,今年1月,院党委在全院大会上宣布改正杨烈宇被错划右派的决定,恢复他副教授职称,并任命他为学院学术委员会副主任委员、航海技术研究所负责人。前几年旅顺一家社办企业龙头机械厂聘请杨烈宇担任技术顾问,杨烈宇一家现在就住在那里,还没有回大连。我和宋言荣商量,去旅顺龙头机械厂采访杨烈宇。校党委宣传部二

位部长很理解我们的想法，由马育文陪同我们前往，第二天就出发。

龙头机械厂在大连和旅顺之间的龙头山脚下，是个百人小厂。杨烈宇一家人就住在厂区附近，工厂为他建了几间平房。在杨烈宇家里，我们见到了他和他的老伴江之京，二女儿杨道正，小女儿杨道立。当时杨烈宇已61岁，虽然几十年的艰辛岁月使他两鬓斑白，但精神矍铄，身板硬朗。杨烈宇向我们讲述了他在逆境中坚持搞科研的情况，介绍了他在龙头机械厂研制的离子氮化设备，像给学生授课一样为我们讲解离子氮化和离子轰击扩渗处理工艺的相关知识，对他这些年的坎坷经历却很少谈到，还是他的老伴和女儿向我们讲述了他遭受迫害的情况和20多年中他们一家人度过的艰辛岁月。在龙头的几天中，我们住在简陋的公社招待所里，白天采访杨烈宇及其家人，晚上整理采访笔记，一连谈了好几天。回忆起全家人这些年的坎坷经历，杨烈宇的老伴和女儿常常潸然泪下，哽咽难言。

杨烈宇在1960年虽然摘掉了右派帽子，但"文革"中又惨遭迫害，被无数次批斗之后，他和老伴被驱赶到离大连200多公里的庄河县石山公社落户。不久他又被打成特务，揪回学校，关了两年，杨烈宇又回到庄河县石山公社村西头那两间破草房子。生产队安排的什么重活，他都能干。天长日久，社员们渐渐发现，杨烈宇磨刀磨得锋利，斧头淬火淬得好使，就让这老教授做起磨剪子抢菜刀的活计来了。

后来旅顺口区龙头公社党委聘请杨烈宇当了龙头机械厂的技术顾问，并让他把家迁到龙头。他开始瞄准当时国际上刚开始应用于生产的一种提高工件表面耐磨损、耐疲劳、耐腐蚀等性能的热处理工艺——离子氮化，研制成功50安培离子氮化炉，填补了我国的空白，使中国在离子轰击渗扩技术、物理气相沉积技术的研究和应用方面居于世界先进水平。我们采访杨烈宇时，龙头机械厂已经向全国各地提供了60多套离子氮化炉，在快艇、坦克、内燃机车、柴油机、拖拉机、机床等热处理工件中收到了显著的效果，杨烈宇还为全国各地培养了340多名离子氮化技术人才，使以前不为外人所知的农村小厂成了远近闻名的推广离子氮化新工艺的中心。此后，杨烈宇又创造出特殊铸造新工艺，相继完成了鞍钢七号高炉冷却壁和风口大套，以及全国第一台铸铁煤气脱硫箱等重大高科技生产任务。

为详细了解杨烈宇的科研成果以及这些成果的价值，取得更多的第一手材料，我们又奔赴鞍钢和北京，察看了鞍钢七号高炉，采访当年担任鞍钢七号高炉会战总指挥的中华全国总工会副主席王崇伦。王崇伦告诉我们：鞍钢七号高炉当时是我国一流的也是最大的高炉，建造时风口大套的铸造发生了困难，承担任务的工厂铸造了30个，几乎都是废品。大套安不上，就要耽误工期，不能实现七号高炉当年设计、当年施工、当年投产的目标，会战指挥部非常着急，是杨烈宇帮助攻关解了燃眉之急。

在全面了解杨烈宇在逆境中坚持搞科研的情况以及他取得的举世瞩目的科研成果的基础上，我们对如何认识这个典型、宣传这个典型的意义，进行了认真的思考。为什么他在身陷囹圄的逆境中还时时想着国家的需要，想着搞科研，想着推广科研成果？杨烈宇在逆境中坚持搞科研，他爱国爱党，在十一届三中全会召开不久的1979年，全国正在进行落实党的政策、解决历史遗留问题的工作，宣传杨烈宇这样的典型，具有现实意义。我们把采访杨烈宇的情况和宣传杨烈宇事迹的想法向记者部主任卢云做了汇报。卢云同意把杨烈宇作为重大典型进行宣传报道。1979年4月19日，《光明日报》的一版用整版篇幅发表了报道杨烈宇事迹的长篇通讯《风物长宜放眼量》，并配发了王晨撰写的短评《可贵的向前看精神》。

报道刊出后引起强烈反响。许多读者为杨烈宇被错划成右派后，始终坚持向前看、坚持从事科学研究的事迹所深深感动，写信给《光明日报》，表示要像杨烈宇那样有一股革命者的志气，把个人的冤屈抛在一边，为党为人民多做贡献。杨烈宇的一些故旧和学生，从《光明日报》上看到报道后纷纷给他写信，赞扬他的可贵精神。当时担任中国社会科学院青少年研究所所长、党组书记的张黎群，看了通讯《风物长宜放眼量》后心情特别激动。抗日战争时期张黎群曾经担任中共乐山中心县委组织部部长，那时就与杨烈宇相识，杨烈宇积极为共产党所领导的地下组织筹集经费，并加入了中共中央南方局领导的"中国青年民主社"。后来，张黎群与杨烈宇失去联系。中华人民共和国成立后，张黎群曾多方寻找杨烈宇，却没有任何线索。《风物长宜放眼量》的发表，使张黎群和杨烈宇这两位革命战友在失去联系30多年后重逢。

杨烈宇在花甲之年终于迎来了他人生的第二个春天。《风物长宜放眼量》发表后不久，他回到阔别多年的大连海运学院。学院领导对他的科研给予了大力支持，专门成立了船舶金属材料及工艺研究所（现已更名为船机修造及金属材料工艺研究所），任命杨烈宇为所长，并为他调来了近50名科研人员，配备了价值500多万元的科研设备，建起了2000多平方米的实验室。杨烈宇抒发出"我欲跃马驰万里，直上青天不徘徊"的壮志心声，向新的高峰攀登。他认真研究分析了国际上相关专业领域的现状和发展趋势，确定了研究所的奋斗目标和发展方向，以船机修造工程为基础，重点抓等离子表面工程，解决海洋运输及其他行业中的机件强化、修复等实际问题，并力争打入国际市场。从1981年至1992年，杨烈宇和他的课题组共获国家、部、省、市科技成果奖23项，获国家发明专利3项。

杨烈宇后来出任全国人大常委会委员、中国农工民主党中央委员会副主席、大连海运学院博士研究生导师。他于1993年11月10日去世，终年75岁。苗家生和宋言荣又撰写了通讯《没有终点的冲刺》，刊登在1994年1月29日《光明日报》一版头条上。王晨为这篇报道写了编者按：杨烈宇生命的最后十五年，正是以"向前看"的精神，朝着他心中的辉煌冲刺，表现了一个爱国的、高尚的老一代知识分子，在改革开放年代和现代化建设中特有的精神面貌。

平反冤假错案工作开始之后，版面上为受冤屈致死的党员干部和知识分子召开追悼会或为其平反的报道大量出现。譬如1979年1月26日二版《廖鲁言徐子荣胡锡奎刘锡五王其梅同志平反昭雪追悼会在京举行》，4月12日《徐懋庸陈翔鹤董秋斯同志追悼会在京举行》。此类报道中，最大的冤案当然要数刘少奇、彭德怀等老一辈无产阶级革命家，为他们平反和召开隆重的追悼会则成为报道的重点。1980年5月16日，中央各报都在一版头条位置加大黑框里刊出刘少奇治丧委员会公告，《伟大的马克思主义者和无产阶级革命家刘少奇同志永垂不朽！》，《光明日报》的下辟栏是人民日报社论《恢复毛泽东思想的本来面目——论为刘少奇同志平反》。5月18日，首都北京《隆重举行刘少奇同志追悼大会》，《光明日报》以一个整版的篇幅刊登追悼会的盛况。

1979年1月3日，《光明日报》刊出《中央一些部门已改正一批错划右派》，1月30日刊登《中央决定给得到改造的四类分子摘帽，对地富子女的成分也作了明确规定》，这两个决定抹去了几十年来烙在数百万"五类分子"身上的耻辱，使他们恢复了作为人的应有权利。此后，《光明日报》平反冤假错案的报道开始密集出现。

中国社科院是知识分子最集中的地方，是"文革"迫害知识分子的重灾区，也是平反冤假错案的重点单位。这样知识分子成堆的地方平反工作做得好不好，在全国都具有示范意义。《光明日报》1979年7月14日在一版对中国社会科学院清理冤错假案取得的重大成绩进行报道。报道说，"文革"期间，全院2000多人，被立案审查的556人，加上在清查运动中受过审查的486人，有50%的人受到审查，可见受迫害范围之广。该院清理冤假错案工作很彻底，孙冶方、杨献珍、张友渔、邵荃麟、刘大年等问题都得到了平反纠正，45名右派，44人得到纠正，俞平伯、钱钟书、吕叔湘、夏鼐、冯至等都恢复了名誉。

在大量发表受冤屈的知识分子的人物报道的同时，《光明日报》还注意反面人物的报道，即对那些阻碍平反冤假错案的人进行揭露和批评。河北省永年县县委书记张玉臣拒不为受冤屈者平反，报纸1979年7月16日一版刊出报道：《拒不平反冤假错案永年县委书记张玉臣被免除党内一切职务》；对一些参与制造打击迫害知识分子，制造冤假错案的领导人则予以揭露和批评，如黑龙江省城市规划设计研究院领导迫害排挤知识分子，报纸刊发报道予以批评：1984年9月20日一版头条《坚决纠正打击排斥报复知识分子的错误　黑龙江省建委决定改组省城市规划设计研究院领导班子已派去新院长，由他组成符合四化要求的新班子，调回被排挤出的知识分子》。

此类报道还有：1984年10月10日一版头条《甘肃省建材局查处帮派势力参与迫害知识分子事件》；1984年11月21日一版头条《福建省林业勘察设计院原党委书记盖诚多次压制打击知识分子　两年来，他坚持错误，歪曲事实，胡搅蛮缠，拒不检讨。省林业厅一些领导人对这个典型事件态度暧昧，一拖再拖，至今没有处理》；1985年4月17日一版《新郑县委接受本报批评　彻底纠正一起错案 "文革"中残酷迫害干部的王铁弓被开除党籍　坚持清查王铁弓问题的刘庚淳得到彻底平反》。

对积极推进平反冤假错案工作的人则予以表扬，如1985年8月3日一版头条《沈阳市计委复查平反一起三十年的冤案》，1985年8月20日一版头条《周可人多方奔走解决了一桩久拖不决的积案》。

这些报道为全面平反冤假错案，解决历史遗留问题，把"文革"时期受到严重扰乱的社会关系调整过来发挥了作用，对党中央实事求是处理历史遗留问题的状况也进行了详尽的报道。譬如1979年1月，党中央宣布对多年来守法的地主、富农分子以及原定的反革命分子、坏分子一律摘掉帽子，地主、富农家庭出身的子女，其本人的成分和家庭出身一律定为公社社员，不得歧视。这一决定使至少2000万人获得政治上的新生。同年11月，全国有70多万名小商、小贩、小手工业者及其他劳动者被从原工商业者中区别出来，恢复了劳动者成分。到1980年6月，全国共有54万多名错划右派得到改正。党中央还纠正民族、宗教等工作中"左"的错误，落实了党的政策。在邓小平、陈云等人的推动下，十一届三中全会后，党中央加快平反冤假错案的步伐，到1984年年底，全国大规模的平反冤假错案工作基本结束。但由于历史欠账太多，积案太多，除了那些在政治上饱受迫害、冤情重、影响大的领导干部案件很快得到平反，大量的知识分子受迫害的案件未能及时得到平反昭雪。实际上，落实知识分子政策工作贯穿着整个80年代。在这样的情况下，中央党报对这一工作一直关注，持之以恒地予以报道，以推动这一工作的彻底解决。

经过几年的拨乱反正，"文革"和长期"左"倾错误造成的严重混乱局面宣告结束，国家重新呈现勃勃生机。党和政府的各级领导得到加强，优良的传统作风逐步得到恢复；干部队伍的革命化、年轻化、知识化、专业化迈出重要步伐，领导职务实际上存在的终身制开始被废止；经济工作走上健康发展的轨道，人民生活不断得到改善；教育科学文化工作呈现初步的繁荣景象；党同工人、农民和知识分子的关系得到很大改善；人民军队的革命化、现代化、正规化建设得到加强。这一切表明，党和国家终于从困境中摆脱出来，开始走上建设有中国特色社会主义的康庄大道。

20世纪80年代人物报道特色谈之三：悲剧人物——另类正面典型

用揭露来歌颂，用悲剧来激励，让悲剧人物成为另类正面典型，这是《光明日报》20世纪80年代人物报道的一个特色。

报道英雄人物、先进人物事迹，用他们的精神实质来激励人们奋发向上，这既是党报的优良传统，也是党报的重要使命。综观党报从延安时期开始延续几十年的先进人物报道，歌颂是盛极不衰的主流。这些符合时代特色的标志性人物报道几乎都是英雄的颂歌：董存瑞为了中华民族的解放事业托起了炸药包；刘胡兰面对敌人的严刑拷问坚贞不屈最终从容赴死；黄继光为国际共产主义事业用身体堵住敌人的枪眼；欧阳海为了保护少年的生命拦住惊马而献出了自己的生命，英雄们或死于敌人之手，或死于崇高与道义，即便是中华人民共和国成立后的和平时代的郝建秀、王崇伦、孟泰、李顺达、王铁人、雷锋、焦裕禄等先进人物，也都是为国家为人民牺牲个人利益而维护集体或国家利益的献身者。20世纪80年代之前的中国典型人物都充满了革命英雄主义色彩，在党报的价值体系中，高、大、全的正面人物典型被大力推崇。

因此，在党的各个历史阶段，党报报道各类先进人物一直是一个传统。据统计，20世纪80年代后的6年来，报刊宣传的典型人物多达千人，其中在全国产生一定影响的近百人，产生较大影响的有十余人（侯增文：《榜样的力量》，中华书局，第11页）而陈景润、栾茀、蒋筑英、孙冶方、姚䇹、张华、邓稼先等当属于这最有影响的十余人之列。这影响最大的十余人显然是代表当时整个时代的标志性人物。他们用自己的英雄行为和崇高思想，激励人们前进。

党的十一届三中全会后，在拨乱反正过程中，《光明日报》报道的标志性人物却在歌颂的同时也将焦点对准了揭露，揭露极"左"势力利用攫取的权力将党的优秀儿女残杀的悲剧，张志新、遇罗克便是其中的代表。张志新、遇罗克无疑都是中华民族的精英分子，是党的优秀儿女，是许许多多先进人物中的佼佼者。但是，他们又与此前党报宣传的先进人物、英雄人物不同，他们虽然也都是为了真理而献身，都死得很壮烈，甚至可以说死得极端惨烈，问题是他们不是死在敌人的监狱里，不是死于敌人的屠刀下，而是死在我们自己的监狱中，是被林彪"四人帮"等极"左"势力迫害致死的。对此类人物的报道，有一个无法逾越的障碍，那就是会产生负面效应，累及党的形象。作为党报，用正面人物来宣传报道党的伟大光荣正确，只要这个报道是符合新闻规律的，不是拔高的，是真实的，一般不会有负面效应。而报道党内产生的冤案，尤其是这个冤案的主角又是党的不可多得的优秀分子，这个党的优秀儿女又是因党的错误路线迫害而倒下的，这种情况就不同了，因为这样的报道会不会损害党的形象？会不会给党抹黑？会不会引发读者对党的怀疑？如果报道产生的是消极的效果，这样的报道还有必要吗？这就需要媒体负责人把握，对此类报道应该如何掌控。

鲁迅先生说："个人的生命是可宝贵的，但一代的真理更可宝贵。生命牺牲了，而真理昭然于天下，这死是值得的。"

《光明日报》一位老领导曾这样评说张志新的死：牺牲在北洋军阀和国民党反动派监狱里的刑场上的老的先烈固然值得学习，惨死在"文革"中全面专政的监狱里的刑场上的新的烈士更加值得学习。在革命胜利以前，做个革命烈士固然不易，因为，在我们党内和革命队伍中，的确出现过不少叛徒和变节分子；但在社会主义的监狱里和无产阶级的刑场上，做个革命烈士，从某种意义上说，更难。在"四人帮"横行时期，就产生了不少这样的烈士，张志新就是他们的代表，这是非常值得欣喜的。（《放言集》第65~66页，马沛文著，新风出版社）

甘惜分在《论英雄景仰》中说："真正的英雄是站在时代的前列，为劳苦大众的利益而大声呐喊的革命家；是爱国爱民忧国忧民而心力交瘁，含冤而逝的人杰；是发现了前人所未发现的哲理，把科学推向高峰的科学家；是'富贵不能淫，贫贱不能移，威武不能屈'的顶天立地的硬汉子。"（《甘惜分文集》第一卷432页）张志新、遇罗克们便是这样的英雄。他们在极"左"势力禁锢下万马齐喑、鸦雀无声的情况下，以先驱先觉者的勇气，铁骨铮铮地坚持真理，说出真话，即使面临死的考验也坚持自己的观点不变。结果他们被迫害致死。他们是死于错误路线，死于党内极"左"势力，他们的死是时代的悲剧。因此，他们成为另一类标志性的代表人物而载入史册。

因此，《光明日报》对此类题材的处理方法是：刊发！

事实证明，这种选择是正确的、明智的，从刊发后的效果来看，其结果是积极向上的。张志新、遇罗克的报道都引起巨大的轰动，他们的经历太具代表性，在报道刊发时，大规模的平反冤假错案刚开始，全国是积案如山。从党的十一届三中全会确立的实事求是的思想路线要求为这些蒙冤者、受株连者平反昭雪；而这么多人蒙受冤屈遭受株连，他们心中都有怨气，这种怨气也需要通过合适的渠道疏导宣泄，而不是拼命地堵住。在胡耀邦领导下的宣传系统采取的是以开明的态度予以疏导，所以同意公开报道。有人说，新闻题材不存在能不能发的问题，关键是怎么发。党报只要以导向为灵魂、以真实为生命、以人民为中心，把人民拥护不拥护、赞成不赞成、高兴不高兴、满意不满意作为衡量报道正确与否的标准与尺度，这样的报道就一定会得到人民的拥护。事实证明，张志新、遇罗克这样的报道是正面的、是成功的，报道使人们心中积蓄已久的愤懑得以宣泄，也使人民群众更感到党是实事求是的，党有改正错误的宽阔胸襟。1979年《读书》杂志创刊时曾提出"读书无禁区"的口号，新闻界有人呼应，提出新闻是否可以"报道无禁区"？当然不行！报道有边界，新闻有纪律，内容有禁区。

因此，对这类揭露性的报道要保持一定的度，不能太多太滥。后来关于遇罗克的报道刊发后,《光明日报》原定大张旗鼓地搞后续报道,但被有关部门制止,原因当然是怕此类报道一多会引起负面效应。再后来关于林昭、李九莲的冤案基本上就没有报道。

用悲剧来呈现标志性人物,这丝毫没有损害标志性人物的正面形象,反而更生动更深刻更易被读者所接受,起到的作用绝对是正面的。张志新、遇罗克的报道虽然是以揭露为主,但都属于正面的标志性人物。刊发这些以悲剧的面貌呈现的英雄人物能引起广大读者的强烈共鸣,报道这样的人物却丝毫无损于党的形象,这与当时的时代背景有关。党的十一届六中全会《关于建国以来党的若干历史问题的决议》(以下简称《决议》)的发表使党在人民群众中威望大增,在《决议》中,党坦然承认曾犯过错误,正视自己犯过的错误,敢于公开自己的错误,人民群众从中看到了党的胸襟和勇气。当时的形势是,党每纠正一个错误,其威望和公信力便会提高一个层次,党越是坦然地面对自己的错误,人民就越是信任党。可以说,20世纪80年代共产党的威望达到了一个新的历史高度。拨乱反正,平反冤假错案,数百万人的冤屈得到伸张,广大人民群众以及这些受冤屈者不但不抱怨,相反却更加信任党,忠诚于党,甘于为党赴汤蹈火,这正是当时时代背景的鲜明写照。

张志新、遇罗克等标志性人物的报道,是在我国经历了中华人民共和国成立之后的极"左"路线错误,尤其是"文革"这场历史大浩劫之后党上上下下开始冷静反思,开始拨乱反正的重要历史关头出现的,如果没有痛切的反思或反思得不彻底,就会让过去的错误轻易被掩盖,拨乱反正也无法彻底进行。正是有张志新、遇罗克等烈士悲壮甚至惨烈的死,才使广大读者更清晰地认识到极"左"的危害,才能促进大家更加深入地反思,才能推动拨乱反正工作的开展。

但是,20世纪80年代《光明日报》的人物报道还是沿袭了党报新闻报道的传统,那就是,政治色彩浓厚,极端化、模式化以及人物形象高、大、全的倾向依然存在,甚至还曾出现过有瑕疵的典型人物。譬如,据殷毅介绍,《光明日报》曾经报道过一个退休军医回乡为农民服务的典型人物,这个典型也是部队派人上门要求,经《光明日报》调查采访才决定作为重大典型人物进行报道的。这个报道搞得轰轰烈烈,后续报道连篇累牍,以至于高层领导接见,但最后,有人告发,这位医生作风不好,利用自己为病人看病的权力,对女病人进行猥亵,甚至违背患者意愿与之发生关系,最后此事被发现之后报道才停下来。

第四章 为落实知识分子政策鼓与呼

如前所述，从1979年到1988年，《光明日报》的人物报道呈抛物线状发展，但其弧线扬起或下落并非平缓，1982年5月起，人物报道的峰值突然直线上升，以一版头条为例，5月达到16篇，6月13篇，到7月达到了高峰，达到18篇，若加上与人物报道有关的头条，7月竟达到20篇：

7月1日：《杨宗禹邓云霞自愿从北京到石河子工作》

7月2日：《民主人士关炳如廉洁奉公一身正气》

7月3日：《许厚泽荣获湖北省五讲四美积极分子称号》

7月4日：《归国华侨叶迪生二十年来与同志们一起研制多种半导体元器件给生产带来活力》

7月7日：《大学生倪凤芳被群众称为实干家》

7月9日：《活着，就要为党拼命干——女教师刘能海身患癌症坚持工作在教学第一线》

7月11日：《中年工程师曹承业认为应该搞大协作加快科研步伐 不把知识当资本 帮助同行搞研究》

7月12日：《特级教师王䜣全面关心儿童健康成长》

7月13日：周静华《在超声检测技术和理论研究中取得独创性成果》

7月17日：《中年科技人员熊世德晋升为工程师》

7月18日：《王震将军和知识分子》

7月21日：工程师郑挺《靠假腿走遍祖国各地 用残掌绘出千幅彩图》

7月23日：关肃霜《始终坚持把最好的戏奉献给观众》

7月26日：《女军医刘醒华被树为精神文明标兵》

7月27日：化工部副部长《杨义邦受到留党察看两年和撤销党内职务处分》

7月29日:《把学到的知识贡献给祖国 多次拒绝去香港工作的要求 郑淑真从香港回内地二十年坚持做好农村卫生防疫工作》

7月30日:《南京部队一二七医院门诊接诊室主任唐祖贵以极端负责精神搞好医疗护理工作南京部队党委给她记一等功,号召开展学习唐祖贵活动》

7月31日:《季卜枚刻苦自学摸索出一套教学经验》

人物、人物、人物,一版头条全是人物,8月的一版头条又达到17篇,简直令人眼花缭乱。

1982年全年在一版头条位置上刊发的人物报道达到95篇,二版头条61篇,全年共刊发人物报道587篇;1983年全年在一版头条上刊发的人物报道异乎寻常地达到120篇,二版头条83篇,全年共刊发人物报道约620篇,这一年成为《光明日报》十年辉煌期人物报道头版头条最多的一年。

第一节 尊重知识、尊重人才

1982年,《光明日报》正式确定由中共中央主管主办,也就是说,《光明日报》正式成为党中央主办的党报。

当时《光明日报》的一个重要任务是:做好配合中央落实知识分子政策工作的报道。

粉碎"四人帮"后,经过拨乱反正和平反冤假错案,中央面临着的一个重大、持久也是困难重重的工作就是落实知识分子政策,为众多平反昭雪后的知识分子落实政策,使他们甩掉思想上、精神上的包袱,轻装上阵,为改革开放和实现四个现代化贡献力量。但是这项工作量大面广,阻力重重,困难重重。在这样的形势下,《光明日报》作为一张知识分子的报纸,责无旁贷地担负起配合中央工作的任务,用新闻的力量推动这项工作,扭转社会上歧视知识和知识分子的偏见,防止新的迫害知识分子事件的发生,营造尊重知识、尊重知识分子的社会氛围。

早在1977年5月24日,邓小平与于光远、邓力群谈话时就指出:"我们要实现现代化,关键是科学技术要能上去。发展科学技术,不抓教育不行。靠空讲不能实现现代化,必须有知识,有人才。""一定要在党内造成一种空气:尊重知识,尊重人才。"邓小平的这些讲话是对"文革"极"左"思潮泛滥时期盛行的"知识越多越反动""知识分子是臭老九"等谬论的有力批驳,也为当时教育、科技战线的拨乱反正指明了方向。

自此,"尊重知识""尊重人才"以及重申"知识分子是工人阶级的一部分"成了新时期党的知识分子政策表述的代表性口号。

胡耀邦1977年12月出任中央组织部部长后,开始大刀阔斧开展平反冤假错案工作,落实知识分子政策也随之开始。胡耀邦说:"对知识分子要充分信任,放手使用,做到有职有权有责;调整用非所学,做到人尽其才,才尽其用;努力改善他们的工作条件和生活条件。""共产党应该起誓,再也不准整科学家和知识分子!"

落实知识分子政策工作持续了10年,1978年开始,1987年十三大召开之前才基本结束。只是在开头阶段中央的主要精力放在拨乱反正上,落实知识分子政策工作是进入80年代后才真正成为中心工作之一的。在这一阶段,《光明日报》围绕落实知识分子政策这一中央工作的大局,刊发大量的人物报道来推动这项工作。

1978年3月全国科学大会召开,来自全国科技战线上的6000多名代表参加了这次会议。这是一个载入中国史册的大会,是中国彻底扭转知识和知识分子备受轻视饱受迫害的历史转折点。邓小平在开幕式上的发言振聋发聩:科学技术是生产力!广大知识分子是劳动人民的一部分!这次大会标志着科学春天的到来,也预示着知识分子春天的到来。科学大会期间,《光明日报》刊发的消息、通讯、座谈纪要就达30万字,其中就有许多与科学大会有关的大会代表等人物报道。

1978年4月召开的全国教育工作会议,邓小平主动表示愿做科技、教育和知识分子的后勤部长。他在革命生涯中积累起来的经验和在江西时与邓小平在小道上踱步时思考的治国方略此时开始付诸实施。邓小平强调,要提高教育质量和科学文化水平,造就具有社会主义觉悟的一代新人,尊重教师的劳动,提高教师的素质。在他的倡导和推动下,尊重知识和知识分子,重视教育的社会环境开始形成。

党的十一届三中全会以来,党在知识分子问题上有重大突破:在政治上明确了知识分子是工人阶级的一部分,提出"科学技术是第一生产力",提出"尊重知识、尊重人才",这些全新的观念凝聚成新时期的知识分子政策。

全国科学大会和教育工作会议以后,全国各地的各级党组织开始平反昭雪冤假错案和落实知识分子政策。对科技干部进行全面普查,解决了一部分用非所学的问题。一些科研教学人员恢复了技术职称和担负了一定的领导职务，工作和生活条件也得到了改善。

但是，落实知识分子政策的工作依然困难重重，旧的思想和极"左"势力还在固守着自己的阵营不甘失败，旧体制旧制度对落实知识分子政策形成的阻力还很大。为了更好地开展落实知识分子政策工作，中共中央组织部1978年11月3日发出《关于落实党的知识分子政策的几点意见》(以简称《意见》)，《意见》提出：对知识分子队伍做了正确的估计：我国现有的知识分子队伍，百分之九十以上是新中国成立后党培养教育出来的，百分之七十以上出身于劳动人民家庭。即使是从旧社会过来的知识分子，经过党的长期教育和业务实践，经过历次政治运动的考验和锻炼，在世界观的改造上也有了很大进步。在现有的知识分子中，好的和比较好的是绝大多数，已经成为无产阶级的一部分，坏人只是极少数。二十多年来，我国广大知识分子热爱党，热爱毛主席，热爱社会主义，满腔热忱地从事科学文化教育事业，就是在遭受林彪、"四人帮"严重迫害，工作极端困难的条件下，许多人仍然坚守岗位，表现出很高的政治觉悟。他们不愧是工人阶级自己的又红又专的知识分子队伍，是党的依靠力量。要充分信任他们，放手使用他们，更好地发挥他们的作用。当然，知识分子也要同工农群众一样，认真学习，不断改造和提高自己。

《意见》指出：

> 科技和文教战线在"文化大革命"中立案审查的案件，现在还有百分之四十左右没有复查和做正确结论。如果加上四清、反右派等运动中的错案，复查纠正的工作量更大。在已经复查和平反的案件中，也还有一些遗留问题没有彻底解决。
>
> 要坚持实事求是的原则。经过调查核实，凡属冤、假、错案，不管体制是哪一级组织哪一个人定的、批的，都要实事求是地改过来，一切不实之词必须推倒。做到全错的全平，部分错的部分平，不错的不平。

在胡耀邦的直接领导和推动下，对50多万名被错划为"右派"的知识分子予以改正；因"文革"中断了十年的职称评定工作得以恢复，1978年3月国务院批转教育部《关于高等学校恢复和提升职务问题的请示报告》，恢复职称评定；教育部和国家计委1978年还联合发出《关于评选特级教师的暂行规定》，尊重知识、尊重人才又向前迈出了一步。

就在全国教育工作会议召开期间，新华社播发了一条消息：教育部批准北京景山学校小学低年级教师方碧辉、马淑珍、郑俊选被评为特级教师。此后，上海市授予于漪等17位中小学教师为特级教师，南京斯霞成为特级教师并被各大媒体报道的消息相继见诸报端。

据统计，从此时开始至1988年的十年间，党和政府出台的有关知识分子的文件有600多个，知识分子逐渐成为令人尊敬的社会角色。中国知识分子的命运开始发生根本性的转变。

崭新的形势、崭新的局面，为报纸提供了丰富的报道内容，《光明日报》人物报道的鼎盛期来到了。

第二节　人物报道的巅峰

1985年4月5日，清明节。

北京，虎坊桥光明日报社，全国记者会在光明日报社举行。

上午9时不到，一辆红旗车开进了虎坊桥永安路106号小院，从车上下来的是中央书记处书记、中宣部长邓力群。

关于这一天，邓力群在他的《邓力群自述——十二个春秋》一书第374~375页如此记述：

"4月5日，在《光明日报》社内部记者座谈会上，我讲了篇话。此前，《光明日报》根据我的意见陆陆续续报道了知识分子中间先进人物的事迹。在这次座谈会上，我肯定了《光明日报》的做法和经验，同时希望他们以后更好地注意这个问题，力求做到媒体都有宣传和介绍知识分子中先进人物的报道。

"就宣传和介绍先进的知识分子这件事情而言，在一段时间里，《光明日报》做得最好。有的时候，几乎一天就宣传一个先进人物。"

"几乎一天宣传一个先进人物"，可见《光明日报》对人物报道的重视。这一阶段是《光明日报》报史上人物报道最密集的阶段。

当时的《光明日报》编委会是一个强有力的领导班子，对人物报道非常重视，《光明日报》人物报道的辉煌期也从此开始。

当时的《光明日报》总编辑杜导正对人物报道的重视与偏爱与他当记者

时喜欢写人物有关。他在《我在光明这五年》中说：

> 当时我的办报思想，第一个就是在这个总的大背景下，坚决地、全面地、鲜明地、有力地宣传党的十一届三中全会路线。一切实事求是，待人一定要宽厚，团结绝大多数人。
>
> 我当时第二个想法是，《光明日报》和《人民日报》的分工是什么，共同点是什么。我那时经常说一句话嘛：我们要有点儿竞争，你搞的我不搞，你多搞的我少搞，你少搞的我多搞。有所区别嘛，和你不一样，大家好竞争嘛。当时耀邦也跟我谈过这个意思。西光（杨西光）有这个想法。副总编辑刘爱芝、姚锡华也有这样的想法。《光明日报》的特色是什么？《光明日报》在当时中央眼里是第二大报，非常明确。（《我们的光明之路》，光明日报出版社，2014年，第180页）

杜导正对人物报道的重视也体现在他的办报方针上，他在《我在光明这五年》（《我们的光明之路》，光明日报出版社，2014年）中说："咱们那五年我觉得特色就是抓了知识分子问题，为知识分子服务，一直抓住，始终不放，抓得是很紧的。那五年我们总的指导思想就是体现党的十一届三中全会路线关于知识分子的看法、政策、方针。《光明日报》在知识分子问题上，我觉得体现在几个方面。一个是宣传知识分子政策，表扬优秀的知识分子，批评错误的东西。特别是批评怀柔殴打教师事件，小平很支持啊。表扬了一批优秀的知识分子，引起很大的反响，抓了好几个典型，蒋筑英、张华、华山抢险英雄集体……另外也狠抓了批评报道。我记得上海有个工程师（韩琨——笔者注），星期天去给别的企业干活儿，企业和上级党组织不同意，就批他整他，咱们替他说了公道话，后来问题解决了。有人把这事儿写了一本书，我给他写了序。那段时间，在对知识分子的歌颂和对错误对待知识分子的批评方面，我们的宣传力度是相当突出的。这是《光明日报》对社会生活的积极参与。"

第三节 《追求》的巨大影响

在搜狗上输入"栾弗"两字，马上跳出"栾弗—搜狗百科"词条："栾弗（1926.1.12—1981.1.23），山东省蓬莱县抹子口村人。先进知识分子代表和优秀的教育工作者。原太原工学院教授（应为副教授），山西煤炭化工大学筹备组成员。1949年前夕从台湾返回大陆。他热爱祖国，尽管在历次运动中都受到审查，但仍以坚定的信念毫无怨言地为党工作。他先后学会多种外语，主讲13门课程，编译刻印15个语种、数以百万字的资料和教材，为祖国培养专业人才贡献了自己全部精力。在生命垂危之际还挣扎着给中共山西省委写了关于山西工业改革的建议书，起草了长达万言的《煤大办学思想》意见。在病床上他光荣加入中国共产党。1981年1月23日病逝。"

《追求》是20世纪80年代影响最大的人物报道之一，采写这篇报道的是《光明日报》驻山西记者樊云芳和她的丈夫丁炳昌。

樊云芳，1945年出生于上海，1967年毕业于复旦大学哲学系；丁炳昌，1941年出生于江苏如皋，与樊云芳是大学同班同学。大学毕业后，鉴于两人在大学期间违反规定自由恋爱，"组织上"故意要将他们拆散，丁炳昌出身好被留在上海，樊云芳出身不好则被下放山西雁北浑源县。丁炳昌此时表现出男子汉敢说敢当、为爱情可以放弃一切的英雄气概，毅然放弃了大上海的工作，与恋人一起来到了山西浑源，夫妻俩都成了基层通讯员。

樊云芳的人生理想是当记者，穆青的《县委书记的好榜样焦裕禄》曾使她热泪盈眶，她因此萌发了记者梦。雁北严酷的自然条件并没有扼杀她的梦想，相反，她的记者梦在那片黄土地上萌芽。1978年，樊云芳被调到《光明日报》山西记者站，丁炳昌则被调到《山西日报》，后调《光明日报》。夫妻俩从同学、同行，最后又成了同事——丁炳昌调到《光明日报》后，夫妻俩先调《光明日报》湖北记者站，后到海南记者站工作，开起了在中国新闻界独一无二的记者夫妻店（黄俭曾专门写过一篇《记者"夫妻店"》）。

在新闻事业上，丁炳昌是樊云芳的启蒙老师，但因为丁炳昌身体虚弱，而樊云芳则有一股犟牛一样的拼劲，夫妻店角色倒置，女主外，男主内，冲锋陷阵的事樊云芳来，柴米油盐等持家的杂事丁炳昌做，结果是青出于蓝而胜于蓝，不让须眉的女性当了站长，铮铮男儿成了站员，两人事业上相濡以沫，互相支持，生活上互相照顾，事业上如日中天，成为中国新闻界出名的神仙眷侣。樊云芳还创立了载入中国新闻年鉴的全新的新闻报道模式——中性报道，她的全息摄影理论名闻中国新闻界。她以擅长散文化的新闻著称，巧妙的构思，优美的文笔，清新的文风，不俗的构思，新颖的角度，细腻生动的描写，形成了独特的樊云芳风格，引领着一代新闻人不断探索前进。她曾被评为全国优秀新闻工作者，全国三八红旗手，中国共产党十三大代表，首届范长江新闻奖获得者，享受国务院特殊津贴等诸多荣誉。笔者加盟《光明日报》时，她已如日中天，此后笔者有幸跟随她一起采访，拜她为师，成了她忠实的粉丝。

在她诸多的新闻名作中，《追求》是她的成名作。

太原工学院副教授栾弗，1949年在台湾大学读书时因画漫画讽刺蒋介石被国民党通缉逃回大陆。在太原工学院，他开过13门课，精通15门外语，翻译了大量的学术著作，但就是因为从台湾回来的经历，长期背上特务嫌疑而受到迫害。粉碎"四人帮"后，他的才智才大放异彩，他成为山西煤炭大学筹备组领导成员。正当他为新大学竭尽才智奉献操劳，同时手头10多部专著已着手写作时，却身患癌症，生命垂危。在生命的最后阶段，他仍坚持不懈地为学校操劳，仍在追求加入共产党。栾弗的一生，是追求理想信念永不停息的一生，是为党为人民默默贡献的一生，是一个知识分子追随共产党始终不渝的一生，但他却一直被拒于党的大门之外。

樊云芳是在栾弗病重住院时发现这个人物典型的，当她提出采访时，却被栾弗妻子婉言谢绝："没有必要了，他这一生什么也没有干成，没做出成绩，不值得采访。"新闻敏感性极强的樊云芳此时已意识到，发生在这个知识分子身上的"什么也没干成"的悲剧正是构成新闻主题的价值所在。"我就是要采访他为什么一生什么也没干成！"她说。

随着采访的深入，樊云芳、丁炳昌越来越感到这个悲剧人物的可悲之处，栾弗的悲惨命运正是一代中国知识分子在极"左"路线的摧残下造成的，这是一个知识分子的悲剧，也是一代知识分子的悲剧。

由于被采访者身体的特殊原因，采访成了一次与生命赛跑的过程，断断续续20多次采访，先后经历了4个月时间，写作时4次推倒重来，这篇注定要轰动的力作终于完稿。作品以真切朴实的笔触记叙了栾弗的感人事迹，成功地塑造了栾弗受尽极"左"路线的迫害而矢志追求光明，向往共产党的光辉形象。

1981年3月26日，《光明日报》一版头条推出长篇通讯《追求》，这篇整整两个版的特长通讯从第一版转二版整版，并配发评论：《优秀知识分子的典型性格——赞栾弗》，标题下配人物头像，当时的报纸还不是很重视图片，文中还配了一幅插图，第二版整版中也配了两幅插图。

作品发表之后引起巨大的轰动，在读者中引起强烈的震撼，生动细腻的描写，催人泪下的细节，曲折传奇的经历，许多读者是流着泪读完这篇人物报道的。

《追求》是《光明日报》整个20世纪80年代影响最大的报道之一，其影响力仅次于张志新的报道。

对于影响重大的人物报道，《光明日报》向来不吝惜版面。对栾弗这样难得的重大典型人物当然一样，后续报道持续了一个多月。

报道发表的次日，即3月27日，《光明日报》就在一版头条开辟专栏"向忠于党忠于社会主义事业的栾弗同志学习"，一版头条是通讯《一团燃不尽的火焰——记栾弗和他的教学与科研工作》，下一篇是《我们工人钦佩这样的知识分子》。

3月28日继续在一版报道栾弗的连续报道：《他叫人自新催人奋进》《活着就要为社会主义添砖加瓦》，两篇稿子都是栾弗的同事写的。

3月30日又在一版头条推出栾弗的后续报道：《心胸宽如海》《党是这样舍不得他离去——在栾弗同志病重的日子里》，第二篇评论《把党看作我们时代的智慧、荣誉和良心——再赞栾弗》。这已经是第三个头条了。

在张志新之后的人物报道中，栾弗是后续报道最多的报道之一。

4月2日一版栾弗儿子忆栾弗：《爸爸，您分明还活着》。

4月5日一版刊发两篇报道：《希望有更多的人来追求祖国的现代化》《春蚕早卒丝未尽》，前一篇稿子是曾在山西工作并与栾弗有过交往的吉林省委书记王大任纪念栾弗的文章。省委书记在百忙中亲自撰文，实在难得。

此后还刊发了栾弗妻子魏蕴瑜的文章《赤子忠魂——回忆亲人栾弗》，整个后续报道到5月2日才基本结束。

《追求》一文先后被《人民日报》《解放军报》、中央电台、《新华文摘》等媒体转载，报道还被改编成电视剧、广播剧、话剧、电影剧本、连环画，此文还被评为1981年全国好新闻一等奖，被选编进20多种书籍。当年国务院总理在人代会上的政府工作报告中表扬的全国十大先进人物典型中，栾弗名在其列。1982年，电视剧《栾弗》播出。

栾弗的悲剧属于过去，在为这个悲剧人物感动落泪时，中国知识分子正在迎来一个崭新的时代。

记者部主任卢云在《谈共产主义战士栾弗的宣传》一文中谈到栾弗这个人物典型时说：

我们的党报宣传英雄模范、先进人物，是有优良传统的。从50年代到60年代初，我们曾报道了黄继光、邱少云、郝建秀、王崇伦、孟泰、李顺达、王铁人、雷锋、焦裕禄等先进人物。他们的英雄行为和崇高思想，激励人们创造出无数的模范事迹，带动群众树立起一代革命风尚。今天四五十岁的中年人，大都受过这些人物的影响。这些人物的闪光思想和美好品质，至今仍为人们所称颂，为人民所效法。现在的青年，不是还在接受学习雷锋好榜样的教育吗？

我们自己的经验也应当很好总结。栾茀这一先进典型的宣传，为广大知识分子树立了一个终身追求党、追求真理、追求革命理想的光辉榜样，起到了感人至深、发人深思、催人自新、激人奋起的效果。中共山西省委发出通知，号召全省党员干部和群众向栾茀同志学习。国务院科技干部局也向科技工作者发出向栾茀同志学习的通知。许多科教单位开展了学习栾茀的活动。广大读者赞扬栾茀是我们时代的精英、共产党员的光辉典范、革命者学习的好榜样，人物栾茀走过的道路是千千万万革命知识分子的共同道路。事实证明，树立了一个栾茀的典型，对教育和激励千千万万个知识分子起了不可估量的作用。现在，《追求》这篇通讯被收入工人出版社出版的《谱写共产主义凯歌的人们》一书中，并作为该书的第一篇。根据栾茀同志的事迹编成了话剧、广播剧和电视剧，出版了连环画。栾茀这一先进典型的革命精神和高尚情操，正在激励和鼓舞着广大群众为追求和建设新生活而斗争。（《光明日报通讯》，1981年）

栾茀是一个受尽迫害仍矢志不渝追求党的典型，同时，他也是一个知识分子英年早逝的典型，在当时，知识分子英年早逝已成为一个需要高度关注的社会现象。

第四节　知识分子英年早逝现象

1982年初春，京广线上，一列客车正在疾驰。

车厢里，《光明日报》记者陈禹山正和几位武汉大学的教师聊得起劲。真正的记者随时随地都能发现新闻，陈禹山便是这样，抓住任何机会发现新闻。

当他搞清楚他的邻座是大学老师时,他就把话题引到高校老师身上。两位老师向他透露,现在高校教师尤其是中年教师压力大,待遇低,生活困难。工作上,他们是学校的顶梁柱;生活上,他们是家庭的主心骨,上有老下有小,而待遇太低又影响了他们的健康。就在过去的一年中,武汉大学接连多位中年教师英年早逝。

这一信息马上触动了陈禹山的新闻敏感,他马上意识到,中年知识分子英年早逝问题已成为一个社会问题,联想到近年社会上"救救中年知识分子"的呼声越来越高,这个问题值得高度重视。此时,陈禹山脑子里已在思考和酝酿这个问题,这是一个很好的选题,一个触及知识分子神经的重大选题,一旦寻找到合适的线索就可以动手采访。

其实不光中年知识分子,老年知识分子因操劳过度突然去世的情况也普遍存在。

《光明日报》1980年3月26日在一版刊登消息:《一些科学家强烈呼吁,保护老科学家的健康》。

新华社北京三月二十五日讯 在刚闭幕的中国科协第二次全国代表大会上,一些代表呼吁:老科学家是党和国家的宝贵财富,应该保护他们的健康。

七十岁的华南工学院副院长冯秉铨教授,原被选定出席中国科协第二次全国代表大会。不料在开会前十天,这位老科学家突然因病去世。冯秉铨早年留学美国,在学术上很有造诣。他回国后,在教学、科研等方面都做出了很大贡献,是个难得的人才。如果他能多活十年、八年,将对我国电子科学的发展起很大的作用。

据检查冯秉铨死因的医生说,"繁忙过度"是他突然去世的重要原因之一。了解这位老教授的同志同意这个看法。他们说,打倒"四人帮"以后,冯教授对过去的种种不平遭遇坦然处之,怀着满腔热情,埋头苦干,忘我工作。但是,有关方面没有注意爱护人才,使他担负了过重的担子。他除身兼七八个职务外,还要帮助不少单位审查论文、校核翻译的书稿。大会、小会,校内和校外的事情,使他忙得不可开交。

辽宁省旅大市心血管学会主任委员、大连医学院附属医院内科副主任柯若仪，在会上列举了一些老专家、学者突然死亡的事实后，发出了"保护老科学家健康"的强烈呼吁。这个呼吁得到了与会代表的支持。代表们说，国家应该建立一项保护老科学家健康的制度。保证让他们得到充足的休息时间和给以必要的保健待遇。代表们还提出了减轻老科学家的社会工作，给老科学家配备得力的助手或秘书，在工作和生活条件方面尽可能给老科学家以优先保证，加强思想教育，在社会上造成一种尊重科学和爱护科技专家的文明风气等具体建议。大家认为，只要有关方面重视，这些建议是完全可以办到的。

当时的中国，百废待兴，物质匮乏，全国人民都处在贫困中。知识分子生活困难，营养不良，压力大，身体弱，多病，这是普遍现象。

随着大批蒙冤知识分子得到平反昭雪，随着落实知识分子政策从上到下地展开，改善知识分子物质待遇工作开始受到重视。邓小平指出："落实知识分子政策，包括改善他们的生活待遇问题，要下决心解决。"

邓小平还多次表示甘当"后勤部长"。他说："现在国家还有困难，有些实际问题一下子还解决不了。我个人认为，科研、教育经费应该增加。""要注意解决好少数高级知识分子的待遇问题。调动他们的积极性，尊重他们，会有一批人做出更多的贡献。"

本来，陈禹山可以马上到武汉大学采访，但当时他另有任务，只好暂时搁置。

不久后，一个后来轰动全国的选题进入陈禹山的视野。

那是1982年夏，中科院组织台湾籍科技工作者在北戴河开会，实际上这是一次让科技工作者放松的疗养，陈禹山应邀参加了这次活动。活动期间的一天黄昏，陈禹山与中科院人事部的一位干部一起在海边散步，闲聊中，这位人事部干部向他感叹，长春光机所所长王大珩的学生、中年科学家蒋筑英猝然去世，倒在了出差四川的途中。让人难以接受的是，他倒下的这一天，正是中科院任命他接替王大珩担任长春光机所所长的当天！

又一个英才中年去世！天妒英才啊！这位工作人员叹息。

陈禹山突然感到脑子里电光一闪，他马上意识到，他一直在思考和酝酿的关于知识分子英年早逝这一重大社会问题的报道机会来了!

回到编辑部,他马上向领导汇报了自己的想法,得到支持。他立即赶赴长春采访。

早在陈禹山获悉蒋筑英去世的消息并决定去采访之前,另一双敏锐的眼睛已经盯住了这个人物,他就是《光明日报》驻吉林记者站站长肖玉华。

肖玉华1940年出生,1964年毕业于东北师范大学中文系,毕业后入职长春日报担任编辑,1971年调长春市委宣传部,1978年《光明日报》恢复记者站时第一批被选入记者站,是一个老资格的记者。

肖玉华在《往事追忆 在宣传蒋筑英的日子里》(《岁月——光明日报记者站30年》,光明日报出版社,2008年)一文中说:

> 1982年6月的一天,我在省委大院遇到中科院长春光机所党委书记李光。我问他到省委做什么来了?他心情沉重地说:"我所副研究员蒋筑英,最近到成都监测仪器,突然在那里逝世,才43岁,太可惜了。今天,我到组织部研究给他追认党员的事。唉,正是做贡献的时候,却过早的……"这"过早的"三个字引起我的思索。几乎与此同时,吉林省一位49岁的专业作家也溘然长逝。两位知识界人士的早逝,给我一个很深的印象,中年知识分子的健康问题应该引起重视。第二天,我便骑着自行车到长春光机所采访。

肖玉华了解到,蒋筑英的去世在长春光机所内震动极大,蒋筑英人缘极好,与同事关系融洽,他的去世使同事们非常伤心,原计划500人参加的追悼会最后到了1000多人,礼堂都无法容纳,这样的场面极为罕见。所长王大珩专门从北京赶回参加追悼会并为自己的学生致悼词,因为太过伤心,致悼词过程中他泪流满面,不能自已。蒋筑英骨灰入葬革命公墓,王大珩坚持要亲自送去,临上车时才被同事劝阻。整个采访中,肖玉华被这个中年科学家的事迹深深感动了。

1982年8月27日,《光明日报》的一版头条位置上刊出了肖玉华的人物新闻:《对革命无限忠诚,为四化忘我工作,副研究员蒋筑英为祖国光学事业奋斗终生》。

这是中央媒体第一篇关于蒋筑英的报道。

肖玉华说：

>《光明日报》这篇报道发出后，引起不小的反响，尤其是在知识界，人们为这样一位有才华的中年科学家的早逝而惋惜。《光明日报》就此刊发了一期内参，就这样，蒋筑英的逝世引起中央领导同志的重视。为了进一步挖掘蒋筑英的事迹，做好深度报道，我几乎每天都到光机所去，深入蒋筑英曾工作过的第四研究室以及资料室、实验室等，与科研人员交谈，了解情况。后来，《吉林日报》的戴焕梅、《长春日报》的白英权和我经常在宣传处见面，都是为了采访蒋筑英的事迹。我们有时在一起采访，有时分散采访，都是由老宋负责安排。所宣传处成了记者的"第二办公室"。我们三人既有合作，又有竞争，都想抓到有分量的材料。当然，老宋也是根据不同媒体的需要安排采访。后来才知道，我手头占有的有关蒋筑英的笔记、日记、入党申请书之类的材料多；戴焕梅则掌握了蒋筑英与杭州家中兄弟之间的通信材料；白英权也有"王牌"，《长春日报》曾刊登过蒋筑英在世时写的一篇短文，这在当时也是挺珍贵的，给小白提神不少。（《岁月——光明日报记者站30年》，光明日报出版社，2008年，第152页）

20世纪80年代的记者对自己的工作都有一种神圣感，事业心都特别强，很少有人计较物质待遇。

"回首往事，有一种现象至今我还不得其解。在宣传蒋筑英的时候，报社尚未实行稿费制度。就是说，那时候，写稿是没有分文报酬的。同时，物质生活也远不如现在，有时开记者会年轻记者要四五个人住一个大房间。尽管这样，无论驻地记者还是报社各部记者，工作热情之高超乎想象，真不知道是哪来的那么一股劲儿。有的记者，上衣口袋里揣着'速效救心丸'，奔波在采访路上；有的在急驰的火车上赶写新闻；有的记者，写新闻近乎痴迷，一篇800字的消息竟设计了六七个导语，开会时带来与大家切磋；敢于挑战生命极限的边远地区采访小分队记者，背上简单的行囊，奔赴唐古拉山、穿越雪域高原、北疆直到中朝边界——正是这样一支记者队伍，《光明日报》在《实践是检验真理的唯一标准》发表之后，又推出遇罗克、张志新、曲啸、栾茀、蒋筑英、栾菊杰、张华等一批在社会上产生热烈反响的典型人物，为在全社会倡导'尊重知识，尊重人才'创造了舆论环境。"

"记得当年，驻地记者们到北京开会，大伙儿见面说得最多的一句话是：老兄，又抓什么大稿了？报社各部也是摽着劲地干。你写3000字，我写6000字，你发头条，我发一个加编者按的。于是部门之间、记者之间时而出现因为稿子发生摩擦的情况。杜导正、刘爱芝、卢云这些很有新闻协调能力的领导也不得不出面处理这类事情。那可真是一个激情燃烧的年代啊！"（《岁月——光明日报记者站30年》，光明日报出版社，2008年，第152页）

集中宣传蒋筑英事迹是在1982年10月。10月10日，陈禹山的长篇通讯《为中华崛起而献身的光辉榜样——记中年光学专家蒋筑英》在《光明日报》一版头条通栏转二版整版并配评论隆重推出。

陈禹山说，蒋筑英的长篇通讯刊出之后，马上在全国引起轰动。这个报道太有代表性了，报道触动了广大知识分子的神经，反映了在"文革"及"文革"前知识分子受轻视、受歧视、受迫害的现实，知识分子待遇低下，政治上不被信任，生活在贫困之中，而超负荷的工作加剧了对他们身体的伤害，导致许多知识分子英年早逝。报道引起广泛的影响，北京市委还数次请他去做关于知识分子问题的报告。

《光明日报》关于蒋筑英英年早逝的内参受到中央领导的重视，中央领导作了批示。这是媒体调动社会资源加大报道力度的一种做法，当时用这种方法推动报道向纵深发展的做法还不多，到了21世纪后，这已经成为媒体的一个惯常手法，一旦发现一个重大的人物报道选题，往往先写内参，一旦中央领导批示，这个典型就会被列入宣传部门重大报道选题，然后借助宣传部门的力量，调动众多媒体一起对这个典型人物进行报道，以达到更大的宣传效果。

在中央领导的关注和重视下，蒋筑英的报道升级了！《光明日报》专门成立了以记者部主任卢云为组长、有陈禹山等编辑部人员以及吉林记者站肖玉华等参加的蒋筑英报道组，这个报道组直接由总编辑杜导正领导。

就在有关蒋筑英的报道密集铺开之时，10月15日，《光明日报》刊出另一个此后与蒋筑英相提并论的同类型人物报道：《工程师罗健夫把毕生心血献给科研事业》。蒋筑英年仅43岁就去世了，而罗健夫去世时也只有47岁。这位此后被誉为"中国式保尔"的知识分子的事迹也非常感人。他1950年参军，1956年考入西北大学原子物理系原子核物理专业。他热衷于科研，"文革"期间还坚持不辍，他1969年开始主持属于国家空白项目的"图形发生器"这一课题的攻关任务，1972年和1975年先后研制出第一台"图形发生器""Ⅱ型图形发生器"，为我国航天工业做出了重大贡献。1978年获全国科学大会奖后，他再接再厉，继续研制"Ⅲ型图形发生器"，至1981年10月已独立完成全部电控设计，就在项目进入关键时刻时，他突然病倒，诊断为淋巴癌晚期，于1982年去世，年仅47岁。1983年，他被国务院追授为全国劳动模范。

陈禹山的通讯刊出之后，《光明日报》10月29日一版头条刊出评论：《向知识分子优秀代表蒋筑英同志学习》。此后重要的后续报道还有：肖玉华与陈禹山合作的长篇通讯《光辉的足迹——关于蒋筑英的故事》（11月5日一版），《蒋筑英生命的最后几天》（11月14日一版），蒋筑英夫人路长琴的文章《永存的慰藉》（11月17日一版），1983年1月7日一版头条刊登胡耀邦就蒋筑英、罗健夫问题发表的谈话：《我们需要千千万万活着的蒋筑英罗健夫》。

此后《光明日报》还接连刊发了"活着的蒋筑英和罗健夫"的多篇报道：《关怀蒋筑英罗健夫式的知识分子 天津师大对讲师黄祯寿采取具体保护措施》（1983年1月11日一版头条），《工程师刘维仁被誉为活着的蒋筑英罗健夫》（1984年2月13日一版头条）。

《光明日报》对蒋筑英的连续报道也推动了党和政府对这个先进人物的肯定和嘉奖，吉林省委发出开展向蒋筑英学习的决定，党和国家领导人号召广大知识分子向蒋筑英、罗健夫学习。为配合全国学习蒋筑英，吉林省组成蒋筑英模范事迹报告团到全国各地做巡回报告，在北京举办蒋筑英模范事迹展览，后来还拍摄了电影《蒋筑英》。

光明通讯1984年第10期刊登上海朱希祥的文章：《有特色 有气势——读〈光明日报〉的人物新闻》：

> 1982年8月27日，《光明日报》发了消息《副研究员蒋筑英为我国光学事业奋斗终生》，在以后的三四个月中又连续发了二十几篇消息，其中有方毅同志的赞扬，吉林省委的讨论，各地读者的推崇，蒋筑英同事的评议、报告，蒋筑英妻子的怀念，其他单位的反响，总理的号召，长春分院的行动以及蒋筑英事迹的展览，等等。整个报道很有整体性和层次性，可称为系统新闻。这对全面了解和学习一个先进典型很有必要。也正因为有这样系统全面的报道，才使蒋

筑英的英雄形象牢牢地树立在广大人民面前，永远活在广大知识分子心中。

蒋筑英的英年早逝被称为"知识分子的中国式早逝"，属于"过劳死"，由于知识分子工作时间长，压力重，劳动强度大，而且物质匮乏，长期营养不良，以致精疲力竭，突然引发身体潜藏的疾病急速恶化，救治不及终至丧命。中国知识分子"过劳死"的问题在蒋筑英事件后开始引起社会关注，也引起了中央领导的重视。此后，中央出台了一些改善知识分子待遇的政策，提高工资和补贴，注意知识分子的健康检查等。有人说，蒋筑英的去世成为中国知识分子待遇得到提高的分水岭。

蒋筑英的连续报道引起胡乔木的写作冲动，他以"痛惜之余的愿望"为题，投书《光明日报》，该文1982年11月29日在《光明日报》刊出：

一个多月以来，《光明日报》几乎每天登载着模范党员、吉林长春光学精密机械研究所副研究员蒋筑英同志的事迹和纪念他的文章，《工人日报》几乎每天登载着模范党员、陕西骊山微电子公司工程师罗健夫同志的事迹和纪念他的文章。这两位同志，一位六月十五日在成都去世，终年仅四十三岁；一位六月十六日在西安去世，终年仅四十七岁。方毅同志、倪志福同志和其他同志，还有一些重要的党组织，都已经写了文章或作了决议，号召大家向他们两位学习。确实，这两位同志的事迹，同在他们先后去世的模范共产党员赵春娥、张华等同志的事迹一样，太令人感动了。我想，绝大多数读者，读了介绍和纪念他们的文字，很难不流下泪来。我们党有多么高尚圣洁的党员，我国人民有多么忠贞坚毅的儿女，他们的伟大品质简直叫人难以相信！这是我们党和我国人民的光荣和骄傲，也是我党和我国人民一定能够实现党的十二大所提出的宏伟目标的保证。同时，损失了他们，损失了对祖国做出了如此多的重大贡献而又刚走在生命中途的他们，又多么叫人难过！我们活着的同志要多么努力，才能弥补他们的不幸的过早的死亡所造成的损失！

我现在既不必要、也不能够和忍心重新叙述他们的事迹和品质，这些已经有了很详细的报道，请读者找《光明日报》和《工人日报》

去看（主要是十月十日《光明日报》的《为中华崛起而献身的光辉榜样》和十一月五日《工人日报》的《罗健夫》）好了。我只想在痛惜之余，说出几点愿望。

首先当然是希望大家（不限于知识分子，而是一切党员、团员，一切觉悟的青年和觉悟的劳动者）都向他们学习，特别是希望那些至今对知识分子还有某种不信任感、不敢推心置腹的人们，以及那些一味争名夺利，甚至对社会主义祖国至今还三心二意，羡慕资本主义"天堂"的人们，多读读他们的事迹。他们所做的一切，有许多是一般人所不容易做到的。他们是科学专家，是我国科学发达和经济振兴的主要希望所寄，他们不断苦学得来的达到世界水平的专门知识不是人人轻易能够掌握的。但是他们对社会主义祖国、对共产主义信念的坚定不移的忠诚（这种忠诚无论他们在身处逆境和身处顺境的时候都始终没有变化）；他们全心全意地为着人民的和别人的利益着想，一贯地吃苦在前，享受在后，完全不计较个人的名利；只要是祖国和人民向他们提出的科学、技术问题，不管是分内的和分外的，不管是他们原来学过的还是没有学过的，他们都勇敢而顽强地努力钻研，他们一贯地不知道疲倦、忘记了饥渴病痛地劳动：这些高贵的品质，却是任何一个共产主义者和任何一个爱国志士（我们不要忘记，蒋筑英同志虽然生前填了入党申请书，却是死后才被吉林省委追认为正式党员的）所能够和应该学习的。即便我们每个人只能学习到他们所做到的一半的程度，汇合起来，也就是一股了不得的力量，足以战胜我们前进道路上的一切困难和障碍。

其次，我想说，希望一切先进分子所在机构中的党组织、每个党员以至每个正直的公民能够更多地更好地关心这些先进的人们。确实，除了在那个使我们大家都痛苦的时期以外，我们不能过多地责怪长春光机所和骊山微电子公司没有照顾好蒋筑英和罗健夫。但是痛定思痛，我们仍然不能不想到，在这些方面未必没有许多欠缺。我们为什么不能更早地注意到他们的病情，在来得及的时候挽救他们的生命呢？我们为什么不能更多地采取一些严格的"强制措施"，让他们得到稍微好一些的工作和生活的条件，得到比较接近于必要的休息呢？人啊，共产党员啊，你们没有权力对周围的人和事冷漠敷衍。就说蒋筑英吧,已经经过了这样长久的考验,难道他入党的志愿,也一定要等到死后才能由省委的追认而满足么?当然,我并不了解这两个党组织对这两位同志关系中的细节,但是也正因为我没有机会看到这两个党组织的有关说明,我不能不作为假定提出这个问题。我的愿望不是单对着这两个机构说的,也不是单对着中年知识分子说的,我是对着我们党的一切组织和全体爱国公民说的。无论在什么岗位上,到处都有先进分子,到处都有最可爱的人。让我们尽可能地不要到他们死后才想起学习他们和表示我们对他们没有多加照顾的痛悔吧!

第三,我也想对活着的蒋筑英、罗健夫等同志说几句话。共产党员是一不怕苦、二不怕死的,是随时随地准备着为了共产主义事业的利益,为了社会主义祖国的利益,为了十亿人民的利益而牺牲自己的一切的。我们不是那种认为一个大学生"不值得"为一个农民的生命而牺牲自己的人,那样的人,如果是在别的岗位上,当然也不会冒死去抢救一个小学生,或者同一个甚至几个拿着凶器图谋犯罪的歹徒格斗。这是事情的一方面。但是事情还有另外一方面。我想,蒋筑英和罗健夫都并不是必然要死(我不懂医学,不知道罗健夫同志所患的"低分化恶性淋巴瘤"和蒋筑英同志所患的多种凶险疾病能不能在早期治愈,这里是假定能够)。如果他们还健康地活着,尽管报纸上不会这样大量地表扬他们,但是他们却能够为祖国和人民做出更多更重大的贡献,这是毫无疑问的。我们经常提倡自我牺牲,但是这不是说一个共产党员或先进分子的生命和健康就不重要。生命和健康,这是我们战胜一切敌人而建设伟大的社会主义祖国的资本,它们不是属于我们个人,而是属于祖国和人民的,对于党员,就是属于党的。我们反对借口保护自己的生命和健康而损公利私,而贪生怕死,但是有了病,特别是有了严重的病,还是要治,并且要治好。这好比打仗,打仗一定要不怕死,但是也一定要尽量争取少死,受了伤,只要有可能,还是要争取治愈重返前线。共产主义者不是苦行僧,我们的自我牺牲的目的不是死亡而是生命,不是自己(更不必说别人)的痛苦,而是人民(当然也包括自己)的幸福。除了不可避免的死亡者以外,我们只有用自我牺牲的精神活着、奋斗着，才能带领人民一起去胜利地实现共产主义的崇高理想。

末了，我还有一点愿望，是关于新闻界的。《工人日报》用大量的篇幅来介绍航天工业部的工程师罗健夫同志，这证明工人日报确是忠于党中央的政策，把知识分子和工人一样看作是社会主义的依靠力量。工人日报和光明日报各自发挥了自己的专长，这也是一件好事。不过就我有限的见闻所及，除了十一月十六日《人民日报》第四版登过一篇《吉林省委决定开展向蒋筑英学习活动》和新华社播发的《许多读者投书工人日报表示学习罗健夫的共产主义献身精神》，《解放军报》同日发表了关于学习罗健夫的一篇本报讯，吉林、陕西两地的报纸也分别作了有关的大量报道以外，其他报纸似乎都很少涉及这样两位有全国意义的模范人物。分工分到这样"专门"的程度，不免使人们感到惋惜。《光明日报》和《工人日报》虽然都拥有大量读者，范围毕竟比较有限，这就使得全国很多人至今还不了解蒋筑英、罗健夫这两位模范党员的丰功和美德，不了解他们艰苦奋斗的历程。我因此希望我们的报纸、通讯社、广播电台和电视台，不要这样过分地井水不犯河水，好让大批读者、听众和观众更容易知道尽可能多的事实，得到他们所需要得到的教育。

蒋筑英后被追认为全国劳动模范，他是中华人民共和国成立以来第一个在死后被追认为劳动模范的知识分子。同时蒋筑英也是在死后才被追认为共产党员的。如此优秀的专家，入党问题却长期得不到解决，非到去世后才能被追认，可见此前知识分子备受歧视的严重程度，知识分子入党难问题也因此引起重视。

肖玉华在《新闻战线》2004年第五期撰文说：

对蒋筑英这一典型的认识，是在宣传实践中不断升华的。开始，把他作为应予关心的中年知识分子健康的典型。当然对蒋筑英的宣传，起到了这个作用。许多单位定期为知识分子检查身体，就是从那时开始的。但是，典型的意义远非止于此。胡乔木曾撰写文章，既对蒋筑英英年早逝惋惜，更称赞他是在逆境中奋起的科技英才。在粉碎"四人帮"以后的一段时间里，从中央到地方，都在进行平

见证辉煌
——《光明日报》20世纪80年代人物报道回眸

反冤假错案，拨乱反正。于是"伤痕文学"以及记述"文革"中惨遭迫害致死的遇罗克、张志新、史云峰等烈士的通讯曾产生广泛影响，对于揭批"四人帮"起到重要作用。蒋筑英既有"文革"中遭受迫害的经历，又不计前嫌，即便在受压抑的条件下，仍为科学事业忘我攀登，这是最令人动情的，催人泪下，其新闻价值亦在这里。在宣传蒋筑英之后，又有罗健夫等一批优秀知识分子典型出现，为在全社会倡导"尊重知识，尊重人才"创造了舆论环境。1983年12月，全国好新闻评选委员会评选《光明日报》关于蒋筑英的典型报道为本年度的"受奖典型人物报道"，排在第一位。用今天的话来说，是拿了一个大奖。可那时的奖励远不像现在，既不开大会，也没有丰厚的奖金，只发给一个只有记者证大小的奖励证书。证书是用硬纸壳印制的，十分简易。今天小学生的获奖证书也要比这个证书档次高。证书里面用钢笔字写着我和陈禹山、刘飒、余长安4个人的名字。记得奖金是100多元，我分得30元。那时，此类奖励都是象征性的，主要是精神鼓励。这个证书我一直保存着。尽管它很简陋，却是一段历史的见证。

根据读者的要求，光明日报出版社1982年12月出版辑有方毅、胡乔木等同志文章及蒋筑英事迹、照片的书籍《知识分子的优秀代表蒋筑英》，封面用的是聂荣臻元帅的手书。1983年春天，吉林省委宣传部也组织参与报道蒋筑英的记者及光机所的同志共同编写了《蒋筑英》一书，由吉林人民出版社出版。这本书比光明日报出版社那本书内容要丰富、翔实，收录大量第一手材料。当时吉林省委宣传部新闻处的王文琦（当时任处长）、李贤祖、王克敏同志为编写这本书花费了不少精力。记得他们为了提高这本书的质量，多次把我和戴焕梅、白英权找去研究，让我们每人起码写10篇有关蒋筑英的故事，每篇300字左右。最后，这本书汇集了有关蒋筑英的故事几十篇，成为辑录蒋筑英事迹材料最全的一本书。

《光明日报》对蒋筑英的报道铺天盖地，但对罗健夫的报道则较少，除了刊发消息外，11月30日一版刊发长篇通讯《罗健夫》再次进行了报道。这也体现了杜导正的思想："别人多搞的，我们少搞。"因为《工人日报》对罗健夫进行了大量的报道，因此《光明日报》就不再过多介入，适可而止。

第五节　推动落实知识分子政策工作

落实知识分子政策是一个复杂而艰难的工作，这项工作几乎覆盖了整个20世纪80年代。因此，《光明日报》为落实知识分子政策所进行的报道数量也最大。

1979年3月8日，《光明日报》刊登对西南农学院教授蒋同庆的报道。蒋同庆是我国蚕体遗传学为数不多的权威之一，曾留学日本。1957年被错划为右派，"文革"前摘帽。"文革"期间，因为他对当年错划右派不满，1970年又被戴上右派帽子，并以他为右派翻案的罪名将他打成现行反革命，下放农场劳动改造，每月只发生活费18元。报纸在编后指出："处理遗留问题，落实各项政策，是为了调动各方面的积极因素，巩固和发展全国安定团结的大好局面，为实现工作重点的转移创造条件。因此，从组织方面讲，要抓紧解决遗留问题，不应拖延。"

极"左"年代，许多冤假错案真是荒唐透顶，许多冤案都是欲加之罪。1985年1月26日，《光明日报》一版头条刊发了一篇关于落实知识分子政策的通讯：《是非功罪今日评说——四川省委为李天德落实政策纪实》。李天德，大学生右派，坐牢时开始学习马列著作，并创作了剧本《和平里的战争》。但是，在那个荒唐的年代，剧中反面人物的对白居然被说成是他本人的实际思想，并据此为他定罪：他所在的县法院认为他的剧本是为右派翻案，证据就是剧本里反面人物的对白，他因此被判了6年徒刑。这样的荒唐事到了这个县法院的上级——雅安中级人民法院被否决，二审法官是一个有正义感的司法干部，他认为这样的判决实在太荒唐："剧本中反面人物的道白，不能说成是作者李天德的思想反映。全案错，全纠。"但那是"文革"期间，这样的判决被认为是右倾，李天德不得不坐满6年牢。狱中他拼命学习马列著作。出狱后，他认为"文革"错了，1975年，正是邓小平复出时，这使他看到了希望，他决心用鲜血和生命维护真理，写出了万言《献国策》，指出"文革"的错误，呼吁为刘少奇、彭德怀平反，结果被判处死刑。后来还是雅安中级人民法院不同意这一判决，改判20年，才使他留下活命。他后来被释放后，由于威信高，人正派，雅安法院法官发起提名他为人大代表。但是由于雅安地委领导以及有关组织极"左"思想作祟，李天德继续受到迫害，他工作被停止，工资被停发，被发配到一个山区工作，还给他做了一个编造的结论塞进他的档案。无奈之下，他给中组部领导写信反映情况，中组部领导立即做了批示，四川省委组织部接到批示，最后才为他彻底平反。

发生在李天德身上的荒唐事终于得到平反，他的冤案得以昭雪，李天德也在组织部门、法院以及有关部门的关心下落实了政策。

通讯刊出的第二天——1月27日，《光明日报》刊出四川省委组织部部长冯振伍的文章：《大胆启用有争议的人才——从李天德落实政策的过程看彻底否定"文革"的必要性》，文章认为，尽管粉碎"四人帮"已经多年，"文革"结束也已多年，但"文革"遗风仍然弥漫。李天德1975年向党递交了《献国策》被诬为反革命，处以重刑，不足为怪。奇怪的是，在党的十一届三中全会后，有的人仍然给李天德戴上"犯有政治错误"的帽子，并把他清理出公安队伍。可见"左"的思想影响是多么深，落实知识分子政策是多么难！文章认为，要落实知识分子政策，就必须彻底否定"文革"，只有肃清了人们头脑里的"左"倾的影响，党的知识分子政策才能真正得到落实。

关于李天德的荒唐事在《光明日报》上报道后反响强烈，也引起了高层的关注。《光明日报》1985年3月6日一版头条刊出中组部副部长王照华就四川省委为李天德落实政策问题接受《光明日报》记者采访的谈话：《落实政策必须同调整领导班子和整党紧密结合》。王照华指出：党中央要求在十三大召开前基本完成落实知识分子政策的工作，对政策不落实的地方存在的问题要认真督促解决；组织部门抓知识分子工作的机构不能撤销。

1983年9月26日，《光明日报》一版刊出通讯《一个业余发明家的遭遇》。青年发明家刘忠笃，昆明市橡胶二厂技术人员，仅有高中学历的他自学成才，20多年中取得30多项重要革新与发明成果，其中7项获奖。这样一个有才华的技术人员，却因为造反派出身的企业领导人对他的诬陷迫害，1974年和1978年两次被抓，四次抄家，留厂察看，工资停发，四处流浪，生活工作均遇到极度困难。《光明日报》为其鸣不平，从1983年到1985年持续关注并刊发连续报道，工厂负责人却置之不理。最后《光明日报》、《人民日报》和新华社的内参引起高层重视，中央领导做了批示，刘忠笃才得以落实了政策。

《光明日报》主要领导在1982年的内部讲话中特别提出当前宣传落实知识分子政策要注意的问题：

（1）涉及全国统一性政策的（比如为中年知识分子加工资等问题），没有把握的，不做公开报道，可以写内参。

（2）一个地区、部门、单位规定的违背中央知识分子政策精神的"土政策"，要进行批评，要求改正。

（3）不要搞单纯诉苦的报道，要多从积极方面提出建设性的意见。

（4）要宣传知识分子体谅国家困难，尊重工农兵，尊重基层党组织，不要把知识分子与党政干部、特别是与政工干部对立起来。

（5）对知识分子中出现的问题，如人才流失问题，要看到问题的复杂性，认真加以分析，报道中采取谨慎态度。

（6）对知识分子中出现的缺点、毛病，也要恳切地指出来，要以共产主义思想教育知识分子，知识分子要认识自己的不足，自觉改造思想。个别问题严重的，同样要理直气壮地进行批评，直至给予纪律处分。

（7）对知识分子内部的矛盾，要多做疏导工作，如老中青之间的关系，要宣传中青年知识分子尊重老专家，老专家支持帮助中青年知识分子。

（8）对党员知识分子，要求他们首先把自己看作共产党员，增强党性，遵守党的纪律，在各方面起先锋模范作用。

这位领导强调，继续搞好落实知识分子政策，特别是中年知识分子。要宣传报道尊重知识，尊重知识分子，政治上信任知识分子，真正把他们中的绝大多数看成工人阶级的一部分，注意在知识分子中发展党员，工作上大胆使用德才兼备有专业特长的知识分子，为"明白人"的成长广开道路。生活上关心知识分子，特别注意各级党政部门积极采取措施，不花钱、少花钱，为知识分子解决实际问题。（《光明日报通讯》，1982年第8期）

《光明日报》刊发了大量与落实知识分子政策有关的人物报道：

1984年6月8日一版关于《北京邮电学院副教授彭道明发明奖被压事件得到解决》的消息，并配发短评，在一版下面还刊发长篇通讯。

1984年7月5日一版头条《一个追求者的酸甜苦辣——记上海市计算技术研究所青年科研人员黄迅成的遭遇》。

1984年7月16日一版头条《工程师朱达汉无辜受害至今仍留"尾巴"》。

1984年8月3日一版头条《沈阳市计委复查平反一起三十年的冤案》。

1984年12月18日一版头条《湖北省为知识分子杜佐华澄清了三十年的冤案》。

1984年12月28日一版头条《一个扎根延安的艺术家的遭遇——记画家靳之林被迫离开延安又重新返回的经过》。

1985年8月20日一版头条《周可人多方奔走解决了一桩久拖不决的积案》，云南省委落实知识分子政策小组办公室干部周可人积极为昆明市文化局干部李毓麟补发"文革"期间被无理扣发的3528元工资。

1986年1月18日一版头条《工程师庄生祥三十五载冤案得到平反》，新疆石河子南山煤矿工程师办公室负责人庄生祥收到陕西省铜川市人民法院的平反通知书，一桩蒙冤35年的冤案终于结束。1951年因劳资冲突替工人说了话，工程师庄生祥被冠以破坏生产的罪名判处无期徒刑，发配新疆改造。后因在新疆生产建设兵团领导的关心帮助下，他运用自己的知识和技术做出了卓著的贡献，因此8次被减刑，于1965年被提前释放。从此，他安心在新疆工作，做出了巨大的贡献。十一届三中全会之后，他还提交了入党申请书。到1985年，他终于迎来了平反的决定。

1986年5月20日一版头条《上海市中级人民法院实事求是复查科技人员业余兼职一案 宣布郑鸿坚无罪予以彻底平反》。

……

在大量刊登人物报道推动落实知识分子政策的同时，《光明日报》还接连刊发评论予以推动。例如，《落实知识分子政策要继续清除"左"的影响》（1984年3月16日一版头条），《落实知识分子政策要有必要的组织措施》（1984年3月23日一版头条），《落实知识分子政策要有务实精神》（1985年8月4日一版头条）。

在用大量的人物报道来反映各地落实知识分子政策状况的同时，报纸还刊发各地完成落实知识分子政策工作的情况，如1986年7月7日一版头条《杭州市解决知识分子历史遗留问题工作基本结束》，全市列入复查的101起历史遗留问题，除一件正在调查处理外，其余均已落实，使知识分子真正感到党的温暖。报道配发的短评说，经过几年的努力，全国范围内落实知识分子政策、解决历史遗留问题的工作已接近尾声，各地区正陆续进入复查阶段。1986年7月17日一版头条刊登《黑龙江提前完成落实历史遗留的知识分子政策任务》，报道说，到1984年，该省已解决历史遗留问题99%，此后一年，进度不快，原因是一些人认为这一工作过得去了，缺乏较真的精神。对此，黑龙江省委要求限时彻底完成这一工作，力争全部解决，做到不漏一件事，不落一个人，不留一条尾巴。为此，省委要求对未落实的问题，限期完成，实行领导包案，分工负责，终于全部完成任务。

中央要求落实知识分子政策工作必须在十三大前基本完成。1986年，中组部下发《中共中央组织部关于检查落实知识分子政策工作的通知》，《通知》说：中办发〔1984〕32号文件（《中央落实政策小组扩大会议纪要》）和中办发〔1986〕6号文件（《关于进一步贯彻落实〈中央落实政策小组扩大会议纪要〉的补充意见》）都明确要求，在党的第十三次全国代表大会召开以前，基本完成落实各项统战政策、侨务政策，对台胞台属的政策和知识分子政策的工作。中办发〔1984〕32号文件还规定由中央组织部负责落实知识分子政策的抓总工作。几年来，由于各级党委的重视，落实知识分子政策、解决历史遗留问题工作取得了显著成绩。目前，有些地区和部门已基本完成，大部分地区和部门计划下半年完成。为了确保工作质量，善始善终地完成落实知识分子政策、解决历史遗留问题的任务，需要对已基本完成任务的单位，认真进行一次检查。通过检查，进一步揭露矛盾，抓紧解决该落实政策而未解决的问题。中办发〔1984〕32号文件最后指出："现在，离党中央要求的基本完成落实知识分子政策、解决历史遗留问题任务的期限时间不多了。各地区、各部门接此通知后，要加强领导，狠抓落实，切实解决尚未解决的问题，并在检查中坚持严格要求，确保工作质量，防止发生单纯赶进度、走过场的情况。各省、自治区、直辖市和中央部委在检查工作结束后，要写出报告报送我部。"

落实知识分子政策工作几乎贯穿整个20世纪80年代，《光明日报》的有关落实政策的人物报道，也持续了整个20世纪80年代。在这10年中，《光明日报》还就知识分子的生活待遇、工作条件、中年知识分子的健康、著作版权、稿酬过低、知识分子的职称问题等方面，刊发了大量的报道和调查报告，其中不少是以人物报道形式刊出的，这些报道在社会上引起很大的反响，受到党和政府有关部门的重视，推动了党的知识分子政策的落实。

20世纪80年代人物报道特色谈之四：用人物新闻的形式来报道人物

报告文学、长篇通讯、特写、专访，这些都是人物报道最常用的新闻文体。但20世纪80年代《光明日报》的人物报道中，大量采用的却是人物新闻，即用消息这一文体来报道人物，此类新闻约占人物报道的一半以上。笔者1983年进《光明日报》时即被告知：报社鼓励记者写人物新闻，写千字的人物新闻。

人物新闻的特点是短、新、快，一旦发现新闻线索，采访快，写作容易，版面容易安排。作为需要抢的新闻，此类新闻可以在最短时间内完成采访和写作，特别是对那些因事写人的人物新闻，一人一事，极易采访和写作。譬如《国民党空军少校飞行考核官黄植诚驾机起义回归祖国大陆受到热烈欢迎》1981年8月12日一版），报道台湾空军飞行员黄植诚驾机起义的事，全文仅724字。《工人杨小凯被正式聘请为武汉大学教师》（1982年6月8日一版头条），报道了后来成为著名经济学家的杨小凯自学成才的事迹，全文980字。

还有一类人物报道本该是重大典型人物，但为了抢在同行前"首发"，就必须抢时间，先用人物新闻的文体进行报道，在时间上抢了先，先满足读者的"新闻饥饿"，接下来再详细报道。譬如为救落入化粪池的老农而献身的张华，就是先发了一条仅800字的人物新闻:《第四军医大学学员张华光荣献身》1982年8月5日一版），后来再搞连续报道。80年代轰动全国的重大知识分子典型蒋筑英的报道也是一样，先刊发消息，报道蒋筑英《副研究员蒋筑英为我国光学事业奋斗终生》，然后才刊发长篇通讯和系列报道。

《光明日报》编委会在1983年的《今年的宣传工作打算》中说："要继续狠抓先进典型，继续深入宣传向蒋筑英、罗健夫、孙冶方学习，要在第一版再表扬一百多个先进知识分子人物，主要采用典型新闻报道（一人、一事、一经验、一问题）的方法，对干部群众进行生动的重视知识、重视知识分子的教育。"在工作打算中甚至未来一年要报道"一百多个先进知识分子人物"，并确定采用"典型新闻报道"的形式，可见《光明日报》对人物报道的高度重视，也可以看出《光明日报》对人物新闻——用消息的文体来报道人物的偏爱。

《光明日报》编委会领导1982年在关于下半年工作安排中指出："继续抓紧抓好知识分子中先进人物的报道，今后120天内，要再发表30~40个先进的知识分子人物新闻，并要重视抓典型，四个月内力争发现并连续报道一个有较大影响的知识分子典型。""要处理好人物新闻同'问题新闻'的关系。在继续抓好人物新闻的同时，要重视抓提出问题、解决问题的新闻。在抓问题方面，既要抓教育、科学、文化建设方面的问题，又要抓知识分子自身教育、组织方面的问题，并且要以后者为主。要特别注意抓有影响的问题新

闻，争取在今后四个月内，抓住两三个重大问题，进行连续报道。"（《光明日报通讯》，1982年第8期）

用消息的文体报道人物，这也是编委会一直提倡的。编委会提倡记者用新闻的体裁写人物，使投身四化建设的知识分子中的优秀人物成为《光明日报》新闻的主体，通常配合图片在第一版显著位置发表，这要成为《光明日报》独具特色的一个新闻品种。编委会认为，办报纸就是要抓特色，而用消息的形式报道知识分子中的优秀分子，这正是《光明日报》当时一个很大的特色。如果不是用消息的形式，而是用篇幅较长的通讯，根本不可能刊登那么多知识分子先进人物。正是这种抓特色的思维，让人物报道成为《光明日报》的特色之一，这才有可能一个月连篇累牍地在头版头条刊登20多篇人物报道。

如何抓好以人物新闻为主打产品这一特色？《光明日报》原编委汪波清认为是三个坚决：

第一，坚决冲破那些早已习惯了的常规，要求记者出门的第一件事就是抓"人"。这里包含两层意思：一是下决心不去采写那些一般的工作动态、技术性太强、一般人看不大懂的新闻；二是下决心采写人物新闻，强调多用灵活便当的消息形式，改变那种认为写人就要写数千字甚至近万字的通讯，否则就没味的观念。载于5月8日一版头条关于于淑珍心灵美的消息传到天津后，对促进当地文艺界开展五讲四美活动起到了很好的作用。原来，其就是在报社领导采取果断措施后由一篇相当长的通讯改成的。此外，编辑部还向记者提出要求，采写人物不要老盯着完人，在教科文卫各条战线为四化贡献聪明才智的知识分子中，只要某一方面、某一项活动表现了突出的优点，取得优异的成绩，就可以考虑报道，如果处处求全，那就是自缚手脚、自外于人，改革新闻的采访与写作也将难以奏效。

第二，坚决为人物新闻设头座，为知识分子树起一块光荣榜。在版面安排上，除了特别重大的新闻外，下决心把头版头条位置腾出来，让反映知识分子优秀人物的新闻来占据。在这个位置上，坚决不登那些没有提出新鲜问题、可读性太差的所谓新闻。此外，对合乎要求的人物新闻，不能稀稀拉拉发稿，而要求连续刊登，努力在宣传知识分子的共产主义精神方面，造成一种看上去郁郁葱葱的景象。

第三，在刊登知识分子人物新闻的同时，一定要配上图片。为做到这一点，编辑部要求记者在发回文字的同时，要想方设法把有关的照片送回编辑部。编辑部要是没有照片，如果有必要，就下决心推迟发表文字稿，直到弄来照片为止。可以提一提的是，5月至7月三个月发表的47篇头版头条人物新闻，有37篇同时刊登了见报人物的头像和他们的工作照。这样图文相配，版面当然就好看了。还不止于此，这里头也有一个政策，那就是这些照片的刊登，实际上表现了对知识分子的关怀与尊重。不是吗，"文化大革命"的时候，多少"臭老九"的照片被粘在大字报的黑榜上，今天为什么不可以把他们的照片端端正正地登在我们报纸的显著位置上呢？

在不遗余力抓人物新闻的同时，编辑部也鼓励记者写重大典型。一个重大典型可以花几个月时间去采访挖掘，去精研细磨。例如，樊云芳、丁炳昌的《追求》，采访就花了4个多月时间，一次次去医院探望栾茀，接连开了十多次座谈会，采访了几十个人；写作上更是反复琢磨，写好一稿，专门送到北京（那时如遇到重要稿子，记者可以专门把稿子送回报社），被打回，继续采访补充重写，前后四易其稿才完成。当时的媒体从业环境与今天截然不同，只要能写出好稿，花多少时间都在所不惜。当时没有像现在这样对记者的严格考核，如有，樊云芳不可能花4个多月时间去采写一篇稿子。若像今天这样考核，樊云芳这样的大记者恐怕都不合格，甚至都可能要下岗。今天的苛严的指标考核固然是治懒的良方，但也是创新的杀手，严重束缚着记者去思考，去创新，去写出能产生重大影响的大稿子来。因此，考核并不适用任何人，对那些有特殊禀赋特殊才华能写重大典型的记者，就不应该用简单的考核来对待。正是这种宽松的从业环境才造就了当时的《光明日报》大批的名记者，也使这份报纸出了那么多的优秀作品。正是在这样的宽松环境下，《光明日报》人物报道的特色逐渐形成，一方面是大量短平快的人物新闻频频见报，另一方面不断有重大典型人物推出来，形成重大影响。

20世纪80年代的《光明日报》记者，追求业务之风很盛，尤其在写人物上大家着力最多，平时在一起时就会讨论如何写好人物报道，尤其是如何写好人物新闻。也因此，《光明日报》的人物报道才形成一时之盛，形成特色。

第五章　让知识分子成为时代主角

1980年元旦,《光明日报》发表题为《可喜的变化光辉的前景》的社论,强调知识分子在人类历史发展中起到十分重要的作用,在社会主义社会,知识分子中的绝大多数已是工人阶级的一部分。在改革开放的新时期,知识分子一定能发挥更大的作用。

十一届三中全会后,党中央对知识分子做了新的定位,邓小平多次表达了对知识分子的重视,尊重知识尊重人才口号的提出,科学技术是第一生产力的定位都表明,知识分子不再是臭老九,不再是受歧视的阶层,知识分子开始得到应有的尊重,知识分子作为一个社会的精英阶层回复到本该有的正常地位。

改革开放需要知识、技术、人才,改革开放离不开知识分子。党中央出台了一系列尊重、爱护知识分子的政策,鼓励知识分子在改革开放的新时期做出应有的贡献。一个全新的时代——让知识分子成为时代主角的时代正在到来。

欣逢盛世,《光明日报》为这个时代欢呼。但是,要让知识分子真正成为时代的主角并不容易,社会上多年形成的对知识分子的歧视和偏见一朝一夕无法消除,"左"的势力还在阻碍着知识分子发挥作用,让许多知识分子仍心有余悸,不敢放手大干。在这样一个新旧交替矛盾交织的时期,光明日报发挥了媒体高举旗帜、引领导向,围绕中心、服务大局,团结人民、鼓舞士气的作用,担负起为知识分子鼓与呼的重任,用大量的人物报道来响应中央的决策,消除各种偏见,让知识分子真正成为时代的主角。

第一节　开启尊重知识分子的新时代

中国共产党从诞生之日起就很重视知识分子,紧密团结知识分子,特别是在民族解放和中华人民共和国成立过程中,知识分子发挥了无可替代的作用。

1956年2月24日，中共中央政治局会议通过的《中共中央关于知识分子问题的指示》中说："党中央在全国解放以前和以后，都十分重视知识分子问题，规定和执行了关于团结、教育、改造知识分子的政策。"50年代曾盛行"皮毛论"，毛泽东说过："皮之不存，毛将焉附！"知识分子向来是为统治阶级服务的，从来不是一个阶级，只是一个阶层，它只能像"毛"一样依附到"皮"上，因此，对待知识分子首先是要看他们是属于哪个阶级的。这一定性表明了一个事实：中华人民共和国成立之后，我国对知识分子的政策是"团结、教育、改造"，在现实中往往被执行成"防范、利用、打击"，知识分子没有能够成为社会主义建设的中坚力量。随着中华人民共和国成立后整个政治形势的急促"左"倾，党的知识分子政策及对知识分子的定位出现了偏差；而到"文革"期间，中国知识分子遭遇了有史以来最为糟糕的境遇，打击迫害，摧残凌辱，知识分子成为被整个社会歧视的"臭老九"。

十一届三中全会之后，中国知识分子的命运发生了根本性的变化，党和政府出台了许多有关知识分子的文件，知识分子的地位大幅度提高，党在知识分子问题上实现了三个重大突破：在政治上明确了知识分子是工人阶级的一部分；提出"科学技术是第一生产力"，奠定了作为先进科学技术载体的知识分子在生产力中的重要地位；"尊重知识、尊重人才"成为新时期知识分子政策的核心，知识分子开始成为改革开放时代大舞台上的主角而受到人们的尊敬。这一系列的变化真正说明：知识分子的春天来到了。

知识分子的春天也成了作为知识分子报纸的《光明日报》的春天。《光明日报》真诚地为广大知识分子呼喊。

1978年徐迟的报告文学《哥德巴赫猜想》的发表，标志着知识分子开始成为时代主角，这是"文革"后正面歌颂中国知识分子的第一篇力作。作品的发表和引起轰动传递出一个强烈的信号：一向被贬斥受歧视遭打击的知识分子开始登上时代的舞台，开始受到尊重，尊重知识、尊重人才的时代大幕已经开启。

《光明日报》转载《哥德巴赫猜想》时，中国还处在乍暖还寒时节，"两个凡是"使"文革"的错误无法得到彻底清算，知识分子受歧视的现状并未改变，更遑论得到尊重了。在这一背景下，徐迟以极大的政治勇气，大胆讴歌知识分子，为科学家歌功颂德。这篇报告文学开启了一个全新的时代，宣告了丑化、侮辱、矮化知识分子的荒谬时代的结束，开启了尊重知识、尊重人才的时代新风。

"文革"十年，在我国的文学作品和新闻作品中，知识分子作为主角的作品几乎绝迹，有的只有反面典型，经历过"文革"的人大都看过电影《决裂》，电影里那位由葛存壮饰演的农大教授，一句"马尾巴的功能"的台词，使广大知识分子成为整个时代耻笑的冬烘先生——知识分子研究的都是一些像"马尾巴的功能"一样毫无现实意义的东西。"马尾巴的功能"成为"文革"期间讽刺知识分子迂腐的流行语。

媒体上的人物形象，长期形成了非黑即白、非好即坏、非正面即反面这样一种刻板的模式，凡正面人物都必须高、大、全。这种刻板的人物模式到"文革"时登峰造极，正面典型不能有丝毫的瑕疵，必须光彩照人，完美无缺，出现在媒体上的人物典型是神不是人。而陈景润这个人物典型彻底颠覆了新中国成立后我国人物典型高、大、全的形象，他身上有许多缺点：他傻，只知工作，不懂生活；他痴，走路头撞到树上还会问谁撞了他；他怪，常常忙得忘了刷牙洗脸；他吝啬，棉袄都舍不得买，用两件棉毛衫，里边装个棉絮就成了棉袄……实际上他是一位在数学的崎岖山路上孤独攀登的英雄，他生活在精神世界里，他有理想、有恒心、有毅力，为了自己认准的目标，锲而不舍地努力。他的这些缺点却从另一面反衬出他对数学的热爱已达到痴迷程度，他不懂生活，是因为他没有精力关注生活，他把所有精力都投入研究，忽略了自己的生活。正是这个痴、傻、怪的有缺点、有毛病的人，却是一个有血有肉的活生生的人，成为一代人的精神偶像，正是这些缺点使这个人物变得真实可信，他的形象才高大起来，为广大读者所接受所信服。

粉碎"四人帮"后的中国主流媒体有一个现象，就是媒体间的抱团合作，这在媒体发展的历史上是不多见的。竞争是世界媒体之间奉行的铁律，强调原创，强调竞争，不愿人云亦云。而在当时，这种竞争的规律却似乎被忽略，当时中央主流媒体之间处在"环境友好型"状态，媒体间的报道或文章相互转载成为常态。这是特殊历史阶段的一个特殊现象：在政治环境还处在乍暖还寒时节，媒体用抱团来形成合力，以抵御政治上的极"左"势力，竞争则退居次要地位。《实践是检验真理的唯一标准》是这样，《哥德巴赫猜想》也是这样。

继《哥德巴赫猜想》之后，1978年2月22日，《光明日报》再次刊登关于数学家的报道——《青年数学家张广厚在函数理论研究中又获得具有世界水平的新的重要成果》。这些关于数学家的报道（包括后来的报道）将在读者心目中一直比较神秘的数学领域展示给读者，这可能是中华人民共和国成立后关于数学领域报道影响最大的一个阶段，使数学这个高深学科走下神坛，走近大众，为读者所关注。

徐迟的报告文学刊出两天后——2月18日，《光明日报》的"文学"专刊刊登作家刘心武的小说《班主任》，这篇小说马上在全国引起轰动，这是继复旦大学学生卢新华的《伤痕》之后的又一篇控诉极"左"路线的文学作品。

1978年3月，科学大会召开，邓小平用他的四川口音在大会上发出了划时代的宣言："科学技术也是生产力！"这是一个标志性的时代最强音。为配合这个大会，光明日报推出了一连串以全国科学大会代表为报道对象的人物报道，歌颂他们潜心科研，为国家做贡献的事迹和精神。

从此，《光明日报》浓墨重彩地报道这个重视知识重视知识分子的新时代，用大量的人物报道把知识分子推上时代的舞台，让知识分子成为时代的主角。

第二节 解决知识分子入党难问题

入党难，这曾是中国知识分子一个时代的痛。

长期以来，知识分子是依附在皮上的"毛"，被作为"团结、帮助、改造"的对象，这里固然有中华人民共和国成立初期的知识分子大多从旧社会过来，他们大都出身于剥削阶级家庭，受的是旧社会的教育这一原因，但长期对知识分子奉行的极"左"政策使社会上形成了根深蒂固的歧视知识分子氛围。在这样的氛围里，知识分子要想加入作为工人阶级先锋队的中国共产党就变得异常困难。可以说，知识分子入党难是中华人民共和国成立后长期存在的一大难题。

1977年5月，邓小平就提出"一定要在党内造成一种氛围：尊重知识，尊重人才"，他认为："我们要实现现代化，关键是科学技术要能上去。发展科学技术，不抓教育不行。靠空讲不能实现现代化，必须有知识，有人才。"

尊重知识、尊重人才的一个最有力的表现就是：让知识分子入党。

1978年8月27日，《光明日报》发表评论强调，要积极发展符合条件的科技人员入党，认为这是落实知识分子政策的重要内容，也是加强党在科技战线理论的需要。

解决知识分子入党难问题,首先要突破出身问题的阻碍,让出身剥削阶级家庭的知识分子放下心理包袱,轻装上阵,为四化贡献自己的知识和智慧。

1979年1月11日,中共中央下发《关于地主富农分子摘帽问题和地富子女成分问题的决定》,为农村所有地富分子摘帽,使他们在入学、招工、参军、入团、入党和分配工作等方面不再受到歧视;对其子女的家庭出身一律改为社员,不应再作为地主富农家庭出身。

这一决定开启了一个光明的新时代,党的大门开始向出身于剥削阶级家庭的知识分子敞开。

《光明日报》马上开始关注这一新现状,如1979年11月8日二版推出的人物报道:《地主家庭出身的教师龚福永入党记》,报道中的主人翁龚福永1957年高中毕业回到家乡重庆市巴县曾家公社的学校教书,他的入党问题是1978年10月解决的,也就是说,在中央《关于地主富农分子摘帽问题和地富子女成分问题的决定》下发之前他的入党问题就解决了,这对原来背负出身包袱的这批已摘帽的地富分子,以及他们的子女中的优秀分子解决问题具有很强的现实指导意义。

龚福永是个什么样的人呢?报道是这样描述的:

"他带领学生开荒种地,实行勤工俭学、半农半读。到1971年,先锋大队的所有儿童都免费入学,在山村普及了初中教育。龚福永一心扑到办学上,四十岁了,还没有结婚。社员们都称赞他,1977年推选他出席了县里召开的教师代表大会。可是,由于龚福永出身于地主家庭,长期入不了党。""他回乡近二十年了,吃在学校,睡在学校,忙在学校。他有入党的愿望,但一想到自己的出身不好,就犹豫起来。粉碎'四人帮'后,他才鼓起勇气,提出了入党申请。"

但是,在极"左"思想盛行的年代,表现好不是能入党的充分理由。当地公社党委一直拒绝其入党。此事引起了市委书记丁长河的关注,多次指示有关部门关心龚福永的入党问题,但最后都被公社党委卡住。市委书记多次询问,公社的回答总是:本人已经提出书面申请,发展入党,还得经过"长期考验"。丁长河找到巴县文教局局长敦促此事,局长也感到无奈,虽然公社党委对龚福永的先进事迹并无异议,但部分党委成员坚持认为,发展像龚福永这样地主家庭出身、又在本乡本土工作的教师入党,中华人民共和国成立以来还没有"先例",需要"看一看"再说。在丁长河的一再关心和指示下,市委组织部会同巴县县委组织部、县文教局、虎溪区委组成调查组对龚福永的入党问题进行调查,写出题为《像龚福永这样的教师可不可以入党》的调查报告送交丁长河,丁长河再次批示"要重在政治表现"。拿着市委书记的批示,调查组又返回曾家公社党委交换意见。经过反复做工作,曾家公社党委才勉强同意批准龚福永为中共预备党员。这充分说明,出生于剥削阶级家庭的知识分子要想摆脱梦魇般的出身的耻辱烙印,要想入党是何等困难。

不要说像龚福永这样的基层普通教师,有多少对国家贡献至巨的高级知识分子,要想入党也非常困难。中国原子弹之父、两弹一星元勋、著名核物理学家王淦昌,他为我国的强盛贡献巨大,他的入党问题也经历了半个世纪,直到72岁才得以解决。《信仰 信任 信心——著名核物理学家王淦昌入党记》(《光明日报》1980年1月22日一版)介绍了他的入党过程。王淦昌1929年毕业于清华大学物理系,1930年入德国柏林大学学习,1933年获博士学位,1934年回国,长期从事大学教学和核物理研究。中华人民共和国成立后,他隐姓埋名数十年研究两弹一星,为祖国的强大贡献了自己的毕生精力,直到耄耋之年才被允许加入中国共产党。

栾茀,一个追求党达30多年的优秀知识分子,他把自己的所有才华和生命都献给了党,但是,他却一直被拒在党的大门之外,直到他身患癌症,濒临死亡。《光明日报》刊发的人物通讯《追求》在写到栾茀卧病住院期间,太原工学院化工系党总支书记王玲去探望他时,有这样一段动人的描写:

突然,王玲吃惊地住了嘴,因为栾茀冰凉而颤抖的手抓住了王玲的手腕,同时,他的两片嘴唇抖得像孩子一样,只有伤心欲绝的人才会有这种表情。

"老王,来不及了。"他呜咽着。

"什么来不及了?"

"我活着,来不及做一个党员了。我要求过多次,党说要接受长期考验。来不及了,再考验也只有两个月了。"

"是党,给了我们这一代知识分子以理想和信仰,我多么希望能在党旗下宣誓。我死后,请求组织上审查我的历史和全部工作,我总算追随共产党三十年……"

这个虔诚的"遗愿",像一团烈火,烘烤着大家的胸膛,多少平凡而动人的事情像奔腾的潮水一样从人们的眼前涌过。

化工系的教师们怎能忘记,在"牛棚"里关了四年的栾弗,上午刚宣布"解脱",晚上,就给党支部送来了第六份入党申请书!

在省委书记王大任眼里,栾弗不但符合党员的要求,并且他比大多数党员都更优秀,他得知栾弗的事迹后,激动地说:"如果我们每个党员,都像栾弗同志那样……"

连省委书记都承认,栾弗不但够得上党员的要求,并且还是党员中的佼佼者,也就是说,如果每个党员都像栾弗,这个党就好了。

可就是如此优秀的知识分子,30多年追随党、追求党,要求加入中国共产党,却一直被排除在党的大门之外,直到他临死前才被突击批准入党。

为什么要让知识分子直到临终才允许其入党呢?为什么不能让知识分子在对党充满希望时让他们入党,非得让他们感到绝望时才允许其入党呢?

这就是极"左"造成的恶果,将如此优秀的知识分子拒于党的大门之外,实际上受损失的是党,是国家,是我们整个民族的进步!

栾弗还是幸运的,毕竟他在生命即将终结时被批准入了党,有多少知识分子直到死去也解决不了入党问题!

即使是死后能被追认为党员,蒋筑英也算是幸运的。

蒋筑英是我国知识分子的优秀代表、中科院长春光机所杰出的光学专家,他为发展我国光学事业夜以继日地忘我工作,做出了重要贡献,终因积劳成疾,不幸逝世,年仅43岁。这位知识分子毕生追求中国共产党而不得,当他的事迹被《光明日报》发掘出来,报道引起轰动,他的事迹才得到全社会的承认,他的入党问题才引起党的领导部门的重视,在他死后,吉林省委追认他为中共党员。不知道他地下有知是否会对这种生前轻慢、死后哀荣的待遇感到欣慰?

栾弗、蒋筑英等知识分子还算是幸运的,无论是临终时破例批准,还是死后得到追认,他们都算是实现了自己的夙愿,他们的灵魂都算得到了慰藉。在现实中,在中华人民共和国成立之后矢志不渝追求共产党而不得的知识分子又有多少?

中国知识分子的入党难问题是一个时代的问题,尽管对党忠诚,为党奉献,甚至甘愿向党献出自己的一切,但入党难问题却一直困扰着中国广大知识分子。《光明日报》正是抓住了这个时代的大问题，用大量的人物报道来解读这个时代的难题，推动这个难题的解决。

著名作家丛维熙，从年轻时就追求党，但他的入党之路漫长而曲折。《光明日报》1983年7月5日一版头条刊发他终于入党的报道，报纸还配发评论:《堂堂正气》。中华人民共和国成立后，丛维熙一直在学校当老师。他于1956年提出入党要求，但因为出身于地主家庭，又因为1957年被错划为右派，此后又因为向党坦陈交心谈了自己对大跃进的看法，1959年被加重处理划为极右，关进了监狱，从此饱受磨难，直到27年之后的1983年才终于成为中共党员。

各行各业优秀的知识分子入党都很困难，这一普遍现象反映了知识分子的处境和地位。出身于剥削阶级家庭，接受的是旧社会的教育，知识分子便因此被拒绝于工人阶级队伍之外，知识分子想成为真正的"同志"是何等困难。

十一届三中全会后终于允许优秀知识分子入党了。但对知识分子的歧视与偏见，并非短期内能得到纠正，尽管时代变了，但歧视、排斥甚至继续打击迫害知识分子，阻止知识分子入党的大有人在。《光明日报》为此不断呼吁。

1984年6月26日一版头条刊发《排除掌握实权的某些人的阻挠和压制，著名中年鸟类专家赵正阶入党问题终获解决》，报道说，吉林省长白山自然保护区著名中年鸟类专家赵正阶申请入党多年，却受到"文革"中上台的单位领导的阻挠和压制。赵正阶是一位优秀的知识分子，数十年来，他坚持在边疆从事野生动物研究工作，积累和整理了近百万字的考察资料。他撰写的论文，有两项获得了省林业科技优秀奖，有3篇在1980年全国动物学会上被列为中华人民共和国成立30年来我国鸟类研究的重大成果，受到国内外动物学界的重视。1979年以来，他还先后被评为省林业系统先进科技工作者、省特等劳动模范。

赵正阶一直渴望加入中国共产党，他1965年即提出入党申请，十一届三中全会后他又多次递交了入党申请，但因为极"左"路线的阻碍而长期得不到解决。三中全会后的受阻，原因是研究所副所长、党支部组织委员张颜成的一再刁难。张颜成系"文革"中造反起家，"文革"期间就对赵正阶的科研工作百般刁难，批判赵正阶是"专家路线代表人物""白专道路的典型"，三中全会后仍然贬压赵正阶。1982年赵正阶被任命为研究所所长时，这位组织委员仍极力反对，使赵正阶的入党问题被长期搁置。

赵正阶的入党问题引起了吉林省委领导的重视，省委书记刘敬之做了批示，有关部门对赵正阶入党难的问题进行了调查，极力阻挠他入党的领导被免职,他的入党问题终于得到解决。《光明日报》为此发表评论:《解决知识分子入党难的关键在领导班子》。评论指出,知识分子入党难究竟难在哪里?"左"的思想影响固然是一个重要原因,但领导班子仍被一些顽固抗拒党的十一届三中全会以来中央路线的人所把持,这才导致在这些单位,知识分子在政治上受歧视,工作上受刁难,入党更是"难于上青天"。评论认为,像赵正阶一样的知识分子入党问题在全国绝非个例。落实党的知识分子政策,解决好知识分子入党难的问题,关键在于领导班子。

在揭示赵正阶入党难问题后,《光明日报》紧接着又把锋芒直指阻碍知识分子入党的领导干部。7月13日,《光明日报》在一版头条刊出消息——《违背党的组织原则 进行非组织活动 陈庆坤阻挠知识分子入党被撤销党内职务》:"本报讯 河北省邯郸市峰峰矿区区委最近做出决定,对违背党的组织原则,阻挠知识分子入党的该矿区广播局党支部书记、副局长陈庆坤给予撤销党内职务处分,并建议撤销他的行政职务。"

报纸还针对陈庆坤现象配发评论:《来自"小国之君"的阻力必须排除》。

《全国优秀班主任毛蓓蕾为何入不了党?》(1984年3月27日一版)一文报道了上海市虹口区58岁的全国优秀教师毛蓓蕾十多次书面提出入党申请,甚至学校党支部全体通过了她的入党申请,但区委组织部却以毛蓓蕾邻居毫无根据的流言为由,一直不给她入党。市教卫办将问题反映到上海市委组织部,市委组织部原则同意教卫办的意见,但区委组织部仍然坚持认为毛蓓蕾不符合入党条件。《光明日报》抓住这一典型进行曝光,3月30日又在《光明日报》一版头条刊发社论《切实解决知识分子入党难问题》,社论一针见血地指出:知识分子入党难问题的症结在于"左"的思想作祟。

在舆论的强力干预下,毛蓓蕾的入党问题终于解决了。6月17日,《光明日报》一版加花边刊出报道《毛蓓蕾被批准入党了》。

毛蓓蕾的报道还没有终结,《光明日报》又推出一个新的典型:1984年6月8日《光明日报》一版刊发《北京邮电学院副教授彭道儒发明奖被压事件得到解决》的消息,并配发短评,还在一版刊发长篇通讯,详细介绍彭道儒受压制包括30多年要求入党而不得的经历。6月24日,报纸又在一版开辟"从彭道儒被压制事件中吸取什么教训?"专栏,开始连续报道。

舆论的介入效果显著,彭道儒的问题终于得到解决。1985年1月30日,《光明日报》一版刊登报道:《彭道儒副教授双喜临门》,邮电部举行授奖大会,彭道儒不但被晋升两级工资，奖励奖金 1 万元，他 30 多年的入党问题也得到了解决。

对知识分子入党难问题的报道不断深入。1984 年 11 月 21 日，报纸继续在头版头条位置推出这一主题的报道，这次又是一篇批评报道，这是一封记者来信：《福建省林业勘察设计院原党委书记盖诚多次压制打击知识分子》，这次的批评非常厉害，从中央到省委都派调查组进行了调查，福建省更是把这一事件作为重大典型来批评。

该院职称评委会副主任、工程师余贻筹的一个设计方案与盖诚的意见不符，盖诚便以党委的名义让余长期休息；盖诚认为院职称评委会成员都是知识分子，没有党委成员参加，认为是"踢开党委闹革命"，遂免去了余职称评委会副主任职务。此后余的高级职称经上级评委会评审通过，盖却无理提出，院党委还要讨论讨论，余在分房上也受到盖的刁难。该院 5 位知识分子都受到盖的打击迫害。盖在该院独断专行，林业室一位副主任给他提了意见，他便将其免职。省委多次派人调查，对他的做法提出严厉批评，他竟拒绝省委的批评，还四处告状。

解决知识分子入党难问题不是一朝一夕的事，必须经过长期的努力，只有尊重知识、尊重人才深入人心，形成氛围，只有把对知识分子的偏见彻底地从人们头脑中祛除出去，知识分子入党难问题才能真正解决。这一点从《光明日报》的报道中可以看到，解决知识分子入党难的报道贯穿《光明日报》整个 20 世纪 80 年代，正是因为媒体的共同努力，解决知识分子入党难问题最后才不再成为一个问题。

用大量的人物报道来揭示知识分子入党难这一时代症结的同时，光明日报还报道各地解决知识分子入党难的进展、取得的成就、积累的经验予以报道，譬如《河北省委组织部认真解决知识分子入党难问题》（1984 年 8 月 17 日一版头条）；《山东省委万名党员干部深入基层检查解决知识分子入党难的问题》（1984 年 11 月 19 日一版头条）；《文化部系统一批优秀知识分子入党》（1985 年 1 月 5 日一版头条），等等。

第三节　为知识分子解决实际困难

《光明日报》20 世纪 80 年代一直在为知识分子鼓与呼，其中为知识分子的待遇而呼则占很大的比例。

《光明日报》1984年7月3日一版头条刊出评论《改善中年知识分子的工作生活条件仍是当务之急》，报道全文如下：

> 两年前，本报曾以"逐步改善中年知识分子的工作和生活条件"为题发表社论，论述了解决中年知识分子的工作和生活条件困难问题的迫切性。两年来，中央和各地区、各部门采取了一些实际措施来改善中年知识分子的工作和生活条件，解决了一些实际问题。但是，这个问题的根本解决还需要做很大的努力。实际情况表明，改善中年知识分子的工作和生活条件仍然是当务之急。
>
> 据中央有关部门最近对一些知识分子比较集中的科研单位、高等院校和国家有关部委的调查，仅中年知识分子工作和生活条件方面的问题，就有如下一些：健康恶化的趋势还没有停止，患病率和死亡率较高（高于平均死亡率）；住房困难没有根本改善；工作条件差，有的科研所至今没有实验楼，有的科研所用房拥挤；科研、教学队伍不合理，比例失调，不少单位不是"宝塔形"，而是"枣核形"（两头小，中间大），形不成学科梯队，等等。所有这些，严重地影响着中年知识分子作用的正常发挥。还要看到，由于十年内乱对教育事业的严重破坏，人才青黄不接的现象今后还将突出，现在的中年知识分子将延长其使用期，如不及时采取措施加以保护，会产生意想不到的后果。这是必须引起高度重视的。
>
> 两年前，陈云同志在《关于改善中年知识分子生活待遇问题的意见》中指出，我国的中年知识分子，"是解放后我们自己培养起来的，是今天以及今后一个时期各条战线的中坚力量，工作主要要靠他们做。改善他们的工作条件，应当看成是基本建设的一个项目，而且是基本的基本。""我们把钱用在中年知识分子身上，是划得来的，是好钢用在了刀刃上。"（《知识分子问题文献选编》第174~175页）今天，懂得这个道理的人是越来越多了。但是，也不可否认，还有一些同志（包括有些领导干部）对此不理解，有抵触。这就需要继续做宣传解释工作，以便克服轻视知识和歧视知识分子的"左"的思想影响，进一步认识知识和知识分子在四化建设中的作用，理

解社会主义社会的经济规律，认识按劳分配、承认差别（在这里是脑力劳动和体力劳动的差别），对于提高全民族科学文化水平，促进物质文明和社会主义精神文明建设的意义。认清在这个问题上，平均主义绝不会给社会带来任何好处。如列宁所说，使知识分子有较好的生活条件，这将是顶好的政策。"不然的话，我们节省了几亿，却可能丧失甚至用几十亿也不能补偿的东西。"（《列宁选集》第3卷第786页）》

现在，改善中年知识分子工作和生活条件不仅具有迫切性，而且也有了现实的可能性。党和政府领导的改革，将为解决这个问题创造有利条件，甚至是解决这个问题的具体途径。一是进行了改革的企业和事业单位，较好地解决了知识分子的待遇问题就是证明。因此，解决中年知识分子的工作和生活条件问题，一方面要靠国家统一采取切实有力的措施，同时也要发挥各地区、各部门、各单位的积极性和主动性，在改革过程中妥善解决。各地区、各部门、各单位在改革中要把改善中年知识分子工作和生活条件问题考虑进去，有条件的可以先解决，不要等待，不要观望；条件不具备的，要创造条件，逐步解决。当然，在改革中，不但要妥善解决中年知识分子的问题，青年知识分子中的问题、老年知识分子尚未解决的问题，以及一般职工生活改善问题等，都可以得到妥善的解决。

而与时下整个社会弥漫着的物质取向不同，20世纪80年代的中国人基本上是"精神人"——重精神，轻物质，把精神作为第一追求，对物质生活要求甚微。真可谓吃的是草，挤出来的是奶，用这句话来形容中国的知识分子一点也不过分。

但是，物质是精神的载体，没有物质，精神无处依存。经历了十年浩劫后的中国，经济濒临崩溃，人们生活极端贫困。虽然广大知识分子轻物质而重精神，但物质的极端贫乏却严重影响了知识分子的生活。

改革开放之后，在"让一部分人先富起来"的政策的引导下，随着农村家庭联产承包责任制的推广，个体私营经济的放开，社会财富有了一定积累，少部分人开始先富起来。但是，虽然尊重知识、尊重人才渐成风气，知识分子的作用得到重视，社会地位也在提高，但新的问题产生了：脑体倒挂现象出现了。一部分人先富起来使贫富差距拉大,知识分子仍然处于贫困中。特别是 80 年代中后期,社会上关于"手术刀不如剃头刀""搞导弹不如卖茶叶蛋""工人叫,农民笑,知识分子光着屁股坐花桥"等议论蜂起,知识分子尤其是中年知识分子工作和生活压力太重,在单位,他们是骨干,拼命工作,以夺回被荒废了的宝贵时间;生活中他们上有老,下有小,是家庭的顶梁柱,加上待遇太低,营养不良,知识分子英年早逝现象频发,栾茀、蒋筑英、罗健夫等中年知识分子的去世在社会上引起巨大的震动。

知识分子"光着屁股坐花桥"道出了当时社会的部分现实:对知识分子是大会重视、文件重视、报纸重视,实际上却不重视、无法重视或没有能力重视——国家还没有财力来大幅度提高知识分子待遇。尽管如此,党和国家还是在想办法为知识分子解决实际困难,譬如提高知识分子的工资待遇,同时采用改革的手段来提高知识分子待遇,譬如开始恢复奖金制度,奖金既是对知识分子工作的激励,同时也能提高知识分子的收入。

关心知识分子生活,提高知识分子待遇,关键靠政府。《光明日报》开始加大加深报道各级政府重视解决知识分子的举措。1982 年 6 月 22 日一版头条报道《贵阳市委做出改善知识分子待遇六条规定》;1982 年 7 月 14 日一版头条为知识分子发出呼吁:《当前应特别注意解决中年知识分子的困难》。当然,更多的报道是直接为知识分子呼吁,譬如 1982 年 6 月 22 日刊登读者来信:《徐碧宇教授落实政策的住房被打折扣》,并加调查附记;1983 年 1 月 11 日一版头条《关怀蒋筑英罗健夫式的知识分子 天津师大对讲师黄祯寿采取具体保护措施》,等等。

1984 年年底,党中央国务院决定为中小学教师增加工资,这也与《光明日报》的不断呼吁有关。12 月 26 日,《光明日报》一版头条刊出消息:《党中央国务院决定明年元旦为中小学教师增加工资》。

评定职称是广大知识分子所翘盼的大事。邓小平 1977 年复出,马上倡议恢复高考,世界教育史上从未有过且极端荒谬的大学停办的历史宣告终结。1977 年高考恢复赢得了全国一片欢呼声;接着恢复学位职称制度,派遣优秀学生出国留学工作也随之开始。被"文革"毁坏的中国精英队伍开始通过一项一项具体的政策举措开始重构。

1977 年 10 月 3 日,新华社发表消息称:"根据党中央关于恢复技术职称的指示,中国科学院决定提升原助理研究员陈景润为研究员,提升原研究实习员杨乐、张广厚为副研究员。"这是对过去十多年中断了的职称评定的纠正，职称评定得以恢复，这几位优秀的数学家得到破格提升。

教育是知识分子评定职称数量最多、范围最大的一个领域。1978年4月，清华大学潘际銮等14位专家晋升教授；武汉19所高校提升教授59名，副教授357名。

《光明日报》与教育有着不解的渊源，邓小平关于教育要三个面向的题词是《光明日报》率先报道的，教师节的设立也与《光明日报》的报道有关。

1983年9月7日，北京景山学校给邓小平写信请求题词，9月8日信送出，9月9日邓小平就题了"教育要面向现代化，面向世界，面向未来"。9月10日题词送到学校，后来就将这一天定为教师节。

《光明日报》得到邓小平为北京景山学校题词的消息后，马上意识到这是一个重要新闻，题词的内容指出了我国教育今后的发展方向，这是一个具有历史意义的重大精神，作为中国最权威的知识分子报纸，《光明日报》当然要进行报道。

很快，《光明日报》刊发了对中国教育发展影响巨大的邓小平的重要题词。

从此，"三个面向"成为新时期中国教育的发展方向和目标。

翻阅20世纪80年代的《光明日报》，尤其是在头条位置上常常刊登一些非知识分子的小人物，譬如仅1984年2月在一版头条就发了5个非知识分子的小人物：2月1日一版头条《三贴广告帮乡亲勤劳致富　跟党走　张文生光荣入党》；2月5日一版头条《专业户李占民自办畜牧配种站越办越兴旺》；2月7日一版头条《范成忠一家人售粮十吨多》；2月18日一版头条《农民吴金安省吃俭用义务办学造福乡里》；2月20日一版头条《农民梁雄辉捐款三万元办学》。1984年3月17日一版《农民熊炳其给农技人员章康华发奖金》；4月17日一版头条《听农民朱勤学谈信息》，4月20日一版头条《农民杨泗贤举办文艺座谈会》；4月25日一版头条《刘庆民试验成功柑橘密植速成早丰产栽培新技术》……一张中国知识分子最权威的报纸，却接二连三地刊登非知识分子的农民的报道，并且把这些报道放在报纸最重要的位置头版头条上，这是为什么？

这正是《光明日报》尊重知识、尊重知识分子的明证，作为一张知识分子的报纸，办报为什么？不正是为了普及知识，使全社会都能得到知识的普及以及知识能为大众服务吗？把版面让给普通人，把版面让给知识分子，让知识分子真正成为时代的主角，让知识分子真正享有时代主角的尊荣。

崇尚科学，追捧科学家，视科学家为明星，那正是20世纪80年代的一种氛围。

让知识分子成为时代主角，不但要尊重他们，用好他们，使他们能在适合自己的岗位上发挥聪明才智，为改革开放做出贡献。同时，对一些自身有缺陷的甚至犯过错误的知识分子也要大胆起用，变消极因素为积极因素，最大限度地发挥他们的作用。

第四节 "怀柔事件"及提高教师地位

让知识分子成为时代主角，就必须提高知识分子的政治待遇。在知识分子中数量最大的一个群体是中小学教师，而在20世纪80年代，教师地位太低，尤其是中小学教师更是被轻视，这是中华人民共和国成立后30多年一直存在的一个社会问题。80年代大学生毕业分配中曾流传着这样的顺口溜："先工商，后财贸，哪也不要去学校。"教师地位远低于工商财贸等行业。

教师地位低是一个普遍性的社会问题，"文革"更加深了社会对教师的歧视，以至于连处在社会底层的流氓无赖都敢欺负教师，80年代全国各地频频出现殴打教师现象，特别是在农村学校，当地的地痞流氓恶势力动辄殴打教师，教师备受欺凌而无力反抗，成为社会弱势群体。十年浩劫之后虽然各地以及中央报纸都曾批评这种现象，试图扭转此类恶劣的社会风气，但这些报道往往是单打独斗，一事一报，没有规模效应，无法形成全国性的影响，起到遏制这股歪风的作用。正是在这样的背景下，《光明日报》抓住北京怀柔殴打教师事件进行连续报道，呼吁社会重视教师、尊重教师，这场战役获得了巨大成功，在全国形成了巨大的影响，对遏制全国各地频繁发生的殴打教师现象起到了很好的作用。

1982年6月，《光明日报》学校教育部记者赵学礼参加北京市教育局的一个活动时，该局托他带来一封读者来信，作者是焦文驷。这实际上是一封投诉信，焦在来信中说，4月26日晚，北京市怀柔县黄坎公社吉寺小学范秋兰、于学荣、刘凤珍三位女教师在去看电影的途中，遭到该村王兴宽及其女儿、儿子的殴打和辱骂，原因是他们看不惯三位女教师的穿着打扮，这件由谩骂发展到殴打的恶性事件持续了20多分钟,周边有200多人围观,当学校领导和大队干部闻讯赶到,围观群众竟然挡住去路不让他们进去,最后是两位男教师奋力从人群中挤进去才把她们救出来。事情至此还没有结束,当晚12点,一些人还赶到学校用砖头石块袭击女教师的房间,全校教师惶恐万状。三位女教师挨打并受到严重惊吓,重者已出现癔症性瘫痪。因教师被打住院无人教书,吉寺小学不得不停课40多天。

面对这样一个恶性事件,北京市教育局却感到无能为力,因为当时此类事太多,而教育局没有处置肇事者的权力,于是寄希望于通过媒体制造舆论引起社会关注,以达到解决问题的目的。

赵学礼将这封读者来信按正常渠道交由群工部处理。群工部认为,这些肇事者太嚣张了!在众多的殴打教师事件中,此案非常典型,在首善之区的北京发生如此嚣张如此狂妄的殴打教师事件,影响极端恶劣,事件本身有很大的新闻性。于是,群工部将这一事件作为报道选题直接找总编辑汇报。总编辑听了汇报,看了读者来信,马上表示,这是一个很典型的事件,马上派人去采访,立即予以曝光,并指定由学校教育部和群工部联合承担报道任务。

学校教育部赵学礼和群工部张爱平接受了采访任务,马上奔赴怀柔采访。

没想到肇事者王兴宽是一个无人敢碰的"太上皇",他之所以嚣张是因为其兄弟是县委常委。因此,他成为村里的太上皇,无人敢动他,他则动不动威吓别人"到县委大院去""到县公安局去"。就是因为他有这样的背景,殴打教师后仍有恃无恐,逍遥法外40多天。当媒体关注之后当地公安部门才被迫将他行政拘留。但特权很快显示出魔力——15天后他又被放了出来,原因当然是因为他哥哥是县领导。

调查掌握的事实比读者来信反映的状况还要严重得多,该村青年经常到学校骚扰,中途拦截女教师,用下流的语言挑逗侮辱女教师,还经常半夜去敲女教师的门窗,女教师不开门窗就用石头砸,几年中该校已被砸破200多块玻璃,女教师成为"惊弓之鸟"。

查清情况后,《光明日报》6月24日的一版头条刊发了这封读者来信:

怀柔县黄坎公社王兴宽等人无理取闹,辱骂殴打三名女教师,读者投书本报揭露这一严重事件,要求对肇事者严肃处理——焦文驷,本报记者赵学礼、张爱平四月二十六日晚，北京市怀柔县黄坎公社吉寺小学青年女教师范秋兰、于学荣、刘凤珍在去看电影的路上，遭到本村社员王兴宽的女儿王桂义等人的无理谩骂。三名女教师见她们人多势众，争辩几句后继续赶路。不料王桂义姐妹俩紧随不舍，到了电影放映场地仍骂不绝口。王兴宽和他的两个女儿、儿子等人趁天黑，对女教师围攻、推搡冲撞、恶语辱骂。有几个不三不四的人挑唆说："每人打两下就走，不要让她们认出来！"这时，有的围观者也故意拥挤、起哄，将三名女教师围在中间。大队干部和学校领导干部闻讯赶来，也被挡在人群外。事件持续了二十多分钟，直到两名男教师和一些社员从人群中分出一条路，三名女教师才被救了出来。

当夜十二点左右，吉寺小学又遭到砖头、石块的袭击，六七块玻璃被砸碎。教师们都惶恐不安，不敢到校上课，学校被迫停课。

据当地教师和群众反映，吉寺大队的少数中学生和少数青年社员经常到学校滋扰，夜间敲打女教师宿舍的门窗，在女教师回家或返校的路上，拦截、起外号、说下流话等。

自1977年以来，吉寺大队已发生过几起围打辱骂青年女教师事件，有的草草做了处理，有的一直未做处理。这次事件的主要肇事者王兴宽是怀柔县委一位负责干部的弟弟，他在村里一贯蛮不讲理，干部、社员都怕他。

三名女教师被围攻后，四五天昏迷不醒，至今仍伤势严重，住在医院里。刘凤珍整日昏睡，不时抽搐、哭叫，于学荣行动不便，生活不能自理。三名女教师的父母含着眼泪向前去看望的市、县有关部门的干部说："孩子到山区教书，被打成这个样子，上级党委和政府得给我们做主啊！"吉寺大队的社员们也十分愤慨："这么严重的问题如不很好地解决，今后谁还敢来当老师！"他们强烈呼吁有关部门严肃处理这一事件。

我们认为这一事件是严重的，那些人如此对待人民教师，严重地损害了人民教师的身心健康，损害了他们的尊严与社会地位。我们要求对肇事者进行严肃惩处，并以此对广大社员和干部进行法制教育和政策教育，造成一个人人尊师爱校，确保教师人身安全，维护学校正常教学秩序的新局面。

焦文驷：调查附记

怀柔县黄坎公社吉寺小学三名女教师被辱骂殴打的事件，经记者调查基本属实。这三名女教师都是二十二三岁的农村女青年。我们在医院见她们面容憔悴，充满恐惧感，在生人面前手脚抽搐，哭笑失常。医生诊断她们的病症是惊吓性自主神经功能紊乱。于学荣双下肢不能站立，为癔症性瘫痪。这件事发生后，该村小学校其他教师也感到人人自危，学校被迫停课四十余天，损失很大。大队群众十分同情老师，不少学生家长给她们送来鸡蛋，表示慰问。小学生们背着书包围着学校转，该考中学的学生上不了课，家长们很着急，对王兴宽一家人的恶劣行为更为愤慨。

我们通过调查发现，吉寺大队发生这种严重事件绝非偶然。这个大队很少开会研究小学校工作，大队干部不关心学校和教师工作、生活中存在的困难。例如教师吃菜困难，缺菜时教师只好就着酱油下饭。学校为此曾多次向队里反映，但问题始终得不到解决。队里卖给社员一二分钱一斤的菜，卖给学校却要一角钱。学校不得不远途到县里购买。

这个大队的社会风气也不好，队干部吃请成风，一些青年经常到学校捣乱，学校教室有三分之二的窗玻璃被砸坏。教师在回家或返校的路上多次被拦截、辱骂，在放映电影的场地，女教师们常常遭到冲撞、唾骂。大队干部对这些凌辱教师的事，从未认真做过处理，以致歪风邪气越来越严重。

这次事件的主要肇事者王兴宽在村里是个特殊人物。他仗恃哥哥在县里工作，横行无忌，张口闭口用"到县公安局，到县委大院去"吓唬人。事件发生后，村里议论纷纷，许多社员说："王兴宽上面有根儿，要是别人，队里早管了，兴许当天就给抓起来了！"他们对大队迟迟不处理这一事件，意见很大。

中共怀柔县委对此事很重视，曾多次召开常委会研究，并组织联合调查组进行调查。北京市委几位负责同志对这一事件做了批示，要求有关部门抓紧调查，严肃处理。目前，主要肇事者王兴宽已被拘留。吉寺小学复课后制定了校规，恢复了正常的教学秩序。

《光明日报》以如此突出的版面报道此事，说明报社对此事的高度重视。但报道见报后，怀柔县仍迟迟不做处理。怀柔县公安局在调查处理这一事件中还有两种意见相持不下，实在是因为殴打教师事件在当时太普遍，普遍到殴打教师成为一种司空见惯的现象，根本不予重视。对此，《光明日报》知难而上，派记者五下怀柔，召开座谈会，把怀柔县领导、县教育局干部、教师代表以及吉寺大队干部召集到一起谈对此事的认识，并在报纸上公布了大量的殴打教师的证据。在此后的一个月中，报纸连篇累牍进行报道。

时任群工部主任的王忠人在回顾"怀柔事件"的一篇文章中说，在"怀柔事件"报道中，开头的报道在编辑部获得好评，但一段时间之后，编辑部也出现了不同声音，认为不能为了一件殴打教师事件用这么多版面来报道，影响了其他报道的刊登。对此，总编辑杜导正公开在会议上表示，这样做"很有必要。怀柔这个典型要不惜版面，一抓到底，直到抓出结果来！"杜导正认为，抓这个典型既有拨乱反正、尊师重教的普遍意义，又有其特殊意义：(1) 事件发生在北京这个首善之区，主要肇事者又是一个农村党员，说明这一问题更值得重视。(2) 事件的具体情节不轻不重，既不是一般歧视行为，也没有血淋淋的场面，不会产生什么副作用。因此他决定抓住不放，连续报道，造成一定声势。杜导正抓重大典型宣传的一件法宝就是连续报道。在怀柔事件报道中，他几次说过：只有连续报道才能充分反映报纸对这一问题的重视和倾向；只有连续报道才能深入人心，取得轰动效应；只有连续报道，穷追不舍，对那些久拖不决的问题才能获得比较彻底的解决。他还表示，报纸在宣传党的各项政策的同时，也应该反映人民群众的意见建议。一般来说，报纸习惯于自上而下发出一种声音，而不善于反映和发表自下而上的多种声音。社会主义现代化建设是亿万群众自己的事业，要动员和吸引广大群众投身改革开放，就必须广开言路，认真反映群众的呼声、意见和要求。编辑记者要有这样的敏感性：善于从广大读者来信当中发现重大典型线索。正是《光明日报》编委会和众多记者编辑锲而不舍的坚持，"怀柔事件"才在全社会引起广泛影响。

"怀柔事件"的报道，规模之大，力量之强，持续时间之长，版面之突出，报社调动优势力量穷追猛打的坚决果敢，在当时的媒体中都是罕见的。《光明日报》用消息、通讯、读者来信、座谈会纪要、评论甚至社论等方式进行连续不断地报道，从6月24日刊登第一篇读者来信和记者调查开始，到7月27日，一个多月共刊发报道73篇，计5万多字。

媒体批评的作用是，能启动休眠状态的社会机器。当一件事情发生，社会职能部门不闻不问时，媒体的作用就像是按下社会机器的按钮。按钮一按下，社会机器就运转起来。《光明日报》的报道在社会上引起强烈反响，引起了从上到下各级领导部门的重视，最关键的是，报道惊动了中央，引起了邓小平的重视。邓小平一再呼吁要尊重知识、尊重人才，尤其是要尊重教师。他说："要提高人民教师的政治地位和社会地位，不但学生应该尊重教师，整个社会都应该尊重教师。"而今教师受到如此无理的殴打辱骂，他岂能放任不管！邓小平立即指示其办公室的工作人员："转告北京市委，这个事件性质恶劣，要抓紧处理，把打人凶手抓起来！"邓小平的指示就像社会机器总开关的按钮按下了，从上到下的机器齿轮就运转起来了。

北京市：市委一接到小平同志的指示，立即雷厉风行执行，多次召开会议，通报情况，并责成怀柔县处理殴打教师的犯罪分子，北京市还就此发出通报，要通过此事在全市掀起尊师重教的热潮。

教育部：部长何东昌接受《光明日报》记者的独家采访，专门就"怀柔事件"发表谈话，何东昌表示，殴打教师现象全国各地不同程度存在，希望借怀柔这个事件掀起一个尊师重教的热潮。各地领导应根据本地区的具体情况，对凌辱教师、侵占校产事件进行一次检查，采取相应措施，促进问题解决。

接着，全国妇联、民进北京市委等机构相继发表文章表明态度，严厉谴责殴打教师的丑恶现象。

《光明日报》的报道得到了同行的呼应。《人民日报》7月9日发表消息，并配发短评《保护教师崇高的社会地位》；新华社发了通稿；中央电台、北京电台、《工人日报》发了报道，《中国青年报》刊发报道并配发评论：《人民教师岂容殴打 肇事者首恶应当治罪》。

媒体排山倒海般的批评，领导机关的层层压力，怀柔县挡不住了，最后罪犯被依法逮捕并判刑。

《光明日报》这场战役获得圆满成功，中国记协专门在《光明日报》召开现场会，总结《光明日报》在怀柔殴打教师这组批评报道中取得的成功经验，交流报纸如何抓好批评报道的体会。

怀柔报道虽然未能宣告20世纪80年代全国各地殴打教师事件的终结，但至少在全国起到了很好的正面效应。《光明日报》内部资料表明，在怀柔报道的影响下，仅当年8月上半月，河北、河南、湖北、湖南等省都就当地殴打教师、抢占校产等事件做出处理，一些久拖不决的老大难问题因此得以解决。全国各地殴打教师事件大幅度减少。

除了"怀柔事件"报道，20世纪80年代中期，《光明日报》还刊发了大量曝光殴打教师事件的报道，其中较有影响的有：

1984年11月4日，《光明日报》在一版刊登读者来信：《北京海淀区发生一起殴打教师事件》。这一事件的过程是：北京市太平路中学经规划审批建校舍，邻近的北京市汽车运输公司八场宿舍住户以挡住阳光为由聚众闹事，三次推倒墙壁，还殴打教师，三位老师被打伤。该校教师投书《光明日报》反映情况。《光明日报》派记者调查，随之报纸刊发读者来信和调查报告，同一天还刊登北京市领导看望受伤教师的消息。北京市领导明确指出，应采取措施保证学校师生的安全，对肇事者要查清一个处理一个。报道还刊发编后指出，邓小平谈到经济体制改革十条中最重要的是"尊重知识，尊重人才"这一条，而教师是传授知识、培养人才的园丁，理应受到尊重。

5天后的11月9日，报纸继续刊发《绝不容忍任何人殴打人民教师》一文，报道《光明日报》邀请首都教育和政法界人士举行座谈会，与会者严厉批评太平路中学教师被肇事者殴打的野蛮行径。与会者指出，打人者要追究责任，构成犯罪的应承担刑事责任，还要追究行政责任，事件延续10多天，汽运八场的领导为何不制止？派出所为何不管？这一恶性事件说明"文革"遗风和流毒尚未肃清，也说明教师地位还不高，他们的工作和生活条件都不算好，不但要提高教师待遇，还要提高教师的社会地位。

1985年2月3日一版头条《教师张国良邢新勇保护学生竟遭到辱打　打人凶手薛建安触犯刑律，但有关部门仅以"民事纠纷"处理了事，当地群众对此愤愤不平》。并配发读者来信：《陕西教育厅副厅长权剑琴等致函本报要求对薛建安殴打教师事件依法处理》。

1985年9月6日一版头条《依法惩办侮辱残害女教师的流氓暴徒》。贵州黔西县复烤厂3个年轻工人侮辱伤害该县林泉区西溪小学女教师袁桂芬，肇事者用绳索套在女教师脖颈上，开车将她拖出47米，使其身受重伤。由于肇事者背后有人包庇，3个流氓只受到拘留处理。在全国人大会议上，贵州的人大代表要求严肃处理这一恶性事件，纠正这一有法不依、执法不严、权大于法、人情大于法的行为。《光明日报》的报道促使贵州省委出面干预，3个流氓被依法逮捕。

第五节 让知识分子走上领导岗位

拨乱反正取得进展，落实知识分子政策全面推进，让知识分子走上领导岗位的工作开始被提到议事日程上来。年轻化、知识化开始成为新时期选择领导干部的一项重要标准，知识分子开始登上领导岗位。在这一背景下，《光明日报》开始大量刊发知识分子走上领导岗位的报道。

1980年1月10日，《光明日报》一版辟出专栏："大胆提拔优秀的工程技术人员担任领导"，当天一版头条刊出一组报道。

2月4日又开辟专栏："把有专业知识的干部提到领导岗位上来"，一版头条刊发一组（4篇）报道：《辽宁省公交系统的大型企业提拔熟悉业务的内行当领导》，报道辽宁工交系统提拔一批优秀技术干部和专业管理人员参加企业领导，促进了生产的发展；《湖南水口山矿务局第四冶炼厂去年产锌九千多吨》，报道了多年亏损的湖南水口山矿务局第四冶炼厂，因将两位有真才实学，会管理、懂技术的知识分子提拔到重要领导岗位，1979年粗锌的年产量翻了一番，第一次向国家上缴利润120万元；《兰州煤矿机械厂在企业整顿过程中提拔技术人员担任领导工作》，报道兰州煤矿机械厂把有真才实学而又年富力强的工程技术人员提拔到各级领导岗位上来，不到一年时间就扭转了生产上的被动局面；《安庆市教育局提拔一批熟悉业务的教师担任领导》，报道安庆市教育局提拔一批熟悉教学业务、有教学经验和管理能力的教师担任学校领导工作，学校出现朝气蓬勃的新气象。

2月22日又在一版头条开辟"大力培养有专业知识的经济管理干部"栏目，当天发表4篇知识分子担任领导干部的报道。

让知识分子走上领导岗位需要各级领导的重视，《光明日报》报道了各地各级领导在这方面的进展状况。譬如1980年5月20日《光明日报》一版头条刊发《当好伯乐为四化选拔人才》，介绍安徽省要求组织部门科委和人事部门重视选拔人才的做法。

让知识分子走上领导岗位要形成制度，应对各级领导班子中知识分子所占比例进行量化，为此，报纸在1980年6月16日一版头条位置开辟"促进干部队伍结构的改革"专栏，当天刊发3篇稿子，还加了编者按，这3篇稿子是：四川《选拔300多名大学中专毕业生担任领导工作》《石油部第二炼油设计研究院老干部带头让贤》，北京钢厂《选拔年富力强的技术骨干任党委书记、厂长》。次日一版头条刊登知识分子担任领导职务的人物报道:《副教授当了局长之后》;6月18日又在一版头条的"促进干部队伍结构的改革"专栏刊发本报评论员文章:《必须扫除思想障碍》,同时配发3篇报道:《华东电业管理局配备一批科技人员担任领导工作》《邹县一批有专长的干部担任各级领导职务》《抚顺钢厂内行当政 企业面貌焕然一新》。

这一阶段,《光明日报》关于知识分子走上领导岗位的报道越来越密集。

1980年6月16日在"促进干部队伍结构的改革"栏目下同时刊出3篇报道,其中《四川工交战线为改变现有领导班子文化普遍偏低的状况选拔300多名大学中专毕业生担任领导工作》报道称,四川省工交战线选拔300多名经过实际锻炼、德才兼备的大学中专毕业生,担任省属工业局和工矿企业领导工作,其中22人担任国家大型重点企事业单位的党政主要领导。报道列举被提拔为攀枝花钢铁公司经理的黎明,系东北一所业余大学轧钢专业毕业生,多年来一直从事钢铁生产技术工作,熟悉炼铁、炼钢、轧钢生产技术和工艺流程。他在担任攀枝花钢铁公司副经理时,遇到大的技术问题,都亲临现场不分昼夜地审定处理。炼铁泡沫渣问题,是攀钢技术上的一个老大难问题。1978年,技术人员提出一个新方案,黎明及时研究定夺。投产结果,1979年公司生铁产量比上年增长22%。有一次,国务院领导同志要求攀钢尽快生产几万吨钒渣。黎明提出了改造提钒炉和大型调车的方案,不仅当年超额完成任务,解决了国家急需,还充分利用了自然资源。黎明后被提升为攀钢总经理。像黎明这样懂技术、会管理的大学中专毕业生,担任了局长、经理、厂长后,不仅确保了国家生产任务的完成,而且在打响工厂牌子、提高竞争能力、产品赶超国家先进水平等方面都做出了贡献。黎明后来担任了宝钢集团总经理。1978年9月被选拔为成都量具刃具厂厂长的陈威仪,是1949年四川大学工学院毕业生。他被提为厂长后,根据国家计划和市场需要,亲自抓产品质量,收效显著。1979年全厂18个主要产品中,有5个被一机部评为免检、信得过产品,荣获国家金质奖和银质奖的两项产品进入国际市场,并远销工业发达国家。

20世纪80年代,宝钢备受"洋跃进"的舆论指责,压力很大。中央有关部门专门指示《光明日报》进行报道,目的是做一些释疑解惑工作,以平息汹涌的舆论。《光明日报》组成3人报道组前去采访,笔者亦参加了这次采访,当时黎明已是宝钢总经理。采访组还采访了刚好在宝钢的冶金部部长李东冶。

20世纪80年代干部革命化、知识化、年轻化、专业化的四化力度很大,破格提拔，越级提拔，突破常规提拔比比皆是。譬如1980年6月19日、20日、21日连续在"促进干部队伍结构的改革"专栏中推出报道，其中6月21日一版头条《教授当上副省长后不负重托》，介绍王金陵、杨纪珂两位教授分别当选黑龙江省和安徽省副省长后发挥了专长，取得显著成绩。这两位副省长都是大学老师，一位是教授，一位是副教授，当时就直接从大学老师当了副省长。这样的情况当时很多。报道称："王金陵是著名的大豆专家、东北农学院教授，今年63岁。在去年12月召开的黑龙江省五届人大二次会议上，他当选为黑龙江省副省长。半年来，王金陵经常下乡下场和到农林系统各部门了解情况，指导工作。农业局开展种子区域试验、建立技术室等问题，就是得到他的帮助而迅速解决的。今年4月，他冒严寒视察了龙江县和富裕县，总结了当地办沼气的经验。最近，省国有农场总局召开农业科研工作会议，他到会谈了农业科研的特点和如何领导农业科研工作的问题，受到大家欢迎。"

中国科技大学副教授杨纪珂1979年年底当选为副省长。走上领导岗位后，集中力量研究制定适合安徽地方特点、花钱少、见效快，能综合利用本地资源，形成经济优势的技术经济政策。他深入淠史杭灌区和淮南等地考察，研究制定皖西自然资源和两淮煤炭资源综合开发利用的措施。

1980年6月24日一版头条"促进干部队伍结构的改革"栏头下刊发《知人善任的年轻书记——记中专毕业生、湖南株洲焊接器材厂党委书记周伯华》，29岁的周伯华接任党委书记后，在一个多月里访问了一百多位老工人、技术员和老干部，对这个厂的历史以及干部状况，有了初步的了解。他深感这个厂生产搞不好的一个重要原因，是没有充分发挥技术人员的作用。例如，有的"文革"前中专毕业的技术人员，至今不担任技术工作，却在车间当普通工人使用；有的大专院校毕业生虽然有技术职称，但没有充分发挥作用。他和厂党委很快明确了一部分中专毕业生的技术员职称，提拔了4名工程师和一名总工程师。他顶住压力将1965年的大学毕业生谷新珊提升为副总工程师。他知人善任内行当家使这家厂连续两年全面完成八项经济技术指标。

连续9天，连续9个一版头条，如此密集地连篇累牍地力推知识分子走上领导岗位这一做法，可见《光明日报》在这个问题上的胆识与气魄。

在大量报道知识分子走上领导岗位的同时，报纸还注意营造氛围，为知识分子走上领导岗位扫清障碍。譬如1980年7月2日刊发《新疆维吾尔自治区党委书记、红军老干部张世功主动申请离休 得到党中央批准》，报道新疆维吾尔自治区委员会书记、红军老干部张世功给总书记胡耀邦写信,请求党中央批准自己离休,让年富力强有能力有知识的同志来担任这个工作。中央表扬了张世功以党的利益、国家民族利益为重的崇高品德。

1980年7月9日刊出的《总工程师刘大椿任西安市科委主任》一文也报道了老干部让贤而让知识分子走上领导岗位的新鲜事。报道称,西安市科委从1978年组建以来,一直由市委常委张冲任科委党组书记和主任。张冲在主持科委工作期间,深切体会到科技工作对四化建设的重要意义,也深感要真正搞好全市的科技管理工作必须具备一定的专业知识。因此,他一面努力搞好工作,一面积极向市领导提出更换科委主任的建议,准备让贤,并亲自着手物色人选。他发现了一个理想的人选:49岁的刘大椿是50年代初的大学生,基础厚实,实践经验丰富,并有较强的事业心和一定的组织能力。为了让市委领导对刘大椿有所了解,他特意在西安市人代会期间,让刘大椿把开展管理科学的研究和推广应用作为提案,提交大会审议。让其给市领导和全市干部讲"决策理论和方法"。刘大椿丰富的专业知识和在科技管理工作上的独到见解给市领导留下深刻印象。然后张冲正式推荐刘大椿,马上获得通过。

在任用知识分子干部时,《光明日报》也注意到一些片面情况的发生,譬如1980年8月17日报道北京化工研究院院长陈超、副院长魏文德的呼吁:提拔专家担任领导职务的时候也要扬长避短,注意发挥他们的业务专长,不要安排过多的行政职务牵制他们的时间和精力。魏文德是我国著名的石油化工专家,长期从事石油裂解、分离和环氧氯丙烷、羰基合成等项目的研究,当时在担任北京化工研究院第一副院长、总工程师、全国石油化工学会理事长等十三项职务。由于行政工作缠身,使他从事科学研究的时间不到20%。这位69岁的科学家向记者表示:他搞了几十年科学研究,脑袋里有很多想法,很希望有一个安定的环境,配几个助手,带几个研究生,选一两个具体的、具有方向性的课题,做点开拓性的研究工作,给青年人引引路。至于副院长、总工程师等职务,都可以让年轻一些的同志去干。他还希望上级机关今后在提拔科技人员担任领导职务的时候,要为发挥他们的专长创造条件,不要使行政职务成为他们发挥专长的障碍。

北京化工研究院院长兼党委副书记陈超对魏文德的想法表示同意和支持。他说,提拔科学技术专家担任各级领导职务,逐步改变干部队伍的结构,是非常必要的,但用人也要注意扬长避短。我们有些科学家、工程师搞科研、搞技术很有一套，但对行政工作、管理工作不一定擅长。反过来，有些人搞科研、技术工作并不很拔尖，但有行政管理才能。安排工作时应该用其所长，各得其所，否则，表面上是重视人才，实际上是浪费人才。

让知识分子走上领导岗位并不排斥通过自学成为知识分子的干部。1980年7月4日头版头条《党委书记李玉轩苦学变内行》的报道说，化工部南京化工研究院党委书记李玉轩是个1938年参加革命的老干部，只读过几年小学。从1965年南化研究院建院时起就任该院党委书记的他，深感外行挑不起这副重担，立志通过自学变外行为内行。他从元素符号、化学的基本原理开始学起，虚心向科研人员请教；在工作中遇到不懂的事情，他就问、就学，有时为了一个技术问题，他到院情报室找来一大堆资料，连续几个月认真研究，直到基本搞清楚才罢休。十几年来，他刻苦自学，攻克了一个个难关，终于成为一个对硫酸、催化剂、化肥工业都很内行的领导。

由于李玉轩对专业知识已比较在行，因而对院里科研人员的业务专长和技术能力都比较了解，能做到知人善任，大胆选用人才。1976年，院里准备建立电子计算站，需要选派比较得力的技术骨干。李玉轩出人意料地将原来搞合成氨研究的吴锡军调去。吴锡军在较短时间内，在把电子计算机运用到化工研究方面，做出了显著成绩，成了这方面的专家，并应邀到美国参加了国际化工年会。李玉轩还写了一份关于我国硫酸工业今后发展和研究方向的建议，根据当前国内外的硫酸工业发展趋势，结合我国的资源情况，从原料来源到生产流程，从工厂布局到"三废"处理，都有科学的分析和新的见解，受到化工部有关领导和科技人员的赞扬。

让知识分子进庙堂，登高位，当领导，这是尊重知识尊重人才的表现，是时代的需要，也是党中央的中心工作之一。为配合这一工作，仅仅开设专栏连篇累牍报道知识分子走上领导岗位是不够的，《光明日报》将更多的目光投向一个个人物典型，用解剖典型的方法来阐释这一做法带来的变化，比如《非党的知识分子当了副省长——记杨纪珂副教授》（1980年8月16二版头条），《副总工程师汪福祥藏族大学毕业生班玛旦增被增选为青海省副省长》（1981年11月9日一版），等等。

改革就是对落后的旧法规、旧政策、旧机制、旧体制的突破。

1980年5月20日刊出《安徽省委要求各级组织部门、科委和人事部门当好伯乐为四化选拔人才》，报道说，安徽省委要求各级组织部门、科委和人事部门,要当好80年代的伯乐,善于发现人才,知人善任,认真做好培养、选拔技术干部的工作。报道说:"现代发达国家生产力和劳动生产率的提高,主要是依靠科学技术力量、采用新的科学技术成果获得的。安徽省的科学技术人才很少,低于全国每万人口中的科技人员的平均数,所以更感到发现人才、用好人才的重要性和需要培养人才的紧迫感。但是,过去由于长期搞政治运动,老把知识分子当作'团结、教育、改造'的对象,不把他们当作现代化建设的依靠力量。因此,该省召开全省科技干部工作会议认为,认真培养科技人员,充分发挥他们的聪明才智,使他们各得其所,为四化做出贡献,是组织、人事部门实现工作重点转移的一项重要内容。"

安徽省委还要求在1985年以前,在科研、教育、卫生、经济等部门逐步改变领导班子的结构,迅速增加科技人员的比例,企业可实行"毛遂自荐""群众推选""民意测验""出榜招贤"等方法产生领导班子,并且规定,从群众中选举上来的领导干部,政治待遇与同职干部一样,工资低的可以实行职务津贴,以后如果落选仍拿原工资。对担任党政和技术领导职务的科技人员,要让他们真正有职有权有责,享受同级干部的政治待遇。没有担任领导职务的科技人员,根据情况分别享受相应级别干部的政治待遇。为了更多、更快地出人才、出成果,规定科研、教学、生产等部门的科技人员,可以互相聘请和进行交流,以便取长补短,共同攻关。

在知识分子走上领导岗位的报道中,有一个典型很值得关注,那就是在"文化大革命"中因起用一个知识分子而使一家濒临倒闭的企业起死回生的女伯乐——黑龙江哈尔滨市整流设备厂党支部书记陈秀云。

陈秀云系列报道的缘由是,《光明日报》编辑部获悉哈尔滨市委破格任命该市整流设备厂党支部书记陈秀云为市第二工业局党委副书记,一个街道小厂的支部书记被破格任命为市局的副书记,这是一个大胆的做法。于是在进一步的了解中获悉,陈秀云所在的这家街道小厂从1959年到1966年间一直无定型产品、无厂房、无像样设备,连买个账本都要向私人借钱。1967年,科技人员安振东被戴上"历史反革命"的帽子,连单位也没有了,流落街头,陈秀云所在的小厂接纳了他,厂里还腾出一间办公室来安置安振东一家。安振东深受感动,决心用自己的技术来报答这家厂,报答陈秀云这样的基层领导。很快,安振东为企业开发出了新产品,当年企业就扭亏为盈。但进驻该厂的宣传队却给陈秀云扣上"死不悔改的走资派""重用坏人""三类人员的黑后台"等帽子进行批判，并把她关起来逼她写检查。她坚持认为，一个集体小厂，工人拿的是泥饭碗，为了广大工人的利益，为了企业的效益，为了企业的生存，发挥一个知识分子的一技之长没有错。她还坚定地表示，即使因此丢掉干部身份当个工人也值得！她顶住压力起用安振东，安振东也竭尽己力报效企业，企业效益越来越好。正是一个基层党支部书记的朴素想法和坚持，使一个科技人员"在小舞台唱了一出时代大戏"。令人意外的是，在大量起用知识分子担任领导的时代大潮中，安振东这个街道小厂的技术人员在冤案平反后很快出任黑龙江省副省长，此事成为知识界的美谈。如果没有陈秀云这个伯乐，安振东不可能发挥作用，也就失去了成为高级领导人的机会。

正是基于这样的事实，哈尔滨市委才破格提拔陈秀云为市第二轻工业局党委副书记。哈尔滨市还发出"学习陈秀云，做新时代的伯乐"的活动。

了解了这一背景之后，《光明日报》编辑部马上抓住这一典型进行连续报道。首篇报道刊于1984年3月6日一版，是约请陈秀云自己写的文章：《一个共产党员的责任》。

报道马上引起反响。3月10日，《光明日报》一版头条以"学习陈秀云做新时代的'伯乐'"为题，报道哈尔滨市二轻局召集基层干部座谈会的情况。

3月11日，报纸又在一版刊出哈尔滨市委书记王钊的文章《我们的事业需要千千万万个陈秀云》。

1980年9月19日，《光明日报》一版开辟"实现各级领导人员的年轻化、知识化、专业化"专栏，这已经是该报当年开辟的关于让知识分子走上领导岗位的第三个专栏。当天刊出《首钢机械厂加速实现领导班子专业化》《江西选拔大中专毕业的干部担任县级领导》两篇报道。首都钢铁公司机械厂领导班子实现年轻化、知识化、专业化促进了生产的发展，在人员和设备都没有增加的情况下，工业产值同比增长，完成技术革新250多个项目。江西省选拔一批大学、中专和高中毕业的干部担任县、市党政机关的领导职务，这些被选拔到县、市领导岗位上的年轻、有专业知识的干部，在四化建设中发挥了良好的作用。报道列举1968年毕业于江西农学院的36岁的吴士荣，十多年来始终坚持学习和研究农业科学技术，热心从事水稻、红麻良种培育和栽培技术研究，为发展农业生产做出了积极贡献。在余江县第五次党代会上，97%的代表投票选举他为县委副书记。44岁的南城县委副书记兼县长的黄以传，1962年江西大学毕业，当选后立即深入田间、工厂，广泛听取干部、群众的意见和建议，群众反映很好。

1984年8月10日,《光明日报》一版头条刊登陈禹山采写的消息:《白云山制药厂礼聘有过已改的专门人才》,报纸还配发评论员文章《大胆使用历史上犯过错误的知识分子》。厂长贝兆汉是一个有胆有识的领导干部,他说,一个人不可能没有缺点错误,人生难免有失足之时,共产党是做改造人的工作的,只有使用才能改造。该厂160多名知识分子中,有的历史上犯过错误,受过处分,有的甚至被判过刑。出身医药世家的杨晋显毕业于上海科技大学,曾受过处分,被发配到农村,1979年从农村回城,贝兆汉三次约他,他都回避了,第四次才见了面,让他没有想到的是,贝兆汉没有纠缠于他的问题,而是诚恳地对他说,过去的错误,已经有结论,就让它过去,希望你到我们厂发挥专长。杨晋显很感动,到该厂后,很快发挥了作用,研制出新产品,还获得省市的科技成果奖。评论员文章对贝兆汉的做法给予肯定,聘用具有专长的历史上有过过失的人员,让他们发挥专业特长,为企业服务,使企业面貌大变,这样的做法值得肯定,这是正确对待犯过错误但已经改正的知识分子,这也是落实党的知识分子政策的一个好现象。墨子说过:"国有贤良之士众,则国家之治厚;贤良之士寡,则国家之治薄。"国家发达,人才是关键,人才越多,国家就越兴旺。白云山制药厂的迅速发展,完全证明了贝兆汉大胆使用这些有过之人的成功,说明党的知识分子政策是正确的。

20世纪80年代人物报道特色谈之五:光明日报老领导谈20世纪80年代人物报道

20世纪80年代《光明日报》人物报道是在特定的历史条件下所采取的一种积极措施,是一种经过探索并在实践中得到验证的行之有效的新闻形式,是活的教材,能给读者以生动形象的启发。

2015年7月12日,笔者采访了《光明日报》的一位老总编,他就人物报道谈了自己的看法。

这位总编辑说:

> 我是1982年3月19日正式到《光明日报》报到,我的前任是杨西光同志。他在《光明日报》时间不长,但成绩显著,贡献突出,

特别是组织发表《实践是检验真理的唯一标准》一文，引起了全国的大讨论，对于理论上拨乱反正，恢复党的实事求是的思想路线，起到了重要的作用。我在《光明日报》5年时间。这5年正是我国在党的十一届三中全会路线指引下取得拨乱反正的胜利，展开全面改革的时期。作为《光明日报》总编辑，这五年办报的主导思想是什么呢？

办报纸就是要抓特色，《光明日报》的特色是什么？当然是知识分子。我觉得我在政治理论上比不上西光同志，但在新闻业务上我比他要强一些，尤其是在抓特色上。我到《光明日报》后就紧紧抓住知识分子问题，为知识分子服务，表扬优秀知识分子，批评知识分子中错误的人和事。这方面主要是抓人物报道。

《光明日报》的读者对象是知识分子。因此，面向广大知识分子，宣传党的路线、方针、政策，积极为广大知识分子服务，这是《光明日报》义不容辞的责任。我到《光明日报》后就明确提出"为全体知识分子服务"的口号。宣传内容则把知识分子最关心的话题放在最优先地位。小平同志提出"尊重知识，尊重人才"的知识分子政策，但由于中华人民共和国成立以来受"左"的影响，轻视知识、轻视知识分子的观念根深蒂固，这就需要耐心地持久地做好宣传报道，使全社会逐渐形成"尊重知识，尊重人才"的氛围。《光明日报》就是通过大量的对优秀人物的报道来宣传知识分子在改革开放中的重要作用，同时也揭露和批评轻视知识、歧视知识分子的人和事。

在《光明日报》期间，我积极推进新闻业务改革。我上任不久，就以新闻的短、新、快作为突破口，推进新闻业务改革。我认为，《光明日报》是一张新闻报纸，内容必须以新闻为主体，这就要求采编人员重视新闻文体的基本特征，在新闻写作上则必须打破老一套的做法。我要求记者用新闻的体裁写人物，让知识分子中的优秀人物成为《光明日报》新闻的主体，配图片刊登。我在《光明日报》那几年，人物报道数量大幅度增加，每篇人物报道几百字一千字，并且经常在一版头条上刊登，人物报道成为《光明日报》独具特色的一个新闻品种。为了搞好人物报道，为了使人物报道更加生动鲜活，我要求把记者赶下去，让记者到第一线去，要求地方记者每年三分之二时间在基层，在第一线采访。只有到第一线去，到新闻发生的现场去，才能抓到新鲜的活鱼，才能掌握第一手的新鲜材料，才能发掘出在改革开放中做出新成绩、创造新经验的典型人物。那几年，《光明日报》抓了很多典型人物报道，特别是抓了一些具有鲜明时代特征的重大典型人物报道，譬如张华、蒋筑英、孙冶方、华山抢险集体等，影响特别大，效果特别好。

你问我是否偏爱人物报道，不错，我确实对人物报道比较偏爱，特别强调塑造典型人物，因为典型人物就是榜样，榜样的力量是无穷的，典型人物是我们党宣传时的有力武器。我在《光明日报》抓人物报道是出了名的，尤其喜欢搞连续报道，也取得了一点经验。但是，我抓人物报道的思路与做法不是来自新闻理论，也不是谁让我这么做，而是在长期的实践经验中获得的。抗日战争时，我在晋察冀日报时就很注意塑造典型人物，譬如拥军模范王二小，影响很大。解放战争时我是新华通讯社解放军第二十兵团分社副社长，那是杨得志的部队。我抓了带兵模范蔡春吉班，我去采访的，采访越深入，他越信任我，什么都跟我谈，谈得很深很透，内容非常丰富。我写了《爱兵的班长》《哭蔡春吉》，这些人物报道写得比较生动，影响很大。

中华人民共和国成立后，我在广东工作，陶铸就很注意抓典型，他常说要树立几个典型。典型人物是共产党的传家宝，人物报道是共产党实施政治纲领和政治意图的载体，通过人物报道使党的政治纲领和政治意图得到传播，读者易于接受。我在新华社一直很注意抓典型，抓了刘胡兰的报道，后来又抓焦裕禄的报道，粉碎"四人帮"后抓平反冤假错案。到《光明日报》后，我是一把手，政令畅通，我一说话下面就立刻执行，下面的干部很得力，副总编姚锡华、鲁淳，记者部卢云、殷毅，理论部王强华，只要发现典型就抓住不放，搞连续报道，通过一个人物，反复报道，形成概念，使典型深入人心，达到宣传的良好效果。

搞新闻就要有竞争意识，我的想法是，你不搞的我搞，你少搞的我多搞，你多搞的我少搞，要走自己的路。《光明日报》的人物报道比较突出，我们搞得比别人多，这与我对人物报道的重视有关。

见证辉煌
——《光明日报》20世纪80年代人物报道回眸

我竞争意识很强，小时候在学校里，如果得不了第一名就哭，从来不甘人后。

2014年11月4日，笔者采访了光明日报一位副总编辑，作为20世纪80年代人物报道的参与者与见证者，这位领导谈了自己的看法。以下是谈话记录。

笔者：20世纪80年代《光明日报》的人物报道数量多，影响大，一份全国性报纸能如此集中地把报道的焦点集中到人物上，原因是什么？

副总编：20世纪80年代《光明日报》的人物报道特点非常鲜明。1978年科学大会后，整个社会开始重视知识分子，邓小平提出"尊重知识，尊重人才"的知识分子政策，《光明日报》作为一张知识分子的报纸，对推动整个社会形成"尊重知识、尊重人才"的良好氛围是发挥了应有作用的。也就是从此时起，《光明日报》开始加大人物报道的力度，把视觉焦点对准时代的主角，那就是知识分子中的知识精英、时代英雄，比如孙冶方、蒋筑英、姚鼐、王选等典型，他们都是知识界的精英分子。

笔者：20世纪80年代《光明日报》的人物报道有何特色？

副总编：最大的特色是抓人物报道有问题意识，就是许多人物背后都承载着一个重大的社会问题。当时《光明日报》总编辑杜导正抓人物报道很有问题意识，通过人物报道反映社会问题、反映时代问题，通过这些人物报道推动问题的解决，以表达对知识分子的关心。譬如蒋筑英的系列报道实际上是问题报道，揭示的是中年知识分子英年早逝和待遇过低问题，通过报道这个人物的遭遇来反映当时社会普遍存在的问题，以此来推动社会各界关心和信任知识分子，为知识分子创造更好的工作和生活环境。这一类的报道很多，韩琨事件揭示的是科技人员业余兼职收取报酬是否合法的问题，《一个工程师出走的反思》揭示的是人才流动问题。

《光明日报》上的许多人物报道还起到引导社会进步的作用，具有启蒙意义。王选发明激光照排技术的报道，就极具时代特色，这一技术无疑推动了一个领域的进步，具有时代变革意义。当时许多人对此看不透，有疑虑，针对这一现状，《光明日报》在报纸的一版头条位置报道这一成果，旗帜鲜明地肯定这项技术的时代意义。李谷一一曲《乡恋》引发全国范围的争论，有为之呐喊叫好的，有激烈批评的，在大家争论不休的时候，《光明日报》站出来了，名记者理由和邓加荣合作写了一个整版，对流行音乐这一新生事物表示赞赏，对流行音乐的发展趋势表示肯定。这一报道影响了时代的进步。顾城的朦胧诗出来后也一样，争论很大，舆论上基本是否定的，《光明日报》用了一个整版给予肯定，朦胧诗最后得到承认。

20世纪80年代的人物报道，在社会和历史的大转折时期，通过人物报道来引领时代进步，每个人物背后都有着丰富的思想内涵，这些人物报道都是踩在时代变革的节点上，因此非常成功，20世纪80年代确实是《光明日报》人物报道的黄金时代。

笔者：在20世纪80年代密集刊登的人物报道中，用消息的文体写人物很多，有些人物报道只有几百字，却常常上头版头条。

副总编：20世纪80年代中期的《光明日报》总编辑在人物报道上提倡记者写人物新闻。他认为，轻易不要搞人物通讯，人物通讯因其篇幅长，涉及面广，写到人物的方方面面，相当于对这个人盖棺定论，这样做不稳妥、不保险，这个人以后出事怎么办？只有去世了才可以盖棺定论。为避免这个问题，他提倡写人物新闻，写人物的某一点，写这个人物人生经历中的某一段。这样写人物新闻风险就小得多，比较保险。

笔者：1987年后，《光明日报》的人物报道有何变化？

副总编：1987年，《光明日报》副总编辑姚锡华出任《光明日报》总编辑。姚锡华主持《光明日报》的两年多时间，《光明日报》的人物报道有所变化，开始转向对各种知识分子的议论。那几年人物报道不是特别多，但搭建了许多让知识分子说话的平台，譬如"学者答问录"，让知识分子有地方讲话，发表议论，表达观点，这算不算人物报道？也应该算吧。后来还搞过三人谈专栏，这也应该算是人物报道吧。

笔者：20世纪90年代《光明日报》的人物报道有何变化？

见证辉煌
——《光明日报》20世纪80年代人物报道回眸

副总编：20世纪90年代中国改革开放已向纵深推进，媒体竞争越来越激烈，社会开始呈现多元的特色，思想多元、文化多元、经济多元使传统的理想信念缺失，道德滑坡，重构理想信念显得尤为迫切。这一阶段的人物报道又有了推进，报道的人物不完全是知识界，更侧重于专业方面，侧重于人物的思想品德方面。这一时期的人物报道向思想道德方向倾斜，这是符合时代发展趋势的，也是成功的。

我认为，《光明日报》人物报道的经验主要有两点，从办报上看，正如王晨说的，有人有事有议论，报纸才能好看。如果能把有人有事有议论结合到人物报道上，《光明日报》都是符合这三个要素的。我们今天提倡讲故事，《光明日报》只局限在讲故事是不够的，还要有见解，一个好的人物典型必须有见解。譬如海南鹦哥岭大学生群像（见2012年4月9日一版头条《选择一种有远见的生活方式》），故事比较生动，但如果只局限在讲故事上就显得不够，在故事里提炼出"选择一种有远见的生活方式"作为主题思想，这就使报道深刻了，而"选择一种有远见的生活方式"就是见解。讲故事背后必须有见解，譬如雷云（见2009年6月4日、5日、6日一版），有记者和报纸的见解在里面。光讲故事，讲不过网络，有见解，是读者不知道的道理，通过报道让读者接受了。今后人物报道要有进步就必须有见解，在见解上加深。麻风村（见2013年12月6日一版《山坳人生照样出彩》）的报道背后也是一种见解，因为社会需要这些奉献者。

笔者：20世纪80年代的人物报道与近年的人物报道有何不同？

副总编：《光明日报》的人物报道出现过两次高峰，第一次是20世纪80年代，第二次是最近几年（指2012年后）。20世纪80年代的人物报道前面已经说了。最近几年的人物报道也在引领时代潮流，但只是在思想道德标杆上着力较多，引领科技文化的较少，在这方面下的功夫还不够。现在的时代英雄，知识精英是马云、马化腾他们，而《光明日报》对这些人物的报道还不够，对这个时代的知识英雄关注不够。马云他们是一种新型知识分子。当年《光明日报》推王选，今天却不推马云，马云他们代表了今天的时代潮流，报道他们才能吸引青年读者。像马云这一类当代的风云人物在《光明日报》上报道太少，这不能不说是一种遗憾。

值得注意的是，《光明日报》人物报道与别的媒体不同，钱钟书这一类知识分子属于学者，而余秋雨则是文人，文人以灵感为生，学人以功夫为本。现在是文人当道的时代，文人到处露面，学者却很少露面，坐冷板凳，扎扎实实做学问。《光明日报》的关注点要多关注学者，把他们从象牙塔里请出来。我们这几年追逐文人多，关注学者少。这是我们下一步人物报道的方向。

笔者：今后的人物报道应该怎么搞？

副总编：时代在发展，新闻也在发展，现在整个新闻观念都在变化，新闻的定义历来沿用陆定一的"新闻是最近发生的事实的报道"，而今天呢？"告诉你所不知道的事情就是新闻"，如历史上的旧人旧事。本报驻四川记者李家杰就写过重庆渣滓洞革命先烈的历史史实，因为大家不知道，但大家都想知道，这样的历史事实也是新闻。李家杰的报道对于了解重庆渣滓洞革命先烈，特别是一些被误读了的事实起到了正本清源、拨乱反正的作用。用"新闻是新近发生的事实的报道"来套用今天的新闻就无法解释"9·11"事件的电视同步直播，如果用新的定义，就成了"新闻是正在发生的事实的报道"。新闻理念的变化对《光明日报》的人物报道是有影响的，让读者知道，历史上需要重新评介的事实很多，这为《光明日报》提供了最大的空间。下一步还是坚持"道德、文章"双标准，光是"文章"不行，光是"道德"也不行，道德是精神层面的，文章则是技术层面的，蒋筑英在光学领域是顶尖人物，道德好，文章也好，蒋筑英的文章就说明他的专业技术非常过硬。现在我们的人物道德很好，文章一般。大学里的典型，一流大学的学者少，二三流大学的多，我们这几年的典型，一流大学的就是一个孟二冬。要改变关注新锐少的局限，不关注马云，年轻人是不愿意看这样的报道的。

还有一点，人物报道是否成功的标志是，读者是否记住，能否成为话题。人物报道出来后必须成为话题，如鹦哥岭就成为话题。江苏记者郑晋鸣写的王强，原来就是爱岗敬业，累死在岗位上。我说不行，必须提升，光是故事不行，必须有理念。后来定位在青年学习马克思主义理论上，报道就很成功。

第六章　韩琨事件

一篇千字人物报道,把一个基层科技人员推到全国人民面前;一个默默无闻的小人物,因《光明日报》的报道名震全国,并将载入史册——被称为"中国星期天工程师无罪第一案"的"韩琨事件",当年曾轰动全国,引发了一场全国性的大讨论。

也因此,一部中国改革开放史,"韩琨事件"便成为绕不过去的一个篇章。韩琨事件的社会意义在于:使我国本来就非常稀缺的科技力量得到极大的释放,使广大科技人员能理直气壮地利用业余时间为乡镇企业、民营企业提供技术服务,并使他们在服务中收取的报酬合法化。"韩琨事件"使"星期天工程师"从地下转到地上,由非法变成合法,这一转换极大地解放了科技生产力,推动了我国乡镇企业和民营经济的发展,使我国有限的科技力量在改革开放后的经济发展中最大限度地发挥作用。1984年,中共中央政治局委员、国务委员、国家科委主任方毅接见《光明日报》总编辑杜导正时说:"韩琨事件使一大批类似韩琨这样的科技人员免除了牢狱之灾!"

2008年,《新京报》在纪念改革开放30周年的报道中回顾了"韩琨事件",该报为此发表上海交通大学教授熊丙奇的文章:《给人才"松绑"造福社会》,文章说:

"给人才'松绑',既解放了知识分子的创造活力,为他们提供了更广阔的施展才华的舞台,又为一些企事业单位以更灵活的方式获得人才,创造了良好环境。

"如今,人们已不再纠缠'兼职'对与错的话题,但关于'兼职'仍有议论。比如,一名教授究竟可兼多少职?院士兼职是否可领取全薪?公务员该不该兼职?等等议论,简言之,即社会要求,当政策的阳光照在兼职上,兼职本身也要阳光:不能做了'兼职',忘了本职;不能借'兼职'之名,不劳而获;

不能把'兼职'，变为利益同盟。

"如此种种，表明某些知识分子身上，新绑上了利益枷锁。这不但直接影响知识分子声誉，还影响他们为社会做出真正的贡献，是知识分子面临的新课题。当然，靠知识分子自身的觉悟，远不能解决这一问题，只有建立科学合理、能激励人才、充分发挥作用的人才使用、管理、评价体系，以及规避兼职成为逐利行为的制度，才能给他们如鱼得水、同时造福于社会的生长空间。"

时隔30多年，"韩琨事件"还能引起关注，可见其影响力之大。

第一节 是功臣还是罪人

"1982年12月23日，《光明日报》头版头条刊发了由我采写的题为《救活工厂有功，接受报酬无罪》的消息，披露了上海市橡胶制品研究所助理工程师韩琨业余受聘、贡献技术、接受报酬、受到打击的经过，这一事件的报道及本报由此开展的为期一个月的'如何看待科技人员业余应聘接受报酬'的大讨论，在全国产生了重大影响，此案例经中央书记处、中央政法委员会讨论，中央明确通知各地，科技人员在不影响本职工作的前提下可以业余兼职并获取合理报酬，由此而受到打击的科技人员一律予以平反。""此后不久，由中共中央、国务院颁布的关于科技体制改革的文件明确规定：允许科技人员业余兼职并获取报酬。"

这是当年报道韩琨事件的《光明日报》驻上海记者谢军在《光明日报新闻内情》一书中《披露"韩琨事件"的前前后后》一文中的描述。

谢军，《光明日报》上海记者站站长，高级记者，20世纪80年代叱咤上海滩的名记者。谢军1944年8月出生于福建武平，在家乡读完小学、初中后，转学至南昌就读高中，1962年考入复旦大学新闻系。1978年7月底从上海市第25中学调入《光明日报》上海记者站工作，直至退休。

"一个记者如果一生能写出一篇在全国范围内产生影响的新闻作品，那么，可以说，他就成功了。"日本著名作家、记者井上靖的这一名言成为谢军的座右铭。谢军也是一个写出过在全国范围内产生影响并且是重大影响的新闻作品的成功记者。他写的"韩琨事件"报道打响了《光明日报》关于科技人员业余兼职问题是否合法系列报道的第一枪，同时，他也因此名满全国。

据谢军提供的资料介绍，"韩琨事件"的背景是：改革开放后，乡镇企业和民营企业崛起，这些在一穷二白基础上创办企业的农民精明而大胆。缺乏技术怎么办？他们迅速把目标对准了国有企业和科研机构的科技人员，周末或节假日把他们请到企业进行技术服务，付给科技人员报酬。这一做法逐渐形成一种风气，这就是后来被称为改革开放过程中一大历史景观的"星期天工程师"现象。

"星期天工程师"的出现有效地缓解了乡镇企业或民营企业缺乏技术的严重问题。但这一做法出现后，马上遇到了旧观念、旧体制的强烈抵制，科技人员所在单位对这些外出"赚外快"的技术人员的行为非常恼火，被视为是对人才部门或单位所有制的权力的挑战。人才单位所有制的制度性阻碍马上显现出来，人才所在单位利用单位的人事权加以制止，一旦发现制止无效，他们就会借助司法的力量施压，因为司法机关依据的还是旧的法律法规，科技人员业余兼职收取报酬被认定是受贿，这就导致许多"星期天工程师"遭遇被拘捕甚至判刑的厄运。

科技人员利用业余时间为乡镇企业、民营企业提供技术服务收取报酬的合法性问题已成为当时一大无可回避的社会问题。《光明日报》是一张面向广大知识分子的党报，科技是重要的报道领域，科技人员是非常重要的报道对象，因此对这个普遍存在的问题从一开始就很关注。

韩琨原系20世纪50年代的调干生，毕业于军事院校，是军需企业的技术骨干，曾在我国自行设计的火炮用橡胶配制件以及军工产品研制中做出过贡献，受到多次嘉奖。后转业至上海市橡胶制品研究所任助理工程师。

1979年年底的一天，上海奉贤县钱桥工业公司经理通过关系找到韩琨，邀请他担任钱桥橡胶用品厂的技术顾问，被韩琨婉拒。作为一个长期受党教育的科技人员，韩琨是一个组织纪律性很强的人，他深知私自外出兼职会受到组织上的批评。不久，钱桥乡政府党委书记又上门做工作，韩琨还是没有答应。这时，钱桥方面就改变策略，邀请他去钱桥一游。因为韩琨妻子有个亲戚就在钱桥橡胶用品厂做工，他们这才去了。韩琨夫妇参观这个破烂的小企业时，陪同的业务员就向他介绍该厂正准备制作微型轴承密封圈，对这一产品，大工厂嫌麻烦不给做，小工厂又没技术，他们非常着急。其实这是这些精明的农民设计的一个圈套：投其所好，引其上钩。此前他们已进行过秘密调查，了解到韩琨在军队时就是做火炮的橡胶密封圈的，他们也很懂得科技人员的软肋，一触及他们熟悉的技术问题，他们就会产生浓厚兴趣。果然，韩琨一听橡胶密封圈,这正是他的老本行,于是就如何如何、这般这般地给这些农民上技术课,告诉他们需要购买什么设备,需要建什么样的厂房。讲完就回去了。让他没有想到的是,不久后他再度受邀到该厂时,他惊讶地发现,这个厂的新厂房已建起来了,工厂还花了 50 万元购买了他所说的设备。这一切都是按照他的要求做到了,他这才明白,自己上当了,可是现在已经没有退路了,因为他的原因,企业已投入这么多,如果他不支持,这些投入就可能打水漂,他不能辜负这些农民的真情。

钱桥乡领导三顾茅庐,企业对他言听计从、尊崇有加,已按他要求建厂房,添设备,韩琨很是感动。人非草木,孰能无情?但韩琨军人出身,组织观念很强,虽然他乐意奉献,愿意用自己的技术为乡镇企业服务,但他有顾虑,表示帮助可以,但须征得单位同意。钱桥乡党委见他已松动,非常高兴,立即去做工作,找到了韩琨所在单位橡胶制品研究所,征得了研究所领导同意。韩琨这才感到后顾无忧,接受了聘书。韩琨因此成为一个此后备受责难、最终载誉历史的"星期天工程师"的杰出代表。

像韩琨一样,国有企业和研究机构的科技人员,在党的改革开放政策的影响下,他们在努力寻找、探索、践行着为国奉献的途径和方法,他们不甘在国有单位无所事事,不甘在"一杯茶,一支烟,一张报纸看半天"的岁月中浪费生命,于是"星期天工程师"便是他们当时条件下所能找到的贡献自己力量的最好通道。

应该说,至此,韩琨的做法都无可挑剔,在处理单位与个人的问题上,他谨慎小心,认真负责。

据后来谢军采访调查,韩琨受聘后,把所有的业余时间都倾注在研制新产品中去。上海至奉贤 50 多公里,每个节假日,他乘公共汽车奔波于上海、奉贤之间,风雨无阻,如此两年,甚至连大年初一也不休息。终于,企业需要的橡胶密封圈研制成功了,这项技术填补了国内空白,产品试产成功,一炮打响,订单纷至沓来。这家濒临倒闭的乡镇企业马上变得生机勃勃,企业从亏损到盈利。事情至此,如果韩琨从此收手,到此为止,那就可能皆大欢喜。

问题出在企业对他的奖励上。

作为乡镇企业的创办者,这些农民是精明的,也是大方的,重情义的,是懂得感恩的。他们感激韩琨寒来暑往的奔波操劳,决定一次性奖励韩琨3376 元。两年时间,以效益上百万元和个人所得奖励的区区 3000 多元,这样的比例用当时该厂工人的话说："吃的是草，挤出来的是奶！"太不成比例了。

之所以做这样的奖励并非师出无名，钱桥乡党委和乡工业公司进行过认真的研究，并参照当时劳动部门对科研人员利用业余时间搞第二职业实施津贴的有关规定，以及当时国家科委对科研成果奖励条例，经集体讨论后才做出决定的。奖励分若干项目：奖金1200元；18个月来回的车票、外勤补贴728元；韩琨妻子没有工作，长期卧病，家庭生活困难，每月补贴88元，补21个月，得1848元，三项合计3376元。对妻子补贴部分，韩琨坚持不收，婉拒不成，存在了银行里，当时他就表态："如果不合规章，如数退回。"而其他部分，韩琨收下了。

就是这笔奖金给韩琨带来了灾难。原本同意他利用业余时间服务乡镇企业的研究所领导，此后却一反此前的承诺，居然举报韩琨受贿。

导致研究所领导出尔反尔的一个重要原因是：1981年年底，打击经济领域违法犯罪活动的全国性运动开始了。正是在这样的大形势下，韩琨所拿的奖金变成了贪污受贿。上海市长宁区检察院根据举报进行立案。韩琨的厄运来了，他被隔离审查，家被查抄，晋升工程师的资格被取消，奖金被停发，韩琨像许多当年受到查处的科技人员一样置身逆境中。

第二节　韩琨无罪

韩琨是功臣还是罪人？3000多元奖金补贴该不该拿？一时在司法界、知识界众说纷纭。毕竟在改革开放初期，人们在观念上、认识上还不统一，法律也不完善，两种观点、两种意见的碰撞，针锋相对。

此时距十一届三中全会召开已经过去两年多时间，1981年的春天，政治上依然乍暖还寒，"文革"遗风余韵未消，极"左"思潮残存，整人的风气犹在，加上贫困环境下的红眼病，韩琨成了旧制度旧观念的牺牲品。

并非所有的人都是极"左"思维。韩琨案件经检察院侦查结束移送到法院，长宁区法院主审法官杜经奉对此案却有截然相反的看法，在经过深入的调查之后，杜法官得出结论：韩琨非但无罪，而且有功！

问题复杂了，围绕韩琨案，检察院和法院之间产生了不同看法，引发了一场争论。

"韩琨一夜之间成了罪人。1982年起，他开始失去自由。他作为犯有受贿罪嫌疑者而受到隔离审查。他所在单位举报后，某区检察院立案侦查并决定起诉。理由就是他作为国家工作人员，利用职务之便，背着（何来'背着'？只是因为形势一变，领导怕承担责任，赖掉了曾经的承诺，结果就变成"背着"）单位领导，私自接受钱桥橡胶厂聘请，并获得贿赂。虽然他尚未进牢房，但和外界隔绝，他本来已经确定由助理工程师晋升为工程师的资格被取消，单位奖金、津贴也予以取消。然而，当认定韩琨犯有受贿罪的起诉材料到了某区法院后，负责此案的主审法官杜经奉却感到疑问不少。这位具有高度责任心的法官在春节期间仍在仔细推敲韩琨问题的材料。他坐不住了，大年初四一早，就坐上公交车直奔钱桥镇，用了近一天的时间听取镇党委书记刘正贤、镇工业公司经理黄云清的情况反映。此后，他又先后两次到钱桥橡胶厂，深入职工群众中调查。为慎重起见，不久，他又会同院领导再下钱桥了解韩琨问题的真相。与检察院的观点截然不同，区法院从深入调研中得出了韩琨'无罪、有功'的结论。一时间，对韩琨既定不了罪，也'解放'不出来，但实际上在单位还是被作为犯人在接受劳动改造。韩琨被剥夺了发挥技术专长、从事科技工作的权利，这是他最难以忍受的，一度产生了绝望情绪，试图一死了之。但想到患病的妻子需要照顾，孩子需要父爱，想到党的知识分子政策的阳光一定会照到自己身上，他咬牙坚持下来了。后来，韩琨一案被打抱不平者反映到市科委科技干部管理处，同时也被上海一家报社的'内参'反映到了市委。市委领导批了'不作定罪'的意见。但市有关部门又明令：不得公开报道。"（《光明日报新闻内情》，光明日报出版社，1999年，第183~184页）

谢军是从上海市科技干部管理处的朋友处获悉韩琨案的。谢军是个新闻敏感极强的记者，写过大量的非常有分量的报道。他慧眼识真金，马上从韩琨案中掂出这一事件的分量，判断这是一个具有普遍意义的典型人物。

但是，科技局的朋友告诉他，关于韩琨案，上海市领导专门下令：不许报道。这对于一个党报记者来说，是遵令还是冒着风险进行报道？

《光明日报》驻各地记者站记者的管理实行双重领导，行政上业务上归报社领导，党组织关系受地方领导。如果记者违背地方党委的意图，地方党委可以从组织上对记者采取措施。这样的例子《光明日报》就发生过。《光明日报》驻青海记者陈宗立，写内参揭露青海省委一位领导的儿子杀人后受到权力的庇护，官官相护的结果是罪犯得以重罪轻判，逃避了法律的严惩。陈宗立和当时的青海记者站站长李蔚三次写内参予以揭露，结果中央多位领导批示，查处了这个徇私枉法的案件,青海省包括省委书记在内有8位领导受到处分。但是,结果呢?青海省委找了个理由,在党员登记时不给陈宗立登记,最后甚至动用关系迫使《光明日报》撤销了青海记者站,又不许陈宗立调回报社,整了他好多年。此事将在下文详述。

当一个驻地记者面对批评地方主管自己的组织和领导时,这是需要冒风险的。此时,一个记者的社会责任感和人格、胆识、良知发挥了作用,谢军决定舍弃个人利益,冒着风险对此进行报道。他马上找到区法院的杜经奉法官和一位副院长,告知自己准备写报道的想法,得到了法院的支持,采访进展顺利。他又找到韩琨本人采访,还找了举报韩琨的橡胶研究所等单位和相关人员。深入采访之后,他占有了大量的第一手材料,稿子很快完成。稿件发回报社后,报社高度重视,编委会很快安排刊出。编辑部还给稿件加了一个旗帜鲜明的标题:《救活工厂有功,接受报酬无罪》,这篇稿子1981年12月23日在《光明日报》一版头条位置刊出。

就像引爆了一颗炸弹,"星期天工程师"问题触及了社会的神经,马上引发了整个社会的强烈震荡,"韩琨事件"震惊全国。

"韩琨事件"表明,虽然"四人帮"已经粉碎,但"文革"余毒仍未消除。更主要的是,许多人的观念还停留在过去的年代,对待改革开放中新出现的科技人员业余兼职服务社会收取报酬的"星期天工程师"现象,是应该正面鼓励,还是顽固扼杀,人们观点各异,莫衷一是。"韩琨事件"还涉及旧制度——人才单位(部门)所有制带来的对人才的禁锢这个大问题,面对新形势,是否允许人才流动,等等。

12月24日,也就是报道发表的次日,谢军接到华东政法学院院长徐盼秋的电话,这位法学专家在电话里急切地表示:他要来见记者,要发表自己对"韩琨事件"的看法。

徐盼秋曾准备上法庭为韩琨辩护,但后来案子撤销,他没有机会公开表达自己的观点,但围绕韩琨事件他有一肚子话要说。现在《光明日报》将韩琨事件公之于众,他很希望通过记者把自己的观点告诉读者。在听了徐盼秋的陈述之后,谢军提出:请徐写文章,由《光明日报》刊发,这样能更透彻地表达他的观点。

1983年1月4日,《光明日报》在头版头条发表徐盼秋的文章:《要划清是非功罪的界限》,这位法学专家从法律上阐述了对"韩琨事件"的看法,旗帜鲜明地对韩琨的做法表示支持。

同一天,《光明日报》还发表了韩琨的辩护律师郭学诚的文章:《法律应保护有贡献的知识分子》。

"韩琨事件"引爆之后,全国各地的来信雪片似的飞向编辑部和记者站,《光明日报》顺势而为,在报纸上开辟"如何看待科技人员业余应聘接受报酬?"专栏,开始就韩琨事件展开大讨论。

在"韩琨事件"上,最有话说的当然是与此事密切相关的当事者。1月5日,《光明日报》一版发表奉贤县钱桥工业公司副经理黄云清、钱桥橡胶厂原厂长钱宝祥的文章:《填补一项技术空白创造七十余万利润我们给韩琨三千元合情合理》,当年是在他们的动员下韩琨才成为"星期天工程师"的,而今韩琨却因为他们身处逆境,他们急切地希望韩琨能摆脱困境。他们在文章中说,为什么有的人只盯住3000元,而无视韩琨做出创造的财富呢?他们在文章中不但为韩琨洗刷罪名,还为他请功。

而在同一天刊出一位读者的文章则呼吁:《韩琨因功获罪的事件绝不能再演》。

"韩琨事件"爆发后,许多读者希望更进一步了解韩琨事件的细节,为此,《光明日报》指示谢军再写一篇详细报道。1月13日,《光明日报》的一版头条刊登谢军的长篇通讯:《韩琨事件始末》。

在《光明日报》的推动下,"韩琨事件"在继续发酵,《光明日报》的专栏引导着舆论,引导着科技人员业余兼职领取报酬是否合法的大讨论更深入地展开,这场讨论波及全国科技、公检法司、劳动人事、党政机关各部门,读者纷纷投书《光明日报》,发表看法:韩琨是功臣还是罪人?"星期日工程师"为乡镇企业提供技术服务扶持了企业,发展了工业,繁荣了经济,为什么这样的好事会被追究罪责?讨论形成完全对立的意见,一方认为"星期日工程师"是利国利民利己的有功之臣,一方则认为他们不该收取报酬,收取报酬就是受贿,就是罪人。围绕着"韩琨事件",在权与法、罪与罚、情与理、收与放、破与立上,各方各执己见,争论不休。讨论持续了4个月,谢军就此先后写了10多篇报道一步步跟进。

新闻记录历史,影响今天。大讨论的结果是,"韩琨事件"引起高层注意,中共中央书记处和中央政法委专门就此开会讨论,并形成明确的意见:韩琨无罪!

1983年1月21日，中央政法委书记陈丕显主持召开政法委员会会议，专门讨论了"韩琨事件"，并做出六条决定：韩琨的行为不构成犯罪；类似韩琨的"星期天工程师"一律释放；公检法机关今后不再受理韩琨这类案子；关于业余应聘接受报酬等政策上的问题，由中央另行研究。

中共中央发文通知全国各地，科技人员在不影响本职工作的前提下可业余兼职并获取合理报酬，由此受打击的科技人员一律平反，一大批"韩琨"重获自由。

1月30日，《光明日报》一版头条通栏大标题隆重推出劳动人事部部长赵守一答本报记者问的报道，关于科技人员业余兼职收取报酬问题终于迎来了新的政策——允许科技人员业余兼职并收取报酬。

为了推动科技人员业余兼职问题的大讨论深入下去，《光明日报》又刊出全国同类事件。比如，2月5日一版刊登武汉工程师业余兼职领取报酬被判刑案得到纠正的报道：《工程师韩庆生所谓受贿罪一案得到纠正》，报纸还配发评论：《该不该拿报酬？》。

中国船舶总公司第七研究院七一六研究所5位"韩琨"因为业余兼职被处分，"韩琨事件"的报道使这一处分得到纠正，《光明日报》3月23日一版头条以"为五名科技人员彻底平反发还所扣工资奖金"为题报道了这一事件的过程。

但是，尽管中央政法委已对韩琨事件做出了无罪的定论，尽管劳动人事部部长赵守一已公开表态科技人员业余兼职并收取报酬合法，上海市橡胶制品研究所领导仍然坚持错误的观点，不但不检讨自身的错误，反而变本加厉，四处散发抨击《光明日报》的材料，还与检察院一起把韩琨的案子进行了彻查，结果当然是什么也查不出来。上海橡胶制品研究所不甘心，仍然迫害韩琨。结果韩琨的处境依然没有得到改善，他仍在车间劳动，仍没有恢复技术工作，他被扣发的奖金仍没有补发。

因缘际会，韩琨的遭遇受到了安徽省委书记、中国科大党委书记的关注，他们表示欢迎韩琨到中国科大工作。《光明日报》立即报道了这一消息。就在报纸报道的当天，韩琨就向上海橡胶制品研究所提交了辞职报告。至此，一直处于被动局面的上海橡胶制品研究所已无法阻拦，终于同意韩琨辞职。

2月12日，《光明日报》刊出消息：《韩琨辞职获准将去中国科大报到》。

1983年3月8日，上海市委副书记杨士法与市政法委书记王鉴专门就

"韩琨事件"召开会议,并请检察院、法院、市化工局、市橡胶公司、钱桥公社有关人员参加。会议统一了认识,韩琨在钱桥领取的奖金归个人所有,检察院宣布对韩琨改做无罪处理。

3月12日,《光明日报》一版头条刊出为韩琨正名的消息:《韩琨一案得到纠正重新处理》。

3月23日,《光明日报》报道:《韩琨到中国科技大学任教》。

一年之后,1984年5月31日,《光明日报》一版刊发后续报道:《为社会做出较大贡献钱生球韩琨向上浮动两级工资》,韩琨受聘到这个教研室以来,到处奔走,为工矿企业解决了许多技术难题,并使一家处境困难的工厂扭亏为盈,为教研室增加了难题解答费等收入近六万元。知识和信息就是财富、就是金钱,这在韩琨他们身上得到体现。

至此,"韩琨事件"终于得到最后的解决。韩琨这个小人物因为一件并不显著的小事引发了一场全国性的大讨论,他的这一特殊年代的特殊遭遇折射出历史的进步,反映了这个时代知识分子命运的巨大变迁。

2015年7月12日,笔者采访了当年指挥韩琨事件报道的光明日报老总编,他谈了自己主持"韩琨事件"大讨论的情况:

> "韩琨事件"影响很大,一个研究所的工程师利用星期天给乡镇企业服务,成效显著,贡献巨大,但因为收取了数量不多的报酬而被查处。谢军替韩琨说了话,《光明日报》发了报道,但对方不服,认为报道失实,对报纸提出批评。《光明日报》顶住压力,在报纸上展开讨论,对全国科技人员业余兼职问题的最后认定并出台政策,起了很大很好的作用。韩琨非常感谢《光明日报》。2008年,《韩琨事件揭秘》一书出版,谢军嘱我写序,我写了。从《光明日报》来说,作为一家知识分子的报纸,当然要保护知识分子,而若用陈旧的思维和工作方式来处理改革开放中新出现的问题,肯定是不行的。《光明日报》的讨论最后引起中央领导的重视,中央政法委等部门专门开会做了研究,并出台了政策,允许科技人员业余兼职并领取报酬。"韩琨事件"使"星期天工程师"从地下走到地上,科技人员业余兼职也从偷偷摸摸到正大光明地公开,从非法到得到承认,变为合法化,业余兼职领取合理报酬也得到政策的认可。这一报道给科

技人员松了绑,束缚在科技人员身上的紧箍咒被解除了。从此,"星期天工程师"在中国有了合法的地位,大批知识分子有了报效国家和社会的用武之地。这次大讨论还为后来的人才流动打了基础。韩琨报道无论从当时看还是从现在看都是非常成功的。

这位老总编在《韩琨事件揭秘》的序言中说:

这本书昭示了这样一个带有规律性的命题:即思想观念上任何细小的变革和演进,都不会是一蹴而就的,而且往往要付出一定的甚至是沉重的代价。记得鲁迅先生在批评国人抱残守缺、不图变革进取的保守陋习时,做过一个生动而形象的警喻,说一个人长期住在一间黑暗的屋子里,有人劝他开个窗让屋子明亮一点,可这个人已习惯了原来的居住环境,说什么也不同意破墙开窗。后来那人激了他一下,说要掀开他的屋顶。这一来,可把这个人惹急了,权衡之下,他做出了选择,终于同意在墙上开了个窗户。试想劝人开个窗子都这么难,更何况要从人们的思想深处驱除根深蒂固的极"左"阴霾,那就更非易事了。

老总编还在序言中赞扬谢军当年的敏锐:

我作为当年《光明日报》的总编辑,韩琨事件的一个见证人,不能不再说一下就此事件引起全国大讨论的《光明日报》驻上海记者站的记者谢军先生。是他以敏锐的政治嗅觉和新闻洞察力,把握住了党的十一届三中全会的解放思想,实事求是,坚持改革开放的路线和政策的真谛,抓住了"韩琨事件"这一具有典型意义的实例,迅速而及时地将这一重要消息发送到报社,我们在处理这篇新闻稿时,以头版头条的显著位置予以刊发,并加了一个醒目的大字标题:《救活企业有功,接受报酬无罪》。消息见报后,立即在全国各地引起强烈反响。支持者有之,持有异议甚至表示反对者有之。经过两个月的大讨论,同情和支持占了上风,成为舆论的主流倾向。

窥一斑而见全豹。在今天看来不过是一件寻常之事,在当时却要付出当事人受磨难、社会各界人士大讨论的代价,可见观念变革的不易和艰难。历史是一面镜子,能清晰折射出时代进步的脚印、人们思想观念深刻变化的轨迹和改革开放给社会和人们带来的累累硕果。而所有这一切真可谓是来之不易、弥足珍贵啊!

"韩琨事件"结束了,科技人员业余兼职问题得到政策的认可,但这并不意味着此后类似情况都能得到合理合法解决,相反,旧观念旧制度所具有的顽固性依然制约着科技人员业余时间发挥专长为社会做贡献。此后全国各地仍然陆续有许多"韩琨"在业余做贡献时受到刁难,甚至被绳之以法身陷牢狱。上海的韩琨摆脱了束缚,东北的、浙江的、四川的、广东的"韩琨"依然不断受刁难遭迫害,改革的艰难和持久由此可见。这也是此后《光明日报》层出不穷地出现新的"韩琨"的原因。

就在"韩琨事件"得到彻底解决之后,黑龙江又发生了"王昇事件"。

第三节 "韩琨事件"的持续效应

《光明日报》1984年5月5日一版刊登驻黑龙江记者王恩荣等人的来信:《工程师王昇是罪人还是改革者?》,黑龙江省低温建筑科学研究所情报中心站工程师王昇编写、翻译工程急需的材料和书籍并予以出版,获取报酬,并将报酬分给相关的人,结果以行贿罪被捕。他的这些书非常实用,极受欢迎。然而出版者却受到法律的制裁。王昇究竟是功臣还是罪人?这一事件马上在全国引起反响,并引发各界的讨论。

从《光明日报》来说,刊发这一报道的事实实际上就已说明,报纸是支持王昇的。5月6日,报纸在一版刊出记者王恩荣采访国家城乡建设环境保护部副部长戴念慈就"王昇事件"发表谈话的报道:《在改革的新形势下要建立新的是非观》。戴念慈认为,《光明日报》这个典型抓得好,对于当前改革有现实意义。王昇是个改革者,在新华书店和邮局这两条发行渠道之外搞了第三条科技情报出版发行渠道和科技情报延伸服务,走在了全国的前头,表现了改革的胆识,对这样的知识分子应该支持和鼓励。当然王昇也有缺点和失误,但这些缺点和失误属于改革中出现的问题。戴念慈认为,改革没有模式,常常会遭遇失误,应该允许。王昇的改革通过实践检验是成功的。由于一些失误而被问罪，这是值得研究的。他特别指出，现在强调落实知识分子政策，如果知识分子在改革中稍有失误就坐牢，那谁还敢在改革中发挥自己的主动性、积极性、创造性呢？王昇快退休了还在热心改革，无非是为了国家尽快兴旺发达，这种心情在知识分子中非常普遍。王昇案件绝非王昇个人的事，它涉及千千万万改革者的命运，涉及改革的前途。对王昇案件有两种截然不同的是非观，从这个意义上说，王昇案件的争论很有意义，它能起到澄清是非，使人们的认识统一到改革上来的作用。

1984年5月12日，《光明日报》的一版下辟栏刊出《关于工程师王昇问题的讨论》3篇文章，编者按说："本报5月5日刊登的《工程师王昇是罪人还是改革者？》的记者来信，在广大读者中引起了强烈反响，读者纷纷投书本报，就王昇是罪人还是改革者的问题发表了意见，表明了自己的态度。本报从今天起，将陆续选登一些来稿，以供读者研究讨论这一问题。其中两位分别来自科技部门和检察院的作者的文章：《王昇是科技情报工作的改革者》《王昇的行为不构成行贿罪》，对王昇的做法表示支持和肯定，另一篇来自出版部门的作者认为：《王昇不是改革者》。作者认为，王昇违反了国家出版政策规定，擅自编译图书出售，这不是改革的举动。至于是否是罪人，他不敢妄加肯定，但起码在这件事情上是有严重错误的。"

《光明日报》记者部原副主任、党总支书记阎百琨谈到当年《光明日报》的批评报道时说，《光明日报》不但敢于表扬——一遇到重大的人物典型就会不惜版面搞连续报道；而且，《光明日报》也敢于批评，20世纪80年代发了许多与人物报道有关的批评报道，为受迫害的知识分子鸣不平。譬如黑龙江的科技人员王昇，人都被抓起来了，《光明日报》通过报道硬是让司法机关把人放出来，不但放出来，还作为一个正面典型来宣传。只要对改革有利，对发展有利，《光明日报》就旗帜鲜明地支持。王昇的案子与韩琨有类似之处。韩琨利用周末和节假日给乡镇企业提供技术服务，拿了钱，被查处。谢军写了报道，检察院认为犯罪，法院认为没有犯罪。报道发出后，全国各地来信铺天盖地，韩琨问题终于得到解决。黑龙江的王昇出了许多有关科技情报的书，很受欢迎，企业很需要，但因为用出书的稿费给情报所所长买了一台电视，就说他贿赂，定了罪。此事也引发了全国性的大讨论。

"韩琨事件"的影响持续整个80年代，从中央没有明确规定到有规定，即使有规定，一些地方仍然还要抓捕业余兼职的科技人员。媒体反复呼吁，不管怎么样，呼吁的效果还是有的。

5月14日，《光明日报》在一版继续刊发两篇讨论王昇问题的文章：《王昇问题关系到落实知识分子政策》《王昇所为对四化有利》。

"韩琨事件"4年之后，"王昇事件"2年之后，新的"韩琨"和"王昇"仍然在继续出现：1986年9月4日，《光明日报》一版头条刊发评论员文章：《科技人员兼职的合理收入不容侵犯》，虽然作为党报的《光明日报》义正词严地宣扬对科技人员的业余兼职收入"不容侵犯"，但社会上持有顽固思想的人就是要"不断侵犯"，与这篇义正词严的评论同时见报的是一封读者来信：《辽阳市妇幼医院医务人员程中投书本报"我们的业余兼职受到不公正待遇"》，这篇报道还附有辽宁省科技干部局对这一事件的调查报告。

不断呼吁，同样的事不断发生，上海的韩琨免受了牢狱之灾，其他地方的"韩琨"继续被审查、被刁难、被处理，甚至被关押判刑。"韩琨事件"远没有结束，从韩琨到杭州的曹时中（见下文），科技人员业余兼职收取报酬问题一直成为各地层出不穷的问题，科技人员因业余兼职收取报酬而被抓捕、平反的事层出不穷，周而复始地循环出现。在媒体的不断呼吁下，在各地反复出现的不同的"韩琨事件"中，情况开始朝着好的方向发展。有关科技人员业余兼职收取报酬是否合法的问题，从中央没有明确规定到有规定，这毕竟是一大进步。虽然尽管有明确规定，一些地方一些部门的领导人在旧法规旧观念的惯性作用下，照旧用老办法老手段来对待这些事件，或查处，或判刑，这也给了媒体喋喋不休的机会，媒体成了祥林嫂，不断地反复地没完没了地叫。不管怎么样，叫还是比不叫好，叫总是有效果的，媒体的叫对那些利用权力整知识分子的人还是有约束力的。就在这样的反复较量中，社会在逐渐进步。

"韩琨事件"是1982年发生的，到80年代末期，同样的事件还在发生。1988年6月20日，《光明日报》一版头条刊出《面对二十五张登记卡的思索——吉林省的一些星期日工程师仍处于地下状态》一文，"星期天工程师"随着改革开放从沿海到内地，从东部到西部，从南到北向全国蔓延，同时全国各地的"韩琨"也不断出现，这种社会现象一直在延续。

即使在"韩琨事件"的发生地上海，"星期天工程师"问题依然成为一个问题。"韩琨事件"发生5年后，上海还出现"星期天工程师"受打击刁难的问题。1987年4月15日《光明日报》的二版刊登一篇《谈星期天工程师》的文章。文章说，上海乡镇企业广请活财神，每逢星期日，上海市郊经常可见科技人员或乘汽车，或骑自行车奔波于乡镇间，他们利用业余时间帮助乡镇企业开发新产品，解决技术难题，培训业务骨干，他们被称为"星期日工程师"。但是，这些科技人员在本单位的境遇并不好，常常受到单位领导的歧视打击甚至迫害，被扣发奖金的，被骂吃里爬外的，原因无他，就是有人眼红，认为他们赚取外快，影响了本单位的工作。红眼病不说，他们真的影响本单位的工作了吗？人才单位所有制导致许多人无用武之地，才能难以发挥，让他们发挥潜能有何不可？

1986年5月20日《光明日报》一版头条《上海市中级人民法院实事求是复查科技人员业余兼职一案，宣布郑鸿坚无罪予以彻底平反》。这是又一起"韩琨"事件。上海市太平洋被单厂助理工程师郑鸿坚在厂里负责机器设备的保全保养工作，是技术革新能手。他利用业余时间担任多家企业的技术顾问，他的技术使3家企业绝处逢生，另3家企业在他的帮助下生产蒸蒸日上，纯利润达到300万元。他从这6家企业拿到了3300元报酬，扣除差旅费等，实际拿到不足1000元。他的业余兼职并没有影响本职工作，相反，他的本职工作的各项考核指标为满分。

但是，1981年，他被逮捕，工厂宣布开除他党籍，1982年被法院以投机倒把罪判处有期徒刑2年缓刑3年。

1983年，此案被重新审理，改判无罪，但判决书还是认为他虽然无罪，但有错。1984年，区法院第三次重新审理这一案件，又判处有期徒刑1年，缓刑2年。他不服向上海市中级人民法院申诉。此案在上海市引起很大反响，各界议论纷纷，上海市科协对此案进行调查，并为他呼吁。上海市中级人民法院慎重对待此案，经过各方征求意见和调查核实，最后宣判他无罪，扣留的钱全部发还。

"韩琨事件"过去5年了，谢军也还在为"星期天工程师"鸣不平。1987年8月24日二版头条刊登谢军的记者来信：《消除对星期日工程师的偏见，鼓励科技人员参加业余咨询》，来信说，"韩琨事件"过去已经5年，科技人员业余兼职依然还是步履艰难。中共中央1985年发出有关科技体制改革的决定，业余科技咨询为合法，但在实际中阻力仍然很大，有些政策界限还不明确。报纸还配发评论员文章《维护科技人员兼职的合法权益》。

1989年3月23日，《光明日报》一版头条刊登通讯《倾斜的工程——关于建筑结构专家曹时中是否犯罪的争议》：

第六章　韩琨事件

"1988年10月5日下午，浙江省建筑总公司副总工程师曹时中受到当地检察院的传讯，他在纠正危房的5年中拿了工程队给的11.45万元钱，涉嫌受贿，此事很快成了杭州城内一大新闻。

"今年（1989年——笔者注）2月27日，浙江省建筑总公司下文免去了曹时中的副总工程师职务，并根据浙江省领导的意见，围绕曹时中是否犯罪问题展开讨论，讨论中出现了几种不同的意见。

"就在检察院对曹时中进行审查时，浙江省科技部门却提出相反的意见。华东咨询协会一位负责人说，曹时中不但无罪，而且有功，应该重奖。他提出去纠正比萨斜塔，这不亚于运动员去奥运会上夺金牌。

"而陷进争议旋涡的曹时中却已感到心力交瘁，'我的纠偏工作瘫痪了，我无法干下去了……'面对着扶正危楼后得到的锦旗、镜框，他的心理的支柱倾斜了……"

"韩琨事件"过去7年，杭州再现"韩琨事件"，7年之后的"韩琨"出现在以改革开放成绩卓著的改革前沿浙江，这是中国的悲哀，知识分子终于走出象牙塔服务社会服务大众，竟然因为业余兼职收取报酬而遭查处。由此可见科技人员业余兼职问题要想得到全社会承认是何等的困难。

曹时中，建筑结构专家，著名建筑纠偏专家，是香港武侠小说家金庸的妻舅，他因为发明了"沉井纠偏法"而在建筑界声名远扬。这项拥有非职务发明专利的技术对江南软土地基上易发的建筑物倾斜有非常好的纠偏效果，曹时中就是运用这项技术，业余时间兼任一个乡镇建筑队的技术顾问，多年来已纠正数十栋倾斜建筑物，社会效果非常明显。对他来说，纠正这些倾斜建筑只是牛刀小试，他的目标是去意大利纠正比萨斜塔，他为乡镇企业提供服务收取报酬，目的就是为了实现去意大利纠正比萨斜塔这一目标。作为一项民间活动，曹时中无法筹措到赴意大利纠正比萨斜塔的经费，唯一能够筹到经费的方法只能是依靠自己的技术。因此，他便利用自己的技术，开始在乡镇企业兼职并收取报酬。数年兼职，他共收取兼职单位付给的11万元报酬。毫无疑问，他的纠偏技术是用最少的付出收取最大的效益，当一栋栋建筑因软土地基发生沉降造成倾斜时，他用他的技术为这些建筑纠偏，以极少的付出获得极大的效益，经济效益和社会效益均很显著。可就在曹时中雄心勃勃准备进军意大利时，他却被当地检察院立案侦查，面临被判刑的危险。

《倾斜的工程》结尾处是曹时中律师楼献的观点：

"曹时中曾要求我当他的辩护人,我感到悲哀。3年前,我曾为一个建筑工程师的业余兼职辩护过,结果是无罪释放,想不到,现在又来了。我想,如果曹时中下班后给别人烫发、做衣裳或者去卖茶叶蛋都不至于落到这地步。如果他没有沉井纠偏法,建筑队会请他去吗?会给他钱吗?国办发〔1988〕4号文件指出:'利用在本职工作中积累和掌握的知识、技术、经验和信息为经济建设服务,不属本职技术权益范围,不受限制。'因而,曹时中的行为与利用职务之便与受贿是风马牛不相及的。我觉得,房子斜了,可由曹时中来纠偏,而对待科技人员、知识分子致富这一问题上,社会心理的倾斜又由谁来纠偏呢?"

对社会有好处的事却不能正大光明去做,改革就是要冲破不符合实际的落后的法律法规和旧政策。纵观改革开放的历程,许多改革者实际上是旧法律法规的违法者,甚至是犯罪者,然而从历史的眼光来看,这些违法犯罪者却是英雄,正因为他们不断以身试法,不断冲决旧的法律法规,才促使旧法律旧规定显其漏洞,法因此得到修订,得以完善,从而推动了社会的进步。从这一点来说,改革开放初期的许多违法犯罪者也就是历史的推动者,他们是推动社会进步的英雄。韩琨是,王异是,程中是,曹时中也是。

当笔者找到曹时中采访时,他哭了,当时检察机关已准备批捕他,他感到自己已走投无路,等待着他的就是坐牢了。党报的援手救了曹时中,《倾斜的工程》刊出后,引发了一场曹时中是功臣还是罪人的讨论,讨论波及全国科技界、司法界,浙江省、华东地区科协多次举行研讨会,以曹时中为例,讨论科技人员兼职问题,而司法机关却认为,这是犯罪,必须坚决制止。在《光明日报》编辑部的支持下,记者一直跟踪报道,3年内刊发了几十篇报道,1992年,中央政治局常委乔石做出批示,最高人民检察院研究决定,宣告撤销曹时中一案,至此,曹时中才免于刑事处分。

第四节 20世纪80年代媒体人非凡的勇气

著名作家张贤亮认为,20世纪80年代最可贵的东西是:勇气!

的确,勇气,这一凸显20世纪80年代最具价值的东西在十年辉煌期的《光明日报》表现得非常突出。在《光明日报》20世纪80年代的报道中,因为有了勇气,才敢于突破旧的政策和法规底线,敢于顶住压力与抵制改革的势力进行较量，敢于旗帜鲜明地支持在改革中出现的新生事物，为改革助阵呐喊。张志新、遇罗克、马寅初、孙冶方、栾茀、韩琨、蒋筑英等人物报道便是《光明日报》当时刊发的影响最大、效果最好、最为社会各界称道的成功的人物报道。而这些人物报道的推出无不彰显着《光明日报》领导、编辑和记者的勇气。

纵观20世纪80年代《光明日报》和中央主流媒体，有一个现象很值得关注，那就是在重大的历史关头，在社会转型的关键时刻，中央主流媒体的领导人身上都有着一个相同的特质：勇气。这种勇气弥漫在他们的日常工作中，发散在他们的言行中，贯穿于他们的行动中，使他们的所作所为异于常人，也异于常态。

当为"天安门事件"平反的报道在1978年11月16日见报的当日，在中央工作会议的会场上，纪登奎一个人默默地坐着长时间不置一语，当有人过去问他时，他终于忍不住抱怨："这么大的事事先也不报告一下！"（中国青年报2008年10月15日冰点《改变历史的三十六天》）当然，他指的是关于"天安门事件"的报道。

同样的愤怒也在当时中央主管意识形态一位领导心头憋了很久。

《光明日报》发表《实践是检验真理的唯一标准》的当天晚上，一位分管宣传的领导给《人民日报》总编辑打电话，言辞激烈地批评转载这篇文章非常错误，他指责说这篇文章政治上"很坏很坏"，是一篇"砍旗的文章"。后来中央主管意识形态的领导在全国宣传部长会议上指责"发这样的文章也不跟中央打个招呼"。一个主管中国意识形态的最高领导人对他治下的一家中央媒体的领导做这样的批评，可见《光明日报》的领导当时承受着怎样的压力。

回望"四人帮"控制舆论的"文革"十年，新闻只能服从错误的大脑的指挥，新闻能不能保持相应的独立性？新闻工作者能不能保持一定的独立思考？什么样的记者才是一个好记者？领导错了，新闻工作者是跟着错，还是领导错了，新闻工作者应保持自己的相对独立性，坚持正确的做法？是跟着错是好记者，还是保持独立性坚持正确做法是好记者？

1991年，笔者出席全国优秀新闻工作者表彰会并受命采写受表彰的个人和团体两篇报道。笔者到大会秘书处拿到材料，典型很快便选好了，个人先进是中央一家新闻单位的知名老记者，材料很丰富，笔者只需找获奖者聊一下就可以写了。

但是，这篇人物报道最后没写成，参加会议的一位代表对这位受表彰的优秀新闻工作者表示异议，认为这位记者在任何政治气候下都能如鱼得水，大跃进放卫星的浮夸风、1959年反右倾、"文革"揭批刘少奇、批林批孔批周总理、反击右倾翻案风反邓小平都很积极，改革开放后又站在时代最前列一篇接一篇地赞扬改革开放。几十年的新闻生涯中，这位记者写了许多宣扬假话、空话、套话、大话的错误报道，这样的记者能算是一个优秀记者吗？

这番话使笔者非常震惊。这位同行的话也引起笔者的深思。什么样的记者才算是优秀记者？这个问题要准确回答却不容易。记者是党的喉舌，喉舌毫无疑问必须服从大脑指挥，大脑让说就说，大脑不让说就不说，喉舌当然不能与大脑唱反调，但喉舌该如何对待大脑发出的错误指令呢？这个问题值得深思。

一位老记者曾对笔者说，在历次政治运动中，他常常在灵魂上拷问自己：这个记者当得够不够格？他自认是个工具型、螺丝钉型记者，以服从为天职，有时明知是错误的东西也无法或无力抵制，丧失了独立人格，丧失了知识分子的道义责任，上级叫写啥就写啥，上级指向哪里就奔向哪里。某些时候，名为听话，实为帮凶，至少是为了自保。在"四人帮"倒台以前，他说自己基本如此。因此，他评判自己是个不合格的记者！

《人民日报》记者金凤在她的《命运》一书中谈到大跃进时亩产水稻12万斤的报道就很典型。当时《人民日报》农村部主任是田流，他妻子徐兑是负责夜班的副主任。这篇"亩产12万斤水稻"的1000多字的通讯稿是江西分社发来的，徐兑把稿子扣下了。分社记者打电话一个劲催，但徐兑就是扣住不发。江西分社记者说，这篇稿件是省委要求发的，不能不发。但徐还是坚持不发。后来，江西分社记者火了，透露说："你知不知道庐山会议开始反右倾了？难道你也想成为右倾分子？"迫于威胁，徐兑请示了总编室领导，总编室领导让分社记者把稿件送省委书记审阅并签字，原以为省委书记总不至于同意刊发这样假大空的报道吧，但结果呢？省委书记签了。徐兑无奈，让金凤编辑。因为大家都知道这是吹牛的稿件，农村部的编辑哪里会相信亩产12万斤？天方夜谭啊！但是在那个极端荒唐的年代，天方夜谭也变成了事实。金凤在编辑稿件时就说：这篇稿件发出来，以后是要检讨的。当金凤明白她无力抵制时，就将1000多字的稿件压缩到200多字，放在报屁股上发出来。但是，此风一开，虚假报道就如决堤之水开始泛滥成灾。此后纠正浮夸风时，刘少奇批评《人民日报》的报道助长了浮夸风，《人民日报》应对浮夸风承担责任。后来徐兑、金凤还是就此做了检讨。

1984年4月3日,《光明日报》的一版右下刊出笔者与浙江站老站长卢良采写的记者来信:《"文革"中在杭州大学搞"活人展览"的个别人至今仍然坚持极"左"的错误观点不改》。这篇报道源于"文革"期间发生在杭州大学的一则旧闻——轰动全国的"活人展览"事件:造反派和工宣队把杭州大学地理系7位老师当作牛鬼蛇神活靶子,打扮成地主、资本家、反动文人,戴上高帽,穿上旗袍,其中我国著名的郦学大家陈桥驿教授脖子上挂上剪刀糨糊,说他的文章都是拼拼凑凑写出来的,然后将这7位老师公开"陈列"向参观者展出示众,还派了讲解员用侮辱人格的语言向参观者介绍,制造了骇人听闻的活人展览事件。

1984年全国整党,"文革"搞活人展览的工宣队员在整党中坚持认为,当年在杭州大学地理系搞活人展览的做法是执行了党的当时的政策,自己没错。1984年全国整党中涉及许多党员在"文革"中的错误,虽然党的若干历史问题的决议已经通过,但对"文革"还没能全盘否定。也正因此,许多参加"文革"的党员坚持认为自己在"文革"中的做法是执行党的政策,"文革"错误的历史责任不应该由个人承担。

笔者和当时的《光明日报》浙江记者站老站长卢良采访后写了一篇不到1000字的记者来信,稿件在一版发出。稿件刊出当天早上,中央人民广播电台做了摘播。后《人民日报》在报纸一版显著位置专门就这一报道的杭州大学地理系活人展览事件发表评论员文章,标题是《就是要彻底否定"文革"》(《人民日报》1984年4月23日一版)。

作为执行者,执行了上级错误指令,执行者应该负什么样的责任?记者也一样,记者作为喉舌执行了大脑的错误指令,造成的后果是应该由大脑承担,还是由喉舌承担?在中华人民共和国成立后的历次政治运动中,记者能管住自己的笔不伤人?在错误的指令下能做到问心无愧?特别是那些经历过反右和浮夸风,经历过"文革"的老记者,有几个能在回首往事时感到问心无愧?喉舌如何执行大脑指令的问题,其实也是一个党性和人民性如何统一的问题。从理论上说,党性和人民性是统一的,但在极"左"路线下,党性和人民性却严重背离,这时候记者写出假大空的报道,造成恶劣的后果,这个责任应该由谁承担?记者是喉舌,喉舌当然要服从大脑指挥;新闻是工具,工具必然是受人支配的,人拿斧头砍了树,能把毁林的责任推给斧头吗?可是记者这个工具毕竟不是斧头,他有七情六欲,有喜怒哀乐,有思想,有情感,在不得不写时,可否写得更加客观、更加符合实际一点?对以上问题,笔者曾一直百思不得其解。

《人民日报》一位老记者向笔者讲述了这样一件事:1961年,刘少奇到湖南调查研究时曾对随同他一起调查的《人民日报》记者说:《人民日报》这一时期之所以犯大错误,并不是完全不听上级党委的话,而是完全听上级党委的话,自己不做调查研究,不敢反映问题,不敢提出问题。党报既要做党的喉舌,又要做党的耳目,帮助党委及时广泛地了解政策执行的真实情况和人民群众的意见。

少奇同志的这段话使笔者恍然大悟,脑洞大开,此前的疑惑得到了解答。少奇同志说得太好了!党报既要做党的喉舌,也要做党的耳目,这一点太重要了!党报作为喉舌,传递党的方针政策责无旁贷;同时,党报不能忘记自己还是党的耳目,在传递党的方针政策的同时,还要倾听在执行党的这些方针政策过程中人民群众是怎么反映的,这些方针政策在实际应用中有没有问题和不足,如果有,则应该及时、准确地向党的上级部门反映,使这些问题和不足得到解决,这才是党报需要做的。但是,在实际情况中,党报记者往往本着"宁可犯政治错误,不能犯组织错误"的态度,反正按上级指示执行,即使犯了错误也不需要自己承担;而顶住上级的错误,把执行党的方针政策过程中的问题反映给上级,则可能会导致自己犯了组织错误而受处分。持这样想法的在新闻工作者中占大多数。于是就出现了把执行上级指示放在第一位,把政治上是否正确放在第二位,这也就造成了在许多情况下上级错了跟着错,却不能及时把错的情况以及为什么错、这种错将会带来怎样的后果的情况及时反映给上级。也就是说,绝大部分记者在执行上级指令时,只注意履行喉舌的职责,却忽略了耳目的功能,因此就出现了上级错了跟着错的情况。

记者在执行有关规定和上级指令时必须以大局为重,当了解到一些规定和指令是出于维护局部利益时,就要勇敢地服从大局,即使因此牺牲个人利益也在所不惜。当谢军发现"韩琨事件"的线索时,兴奋不已,作为记者,他为发现一个重要新闻而激动。但是,问题很快来了:上海市已明令通知韩琨事件不得公开报道!按照驻地记者实行报社和地方党委双重领导的组织原则,谢军必须服从上海市委领导的指令。如果谢军服从了,那也就没有"韩琨事件"这一后来引起轰动的报道了。谢军是一个有正义感的好记者,他没有遵循当时上海市委领导为维护局部利益而发出的指令,或者说他将上海市委领导的指令置之不理,我行我素,将"韩琨事件"公之于世,引起巨大的轰动,惊动了中央,在中央领导的直接干预下,韩琨问题得到解决,中国在改革开放进程中一个量大面广的社会问题——科技人员业余兼职领取报酬这个利国利民也有利于科技人员本人的问题得到了解决,科技人员业余兼职问题从地下走到了地上,成为正大光明值得推广的好经验。

樊云芳进《光明日报》前在山西雁北当通讯员时,当地有一个出名的学大寨典型,每次运动来都有记者来报道这个典型,内容都一样,无非是换一种提法而已。一次,一家中央大报的一位老记者来,县委书记兴奋地陪同他来参观这个典型。整个参观过程这个老记者不置一词,不表任何态度,更没有说一句赞扬的话。这个县期待着老记者能发一篇赞扬这个典型的报道,可是这位老记者回去后没有发稿,无一字见报。樊云芳感到非常不理解,这位党报记者何以如此冷漠,对这个全国性典型如此无动于衷?粉碎"四人帮"后,这个典型轰然倒塌。事后反思,樊云芳恍然大悟,她这才由衷地佩服这位老记者,他一言不发正是他不随波逐流的表现,是他对错误潮流的抵制,他不愿意用自己的笔去给错误推波助澜。从后来的情况看,他是一个好记者。但是,在当时,他没有服从上级的指示精神,消极怠工,能算是一个好记者吗?

1978年,中国史学界要求为吴晗平反的呼声很高。但当《光明日报》理论部编辑苏双碧约请一些史学大家写文章为吴晗平反时,却没有一个人敢担此重任,他们都心有余悸。苏双碧迎难而上,借批判姚文元呼吁为吴晗平反,经请示杨西光同意,撰写了一个整版的文章。但是,按规定,这么敏感的内容,这么重要的文章要经过上级主管部门批准才能发表,而《光明日报》理论部主任马沛文为了替杨西光承担可能的责任,擅自同意刊发这样的文章,故意不让杨西光审稿而送给副总编辑殷参签发,而殷参明知签发此文责任重大弄不好可能要"进去"(进监狱),还是签发了。1978年11月15日《评姚文元〈评新编历史剧"海瑞罢官"〉》以整版的篇幅刊出。此文一出,国内外哗然。中央人民广播电台当天广播了这篇文章,《文汇报》等多家报纸转载了这篇文章,美国《纽约时报》称此为"最惊人之举",日本《朝日新闻》称该文批判了"'文革'的起源",《日本经济新闻》称这是一篇"冲击性很强的文章"。文章在史学界引起轰动,华师大历史系教授吴泽说:"这是史学界的《于无声处》!"文章见报当天,正在参加中央工作会议的杨西光成为中心人物,与会代表纷纷与他握手表示祝贺，称赞《光明日报》的胆魄。但中央一位领导却很恼火，指责光明日报未经请示就发表了这么重要的文章。后来北京几家大报想转载这篇文章，最后都被压住了。可见当时斗争的严酷。没有经过主管部门同意就刊发为吴晗平反的文章，马沛文、殷参以不怕坐牢的勇气承担了这个责任。殷参为此感到很自豪，临终时还表示一定要把这一点写进对他的评价中。（苏双碧：《走过的路——苏双碧回忆录》，东方出版社，2016年，第293~295页）

"中国人民在十年浩劫中受苦受难。我作为多年的新闻工作者和新闻学研究者，苦苦思索一个问题，这就是：为什么林彪、江青之流能够在一夜之间就把中央党报的领导权篡夺了呢？《人民日报》到底是党报，还是派报呢？它还能够代表全党和党中央吗？它还是党的喉舌吗？"（《甘惜分文集》第一卷344页）

《实践是检验真理的唯一标准》就是总编辑冒着掉脑袋的风险发表出来的。当时的中央被"凡是派"控制，改革派处于弱势，邓小平刚出来工作，胡耀邦还只是中央党校的常务副校长，高层斗争未能势均力敌，胜负难分结局未明，鹿死谁手还很难说，而杨西光却本着对历史负责、对人民负责、对党负责的态度，毫不犹豫地表明自己的立场，勇敢地站到人民一边，这是需要冒巨大风险的。但是，他没有畏惧，最后历史记住了他！

从遵守纪律的角度看，杨西光故意不将《实践是检验真理的唯一标准》一文送审，曾涛、穆青、杜导正未经中央同意刊登为"天安门事件"平反的新闻，马寅初、孙冶方等知识分子在还没有得到平反时，杨西光就派记者去采访他们，并公开刊登报道为他们评功摆好，用新闻推动组织上为他们平反，"韩琨事件"在司法部门已经介入并且已认为他有罪但还没有做出判决之前，《光明日报》就旗帜鲜明地支持他的做法，等等。作为党报，作为党报的负责人，他们的组织性纪律性在哪里？作为党员的党性原则又在哪里？按常规思维，在正常情况下，他们这样做是错误的，并且错误非常严重。

今天，当我们用历史的眼光看待杨西光、曾涛、穆青等新闻前辈时，我们不由得为他们的无私无畏、舍生忘死的勇气而喝彩。在当时这样一个非正常时期，如果他们明哲保身，按正常的新闻纪律将文章送审，轻轻地把发表文章的责任交给上级来承担，他们就不用承受巨大的压力。当然，《光明日报》载入史册的这篇文章也就没有了，《光明日报》也不会赢得如此多的荣誉，受到如此高的评价。更重要的是，《光明日报》作为媒体推动社会进步的作用也无法显现，恐怕也就失去了媒体存在的意义。

勇敢，这是当时《光明日报》以及其他中央媒体领导身上发散出来的共同的时代特质。在当时那个特定的历史时期，为什么他们敢这么做？毫无疑问，他们都是坚定的马克思主义者，他们都是在长期的政治斗争中积累了丰富经验的久经考验的革命者和政治家，他们都有着敏锐的政治嗅觉，他们都有着良好的政治禀赋，他们视正义和真理如同生命，他们将党的利益、祖国的安危、人民的愿望当作最高追求，他们早已将个人的生死荣辱置之度外，他们是为了党和人民的利益可以牺牲一切的坚贞不屈的共产党人。

柏林墙倒塌后东西德统一。德国法庭对那些向越过柏林墙逃往西德的同胞开枪致死的原东德军人进行审判。这些军人在法庭上的回答理直气壮：军人以服从为天职，开枪射击越境者只是执行上级命令，是职责所系，何错之有，何罪之有？

法官的回答震撼世界：法律之上有良知！你是军人，可以开枪，这是你的职责，但是，你的枪口可以抬高一寸，偏离目标，没有人会追究你开枪不准的罪过，这样，宝贵的生命就能得以存活。这不是对与错的问题，而是你是否有良知的问题！

法纪之上有良知！杨西光、曾涛等人的所为，正是基于良知的一种选择。作为中国主流媒体的领导人，他们何尝不懂党纪和新闻纪律，只是当时的中国，正处在历史的大转折时期，人心向背已昭然于世，他们清晰地看清了当时的历史潮流：极"左"已经失去市场，"两个凡是"已受到党内大部分党员干部的唾弃，一切逆历史潮流而动的做法都将被历史淘汰。因此，他们能义无反顾地冲破当时的阻力，勇敢地向正义迈进，在历史的转折关头，他们不愿意做违背历史的守纪者，而选择了充当以身试法的勇敢者。

当为"天安门事件"平反的报道见诸报端，中央工作会议上一片欢腾。当与会代表得知新华社社长曾涛为此压力很大时，黑龙江省委书记和江西省委书记都向他发出邀请：如果你待不下去，我们欢迎你来我们省！

这就是人心！这就是历史的潮流！这就是人心向背！黑龙江和江西省委书记的表达代表了社会进步的力量，代表了广大人民的心声。这可不是一般的邀请，这可是冒着极大的政治风险发出的，要知道，当时的中国政治还被"两个凡是"主宰着。

敢于冲破"两个凡是"的束缚，敢于违背最高领导的意志，敢于对抗当时所规定的新闻纪律，这需要勇气、需要智慧、需要胆识。试想，如果他们的对抗一旦失败，后果呢？虑及此，不由得后背发凉。一旦失败，等待着他们的将会是牢狱之灾甚或押赴刑场的命运。

"曾涛"们是幸运的，他们的行动成为特殊历史阶段的特殊现象，他们成功了！

他们何以能成功？首先是政治上的极度敏锐。他们洞悉政治大局，纵览社会大趋势，把握住时代大潮流，认准发展大方向，毫无疑问，这都是他们作为政治家的政治特质所决定的；同时，作为媒体人，他们都有极强的新闻敏感，就像"春江水暖鸭先知"的那只鸭子，在料峭春寒中已感受到春的信息，他们绝对不是"温水煮青蛙"中的那只麻木的青蛙，皮烧烂了还浑然不觉。新闻敏感是新闻工作者的职业生命，这种敏感使他们能透过暗夜的黑幕洞见黎明的曙色，使他们有勇气迎接即将喷薄的朝阳。这种新闻职业的独特的敏感使他们预见到，党心民心不可违，正义的力量总归会胜利，乍暖还寒时节即将过去，明丽的春天已在前头。

纵观《光明日报》当时的人物报道，许多篇什都盈溢着这样的勇气，张志新是如此，遇罗克是如此，为马寅初、孙冶方平反的报道如此，旗帜鲜明为韩琨的"犯罪"行为叫好的报道如此，在"前昔阳县委主要负责人"还在国务院副总理位置上却对大寨这个典型提出严厉批评的报道如此（见第九章）。这种对正义的坚守正是那个时代所特有的难能可贵的气质，这种气质就是几千年中国文人"富贵不能淫，贫贱不能移，威武不能屈"的精神，是"为天地立心，为生民立命，为往圣继绝学，为万世开太平"的精神，是"先天下之忧而忧，后天下之乐而乐"的精神，是"苟利国家生死以，岂因祸福避趋之"的精神。杨西光也好，曾涛也好，陈禹山、苗家生、王晨、张天来、樊云芳、梁衡、谢军们都是这样的人，他们身上有傲骨，心中有人民，他们上承历史，下合民意，在时代的潮流中迎风搏击，浪遏飞舟，他们站在中华民族坚实的土地上，挺直知识分子的脊梁，昂扬着中国千年的"士"的头颅，为国家繁荣民族兴盛人民的福祉大义凛然，置个人生死于度外，他们是值得今人仰视的媒体英雄。

20世纪80年代人物报道特色谈之六：问题性人物报道背后的社会问题

《光明日报》副总编辑李春林说，20世纪80年代《光明日报》人物报道的一大特色是，不少人物背后都蕴藏着重大的社会问题。综观当时的报纸，这一特色非常明显，这些问题性人物报道将人物的经历、命运与当时的社会热点、焦点、疑点问题结合在一起进行报道，通过人物在遭遇这些问题时所经历的磨难挫折，生动地呈现了改革过程中出现的矛盾和冲突。一篇有影响的问题性人物报道，一定会有一个它所揭示出的社会背景和社会问题，这个社会背景越复杂，社会问题越严峻，社会关注度就会越高，报道也就会越深刻越尖锐，发表后影响也会越大。

这类明显带有问题的人物报道姑且称其为问题性人物报道。问题性人物报道是人物报道里的深度报道，此类报道成为当时光明日报主流新闻的核心产品之一，因而受到报社的特别重视。

问题性人物报道是20世纪80年代《光明日报》最出彩的人物报道之一，影响大，效果好，常常是一经报道便引起反响，甚至引起轰动，这些报道常常引发全社会的普遍关注，激发读者思考，推动有关部门和高层领导做出批示或决策，使问题最终得到解决，有些涉及某一领域乃至全社会的重大问题会形成政策，"韩琨事件""谢中秋事件""蒋筑英事件"都是如此。

问题性人物报道有如下特点。

一、通过人物的命运或遭遇来反映重大的社会问题

改革就是要革除旧的体制机制，涤荡旧的思想观念和积弊，改革的过程势必会引发新旧观念冲突，新旧体制机制较量，落后过时的旧制度旧政策会顽固抵御，当改革触及政治体制、经济体制、管理体制、科技体制、人事体制、教育体制、文艺体制等各条战线各大领域的弊端时，社会问题就会大量爆发，社会矛盾激化。各种矛盾交织、纠缠、冲突，往往一个问题从出现、爆发到解决会拖延很长时间，这些问题在现实社会中具有极大的紧迫性，需要去面对、去冲破、去解决。作为引导舆论的媒体，通过什么方式来反映这些问题？《光明日报》的一个方式是人物报道。因为人是社会关系的总和，这些改革中遇到的大部分问题都会投射到人的身上，通过人的行动表现出来，解决这些问题有些是需要改变观念，有些需要推动制度变革，有些需要政策调整。问题性人物报道便是在改革与社会现实发生冲突后媒体反映这种冲突的一种新闻类型。

问题性人物报道中的人只是问题的载体，重要的是问题。人本身倒退居次要地位，抽掉"星期天工程师"这个普遍性的问题，韩琨这个人物在报道中就显得不重要了。只有把人物的全部作为放到产生这个问题的社会背景里才有意义。也因此,《光明日报》的问题性人物报道常常出现"小人物,大问题"的现象,这也是此类问题性人物报道的一个特点。韩琨是个普通的科技人员,长期默默无闻,如果不是成为"星期天工程师",如果不是他利用自己的技术救活了一个濒临倒闭的乡镇企业,如果他没有接受乡镇企业给予他的酬劳和奖励,如果不是因为在他身上承载了一个举国关注的重大社会问题,他不可能成为全国关注的轰动性人物。"韩琨事件"的新闻价值不在于他这个人,而是发生在他身上的事,以及这件事折射出来的重大而普遍的社会现象。"韩琨事件"既是科技人员能不能在业余时间兼职,去为乡镇企业、民营乃至私营企业提供技术服务的问题,也是科技人员业余兼职能不能收取报酬的问题。韩琨所在的国有科研部门的反对——这种反对代表了全国国有科研机构和国有企业对科技人员业余兼职的抗议,司法部门的介入也代表了当时司法部门对此类事件的态度,在这两个具有极大代表性的机构的介入之后,"韩琨事件"得以爆发,而检察院决定对韩琨立案侦查法院却认为他不但无罪而且有功,司法部门内部观念的对立表明,新旧观念以及对改革的不同认知更激化了矛盾,一个极具时代色彩的社会问题——"星期天工程师"问题演变成尖锐的冲突,这种冲突是改革新旧观念投射在这个普通人身上的反映,冲突也使问题更加凸显,新闻更具价值,一个小人物身上承载了全社会关注的严峻问题,由此引起的冲突最终以韩琨的个人遭遇得以在媒体上呈现,从而引起了广泛的关注。

二、问题性人物报道易引发关注引起反响

问题性人物报道中的人物承载的问题越深刻,反响也就会越大越强烈。《八分钱效应之一例》(1989年3月19日一版头条,详情见第十章)写的是浙江毛纺厂厂长搞改革,两位工人落聘后写了2000多封告状信,因而导致53个调查组一年中陆续到企业调查这样一件荒唐事。无论是厂长还是两位工人,他们之间的冲突展现的是一个为全社会广泛关注的问题,那就是改革过程中经常遇到改革者因遭遇无端告状甚至诬告而落马的事,这已经成为一个社会关注度极高、造成危害极大、严重妨碍改革的社会问题。报道所揭示的问题可以说已触及社会敏感的神经,因而反响异常强烈。报道之后,以维护工人合法权益为一方和以支持改革为一方,双方对同一事物表现了截然相反的意见,以维护工人合法权益为己任的总工会和相关司法部门对记者的报道严厉谴责,甚至举行研讨会来批评记者;而以支持改革为己任的有关部门乃至于地方党政部门对报道予以支持,最后是省委书记表态支持刊发,争议才渐趋平息。

问题性人物报道写人状物以事为主，以问题为主线，通过人物承载的社会问题以及人物因这一问题陷入困窘状态的现象来发掘观照社会问题，写人是表，写事写问题是里，如《一个工程师出走的反思》(1986年6月17日一版头条，详情见第八章)围绕谢中秋的出走，深刻地剖析了人才部门所有制对人才流动的严重阻碍，提出了人才流动已是改革的大趋势，时代潮流无法阻挡。最终报道引起省和国家组织人事部门的高度关注，最后国务院出台了人才流动的有关规定，报道的目的达到了。韩琨事件也促使国家有关部门做出了关于允许科技人员兼职并领取报酬的规定。

《新楼落成主管基建副院长辞职》(1988年4月6日一版头条，详情见第十章)以杭州第一人民医院分管基建的副院长选择在病房大楼建成之际辞去职务，揭示的是日益恶化的社会风气对社会机体的严重侵害，报道这个正直的知识分子为赋予他的必须建成病房大楼的职责所驱使，虽极端厌恶请客送礼的歪风邪气，却不得不屈服于不正之风，忍辱负重地去一家家烧香拜佛，才争取到相关单位的同意盖章。在此过程中，刚正不阿的秉性、不为污浊风气所容的良知与作为基建院长的职责剧烈冲突留给他的痛苦，终于驱使他选择了辞职的方式来抗争，这是失败之后的抗争，这样的抗争只能加重他的无奈与痛苦，可是这又有什么用处呢？更富戏剧性的是，笔者的本意是用揭示这样一个事件来表扬一个正直的干部，抨击那些利用手中权力以刁难的方式来捞取好处的部门单位，以此揭示社会风气的恶化。然后没想到的是结果适得其反，媒体批评的利刃在指向社会不正之风的同时，不经意间笔者崇敬的主人翁却已受到伤害而血迹斑斑——报道的批评致使医院的关系户恼羞成怒，进一步加剧了对医院的刁难，停水停电，导致医院秩序无法正常运行，医院怨声载道中，医务人员把怒火撒向这位卸任院长。极富戏剧性的是，笔者的报道刊出前，副院长已经辞职，就在报道刊出后，他又被任命为医院党委书记。于是媒体的批评这把双刃剑没有撼动不正之风，而抗争者却遍体鳞伤。重重压力之下，这位知识分子书记把怒火发泄到笔者身上，状告记者，引发了一场全国罕见的"受表扬者告记者"事件。

三、问题性人物报道的诉求是解决问题

问题性人物报道的目的当然是为了揭示问题，最终的诉求是解决问题。事实上，媒体的作用也是通过揭示问题的缘由，厘清问题千丝万缕的联系，用舆论形成压力，促使有关部门有关领导来关注问题，最后使问题得到解决。

但是，许多时候，有些涉及深层次社会问题，或思想观念的问题，要真正得到解决并非易事，要经过漫长的时间才能改变。还是以"韩琨事件"为例。"韩琨事件"的本质是"星期天工程师"的问题，但尽管韩琨案因《光明日报》的报道很快得到纠正，国家有关部门也发出了允许科技人员业余兼职并领取报酬的政策，但是，"星期天工程师"现象横贯整个80年代层出不穷，一直到80年代末，杭州还发生因为科技人员业余兼职领取报酬而被司法机关调查的"曹时中事件"，如果不是党报的干预，曹时中的命运是进监狱。直到20世纪90年代初期，经中央领导批示后才得以解脱。90年代之后，"星期天工程师"现象才逐渐消失。

在以揭示问题为要旨的问题性人物报道中，记者最好不要以法官的身份出现，最好不要对问题做直接的判决。记者只是将问题呈现给读者，通过舆论的影响作用于有关部门，促使责任部门采取措施，或促使领导做出批示或决策制定政策法规以规范人们的行为。

第七章　从华山到老山

1985年的一天,《解放军报》总编辑吕良走进《光明日报》记者部,接待他的是记者部副主任、后来的光明日报机关党委专职副书记阎百琨。

"我是来向《光明日报》取经的。"吕良说,"《光明日报》近年连续宣传报道了13个军队人物典型,影响非常大,我们报纸压力很大啊!所以,我来向你们取经,如何加强人物典型报道!"

2015年7月11日,笔者采访了阎百琨,他对当时接待吕良的情景记忆犹新。

从1982年到1985年的3年间,《光明日报》接连推出十多个军旅人物典型:第四军医大学学员张华跳进化粪池舍身救老农壮烈牺牲、第四军医大学学员华山抢救遇险游客、广州海军海面舰艇学校学员抢救遇火灾群众、海军航空第一机务学校群体崂山抗洪抢救群众、装甲兵驻河北行唐县某部战士抢救井下中毒农民、空军离休干部周超热心服务群众、总参工程兵干部王遐方残而不废离而不休为群众服务、军科院科技工作者黄翠芬潜心科研事业取得优异成绩、空军社会主义精神文明建设典范郑跃的感人事迹、空军长春医院耳鼻喉科主任罗尚功精心为群众解除病痛……一个个典型都引起很大反响,甚至引起轰动,引发社会广泛关注。

一张立足意识形态的全国大报,为何对军队的报道如此重视?一张知识分子报纸,为何报道军队人物居然会超过军报?

《光明日报》20世纪80年代军队人物报道之密集、数量之多、反响之大,在《光明日报》的报业史上也很罕见。其中影响最大、报道最为成功的人物应该是张华。

第一节　张华为救老农壮烈牺牲

1982年7月11日，第四军医大学空军医学系大学三年级学员张华因抢救不慎跌入化粪池的老农魏志德壮烈牺牲，年仅24岁。他被中央军委追记一等功，授予革命烈士称号。

张华牺牲的第一篇报道是《光明日报》刊发的，张华这个人物典型也主要是由《光明日报》推出来的。

1982年8月5日，《光明日报》独家在报纸一版刊登了中央媒体关于张华的第一篇报道：《老农淘粪落池　军民争相抢救，第四军医大学学员张华光荣献身，学校授予他革命烈士、优秀共产党员称号，并追记一等功》。

本报讯　西安第四军医大学，7月18日召开表彰大会，对抢救淘粪落池的老农魏志德献出年轻生命的该校空军医学系三年级学员、24岁的共产党员张华，授予革命烈士、优秀共产党员称号，并追记一等功。

7月11日上午，年近古稀的西安灞桥区新筑公社社员魏志德，在市内康复路公共厕所淘粪时，被粪池散发出的沼气熏倒。张华在附近听到呼救声，立即赶到现场。这时个体户裁缝李正学正跨上过路群众王福来、周春兰给架好的竹梯，准备下去救人。张华见李正学年纪较大，便拦住他，自己下到粪池，很快抓住魏志德，一面望着池上喊："快放绳子，人还活着。"没想到话音刚落，张华自己也被沼气熏昏，倒入粪池。此时，过路的奶场工人、共青团员王宝安，明知池内有毒气，考虑到救人要紧，用毛巾堵住口鼻，迅速下去用绳子系住张华。正待拉上去时，不料绳子突然脱落。这时王宝安不顾自己也被毒气熏得头昏眼花，再次下到粪池，在群众的协助下，终于把张华救了上来，并拦了一辆救护车，由个体户青年刘玉庆主动送往医院。

接着人们又将魏志德救了上来，但他已经停止了呼吸。张华也因吸入毒气过多，加上溺粪窒息，到医院后，来不及抢救，光荣牺牲了。

张华烈士是黑龙江省虎林县人，出身于革命军人家庭。在中学时代，他多次被评为"三好学生"，1977年入伍，1979年考进第四军医大学，是一个德、智、体全面发展的优秀生。

这则消息仅800多字，发后一个半月没有什么动静，谁都没有料到这个人物典型会产生后来那么巨大的反响。

如果张华的报道就此结束，那么这个重大典型也就没有了。其实，《光明日报》一直在为这个典型做准备。媒体抢得了首发权之后，接下来就可以从容做准备了。后来的事实证明，《光明日报》是把这个人物报道作为大典型来推的。

有关张华的再次报道是一个多月后的9月19日，这一天的二版头条刊发长篇通讯：《他们的心灵多么美——记在西安市康复路抢救沼气中毒的老农民的英雄群众》，通讯详细报道了张华救人的全过程，其中也介绍了参与抢救老农的几位群众的事迹，报纸配发评论：《闪耀着共产主义思想光辉的群体》，发了整整一个版。

张华1958年出生在黑龙江省虎林县一军人家庭，1977年参军，1979年考入第四军医大学，并于同年入党。他学习用功，成绩优秀，喜欢体育运动，曾获县乒乓球比赛冠军，入伍后还是四军医大篮球队队员，代表学校参加过两届全国大学生篮球赛。张华性格乐观开朗，豁达义气，乐于助人，在同学中口碑很好。

张华本可以不死，正因为他事事先想着别人，才导致自己丧命。当69岁的老农魏志德拉开公厕化粪池的盖子被强烈的沼气熏倒时，刚好路过此地的张华听到了呼救声，他疾步跑到现场，此时，当地一个叫李正学的裁缝正踏上布在粪坑的竹梯准备下去救人，张华一把将他拉住："我年轻，我来，我下去救！"他扔掉挎包，脱下军装，沿竹梯下了化粪池。这关键时刻的伸手一拉，李正学得救了，张华却从容赴死：强烈的沼气将他熏倒，他一头栽入化粪池中。

当周围群众将张华和老农从化粪池内救出，用清水冲洗掉他们身上的粪便，马上将他送到街对面的西京医院时，虽然出事地点与西京医院距离只有百米，但还是晚了，西京医院属四军医大附属医院，医院的抢救是及时的，立即采取人工呼吸、注射强心针、清除呼吸道异物，直至开胸按摩心脏，但因为张华的肺部全是粪水，耽误时间太长，张华的生命最终定格在24岁上。

张华牺牲后，他的同学自发组织为张华请功；有些同学还写稿投给媒体，希望能宣传张华的事迹；给他塑石膏像，用各种方式来纪念张华。当年，张华被中央军委授予"富于理想，勇于献身的大学生"称号。

张华牺牲后，他的家人专程赶来。他的家人表现得特别开明，没向学校提任何要求，也不要求有任何物质上的补偿。可见当时的社会风气还很清纯。

第二篇报道推出后，《光明日报》9月26日又在报纸一版下辟栏刊登张华日记。《光明日报》的接连动作开始造成影响，军队开始用实际行动来呼应央媒的报道。10月7日一版头条《第四军医大学开展学习张华活动气象一新》，一版下辟栏长篇通讯《当代优秀的大学生——关于张华的故事》，详细介绍了张华的事迹。

张华报道开始升温，各地对张华报道的呼应开始出现。10月9日《光明日报》继续在一版头条刊登《有志青年应投身党的怀抱以振兴张华为己任》一文，报道南开大学经济系研究生金岩石受张华事迹的激励，以思想汇报的形式向党组织递交了入党申请。

10月11日：一版头条报道学习张华的动态。

10月14日：一版刊登了4篇学习张华的文章。

10月15日：一版头条刊登3篇学习张华的报道。

10月16日：一版头条刊登向张华学习文章2篇。

10月20日：一版头条刊登学习张华的文章，同时在一版下辟栏刊登记者王晨的通讯：《新一代的理想之歌——记当代优秀的大学生张华》，此稿成为张华报道的代表作。

10月22日：一版头条是学习张华的报道。

10月28日：一版头条刊登叶剑英为张华一书的题词，同时刊发评论《培养更多的张华式的大学生》。

11月2日：一版头条报道教育部负责人答本报记者问：《当代大学生向张华学习什么？》，提出当代大学生要像张华一样树立革命理想，做人民的勤务员，努力学习马列主义毛泽东思想，坚定地走又红又专的道路。

在一个多月时间里，接连刊发9个一版头条，《光明日报》对张华报道的高度重视由此可见。此后，《光明日报》还出版了关于张华事迹的书。

张华的报道打响后，其他媒体也相继跟进，《中国青年报》《人民日报》等都做了报道。《中国青年》出版社还出版了《华岳魂——张华传》一书；《文汇报》就张华救人事件展开"大学生冒死救老农值得吗"的大讨论。

《文汇报》的大讨论是对张华事件的另一种解读。讨论源于一封读者来信。

1982年10月下旬,《文汇报》理论部的社会大学副刊收到杭州师范学院一位学生的来信,这位大学生在来信中提出:大学生应懂得自己生命的宝贵,"要用自己有限的生命去为国家创造大于本身价值的价值,而不是去换取一个六十九岁老农的生命。拿了金子去换取等量的石子,总是不合算的"。有人提出,"人的本质是自私的","人不为己,天诛地灭";甚至认为"在当今世界上,大公无私的人是绝对没有的"。这位大学生的观念代表了当时很大一部分迷茫的青年的真实思想。

20世纪80年代是一个突破坚冰、人性觉醒、思想启蒙的年代,《中国青年报》记者卢跃刚认为,20世纪80年代思想交锋的标志是三次大讨论:"潘晓讨论""人道主义和异化问题争论""姓'资'姓'社'大讨论"。三个争论的形态基本是"左""右"之争(《我的故乡在八十年代》,2014年,中信出版社,第125页)。卢跃刚提到的"潘晓讨论"是一次波及全国的大讨论。1980年5月,北京第五羊毛衫厂的青年女工黄晓菊、北京经济学院二年级学生潘祎以"潘晓"为笔名在《中国青年》杂志上刊发文章《人生的路呵,怎么越走越窄……》,轰动80年代的"潘晓讨论"或曰"人生观大讨论"由此拉开了序幕。当时的《中国青年》杂志发行量398万份,覆盖了全国各省区市,随后是《中国青年报》和《工人日报》介入讨论,形成了80年代影响最大的一次思想大讨论。潘晓在来信中说:"我体会到这样一个道理:任何人,不管是生存还是创造,都是主观为自我,客观为别人,就像太阳发光,首先是自己生存运动的必然现象,照耀万物,不过是它派生的一种客观意义而已。所以我想,只要每一个人都尽量去提高自我存在的价值,那么整个人类社会的向前发展也就成为必然了。这大概是人的规律,也是生物进化的某种规律——是任何专横的说教都不能淹没、不能哄骗的规律!"

当年的《中国青年》社长兼总编辑关志豪谈及大讨论时说:"产生巨大反响是意料和情理之中的,那一代年轻人从小受的是全红的理想主义教育,他们就像关在一间封闭的小屋子里,窗外是一簇人为摆放的鲜花,只有袭人的花香和恋花的蜜蜂,但当他们有朝一日走出这个房间,发现世界不只是一个窗户那么大小,也不只有鲜花和蜜蜂,世界很大,也很复杂,有阳光也有阴暗,有鲜花也有毒草。因此，困惑是必然的，思索也是必然的，困惑和思索说明这代青年开始清醒、开始独立、开始前进。他们大有希望。"（《北京青年报》，2009年9月14日《人生激辩——回望"潘晓讨论"》）

《中国青年》杂志第8期还发表了武汉大学历史系三年级学生赵林写的《只有自我才是绝对的》一文：

> 自私首先是一种自我发现：个人意识到自己的价值，意识到"我"的重要意义。……历史是由人的活动组成的，而人首先是个人，所以每个自觉到自我价值的人都可以问心无愧地说："我就是历史。"

从第5期到第12期，《中国青年》关于潘晓讨论一共编发了110多位读者的110多篇稿件，约十七八万字；在讨论开展的7个月时间里，编辑部共收到来信来稿六万多件，其中不少信稿是几十、上百青年联名写的；讨论期间，《中国青年》的发行量由325万上涨到397万；关注和参与这场讨论的青年以千万计。（《北京青年报》，2009年9月14日《人生激辩——回望"潘晓讨论"》）

就在这场大讨论余波未消之时，《文汇报》的讨论又引发了一场围绕人生价值的大讨论。《文汇报》于1982年11月9日组织了"大学生冒死救老农值得吗"的大讨论。这次大讨论的背景是，粉碎"四人帮"后，西方存在主义哲学思潮为部分青年所接受，自我价值得到强调，"主观为自我、客观为别人"的观念在部分青年中很有市场。在20多天的讨论中，《文汇报》共收到来信来稿4500多件，主要是高校大学生写来的。

《光明日报》原总编辑何东平向笔者回顾张华报道时说，当时他还是总编室的年轻编辑，参与了张华、华山抢险、全国四所军医大学学员赴老山参战的全部报道。他还记得，《光明日报》对张华的报道也得到了其他媒体的呼应，其中就有《文汇报》，该报专门开辟专栏就"大学生该不该救老农"这个问题进行讨论。对此，当时的《光明日报》总编辑态度非常鲜明，他认为：要直接肯定张华舍己救人的行为，肯定张华是当代大学生的杰出代表，张华是值得所有人崇敬的英雄，绝不能把张华的行为引导到让人怀疑的方向上。一个人的生命不能用价值来衡量。基于这样的认识，《光明日报》对张华的事迹大书特书，最后把他树成当代大学生的典型，不但报道他舍己救人的事迹，还宣传他平时学习刻苦、为人正直、乐于助人等优秀品质。正是他平时的良好表现为他后来的英勇行为奠定了基础,当人民需要的时候他就该挺身而出。《光明日报》正面肯定张华行为的一系列后续报道把"大学生该不该救老农"的论调压下去了。何东平表示,张华这个典型的成功也坚定了他后来对人物报道的信念,使他在人物报道上有所突破,当他 2012 年就任《光明日报》总编辑后就毫不动摇地大抓人物报道,对此将在下文专门阐述。

其实,围绕张华之死是否值得的讨论一直在持续。2008 年 12 月 23 日,上海人民广播电台《市民与社会》节目再次就此展开讨论;2011 年 8 月 15 日央视军事频道的《和平年代》栏目播出《我的同学叫张华》节目。一个人物在死后二三十年还有人就他的行为进行讨论,可见张华这个典型人物的持续影响力。

2016 年 4 月 1 日上午,张华烈士纪念碑新碑落成仪式在西安举行。1984 年 5 月,第四军医大学在英雄牺牲的原址立碑纪念。历经 30 年风雨后,2014 年原碑因道路改建而迁至校内陈列,2016 年清明节之前重建的新碑矗立在张华牺牲的康复路南口。

"一代人有一代人的使命,历史已交到我们手中,今天,传承先辈精神、继承先辈遗志的接力棒,历史地交到了我们手中,跑好这一棒我们责无旁贷。"张华班班长罗雨声在揭碑仪式上向全体学员发出号召。

一个 34 年前牺牲的军人,至今还被人们记忆,还被重新立碑纪念,这充分说明张华这个典型是有生命力的,张华舍己救人的精神没有过时。34 年来,关于张华舍身救老农是否值得的有关人生价值的讨论一直在延续,2009 年,张华还入选"新中国成立以来感动中国 100 位人物"。

第二节　从张华到华山抢险

《光明日报》在报道张华这个典型时并没有想到,这只是轰动全国的《光明日报》军人三部曲的第一部,很快,第二部第三部精彩剧目即将隆重登场。而作为三部曲中第一部的张华报道,已为第二部华山抢险奠定了基础,华山抢险则是张华报道的展开,是延续,是放大。一个张华倒下了,无数个张华站起来了,他们沿着张华的足迹前进,从而构成了一个时代的精神风景线。

然而,就是这个此后轰动全国、载入中国新闻史册、在中国精神文明建设领域闪烁光芒的华山抢险军人群体典型,如果不是《光明日报》的及时发现,差一点被扼杀掉。

阎百琨是第一个接触华山抢险报道的新闻工作者。

那是1983年5月28日,《光明日报》记者部来了一位送稿子的军人,他是第四军医大学的宣传干事,叫舒英才。他向阎百琨讲述了5月1日发生在华山的一幕。

"五一"劳动节那天,第四军医大学部分学员趁假期去游华山。这一天,天险华山道上出现了超过平时几倍的游人,狭窄的山道发生严重堵塞,拥挤导致一些游客被挤从险峻的高处跌落,有些甚至从游人头顶上直接摔下,跌落者或重或轻都受了伤。在这事关许多游人生死的关键时刻,四军医大学员冒着自身被滑落游人砸下深渊的巨大危险,紧急行动起来,奋不顾身地全力参加抢救,使得十几名轻重伤员全部脱离了危险。

但就是这样一条重大的信息,却没有能够引起媒体的重视。舒英才说,他拿着写好的稿件已经跑了多家新闻单位,但是没有一家媒体肯用他的稿子。

阎百琨接过舒英才的稿子,这是一篇关于华山抢险的通讯。孤立地看,这篇通讯的内容无非是一个好人好事报道,与许多此类救人、做好事等宣扬社会主义精神文明的报道并无不同之处。但透过稿件,从通讯的背景看,特别是将华山抢险与张华这一重大典型联系起来,其重大的新闻价值马上显示出来:张华是首先经《光明日报》报道才在全国产生重大影响的,而今张华所在的第四军医大学的学员,张华的战友们,又用自己的血肉之躯,用自己的生命谱写了一曲新时期的精神文明之歌!撇开此稿的背景看很一般,但一旦与张华联系起来,马上显得重要起来,一个张华倒下了,无数个张华站起来了,作为张华的续篇,这个群体典型实在是太好了!

看完稿子,阎百琨马上掂量出稿子的分量。但此时记者部主任卢云不在。等卢云一回来,他马上做了汇报。卢云一眼就洞穿了这篇稿子的新闻价值,当即做出决定:将华山抢险作为记者部的重大典型来报道。因为四军医大在西安,张华整个典型也主要是由记者站完成的,卢云建议,华山抢险报道也主要由记者部配合记者站来进行。卢云马上将这个报道选题计划向总编辑汇报。总编辑看到报道计划非常兴奋,马上拍板:先发一篇消息稿,立即见报!同时马上开始部署,确定由阎百琨赶到西安组织采访华山抢险的后续报道。

一场大规模的人物典型报道拉开了序幕。

1983年5月29日,《光明日报》的一版刊出华山抢险的第一篇报道,这是一则全文仅333字的短消息:"我们是张华的同学",四医大学员奋力抢救华山遇险游客:

本报讯 通讯员舒英才报道:今年5月1日上午7时许,素以"太华咽喉"著称的华山极险处千尺幢突然有十余名游人自80多度的崖梯上部跌落下来。这一天登山游人猛增。仅容两人侧身错道的登山险道千尺幢,为上下游客所阻滞。险情发生时,跌落者从人流的头上、身上,腾跳着向下翻滚、撞击。第四军医大学八〇级在场学员立即放弃游山,不顾个人安危,奋力救护群众,或用手臂和身体抓拦阻挡,或为受伤者处理伤情,或利用就便器材扎结担架,穿越崎岖山道,将重伤者抬出山外,经抢救全部脱险。

四医大学员奋力抢救致伤群众的行为,受到华山游人的交口称赞。人们看到他们胸前佩戴的校徽,便立即把这种高尚举动同张华精神联系在一起。当被救群众的亲友询问姓名时,学员们异口同声说:"我们是张华的同学。"

就在这则消息见报的当天,阎百琨已踏上了奔赴西安的列车。

到西安后,阎百琨马上和记者站站长刘炳琦一起到四军医大通报情况,进行采访。在四军医大,他们意外地获悉,总后勤部部长洪学智在西安,阎百琨马上决定,直接采访洪学智,争取赢得总后的支持,这对报道非常有好处。

洪学智欣然同意接受《光明日报》记者的采访。

当时的媒体在广大读者中地位很高,中央党报就更不用说了。1985年笔者曾随《光明日报》采访组到宝钢采访,刚好当时的冶金部部长李东冶在宝钢检查工作,采访组组长当即决定采访部长,我们很快就见到了部长;1987年笔者加入《光明日报》采访组参加内蒙古40周年大庆,在参观内蒙古40周年成就展时,自治区党委专门安排采访组和中央一个代表团一起参观,采访组组长樊云芳抓住机会,不断向做讲解的负责人提问,全然不顾一起参观的中央代表团,以至于做讲解的负责人以为樊云芳就是中央代表团团长,却把真正的团长中央统战部部长阎明复冷落在一边,阎明复以其宽厚和绅士风度对待眼前这一幕,丝毫没有流露出不快,一直微笑着听这位负责人讲解直到结束。在内蒙古采访时，一天我们在自治区政府采访，结束后还有时间，樊云芳提议采访一下自治区主席布赫，事先都没有预约，我们一头撞进布赫的办公室，布赫主席居然马上答应接受采访。当时的社会风气非常单纯，领导与普通人之间没有太多的约束。

阎百琨、刘炳琦很快见到了洪学智，并向他汇报了报社准备把华山抢险作为张华的后续报道，作为重大典型来报道的设想，洪学智当即表示支持，并表示部队一定配合《光明日报》做好这一典型报道。

媒体报道要想产生重大影响，离不开党委政府的支持，阎百琨深谙这一点。在得到军队领导人的支持之后，他又与刘炳琦一起拜访了陕西省委书记马文瑞，马文瑞对《光明日报》的决定非常支持，并接受了他们的采访。

由于种种原因，华山抢险的报道拖延了几个月，直到11月9日才正式推出。这一天在二版刊发了军队通讯员舒英才的长篇通讯：《张华赞歌的续篇》，华山抢险群体典型的报道至此才正式拉开序幕。两天后的11月11日，《光明日报》在报纸一版头条辟出"雷锋精神代代传，张华之歌有新篇"的专栏，紧接着就开始连篇累牍地报道。11月13日、14日、17日、18日、23日接连刊发5个一版头条，报道了第四军医大学五名学员入党、《张华之歌响彻华山天险》《无愧于时代的张华式大学生》《总后勤部部长洪学智会见第四军医大学参加华山救险的部分学员时指出为人民利益牺牲自己是最大光荣 他在对本报记者的谈话中说：要使我们培养出来的学生都能成为为人民服务、为国防献身的合格人才》等报道；11月24日一版刊登阎百琨、刘炳琦采访陕西省委书记马文瑞的报道《当代青年的主流 祖国未来的希望 陕西省委第一书记马文瑞高度赞扬第四军医大学学员先进事迹》；11月27日一版刊登刘炳琦的报道《共青团陕西省委做出决定 号召全省团员和青少年向华山救险英雄群体学习》；11月28日再次在一版头条刊登刘炳琦、阎百琨的报道《调动各方力量齐抓共管 运用正反两方面的典型 第四军医大学坚持进行共产主义理想教育使学员具有饱满的政治热情和蓬勃向上的精神面貌好人好事层出不穷》。

到12月3日刊登刘炳琦、阎百琨的报道《推动社会主义精神文明建设 陕西省逐步开展向华山救险英雄群体学习活动》，华山抢险连续报道才接近尾声，至此，这一连续报道本该可以收尾了。但是，总编辑杜导正却兴犹未尽，感到这一典型还缺乏重量级的大报道予以深化。11月下旬，他在编委会上提出，要派出最强的力量和最大的阵容加强这一典型的报道力度。为此《光明日报》编委会决定，派机动记者部主任张天来带队亲赴陕西坐镇指挥，写出最有分量的报道来，使华山抢险报道再上台阶，再掀高潮。

2015年7月10日，笔者采访了曾参与报道并指挥华山抢险的《光明日报》原机动记者部主任张天来。

张天来是《光明日报》也许是中国新闻界学历最低的记者——只读过4年书——但他却是《光明日报》最有影响力的大牌记者。笔者刚进《光明日报》时就听说了他传奇般的人生：14岁参加革命，在实践中学习采访与写作，20世纪50年代就成为《光明日报》名记者。1956年，总编辑常芝清为改变文风，任命巴波、卢云、张天来三人为《光明日报》的特派记者，由总编辑直接领导，去哪里采访由总编辑定，写了稿子直接交总编辑处理。1976年唐山大地震，张天来到震区采访，他的长篇报道发回报社，排字工人一边排字一边流眼泪。他不但业务精湛，而且为人非常正派，1957年"反右"期间，他坚持为被错划的右派说话，差一点被划为右派，实在是他根红苗正，参加革命很早，没有理由成为右派，结果成为内部控制的中右。原记者部副主任殷毅就曾对笔者说起过张天来的为人，殷毅被划为右派后，报社里原来熟悉的人见了他都避之犹恐不及，只有张天来见了他照样微笑着跟他打招呼，他说当时自己非常感动。一个人只有落魄后才能分辨出别人对他是真好还是假好。

张天来说，当时的总编辑对典型报道的重视异乎寻常，一旦发现典型就会抓住不放。为此专门成立了机动记者部，任命张天来为机动部主任，并为该部配备最强的力量，该部承担的是报社的重大任务，写的都是重磅稿子。这一做法曾在报社引起争议，报社其他部门对此很有看法，不能把重大报道任务都交给机动部的记者来完成，别的部门也需要重大典型来显示业绩。但总编辑还是坚持，因此一部分人就很妒忌机动记者部的记者，妒忌机动记者经常发表有影响的大报道，一出手常常就是一个整版，譬如理由就经常一个整版一个整版地发，发得大家既羡慕又无奈。当时的机动部确实都是《光明日报》的精英记者：金涛、邓加荣、林玉树、马雨农、张胜友、郑笑枫等。报社一旦发现重大新闻，马上就会让机动部派记者奔赴新闻发生地。总编辑是一个搞新闻的行家，他有许多好的办报经验。华山抢救系列报道就是在他直接指挥下影响巨大的一个重大群体性典型。

"华山抢险报道大约花了4个月时间，投入了很大的人力和版面。老总亲自领导了这次报道，包括制订计划、组织人力和安排版面等。"张天来接受笔者采访时说,"在机动部参与报道之前,华山抢险报道的主力是记者部、陕西记者站和本报特约记者。前期报道在形式上进行了一个新的尝试,就是把照片放在最突出的位置,甚至放在一版头条位置刊登,连续几天发表了几组摄影报道。那些在抢险现场拍摄下来的抢救场面,形象、生动,特别是由于它真实、生动,让人看后异常激动,比文字更富感染力。在整个报道过程中,报纸注意在充分报道抢险事实的同时,着重报道了第四军医大学的思想政治工作对学员成长的作用。同时,为扩大报道的影响,发表了总政治部、总后勤部负责人的谈话,发表了几篇评论员文章。至今,这一大型系列的典型报道,读起来仍然让人激动。"

张天来参与华山抢险报道是在11月下旬,在报道接近尾声时,受总编辑派遣赶赴西安参加报道的。他还带了《光明日报》青年才俊李春林,此君后来当到《光明日报》副总编辑,是一位读书很多、内涵丰富、极有见地、能力很强的新闻工作者;另一位是《光明日报》驻深圳记者站站长吴晓民,是《光明日报》几位最能干的女将之一。

张天来说,接受任务之后,他先反复阅读已见报的报道。他发现,报道确实感人,但不足之处一是缺乏现场描写,二是参与抢险的大学生的英雄壮举缺乏背景交代,这正是当时许多人物报道共同的症结所在,也是华山抢险报道中的一个致命缺陷。作为一个善于写人物的高手,每当他发现重大人物报道线索时,他都会思考一个问题:面对要写的人物,只知其好不行,还必须知道为何好,这才是新闻需要追问的本质问题。长期以来,我国媒体上的先进人物几乎都是只有优点没有缺点更没有错误的完人,人物显得单一苍白。列宁说过,除了死人和娘肚子里还没有出生的,不存在没有缺点的人。但此前党报上的先进人物却往往是只有闪光点却没有瑕疵的高、大、全英雄,读者常常无法信服,因而对这些先进人物产生怀疑,党报的公信力因此被严重削弱。张天来一直在探索人物典型的写作方法,一直试图摒弃高、大、全的人物典型塑造,尽可能立体、生动地呈现真实的人物,给读者提供真实可信的人物典型。

对于现场描写,因为事情发生在五一,此时距离事发时间已经过去5个多月,记者已无法亲临现场观察和还原当时救人的场景。尽管如此,张天来还是坚持要去现场,他希望通过现场观察,对当时的抢险有感性的认识,尽可能还原当时抢险的场景。华山抢险经《光明日报》力推,其他媒体也已介入报道,但所有中央媒体记者都忽略了现场,张天来成为第一个到现场的记者。后来张天来的长篇通讯最精彩的部分正是那些生动的现场描写。如果不到现场，华山抢险的整个报道就会缺失最精彩的部分。

到西安后，张天来马上着手两件事，第一是提出到抢险现场，第二是与参与抢险的学员进行座谈。

新闻现场就是记者的战场，不到现场不写稿，这是20世纪80年代记者的一条底线。能不能深入现场，是衡量一个记者作风是否深入的标志之一，同时也是稿件是否真实可信的依据之一，脱离了现场的新闻是缺乏生命力的。

在四军医大政治部干部的陪同下，张天来、阎百琨、李春林一起登上了华山，对当时抢险的场景有了真切的了解。张天来在反思华山抢险报道的文章《华山抢险真是险》中说：

"山路相当难走，一直走了7个小时，才爬到了山顶上的一座寺庙住下来。这时候，最疲累的就是记者部副主任阎百琨，他的面孔已经发青发白；我的脸色大约没有什么大的变化，但也累得够呛。只有学校政治部的那位领路的青年，看样子不很累，但也并不轻松愉快。我们吃住就在这座庙里。一进屋，大家就要脱鞋上床倒下来休息，不想吃东西了。这时候已将近夜里10点，寺庙里只剩下一些稀稀的面条汤。走了七八个小时，不吃一点点东西，是睡不好觉的。于是，我们每人喝了一碗面条汤，美美地入睡了。

"这七八个小时的山路，告诉我两个方面的事实：第一，这条路很长很长，我们空手走还感到相当累，那些学员抬着伤员走上十几公里，那该有多么累啊！第二，这条路上的几处天险，其险要的程度是我几十年间从未经历过的，如果不亲自走一走，就没办法体会到。如果没有这次现场考察，报道就会缺少一个非常重要的方面。

"我为什么想去看一看现场？这也是此次探索的一个内容。在我看来，发生可信性问题的原因之一，也是一个记者的采访工作深不深入的问题。记者深不深入的重要标志之一，是他有没有到事情发生的重要现场进行认真地考察。特别是在这次抢险现场的华山天险，不仅对全国大多数读者来说是比较陌生的，就是我们两个记者也从来没有去过；在这种情况下，怎么可能写得生动，怎么可能让人感到真实可信？

"这一去去对了，如果不到现场，后来的报道就不会那么生动。在现场，我们看到抢险现场太危险了，80多度陡坡，几十米高，游人从上滑下，下面的人哪敢接啊，一掉下来就把下面的人也冲下去了。因为到了现场，我把现场写得很真实,这些年轻的军人太了不起了,他们把人民的生命安全放在第一位,当人民的生命受到威胁时敢于往上冲,他们是冒着生命危险抢救这些游人的。"

华山确实太险了,谁看了那种天险地势都会害怕。抢险现场中最重要的一处,就是"自古华山一条路"的华山天险入口处千尺幢,对现场的了解使张天来的描写非常生动,长篇通讯《张华的战友 英雄的群体》是这样开头的:

> 一级一级地攀登千尺幢,你不敢回头,不敢仰望。回头,则深极直极;仰望,则至高至陡。你必须两手紧紧抓住两侧的铁链,横起脚来稳稳地迈上一道又一道窄窄的石阶。你必须全神贯注。稍一失神,顷刻之间就会一落千丈,粉身碎骨。
>
> 这里是华山的咽喉。"自古华山一条路。"华山四周全是直立万丈的绝壁,只有通过千尺幢才能进入胜境。风吹、日晒、雨淋,大自然硬是剥蚀出这样一条直立的沟槽。我们的先人在槽边凿下一个个石窝,插入一根根短棍,成为木梯。如今,木梯的痕迹已经随着历史流逝,但在我们新凿的"天梯"旁,古老的石阶仍断续可见。
>
> 来到这古老而又威严的千尺幢,一步一步地踏上它那狭窄的石阶,你很自然地就会对华山抢险的英雄们产生一种巨大的敬意。你会联想到,从这样直立的约有十几层楼高的顶部滚下一个人来,有人胆敢把他拦住,那么这个人该是多么勇敢?!

"当时,我提起笔来,满怀激情地写下了全篇文章开头的这段文字。我想,我是把读者引到那曾经让我惊心动魄的现场上来了。二十年后的今天,重读这段文字仍然感到激动。"张天来说。

对正面人物的写作,张天来摆脱了传统写法,写出了人物的成长过程,也不避讳其缺点,使人物变得立体。12月3日二版整版刊发张天来和吴晓民的长篇通讯《张华的战友 英雄的群体》中,对女学员魏兰新的描写就很立体,真实可信:

> 一位女学员也坚持到了最后。她从男同学身上把挎包抢了过来,还用昏暗的手电为大家照路。实在看不清了,她就跪在地上,用手摸路,去抵住那些松动的石头……

"你当时是怎么想的？"我们问这位女同学，她叫魏兰新。

"我只觉得这个时候，我应该这样去做。"

魏兰新是北京兵。她说："你们采访男同学吧，他们是担架队的主力军。采访我，我会让你们失望的。"

原来1年之前，她还老挨批评。她烫了头发，爱穿个半高跟，风纪扣也常常忘了扣。还总是单肩背挎包。为了这个，她不知挨了多少批。她虽是个班长、党员，80级中年纪最大、军龄较长的大姐姐，却总也叠不好被子。她曾在西藏当过4年兵。不过那是通信兵，是给首长接专用机的。1980年，她以西藏军区的最高分被录取到第四军医大学。可入学后的一段时间，她却不习惯军校的紧张生活。每天6点起床，几分钟后列队练操，立正、稍息、一二一；这一二一，究竟有多大学问？！魏兰新急了："我是来上学的，又不是来学一二一的。"她采取行动了。你熄灯，我就打着手电在被窝里看书；你走步，我可以想心事。队长剋她了："你是党员、班长，大家都看着你。""等等，"魏兰新嘟起嘴："看着我？我还真羡慕北京同学'自由自在'的生活呢！"她给妈妈拍了份电报。

妈妈是位工程师，知识渊博，又是那样了解兰新。然而，她们之间更多的是别离。不过，他们每隔6~7天，就能在信上见一次面，信太多了，怕丢失，她们就给每一封信编上号。……

多好的妈妈，她接到电报，连夜从北京赶来了。一晚接一晚，母女俩还有说不完的话……妈妈希望自己做一个像样的军人，既有丰富的专业知识，又有军人的风度。……

此刻，兰新双膝跪在尖硬的石块上时，又一次想起了妈妈。……

她说，华山抢险，使我感受到了部队严格训练的成效。这是来自痛苦的欢乐。

张天来是在座谈会上了解到魏兰新事迹的，他感到这个人物可以解决可信性问题，魏兰新是一个真实可信、有曲折过程的、活灵活现的英雄人物，通过她的成长经历使读者感到真实可信，比男学员具有更大的说服力。

新一轮报道又开始了。12月5日一版连发李春林采写的《高山救人 一路新风》等两篇通讯稿；12月7日、11日、29日都是一版头条。

大规模的连续报道对相关部门形成了影响，1984年2月29日，团中央在西安召开命名大会，授予第四军医大学华山抢险英雄集体全国新长征突击队称号，授予徐军、王连刚等11名同学全国新长征突击手称号，团中央第一书记王兆国参加会议并发表讲话，最后是部队通令嘉奖，中宣部、总政治部、教育部、团中央联合表彰，英雄群体还举行报告会，让更多的人接受教育。

华山抢险系列报道成功地塑造了当代青年军人的英雄群体，这是继张华之后又一个成功的群体典型人物报道。报道生动地再现了一群张华式的年轻军人在华山游人遇险的关键时刻挺身而出，放弃游览，马上投身到抢救受伤游人的行列中去，完成了从游人到战士的角色转换，救死扶伤，无私无畏，展示了当代大学生的精神风貌，表现了新时期军人英雄模范的风采。一位资深媒体人评论："《光明日报》华山抢险连续报道，开创了新时期连续报道的新局面！"

连续报道是报纸宣传的重要形式和手段，华山抢险这一连续报道从两条主线进行深入挖掘，其一是典型是如何炼成的，其内部矛盾运动有怎样的轨迹，学校思想政治工作有哪些成功的经验，当代大学生有怎样的心路历程，这条主线展示的是当代军人胸怀全局的精神风貌，当祖国和人民需要时就会义不容辞地挺身而出。其二是展示报道引发巨大反响之后，社会上对这一典型的呼应和表达的心声，用读者来信的形式表达广大读者对英雄群体的评价和赞扬；部队领导洪学智对这个群体的高度评价；刊登总后勤部通令嘉奖的消息；发表读者学习英雄的文章；中宣部、总政治部、教育部、团中央联合表彰英雄群体；举行报告会，让更多的人从英雄群体的英雄行动中获得教育，并配合各阶段的报道发表社论、评论员文章以提升读者的认知水平，使读者对英雄群体的认识从感性上升到理性。整个连续报道仅在一版头条位置就发了12篇。

这一系列报道为中宣部、团中央、解放军总政治部、教育部等部门提供了非常理想的精神文明教育的素材，他们联合组织报告会，让学员到各地做报告，影响非常大。光明日报出版社还出版了《华山抢险记》，发行了100多万本。

华山抢险连续报道到1985年年底共刊出约80篇。1986年还继续在刊发报道。其报道延续时间之长，发稿量之多，报道规模之大，影响力之广，为人物报道中所罕见。

但是，张华和华山抢险报道都有一个很大的缺陷，那就是第一篇报道发出后，间隔很长时间才发出第二篇报道。比如，张华救人的第一篇报道是

1982年8月5日刊发的,发出后并无什么反应。第二篇报道是到一个半月后的9月19日才刊出,接下来才是连篇累牍的后续报道。华山抢险发生在1983年5月1日,第一篇报道至5月29日刊发,也是一条消息,发出后也很长时间没有下文,当然也没有反响。这倒不是编辑部对这个典型不重视,这个典型从一开始就引起总编辑的高度重视,第一篇消息见报的当天,编辑部就派阎百琨去西安组织采访后续报道。后来总编辑在总结华山抢险报道经验时说,第一篇报道推出后没有反响,是因为第一篇稿子没写好,也太简单,一则短消息,没能产生影响。但是,张华也好,华山抢险也罢,第一篇报道都是《光明日报》首发的,在中央媒体中抢到了独家,在新闻上抢占了先机,后续报道可以慢慢来。但是,这个"慢慢来"也实在太慢了,间隔几个月才发后续报道,不管其中是什么原因,这都影响了这个典型的及时传播,削弱了新闻效应。

但不管怎么说,华山抢险是继张华之后取得巨大成功的军队典型人物报道,就在这个典型报道收官之时,第三个军队典型又出现了。

这个典型也是在偶然中发现的。

第三节　从华山到老山

阎百琨2015年7月11日在他北京马连道小区家中接受笔者采访时说,他是从一个电话里首先听到四所军医大学学员赴老山参战的重要信息的。

1986年1月30日下午,阎百琨接到解放军总后勤部宣传部负责新闻宣传工作的王宗仁的电话。因为接连报道张华和华山抢险等军队典型,阎百琨与王宗仁已经很熟。此次王宗仁给他打电话是礼节性的问候,并顺便告诉阎百琨,他正在北京京丰宾馆参加一个会议,会议的内容是解放军四所军医大学80名学员赴老山参战结束归来,向总后领导汇报他们4个月来赴老山前线参战的经历。也许是职业使然,讲到这里,王宗仁赶忙问了一声:"你看这个内容《光明日报》能不能报道一下?"说罢,为了让这位曾成功地参与并指挥了张华和华山抢险报道的新闻界朋友相信自己推荐的题材是有新闻价值的,王宗仁马上补充说,学员在参战4个月的枪林弹雨中表现出色,80名学员中有39人荣立二等功和三等功,有36人受到嘉奖,有29人火线入党。战火中有许多生动感人的故事。王宗仁还特别提到,第四军医大学参战的20位学员中,有12位曾参加过华山抢险,你们《光明日报》还曾经做过报道,老先进如今又立新功了!

  还没等王宗仁讲完,阎百琨已经激动起来,强烈的职业敏感性使他意识到,这又是一个极有新闻价值的报道线索,尤其是《光明日报》已经成功报道了张华和华山抢险两个重大典型,这个报道也许可以作为张华和华山抢险之后的又一个重大典型,成为前两个典型的姊妹篇!但阎百琨没有立即表现出自己的激动,他深知,能不能把这个题材作为典型来报道,如何报道,以什么规模来报道,决定权在报社领导。虽然他已经判断这是一个典型并且可能是重大典型,但他不能让还没有确定的事给这位报道热情很高的部队宣传干部太多的希望,万一这个题材无法像预期的那样来报道,就可能使王宗仁失望,一切还是等向报社汇报后再确定。阎百琨的谨慎和克制还有一个原因,就是他不想让这个典型被别的媒体抢去,如果这个典型能作为重大典型并且又是独家新闻来报道,那么这个典型的新闻价值就要高得多。如果他大包大揽当场表态这个题材可以做重大典型来报道,那么王宗仁就会激情高涨,回去肯定马上汇报,而部队对宣传报道的热情很高,说不定就会马上有所行动,部队当然希望报道的媒体越多越好,他们就有可能把这个信息透露给其他媒体,这样就会影响本报的独家报道。因此,他一边不动声色,不想吊起这位宣传干部的胃口,一边告诉王宗仁,他认为这个题材可以报道,如果报道则希望部队能配合;同时他特别叮嘱:在没有确定如何报道之前,千万别把这个线索披露给其他媒体,必须让《光明日报》享有报道的优先权。

  此时的《光明日报》已很重视报道的原创性,已在鼓励记者采写独家报道,报社已开始向记者灌输竞争意识,"嚼别人的馍没味道",记者也以发掘原创的独家报道为荣。而在粉碎"四人帮"后的一段时间中,因为政治环境复杂,中央领导层"凡是"派与改革派斗争很尖锐,而宣传文化系统的大权掌握在"凡是"派手里,他们对中央媒体宣传报道有着生杀大权。在这样的复杂情况下,中央媒体不得不经常抱团合作,以抵御巨大的压力。《光明日报》为了发表《实践是检验真理的唯一标准》一文,为避开"凡是"派干扰,故意让中央党校的内刊先发,然后《光明日报》再在第二天刊发。为了刊发为"天安门事件"平反的报道,新华社、《人民日报》、《光明日报》几家中央级媒体一把手秘密协商,新华社一发稿,几家媒体在同一天见报,造成既成事实,以抱团来抵御政治风浪。在那样特殊的政治形势下,使文章或报道刊登出来已是媒体的第一目标,至于报道是谁独家发现的谁拥有原创权已不重要。那时的媒体还经常互相转载兄弟媒体的报道，同行间本应存在的互相竞争变成了互相合作。其实，媒体间转载文章或报道一直有一种不成文的规定，级别较低的媒体可以转载级别高的媒体的报道或文章，而级别高的媒体一般不转载级别低的媒体的文章或报道。也就是说，《光明日报》可以转载《人民日报》的报道，而《人民日报》一般不太会转载《光明日报》的报道。但在当时，这一现象完全被打破，抱团合作成为常态，也许这属于媒体间的"环境友好型"阶段吧。

到20世纪80年代中期，这一现象逐渐消失，随着社会秩序的日趋正常，媒体间的竞争也恢复常态。时任总编辑是一个竞争意识很强的党报领导，他到《光明日报》后，力倡竞争，鼓励原创，把采写独家新闻作为对记者的要求之一。阎百琨记得，这位总编经常到记者部要稿子，一旦得知记者部有好稿子，或得知记者部正在组织重大报道选题，他就会兴奋不已，紧接着他便会追问："其他媒体知不知道？"并叮嘱："一定要保密，千万别让其他媒体知道！"

正是这种强烈的竞争意识使阎百琨在获知这个后来轰动全国的重大典型时，马上告诫王宗仁不要把这一题材外泄。王宗仁之所以能同意，一是因为《光明日报》与部队有了很成功的合作，让《光明日报》优先报道也是人之常情；二是他还没有意识到这个题材很快将成为轰动全国的大新闻。

阎百琨马上向记者部领导汇报了这个题材的情况，谈了自己的看法。此时记者部主任已经易人，出身新华社的汪波清接替卢云主持记者部工作。汪波清因长期报道中央领导活动而被称为"皇家记者"，是一个老牌名记，经验非常丰富。他马上判断出这是一个重大典型，并立即和阎百琨一起向总编辑做了汇报。而当时的这位老总是个浑身上下每个细胞都会为新闻跳动的新闻人，他一听就兴奋起来，认为这是一个重大典型，参战学员中既有张华的同学，又有华山抢险的学员，真可谓三个典型一脉相承，这个典型完全可以搞连续报道。从张华到华山抢险，现在这些年轻的军队大学生赴前线参战并且表现出色，这是新时期对全国年轻人理想信念教育的最好教材。经编委会研究同意，《光明日报》马上抓住这个重大新闻，再掀波澜，马上部署这个即将轰动全国的人物报道的采访行动。

从总编辑办公室出来，已经是夜幕降临。

根据编委会的意见，这个报道要抢，必须尽快见报。在《光明日报》军人三部曲中，这也是唯一一个发现题材马上见报，并且一鼓作气，密不透风地把报道搞完的典型。

第二天是1月31日，阎百琨马上赶到京丰宾馆采访。

31日晚上，《光明日报》编辑部里一片忙乱，军医院校学员老山参战的消息已经完成，决定当天晚上上一版头条；但是，根据编委会意见，在刊出消息的同时，还要刊登80名学员的名单，并将每人的姓名、性别、年龄、政治状况以及受表彰的情况一并刊出。为了弄清每个学员的基本情况，编辑部四处打电话查问核实，此时正是假期，找人很难。

2月1日，《光明日报》的一版头条推出四所军医大学学员赴老山参战的第一篇报道：《四所军医大学八十名学员赴老山参战载誉归来》，报道气势宏大，头版头条为竖排，加花边，头条顶端打出栏头"全国青年的榜样 当代大学生的楷模"，与头条并列的是80名参战学员名单，下面是通栏四幅图片，其中对第四军医大学8位立功学员做了突出处理，将8人的头像刊出，这8位学员均为张华的同学，其中7位曾参与华山抢险。这样处理编辑意图非常明显，将张华、华山抢险以及参战联系起来，新闻背景的极好运用，使新闻价值得到更好的提升。报道说，80名参战学员中，39人荣立战功，36人受到嘉奖，29人火线入党，这些新时期的优秀大学生用自己的行动向祖国和人民递交了一份份激动人心的毕业论文。

因为第一篇报道的推出，《光明日报》已占据这一典型的制高点。接着，这个典型顺着《光明日报》的老传统——连续报道进行安排。编委会指示报社各部门协同配合这一报道的同时，记者部将陕西记者站刘炳琦和白建钢调到北京加强报道力量，因为他们参与了张华和华山抢险报道，熟悉四军医大的情况；同时指示上海记者站黄冬元负责第二军医大学的采访报道。

2月2日，报纸继续在一版头条隆重推出总标题为《从华山到老山——军医大学学员赴老山前线参战纪实》，下面是3篇人物特写，分别记叙了张华同学、四军医大学员石俊、赵保民、雷伟三位参战学员在战火中的表现，其中石俊还参加过华山抢险。报道展示了他们在战火纷飞的战场上冒着敌人的炮火抢救伤员的动人事迹。报道配发短评：《张华式的大学生在成长》。如果说读者从第一篇报道中只感受到他们立功受奖的粗浅印象，第二天刊出的火线纪实则变得生动具体，特写细腻的描写再现了战火纷飞的火线情景，使读者有了身临其境的感受。

2月3日一版下辟栏以《他们是祖国的好儿女——军医大学学员赴老山参战纪实》的总标题刊出3篇特写，分别报道了第一、第二、第三军医大学3位学员的事迹。

2月4日一版下辟栏登载了军医大学学员的战地日记。至此，这一重大典型的推出已引起部队领导的重视，部队马上做出回应：解放军总后勤部党委做出决定，向四所军医大学赴前线参战的学员学习。《光明日报》马上在2月5日一版头条刊出这一消息。2月6日在一版下辟栏继续刊出学员的战地日记摘抄。

2月8日，农历除夕，似乎是为过年的喜庆增添色彩，报纸在一版头条又刊出《十五名赴老山参战的女护士荣立集体三等功》，并刊登15人的头像照片，女战士飒爽英姿的照片给人以强大的视觉冲击力，让人眼睛一亮。

当新春的喜庆渐渐消退时，报纸又恢复了参战学员的报道。2月15日，报纸在一版下辟栏刊登参战学员写给父母的信。

消息、通讯、特写、日记、书信、图片，甚至名单，各种新闻形式、各种新闻文体的运用加深了读者对这个群体的印象。但这些都还局限在参战学员本身。随着报道的深入，影响也越来越大，首先对报道这些新时期大学生行为做出肯定的，是来自前线的解放军官兵。2月17日，报纸又在一版头条隆重刊出《前线将士为军医大学学员请功》的报道，刊登了4封前线将士为这些学员请功的来信，他们中有受到这些学员救治的受伤战士，有连队的指挥官，有部队卫生队，他们都以自己与参战学员交往的用血与火凝结成的友情，以自己的亲身经历来讲述这些年轻人奋不顾身、视死如归的精神。

报道还在向纵深发展。

20世纪80年代，随着西方科技、文化的进入，西方价值观也开始影响我国，张华舍己救人是否值得曾引发讨论，一些年轻人开始对中华人民共和国成立以来确立的价值观表示怀疑，他们开始注重个体，一些年轻人对传统价值观产生逆反心理，因此有人悲观地认为这一代的年轻人已成为"垮掉的一代""信仰缺失的一代"。如何帮助年轻人确立信仰、信念？党的意识形态管理部门对这一状况非常重视，如何教育这些年轻人确立正确的世界观和价值观已成为当时的一个重要任务。军医大学参战学员的行为为教育年轻人提供了绝好的范例。党报对参战学员报道无疑是对"垮掉的一代"最好的反驳。此时，《光明日报》的报道开始将读者引导到更深的精神层面。

2月19日，报纸在一版头条刊出《党在我们心中——赴老山前线参战的军医大学学员谈信念》，共刊发3篇文章和报道，3位学员以自己的经历谈对信念的认识。

2月24日一版刊发文章:《做我们伟大时代的海燕——再谈80年代中国大学生应有的时代风貌》;2月26日一版刊登参战学员谈人生价值的长篇报道;为了强化学员的理想信念价值,2月28日一版头条刊发社论:《当代大学生成长的道路》,社论以参战学员为参照,用理论来阐释当代大学生所应该走的道路。

至此,《光明日报》关于四所军医大学学员赴老山参战的连续报道已产生强烈的反响,已成为社会关注的一个热点,报道的效果非常好。同时,报道也引起了中央军委领导的高度关注。2月28日晚,中央军委副秘书长、总后勤部部长洪学智就参战学员载誉归来一事接受了《光明日报》记者的专访,回答了军校如何培养又红又专的合格人才等问题。3月4日,《光明日报》又在报纸一版头条位置报道了这一消息:《学校就是要培养能服从国家最高利益的人才》,并配发评论员文章《从军医大学员参战三谈人生价值》。

为了把报道向更高的目标推进,《光明日报》和解放军总后勤部宣传部协商,希望此事能引起中央高层的关注。为此,总后与《光明日报》派阎百琨和王宗仁专门向中宣部做了一次汇报。中宣部对此非常重视,联络解放军总政治部、国家教委、团中央和北京市委共同举办老山参战学员汇报会。3月15日,首场汇报会在中南海怀仁堂举行,首都1200多名大学生参加了这次会议,时任中共中央政治局委员胡启立,中央书记处书记邓力群、郝建秀,中央军委副秘书长总后勤部部长洪学智等领导出席会议。4名参战学员分别做了汇报。

3月16日,《光明日报》又在一版头条报道了这次活动的消息:《军医大学生代表向中央领导汇报在老山前线锻炼的体会,坚定地走与群众结合在实践中成长的道路,胡启立、邓力群、郝建秀、洪学智和首都一千多名大学生等出席汇报会》。

本报讯 记者汪波清、张慕勋、张瑞熙报道:从老山前线见习载誉归来的军医大学八十名毕业生的四位代表,15日登上中南海怀仁堂的讲台,向中央领导同志和首都一千二百多名大学生、机关干部汇报他们在前线救护伤员、接受锻炼的收获和体会。

这四位代表是:全国新长征突击手、三等功荣立者、第四军医大学石俊;三等功荣立者、上海市新长征突击手、第二军医大学徐元昌;三等功荣立者、第一军医大学女学员于晓妩;三等功荣立者、第四军医大学雷伟。

  在今天举行的汇报会上，他们分别作了题为《从华山到老山》《战火中的思考和答案》《战士牺牲岂止在战场》《战士激励我向死神挑战》的汇报。

  当他们谈到前线将士的英勇，学员们在四个月见习中的思想变化，以及对人生价值、知识分子健康成长道路的新的理解时，会场掌声、笑声阵阵。四位代表汇报结束时，听众报以长时间热烈的掌声。

  中共中央政治局委员胡启立，中央书记处书记邓力群、郝建秀，中央军委副秘书长、总后勤部部长洪学智等领导同志到会听取汇报，并和大家一起向汇报团的同志们鼓掌。

  中宣部副部长曾德林主持汇报会。国家教育委员会副主任杨海波讲话。他代表主办这次汇报会的中共中央宣传部、国家教育委员会、中国人民解放军总政治部、共青团中央和中共北京市委，向汇报团的同志，向与他们共同赴老山前线代职见习的同学们，表示亲切的问候。他说，四所军医大学赴老山前线代职见习的学员，是继张华、华山抢险英雄集体之后涌现出来的又一批先进典型。他们的事迹，不仅展现了军事院校学员崭新的精神风貌，也反映了地方院校大学生共同具有的时代特征。

  杨海波说，大学生必须树立用知识为人民服务，为社会主义建设服务的思想，这是对社会主义大学生的根本要求。人生的价值离不开理想，离不开集体，离不开人民。谈知识的价值和力量离不开实践。知识如果不用在现代化实践中造福人民，就实现不了它的价值和力量。青年知识分子必须同人民群众相结合，在实践中锻炼成长。

  邓力群即席讲话，他赞扬八十名学员在前线代职见习的英勇表现，认为他们的这一人生起点是很珍贵的。他希望大家做一个久经考验、坚持共产主义信念的人。邓力群高度评价了石俊在报告中讲的一段话："荣誉是对一定的奉献的肯定，但它既不能等同更不能代替奉献。荣誉只代表着过去，而奉献则不仅包含着过去，更包含着将来。"他希望大家记住这金子般的语言，实践这金子般的语言，永远不要骄傲。

在汇报会开始前,胡启立、邓力群、郝建秀、洪学智等同志接见了四所军医大学赴老山前线大学生汇报团成员于晓妣(女)、宋宁燕(女)、徐元昌、郭曙光、曹佳、史军、石俊、雷伟,勉励他们继续走与群众结合、与实际结合的道路。

这个典型人物群体报道持续一个半月,共刊发报道、评论、文章31篇,其中一版头条9篇,刊发图片17幅。报道取得很大的成功,为张华、华山抢险、赴老山参战三大军队典型报道画上了圆满的句号。

第四节 持续不断推出部队典型

在党报的历史上,军队先进人物典型灿若星空:董存瑞、黄继光、邱少云、杨根思、罗盛教、欧阳海、蔡永祥、王杰等,这些英雄人物影响了一代又一代读者,激励了一代又一代年轻人,成为人们心目中的英雄,为广大读者所膜拜。这些先进人物典型的报道成为社会主义精神文明的宝贵财富,这些报道展示了先进人物的思想、事迹、精神,给读者以生动、形象、直观的印象,从而使读者产生学习和仿效的热情,最终起到了教育和影响的效果,由此而推动了党的各项工作。部队是一个容易出先进出典型的地方,部队对宣传先进人物典型一向有着高度的热情,部队有一批负责宣传的新闻干事,长期跑媒体,与媒体联系紧密,一旦发现先进人物典型,就会积极向媒体提供。

《光明日报》对军队先进人物的宣传非常重视,但是像20世纪80年代这样集中、大量地报道军队先进典型,这在《光明日报》历史上是罕见的。光明通讯1985年第9期刊登《光明日报》编辑部撰写的《光明日报宣传解放军十个典型的几条体会》一文,对几年中《光明日报》对军队先进人物进行的集中报道做了如下介绍:

《光明日报》作为一张在党中央领导下富有思想文化战线方面宣传任务的报纸,对于建设社会主义精神文明的宣传,对于有理想、有道德、有文化、有纪律的宣传,是责无旁贷的。中央领导同志、中宣部曾多次向我们指示,中国人民解放军在社会主义精神文明建设方面是全国人民的榜样。要我们大力宣传解放军,向全国人民报道解放军的光辉业绩。

近几年来,《光明日报》在中央军委、各总部和各军兵种总部、各院校、部队宣传部门的领导支持和协作下,除大力报道部队在现代化、革命化方面的成就外着重地宣传了部队先进典型人物。据1982年下半年至1985年上半年对部队十个主要典型报道的统计,共发表各种体裁新闻和评论约200篇。这十个先进典型是:

(1)第四军医大学学员、当代优秀大学生张华(1982年8月至1983年3月)。

(2)第四军医大学学员抢救在华山遇险游人的英雄群体(1983年5月至1984年3月)。

(3)空军优秀离休干部周超(1983年12月至1984年5月)。

(4)总参工程兵部残而不废、离而不休的离休干部王遐方(1984年6月至7月)。

(5)解放军军事医学科学院模范科学工作者黄翠芬(1984年4月至10月)。

(6)空军建设社会主义精神文明的又一典型郑跃(1984年9月至1985年1月)。

(7)广州海军水面舰艇学校救火英雄群体(1984年3月)。

(8)海军第一航空机务学校崂山抗洪抢险、保护群众英雄群体(1985年5月至7月)。

(9)装甲兵驻河北行唐县某部抢救井下中毒农民英雄群体(1985年6月)。

(10)空军长春医院耳鼻喉科主任罗尚功(1985年5月至7月)。

在《光明日报》上报道的这些典型人物都有崇高的共产主义理想,高尚的道德情操,舍己为人的精神风貌,勇于攀登的实干、苦干精神。他们既是部队的优秀代表,又是全国知识分子的优秀代表;既有老一代革命干部,又有中青年的先进典型;既有个人,又有群体;而且海陆空各军兵种都有。因此这些报道具有广泛的代表性,显示了人民解放军在社会主义精神文明建设方面所取得的光辉成就,在军内外有着很大的影响力和针对性。

见证辉煌
——《光明日报》20世纪80年代人物报道回眸

《光明日报》编辑部在宣传解放军先进典型中，有如下几点体会：

第一，在领导思想上，明确报纸宣传先进典型人物的重大意义。通过对先进典型的报道，给广大读者树立了学习榜样，给他们以深刻的教育，巨大的鼓舞，给读者留下了深刻的印象。《光明日报》的这些典型报道，都注意了新闻的真实性，报道的先进事迹都经过有关部门反复核实。通讯报道也写得比较实在生动，不是概念加例子，不拔高。

第二，编辑部对宣传部队先进典型人物抓得较准、抓得较快。例如张华舍身救落入粪池的老农的英雄事迹传到编辑部后，编辑部领导认为他是部队培育出来的80年代大学生的优秀代表，宣传张华事迹，具有现实意义。因此，很快把稿件安排在一版见报，并做了连续报道。

第三，《光明日报》在报道部队先进典型中，舍得用大量的版面，并突出安排，持续时间长。例如，关于华山抢险的报道，从1983年5月开始，到1984年3月，前后共发表各种体裁报道50多篇。其他如张华、周超、罗尚功和崂山抢险等，都做了连续报道，给读者一种立体的、整体的印象。

第四，报道形式多样，改变了过去那种宣传先进典型人物就要发洋洋数万言、满满四大版的长篇通讯的情况。而是对这些先进人物、英雄群体采用多种体裁，深入、广泛的宣传，其中有消息、通讯、读者来信、评论、日记摘抄、诗歌、新闻照片、连环画等形式。华山抢险的五张现场抓拍照片登在一版头条位置，效果很好。罗尚功的报道，采用连环画形式，通俗易懂，深受读者欢迎。

近几年来《光明日报》对部队先进典型的报道，在军内外产生的影响，比我们预料的大，社会效果很好。编辑部和有关单位收到读者的大量来信，有一位大学教师看了张华的报道后，给编辑部来信说："报纸及时地报道这一先进典型，使共产主义思想进一步发扬光大，使其在群众，特别是亿万青年中生根、开花、结果，从而推动社会主义精神文明的建设。"一位小学教师读了崂山抢险英雄群体的报道后说："还是解放军好。"在报道这些先进典型中，报社的工作人员也深受教育。因此，首先要感谢解放军培育出这些先进人物和英雄群体。

中央领导同志在各军兵种总部、地方党政机关和共青团对这些先进典型的报道都很重视，有的受到中央军委的命名，有的受到各总部、各军兵种的命名。例如军事医学科学院黄翠芬，由军委主席邓小平签署授予她"模范科学工作者"荣誉称号；叶剑英同志为张华写了"新一代理想之歌"的题词；聂荣臻同志为记叙王遐方事迹的《晚霞红似火》一书写了序言；杨得志同志写了《共产党员要不间断地为共产主义事业奋斗》的专文；《晚节流芳赞周超》一书，宋任穷同志写了序言，余秋里同志写了题为《珍惜自己的光荣历史，为党为人们做出新贡献》的专文；张廷发同志就学习和宣传周超先进事迹答《光明日报》和《空军报》记者问；同时，总后党委发出通知，号召所属部队指战员向黄翠芬学习；空军党委发出通知，号召向周超同志学习；中宣部、解放军总政治部、教育部、共青团中央在北京联合举行表彰大会，并发出通知，号召广大团员、青年向华山抢险英雄群体学习。其他先进典型报道后，各有关部门也发出向他们学习的通知。

华山抢险英雄群体的报道还由光明日报出版社集成《华山抢险记》一书，发行73万册。周超事迹集成《晚节流芳赞周超》一书，发行36万册。王遐方的事迹，集成《晚霞红似火》一书。这些书的出版发行，也可看到《光明日报》对部队先进典型的报道所产生的影响。

光明日报社在宣传解放军方面，只做了一点自己应当做的工作。现在检查起来，还有不足之处：我们没有及时向解放军总政治部多请示，而且从同各总部、各军区、各军兵种的主动联系、发现更多先进典型方面来说，我们过去也做得不够。我们到第一线、到最基层采访现场还不够。今后要在总政治部领导和解放军部队同志的关心和支持下，力争做得更好些。

2015年7月，笔者就20世纪80年代《光明日报》有关军队报道的情况，采访了原记者部负责人殷毅和阎百琨。

见证辉煌
——《光明日报》20世纪80年代人物报道回眸

殷毅和阎百琨都是记者部的老领导，是《光明日报》20世纪80年代大部分军队先进人物报道的决策、指挥、采写的直接参与者，如前所述，阎百琨既是华山抢险、老山前线参战军医大学员典型报道的决策者和指挥者，也是采写者，华山抢险的大量报道都是他和陕西记者站站长刘炳琦采写的。殷毅也是，他参与了许多由记者部承担的军队先进人物典型报道的决策和指挥。他还记得1983年冬天的一天，几位军人来到记者部办公室的情景，这些军人就是来推荐一位军队典型人物的，这个典型是一位新四军老战士，他离休后，放弃优越的生活，回到家乡义务为农民行医。这个典型推出后，卢云把写评论的任务交给了殷毅，殷毅共写了5篇评论。

殷毅在回顾这段历史时说，《光明日报》20世纪80年代的人物典型报道比其他媒体强，主要原因是总编辑的高度重视。总编辑就是报纸的面孔，总编辑的性格也会体现在报纸的风格上，譬如胡愈之善于写评论，许多社论都是他亲自动笔写的；穆欣很懂业务，是行家；杨西光是具有雄才大略的政治家，因此才会有冒死发表《实践是检验真理的唯一标准》这样载入史册的文章；而杨西光之后的总编辑则善于抓人物典型，在这位总编的指挥下，《光明日报》的记者也特别善于发掘人物典型，特别是1978年记者站恢复，1982年新总编到光明日报后，鼓励抓人物报道，将《光明日报》的人物报道发扬光大，人物报道成为《光明日报》的一大特色。特别是，在总编辑和报社编委会的倡导下，记者站记者写人物典型的积极性被调动起来，很快成为光明日报采写人物报道的主力部队，如樊云芳、丁炳昌、梁衡、马雨农、吴晓民、张祖璜、李汀、唐湘岳等。

在军队人物典型的采访写作上，樊云芳做出了自己独特的贡献。80年代也是樊云芳采写并发表军队先进人物典型最多的阶段，她先后推出的典型人物有广州军区军事医学研究所副所长周培安、广州军区衡阳一六九医院的离休科主任张弛、工程兵离休干部王遐方、空军"振兴中华刻苦读书标兵"王素华等。

1982年9月，樊云芳、丁炳昌夫妇从山西记者站调到湖北记者站。自从《追求》一稿引起轰动之后，樊云芳已如新星般在中国新闻界升起，她也因此成为总编辑特别器重的记者，一旦发现有重大典型，总编就会派她去完成，她实际上已成为《光明日报》的特派记者，像空中飞人一样到处跑。要知道，当时的《光明日报》记者，乘飞机是需要报社领导特批的，而樊云芳例外。也就是在这一阶段,她到全国各地写了一批部队的人物典型。

樊云芳接连刊发军队的人物典型,如在一百万职工参加的读书知识竞赛中获得冠军的《武汉市普通女工王素华成为女"状元"》(1984年1月8日一版),这则消息刊发后,接着她又隆重推出长篇通讯:《女工·妻子·母亲·"状元"——记空军"振兴中华刻苦读书标兵"王素华》(1984年3月7日一版头条),这篇通讯细腻、生动、催人泪下,堪称新闻佳作,成为后来的新闻范文,这是樊云芳新闻生涯巅峰时期的代表作之一。《晚霞红似火——记把全部的爱献给少年儿童的离休干部王遐方》(1984年6月1日一版头条),这也是她同期的代表作之一,此时她在写作上已臻完善。此外还有《"现在拼老命,无非想让生命增点值"——衡阳一六九医院科主任张弛是怎样对待离休的?》(1985年12月27日一版头条),《没有写在纸上的"论文"——记广州军区军事医学研究所副所长周培安》(1986年1月1日一版头条)。

这一时期的樊云芳佳作频出,接连报道了军队的人物典型,在军队系统影响巨大。有意思的是,就在她到广州采访周培安时,广州军区一位主要领导向她提出,希望她能调到军队,专门从事军队典型的写作,给出的条件非常优厚,若她答应,她肩章上早已是将星闪耀。1987年她被推选为党的十三大代表后,中央包括中纪委等多个部委都想挖她,许以很高的职务、优厚的物质待遇,都被她谢绝。当时的樊云芳心思根本不在这些上,她对《光明日报》充满感情,心无旁骛,根本没有考虑其他,更不留意物质待遇,一门心思当一个名记者。她做出这样的选择与总编辑不无关系。当有人来挖她并许以官位时,总编表示不同意,他公开说,樊云芳是当名记者的料,不一定适合当官。毫无疑问,总编的态度影响了樊云芳的选择,她终其一生,一直服务《光明日报》到退休。

20世纪80年代人物报道特色谈之七:不到现场不写稿的深入作风

"不到现场不写稿",这是20世纪80年代记者中很流行的一句经典语言,也是当时媒体对记者职业的普遍要求。

人物报道是最考验记者功力的报道形式之一,人性的复杂和多变,使得记者想要彻底叩问人物的内心,不仅需要专业的态度和技巧,更需要足够的知识储备和丰富的人生阅历；人物性格千差万别，要很好地在写作中把握，把活生生的人物搬到报纸版面上仍使人觉得活灵活现，栩栩如生，这确实非常不容易。曾有一位记者写了一位先进人物，当他把写好的稿子送给这位采访对象审核时，这位采访对象说："你写的这个人太好了，我要好好向他学习！"显然，记者写的这个人已完全失真，连被写者本人都不认识，被写者用这种委婉的方式批评记者，这是对这位记者的绝妙讽刺。

人物报道需要大量的细节，这就要求记者必须有良好的采访作风。有些记者采访喜欢听，写的是"听来的新闻"。这些记者往往把听作为采访时获取素材的主要方法，下基层采访常常喜欢把采访对象叫到宾馆来谈。一位年轻记者曾在一个业务会议上说："我到××市，市委书记到宾馆向我汇报工作。"一位老记者当场批评他："让市委书记到宾馆来向你汇报工作，你是什么人？是官僚吗？蹲在宾馆听汇报，这种采访作风怎么能行！"

然而在 21 世纪，记者能听采访对象说已经不错了。当新闻在部分人那里已沦为谋生的手段而不是承担的责任和追求的事业时，当部分新闻工作者自称是"新闻民工"时，要求记者都有良好的职业素养已很困难。从现实情况来看，有些记者甚至发展到仅凭提供的材料来写人物。可以想见，一个连采访对象都没见过的记者，能把人物写好写活吗？因此，提倡记者走基层、转作风、改文风在当下是何等的必要。

20 世纪 80 年代记者采写人物不但要求用耳朵听，更要用眼睛看。采访时听固然重要，但采写人物报道光听是远远不够的，更需要看——现场目击。记者要到采访对象所熟悉的现场，才能了解那里的环境，只有身临其境，才能感受当事人当时的气氛，才有可能情景再现，才可能还原新闻事实发生时的环境氛围，才可能体验当事人当时的心态。因此，到新闻发生的现场去看就成为稿子能否成功的关键，"不到现场不写稿"，这是新闻记者的一条铁律。20 世纪 80 年代的《光明日报》就是这样要求记者的，这也是 80 年代媒体对记者要求的底线。采访农民到地头，采访工人到车间，采访科技人员到实验室。只有到现场才能用眼睛看，才能很好地观察。今天要求记者贴近实际、贴近生活、贴近群众的三贴近，在 20 世纪 80 年代正是记者采访作风的职业底线。正是有了这样的职业操守，20 世纪 80 年代大量人物报道都有很强的现场感。

请看《杨善卿办露天英语班》（见 1983 年 5 月 30 日一版头条）的现场描写：

本报讯 五月中旬，中央新闻记录电影制片厂在汉口滨江公园摄下了一组镜头（不说是记者看到，而是借用电影摄像机的眼睛看到——笔者注）：

"公园的一角，一座中国式的凉亭。它东临滔滔长江，西傍巍巍江堤。

"天色微明。凉亭旁的空地上，一个两鬓苍苍、精神矍铄的老叟正在高声朗读英语，同时做着形象化的动作。他的四周站着五六十个身倚自行车、手持课本的人……"

这是一组蒙太奇式的镜头，为了这个镜头，采写这篇报道的丁炳昌、樊云芳夫妇连续几天起了大早到现场观察采访。而深入现场的结果是，这篇新闻佳作以其生动的现场描写被选进大学新闻教科书。

新闻现场就是记者的战场。樊云芳在《现场的魅力》（《记者梦》，华夏出版社，1989年）一文中说："记者渴望到新闻发生的现场去，就像海员渴望大海，飞行员渴望蓝天。现场采访，是记者生涯中最光彩夺目和最值得回忆的一部分。"

现场之所以对记者具有如此巨大的魅力，是因为采访中记者的所有触觉中，视觉具有更加直观更加强烈的冲击力。现场看到的，肯定比听到后通过想象来还原场景来得直接。

同样是樊云芳，同样是在现场，当她1982年参加在印度举行的第九届亚运会时，她写中国跳水女运动员吕伟夺冠经过的现场特写《飞天凌空》只有540字，却成为一个时代新闻作品的经典：

"轻舒双臂，向上高举，只见吕伟轻轻一蹬，就向空中飞去。有一瞬间，她那修长美妙的身体犹如被空气托住了，衬着蓝天白云，酷似敦煌壁画中凌空翔舞的'飞天'。"这一在现场目击中捕捉到的细节成为新闻的经典广为传播。樊云芳说，传统的形容跳水运动员的词比如什么"大鹏展翅""雏雁飞翔""玉女凌波"都已经用滥了，已不足以形容运动员的美，她更不愿意拾人牙慧。为了写出跳水运动员的健美身姿，她接连几天在现场反复观看、反复比较，终于灵感闪现。《飞天凌空》把她善于观察和善写散文的长处发挥到了极致，稿子的主体就写了吕伟的一个跳水动作，分4节，用了310字，对这个高难动作做了详尽的描述，突出了动作的难和险、运动员的从容与优雅。此稿获1982年全国好新闻一等奖——这是第九届亚运会上上千篇新闻报道中唯一获一等奖的作品。这篇特写还成为新闻行业的经典之作，被选进许多大学新闻教科书。

这就是现场的魅力。一位老记者勉励年轻记者：要做一个裤腿上沾满泥巴的记者。所谓沾满泥巴就是记者必须到现场去，到新闻发生的地方去，只有这样才能写出优秀的新闻作品来。

张天来是一个经验丰富的老记者，也是《光明日报》最有名的记者之一。他的人物报道现场感很强。华山抢险是《光明日报》大型报道的一个巨无霸，报道时间持续了4个月，张天来是中途受命参与这个报道的。他一到西安就提出要到现场看看。他到了现场，于是才有了这篇精品佳作精彩的开头和诸多生动的现场描写。

记者只有到现场才能迸发激情，才能触动灵感，只有到现场才能发现生动的细节，才能生动再现人物在现场的行为举止，才能把人物写得生动传神，栩栩如生。

1987年，笔者到浙江省普陀县（现区）采访，该县朱家尖有一个不通邮、不通商、不通电的小岛，岛上有一个叫"猫跳"的小渔村，一位年轻女教师一直坚持在这个小岛上教书，后来她师范毕业组织上照顾她夫妻分居决定把她安排在县城工作，她却坚持回小岛上教书。笔者获取这一线索之后决定采访。在与县教育局联系时，教育局认为到小岛非常不方便，要乘船、乘车，还要翻山越岭步行很长时间才能到达小岛，建议让女教师到县城来接受采访。那时笔者刚工作不久，严守"不到现场不写稿"的职业底线，坚持到小岛渔村。于是从杭州乘长途公共汽车到宁波，转乘客轮到普陀，再乘渡轮到朱家尖，然后是经小客车、拖拉机颠簸到公路尽头，再爬山。正是这一路艰难的行走，才有新闻作品中比较精彩的片段，后来这篇题为《"猫跳姑娘"》的稿子获得中国教育好新闻一等奖。

真实是新闻的生命，而现场便是核实新闻真实性的最好场所。一般来说，目击新闻比道听途说的新闻要可靠得多，只有到现场才能亲眼所见、亲耳所闻，而许多新闻只有到现场才能发现真相。

第八章　开启人才流动的闸门

人物报道从大的方面看有因人写事和因事写人两大类,前者突出的是这个人,写一个人的个人品质、意志、追求、奉献,以至于牺牲。比如不畏强暴,追求真理,为真理而献身的张志新、遇罗克,为追求光明、追求真理、追求党矢志不渝的栾茀,描述发生在这些人身上的那些事都是围绕这些人而展开的,事为人服务。因事写人的一类突出的是事以及这个事在社会上的关注度和重大影响,人是这个事的载体,为事服务。譬如韩琨、谢中秋,如果拿掉星期天工程师这个背景,韩琨这个人就非常普通,就不一定值得报道;如果不把谢中秋放到人才流动这个举世关注的大背景下考量,他的流动就是一场纠纷,新闻价值就不大,也就失去了报道的意义。因此,因人写事就是用事去衬托人,凸显的是人;因事写人则是用人来引出事,凸显的是事。长篇通讯《一个工程师出走的反思》之所以引起巨大的轰动,就是因为发生在工程师谢中秋身上的是事关中国知识分子流动的事,而在人才部门所有制的控制下,人才流动成为当时社会的大难题。

《一个工程师出走的反思》发表后的轰动令笔者非常震惊,也非常羡慕,这样的经典名作是如何出笼的?记者是如何发现报道线索的?是怎样采访的?又是如何驾驭如此复杂的题材的?特别是这篇人物报道彻底颠覆了传统的写法,开创出一种全新的新闻模式,成为樊云芳首创的中性报道的开山之作,樊云芳是怎么做的?当时笔者还刚进报社不久,而樊云芳、丁炳昌是笔者高山仰止的大师,笔者无缘也根本不敢直接去讨教。

报道发表一年后,机会来了。

1987年夏天,内蒙古举行自治区成立40周年大庆,《光明日报》组成采访小分队专程前去采访报道。小分队由3人组成,组长和副组长分别是湖北记者站站长樊云芳和内蒙古记者站站长陆永龙,笔者为组员。小分队是《光明日报》20世纪80年代记者传帮带的一个优良传统,即通过组织小分队,让有经验的老记者带动年轻记者一起采访,以此来培养年轻记者。笔者有幸能参加由《光明日报》也是全国第一流的名记者领衔的采访活动,非常兴奋。

这次采访活动持续了50多天,笔者先期到达内蒙古,在陆永龙的指挥下做一些前期准备工作,樊云芳后到。此后采访组先后赴包头、伊盟、巴盟、锡林郭勒盟和二连浩特市,最后回呼和浩特采访。对笔者来说,这是一个极好的学习机会。笔者非常珍惜向老师讨教的机会,在笔者的追问下,樊云芳介绍了她从发现、采访到写出这篇通讯的整个过程。

第一节 人才部门所有制的铁门被撞开

樊云芳、丁炳昌是在一次普通的采访中发现谢中秋这个报道线索的。

那是1985年10月,《光明日报》湖北记者站站长樊云芳率领她的丈夫、副站长丁炳昌到湖北省京山县采访。京山是个山区县,经济落后。采访中,一条线索引起了他们的关注:湖南常德一家国营大厂的副总工程师被引进到京山,这使他们感到奇怪,京山是个落后的山区县,一个来自常德大型国企的副总为何能到一个偏远山区工作?这一情况马上触动了他们的新闻敏感:这可能是一个很好的题材!

新闻敏感是记者的职业生命,没有新闻敏感,记者的职业生命也就丧失了。1986年,笔者随《光明日报》代表团赴朝鲜访问,团长是光明日报总编辑。途中笔者曾问老总:记者最重要的素质是什么?老总的回答是,从业务上看,记者最重要的素质是新闻敏感,也就是说,记者最重要的素质是发现新闻的能力。

新闻敏感是记者迅速准确判断有价值的新闻事实的能力,是记者的素养、知识、所积累的新闻实践经验与现实的新闻事实碰撞产生的灵感,是记者对新闻题材的第一感觉。一个年轻记者曾问郭超人,什么样的人能当记者?什么样的人不能当记者?郭超人的回答非常经典:"别人看到了想到了的东西,你看不到想不到,这样的人当不了记者;别人看到了想到了的东西,你也看到了想到了,这样的人可以当记者;别人看不到想不到的东西,你能看到并且想到,这样的人可以当好记者。"为什么别人看不到想不到的东西,你能看到并且想到?奥秘在于你比别人有更强的新闻敏感。记者有没有一双慧眼,有没有一个灵敏的新闻鼻,能不能从普通的事物中发现不普通的新闻,能不能做到慧眼独具,这太重要了。如果一个记者缺乏新闻敏感,无法发现新闻,哪怕这个记者学历再高、文笔再好都没有用。一篇文笔漂亮却没有新闻价值的报道,写得再好也会被编辑丢进废稿箩里。

樊云芳、丁炳昌到京山县发现了谢中秋这个线索,这是一个极有价值的大新闻。超强的新闻敏感是他们新闻名作、力作不断的重要原因,同时,他们所奉行的一条铁律也是成功的原因之一:不到现场不写稿。不到现场不写稿是80年代记者遵守的职业底线。21世纪以来新闻主管部门一再要求记者要"三贴近",其实"三贴近"就是回归80年代记者的职业底线。新闻的现场是记者的战场,记者不到现场如何战斗?樊云芳、丁炳昌这些老记者将这一铁律奉为圭臬。因此,深入现场采访便成为他们那一代记者最基本的要求。正因为他们深入新闻的现场,这才发现了谢中秋这条鲜活的"大鱼"。

新闻敏感的一个重要要素就是政治敏感和大局意识,胸中有大局,手上才会有题材。触动樊云芳、丁炳昌新闻敏感的一个原因是他们心中有大局。对当时大局的了解和把握使他们马上准确判断出这条线索的新闻价值。

这个大局就是全国的人才流动问题。

人才流动是20世纪80年代一个涉及整个社会的大问题,是一个热点和难点问题。从改革开放开始到20世纪末,我国的人才流动大约经历了三次浪潮。第一次是80年代中期,其特点是自发性、盲目性,这次热潮冲击了旧有的人才制度,推动了相关制度出台,如辞职辞退政策、招聘应聘政策,人才流动服务等;第二次是80年代后期,三资企业和乡镇企业发展势头迅猛,但人才奇缺,这就导致这些企业不择手段从国企和国有研究机构挖人才,随之出现了企事业单位的科技人员大批辞职、下海、停薪留职、兼职等现象;第三次是90年代中期,特点是以用人制度、分配制度和社会保障制度为重点,促使市场机制的形成。

发生在改革开放初期的第一次人才流动热潮,其背景是改革开放后,社会经济的发展对人才的渴求非常迫切,对外开放引进的大批项目需要人才,工业化的迅速推进需要人才,乡镇企业的崛起更需要大批技术人员。以乡镇企业的人才需求为例,那些由农民自己创办的企业只有一些草根人才,远远满足不了企业对人才的渴求,"星期天工程师"的出现虽暂时弥补了乡镇企业发展初期的技术需求,但随着乡镇企业的发展壮大,这种零敲碎打的单个的偷偷摸摸的服务已无法满足他们对技术的渴求,他们开始寻求与大专院校、科研单位、国有企业合作,合作不成就"挖":"挖国企墙脚",挖不成的就"抢":"抢财神"——把技术人员当财神来抢,许以高薪,以物质为诱饵,吸引技术人员下海跳槽。这股迅猛的势头撼动了人才部门所有制的旧体制,打破了原有的秩序。面对这样的新态势,有人惊呼"狼来了",有人怒斥这是"挖社会主义墙脚",有人担忧如此下去将严重扰乱社会秩序,有人呼吁,人才流动应该正大光明地进行,国家应允许人才合理合法地流动,因为这是生产力发展对人才的客观要求。

这种新态势却从侧面道出了一个可喜的现实:发展经济离不开知识分子,知识分子是一个国家一个民族的精英,改革开放更需要知识分子贡献力量,离开知识分子,中国的四化是无法实现的。

然而,经历了"文革"的摧残,我国的科技人员本来就严重匮乏,而这些被社会急需的人才却被束缚在旧体制中无法发挥作用,人才部门所有制将本来就稀缺的人才固化在大专院校、科研机构、国有企业里,僵化的旧体制严重妨碍了他们在改革开放中施展才华,学非所用、用非所学情况严重,这种旧的人才体制既严重束缚了人才发挥作用,也束缚了生产力的发展。因此,让人才合理流动,让人才这一生产力中最活跃的因素发挥作用,使他们人尽其才、才尽其用,这已经成为当时社会的一个大问题。

人才流动的这一态势引起了国家领导人的关注和重视,1984年春天,国务院下发了关于人才流动的规定,《光明日报》1984年5月4日在报纸一版头条报道:《国务院关于科技人员合理流动的若干规定在全国试行》。

春江水暖鸭先知。《光明日报》作为中国最有影响的服务知识分子的报纸已最先感受到这种时代的脉动,报纸的各路记者从社会各个层面、各条毛细血管中感知到这股涌动的热潮,报社编委会敏感地意识到,人才流动是生产力发展的客观要求,是不可阻挡的时代潮流,这种敏感的外化便体现在报道上。

在《光明日报》对人才流动的所有报道中,《一个工程师出走的反思》显然是分量最重、影响力最大的一篇力作。

使两位名记者对谢中秋感兴趣的是,谢中秋这位国企副总为何逆向而动:从大厂流向小企业,从中等城市流向山城?个中原因究竟是什么?

国有企业人才积压,乡镇企业人才奇缺,一边是国企和国有科研机构对人才的垄断、持有、积压和浪费,一边是乡镇企业、个体私营企业崛起极度需要人才。这种供需失衡是导致人才流动的原因。然而当时的局势是,人才流动暗流涌动,尽管困难重重,但一向铁板一块的人才部门所有制已经受到猛烈冲击,人才流动出现了一个非理性的倾向:从经济欠发达地区流向经济发达地区,从偏远地区流向改革前沿的沿海地区,从中西部流向东南部,这种流向被赋予一个形象的说法:"孔雀东南飞。"

而谢中秋为何逆向流动呢?

他们很快见到了谢中秋。

谢中秋,湖南常德纺织机械厂副总工程师、副厂长兼分厂厂长,曾多次被评为先进生产者,优秀共产党员。

面对记者,谢中秋是一肚子委屈。

谢中秋之所以要到京山完全是被逼无奈。他在常德纺机厂处处受掣肘,厂党委负责人对他有看法,原因是他成绩突出,风头太健,党委负责人心胸狭窄、气量极小,于是便处处刁难。谢中秋是企业两个拳头产品的开发者,还在不断开发新产品。但此后每逢他有新的发明成果或科研项目,这位领导必定卡住不让申报或不予支持,谢中秋被逼无奈,决定调离,但他六次打报告均被卡住。

既不让工作,又不让调走,你有才吧,让你窝在那里无所事事。作为一个有才干有志向希望有所作为的技术人员,谢中秋哪里受得了!于是他被逼上梁山,决定出走。

江苏武进纺机厂是一家乡镇企业,技术力量严重不足,正在四处寻找人才。得知谢中秋的情况,喜出望外,想尽办法邀请他去工作。在正常渠道无法走通的情况下,谢中秋决定冒险,最后是冲破人才部门所有制设置的藩篱,携家带小不辞而别,"逃往"江苏省武进纺机厂。

常德纺机厂得知情况非常恼火,在厂里宣布他是"叛徒",同时向上级部门北京中国纺织机械总公司告状,北京的总公司向江苏武进纺机厂施压,指责江苏不择手段挖国企的墙脚,刚好江苏武进纺机厂通过中国纺织机械总公司与国外谈一个引进项目,北京总公司便运用权力向武进纺机厂发出威胁:若不停止挖人,将马上停止其正在谈判的引进项目!

权力的干预马上发生效果:武进不能放弃引进项目,被逼无奈,不得不暂停挖人行动。

这下谢中秋倒霉了:他已携家带小逃离原单位,原单位恼羞成怒发文将他党内除名、行政除名;而他是冲着武进来的,但武进却在压力下放弃了他,他到哪里去?此时的谢中秋左右为难,处境尴尬,急得如热锅上的蚂蚁。

"鹬蚌相争,渔人得利",就在谢中秋走投无路时,半路杀出程咬金——湖北京山县委书记钱亭章闻讯力邀他去工作。就这样,谢中秋来到京山县。

一个科技人员的流动问题,已牵涉到湖南、江苏、湖北三省;从中央到地方已有十多个部门插手此事,并且是"公说公有理,婆说婆有理",记者该站在哪一边?而当时国家对人才流动还没有形成明确的政策或文件——虽然国务院已就人才流动问题做了规定,但那还只是"试行",并没有正式颁布文件,而中组部还在调研阶段,谢中秋的行为是对是错该如何判断?依凭无据,如何公断?

这是一件非常复杂、难以定论的纠纷,各方均有自己的道理,却也都有自己的苦衷。谢中秋的流动于法无依,不合常理,譬如党组织关系的调动一向非常正规严谨,而谢中秋离开原厂,原厂扣住他的档案材料不给,而京山县居然仅凭常德纺机厂发给谢中秋的通牒——回厂参与整党活动的通知承认谢中秋的党籍,为他重新建档。用传统的眼光看,这简直是大逆不道,严重违背组织原则。凡此种种有违传统法纪党规的事频频发生,应该批评谁?

谢中秋的陈述使两位老记者充满同情,同时也对常德纺机厂对这样一位事业心很强、一心奉献的知识分子的刁难遏制非常气愤,他们决定向这位科技人员施以援手,写一篇批评报道,批评指向当然是这家国企,是他们不能善待谢中秋而导致他的出走,用媒体的力量帮助一个科技人员摆脱困境。

然而,随着采访的深入,对事实的了解越深入,他们越感到茫然,显然,从事情的前因后果来看,光批评常德纺机厂是不公平的,谢中秋本人也有做得欠妥之处。批评武进纺机厂吗?也不妥,他们发展经济急需人才。批评京山县拦路抢劫吗?山区需要发展,需要脱贫,渴望人才情有可原。那么该批评谁?这样的题材能写吗?

一个大马蜂窝,能不能捅,敢不敢捅?捅了,其结果很可能是各方均不满意,这样的题材该如何把握?

对人才流动问题,樊云芳、丁炳昌已关注很久,并已写过报道。1984年8月中旬,樊云芳准备回报社,火车票已买好,就在她出发前一天,化工部第四设计院的一位干部来找她,向她传递了一个信息:设计院党委正在建立人才流动的动态平衡,已经决定,一方面招聘人才,一方面为40名因实际困难而要求调走的中年知识分子开绿灯放行。

这一信息使一直在关注人才流动的樊云芳大喜过望。她迫不及待地利用火车开车前的一点时间赶到该院采访，这篇稿子便是在火车上完成的。一到报社便把这就像刚出笼的馒头一样新鲜的新闻交给编辑部，第二天即1984年8月16日，《化学工业部第四设计院启开人才流动的闸门》便在一版头条位置刊出。

但谢中秋的流动显然不一样，问题更复杂。"六次打报告要求调离受阻"说明人才部门所有制的桎梏已严重制约着科技人员才华的发挥，而乡镇企业挖国企墙脚的做法，科技人员擅自出走的方式，京山县在无法正常取得科技人员档案却重新为其建档等一系列做法都是从来没有过的，而且人才如此无序地流动岂不搅乱人事政策，导致人才使用的混乱？

但樊云芳、丁炳昌还是决定吃这个螃蟹，他们联络了湖南站站长张祖璜一起采访。

人才单位或部门所有制，这是20世纪80年代严重阻碍社会发展的一个大问题。僵化的人才制度导致了人才被牢牢固定在单位或部门里难以流动，整个社会死水一潭，知识分子难以发挥应有的作用，这一现状严重制约着社会、科技、教育、卫生事业的发展。人才流动已越来越成为当时社会的一个重大问题。随着改革开放的推进，乡镇企业的崛起，各方对人才的渴求越来越强烈，整个社会都患了"人才饥渴症"，特别是乡镇企业，初期的"星期天工程师"这种偷偷摸摸的方式已难以满足迅猛发展的需求，"户户办厂，村村冒烟"的乡镇企业已成燎原之势，这些由刚刚洗脚上田的泥腿子创办的企业，除少量草根人才几乎没有正规的技术力量，因此需要更多的更直接为他们服务的人才，到哪里引进人才？只能"挖墙脚"，挖国企墙脚，挖大专院校科研单位的墙脚！

在京山县的采访中，三位记者遇到了湖北省委组织部知识分子处的负责人，这位负责人明确表示：他们支持人才流动！并且透露，人才流动已经成为无法阻挡的潮流。1984年开始允许对人才流动进行试点，一纸文件使中华人民共和国成立后一直关闭着的人才的闸门被硬挤出了一条缝隙，一些吃螃蟹者成为这股大潮的先锋，得以逃离原单位，但他们的出走往往是不合法不合规的，类似谢中秋这样擅自出走私自流动并引发矛盾和冲突的人才流动事件在湖北省就有2000多起，全国有数万起。问题缘此而来：1985年开始，有关部门有感于人才流动的无序状态严令紧急关门,矛盾马上爆发:已流到新单位的知识分子在办理户口、转工作关系和组织关系时遇到阻碍,原单位卡住档案材料不放,致使这些已经流动的人无法落户,形成悬案,甚至引发诉讼。

毫无疑问,人才流动问题已经成为全社会关注的大问题,是一个能触动人们神经的问题,一个值得探究的大问题!人才不流动,人才被禁锢在单位里无法发挥作用,这样的现状导致了人才的巨大浪费;而让人才流动起来,将那些被禁锢的才华和热情解放出来,这是时代的需要,是改革开放的需要!

如何冲破人才部门所有制的桎梏,让人才流动起来,尽情地发挥作用?用什么力量打破束缚人才流动的枷锁,让人才自由流动,让人才最大限度地发挥作用?是给人才流动做出明确规定的时候了!什么情况下可以流动,什么情况下不许流动,如何正常地流动,流动中应该注意什么情况,把握什么尺度,这些都必须有明确的政策界限!

人才流动遇到的阻力已经表明,生产力的迅速发展要求生产关系与之相适应,但生产关系已经无法适应生产力的需要,改革已势在必行!

从这个意义上看,谢中秋的流动问题如果写好了,能为人才流动提供制定政策的依据!这正是三位记者认定的这个题材的新闻价值所在。

自1983年写出轰动全国的《追求》而一举成名的樊云芳,此后几年继续保持高发稿量的势头,连连发出堪称新闻名篇的好报道。此时的樊云芳已在中国新闻界崭露头角,出类拔萃,成为新闻界名声卓著的大牌记者。她的作品年年得奖,并被读者广为传播,许多作品被选入大学新闻系的教科书而成为范文。她用散文的形式写新闻,文笔优美流畅;她把电影蒙太奇的手法移植到新闻中,让人耳目一新;她的人物新闻写出了立体感,既写人的优点,也写人的缺点,这与我国几十年中正面人物高、大、全的形象迥异;她的消息往往用很短的文字写出现场感,写出散文一样的细腻华美;《飞天凌空》《曾侯乙墓的"地下音乐厅"被搬上舞台》《"深圳速度"春风何时能吹到武汉》《湖北铜绿山古矿冶遗址将同观众见面》《一个能打开局面的企业领导人》《女工妻子母亲状元》《杨善卿坚持十年办露天英语班》等人物报道。一篇篇好新闻刊出,引来业界一阵阵赞美声,这些精美的新闻作品充分展示的是她新闻业务日臻完美的现实,她在中国新闻界的名记者的地位更加巩固。

但是,业务上的完美和来自业界的赞扬声与樊云芳自己的期许却有很大的距离。因一篇《县委书记的榜样——焦裕禄》而萌发记者梦,并为此奋斗了13年终于如愿以偿并最终成为名记者的她,此时正红遍中国新闻界,1985年简直就是樊云芳年,这一年她被授予全国优秀新闻工作者称号,当选全国三八红旗手,还成为全国党代表出席中国共产党全国代表大会,如此风光,成为"光明一号"人物,在中国新闻界亦不多见。但已经取得的成就和获得的荣誉不但没使她感到满足,相反,她却陷入了业务上的"困境":她惊恐地发现,自己的业务面临危机,自己的新闻报道的社会影响力还不如刚入门时写出的《追求》等作品,尽管后来的报道在写作技巧和艺术上堪称完美,但影响力却无法与引起轰动的《追求》等早期作品相比。

然而超越自我绝非易事,樊云芳陷入业务无法突破的苦恼中。

她在《记者梦》一书里透露了这一阶段的苦恼:

"为什么文字技巧有所长进,而报道的社会反响却总是达不到预期效果呢?我读《傅雷家书》,看到傅雷告诫儿子:不要过分追求技巧,过分追求技巧只能成为工匠而不能成为艺术家。我反复琢磨'工匠'与'艺术家'的区别。

"'工匠'只能制造工艺品,而'艺术家'创造艺术品;工艺品能美化环境,使人感到愉悦;而艺术品可以震撼人们的心灵,在社会上引起悠长的回声。

"从工匠到艺术家,似乎只有一步之遥,实际上,关山重隔:前者回避矛盾,后者揭露矛盾,前者粉饰现实,后者干预生活。

"但在今天,记者要揭露矛盾、干预生活并非易事,写批评稿有种种限制,有时记者刚进入调查,四面八方便亮起了'红灯',有时稿件还未动笔,被批评者的告状信已寄到了报社。一些批评稿就这样胎死腹中。

"但要成为一名称职的记者,就不能心安理得当'工匠'。我和丁炳昌就像馋嘴的猫,早就瞪着眼睛在湖面上搜索,只要看准是一条大鱼,就要猛扑过去。现在,大鱼脑袋(指谢中秋)不是已经浮出水面了吗?"

不管怎么样,他们决定先采访了再说。

但如何让常德纺机厂接受采访?

"要让对方开口,并对我们畅所欲言,得想点办法。要是我们开口就问:'你们为什么逼走了谢中秋?'对方很可能马上请我们'走开',连饭都不会给我们吃。

"何况迄今为止,我们毕竟只听了谢中秋的一面之词。谁敢担保他没有偏激情绪、没有夸大其词甚至无中生有?万一他说的情况无法落实,那么……"

（《记者梦》华夏出版社，1989年，第160页）

　　毕竟是老记者，他们很快想到了办法：装作什么也不知道，只是到该厂了解人才流动的情况，根本不提什么谢中秋！

　　这一方法果然奏效，他们的采访堂而皇之，企业向他们大叹苦经：人才流动闸门还没有打开，该厂已面临巨大的危机，全厂70多名科技人员，两年多已走掉一半。流向都是比常德更发达的东南沿海城市，这些地方政策活，福利好，待遇高，生活条件好。特别是那些乡镇企业，用房子、票子、农转非户口等来收买这些科技人员，挖国企的墙脚，造成国企人才雪崩。

　　常德纺机厂对谢中秋的意见更大，认为谢中秋作为一个厂领导，个人主义恶性膨胀，为了追求个人的待遇，丢下厂里的工作不管，擅自出走，造成既成事实，离开后才回来要党籍、户口、工龄，想得美，就是不给你，让你走！如果改革都这么改，全国还不乱了套！

　　采访结束，三位老记却陷入矛盾中。毫无疑问，人才流动是个非常敏感并且是当时整个社会非常紧迫的大问题：人才流动已是大势所趋，但怎么流动？没有政策规定，没有经验可循。从谢中秋事件的方方面面来看，常德纺机厂在谢中秋流动这件事上有欠妥的地方，压制了人才发挥作用，但从人才流动应合理合规方面来看，他们也不无道理，如果人才都像谢中秋一样流动出去，国企还怎么留住人才？国企留不住人才，难道让国企垮掉？

　　从谢中秋本人来看，他的擅自出走情有可原。流动出去肯定能发挥更大的作用，流动比不流动好。但是他的流动却违背了组织原则，如果全国的人才都这样拔腿就走，私自离职，置组织于不顾，岂不乱了套？

　　从京山县来看，该县经济落后的一大原因是缺乏人才，而引进谢中秋肯定有利于这个偏远地区经济发展，山区县要脱贫，要发展经济，改善人民群众的生活，使人民群众过上小康生活，何错之有？因此，能引进像谢中秋这样的人才是非常必要也是符合社会经济发展方向的。但是作为一级党组织，仅凭常德纺机厂一纸让谢中秋回厂参加整党的通知就承认谢中秋的党籍，并为他重新建档，这样的做法符合组织原则吗？如果全国的党组织都这样干，还要规矩和组织原则干什么？

　　纵观三方，每一方都有理由，每一方也都有缺点，这样的事件怎么报道？这篇报道写还是不写？如果写，怎么写？

　　就在他们着手采访谢中秋事件时，报社却传来不利于报道的信息：此时的报社因为连续刊出两篇批评报道被指失实，一篇是批评南京博物院院长姚迁剽窃科技人员研究成果的报道，报道刊登后姚迁自杀身亡，此事在社会上反响强烈；另一篇是为江苏乡镇企业厂长孙永根被判刑鸣不平的报道，报道认为孙永根是因为改革而受到迫害，而有关部门则指责《光明日报》的批评报道"严重失实"，要求公开道歉。

这两篇批评报道均引起高层的关注，中央有关部门派出调查组进行调查，并写出调查报告，最后结论都认为《光明日报》报道失实，责令《光明日报》公开检讨。报社为应对调查以及公开道歉忙得焦头烂额。为此，报社通知各站记者近阶段涉及批评的报道一定要慎重，不要再给报社添乱。

那么谢中秋事件是一篇批评报道吗？批评谁？批评常德纺机厂对谢中秋打击迫害？无法构成，虽然企业指责他是叛徒，对他党内除名，也只能说企业的做法欠妥，毕竟企业也有值得同情的地方，两年内70多名科技人员走掉了一半，企业怎么办？虽然企业对谢中秋采取的措施太过分，毕竟谢中秋是擅自出走，明显违背了组织纪律。

那么批评谢中秋？当然更不可能，谢中秋是最值得同情的人，他的所有做法都是为了寻找到一个能心情舒畅发挥更大作用的地方，一个科技人员为了奉献自己的才华和技能而选择流动，这有什么错？

批评京山县？也不合适。山区经济要发展，发展经济要人才，他们引进人才的做法虽然有欠妥之处，但大方向正确，没有错！

采访越深入，他们越感到没有把握，事件涉及的各方公说公有理，婆说婆有理，都有一肚子苦水，又都有充分的理由。这个题材既不是批评报道，也不是表扬报道，这是一个有争议的题材，而传统报道都是非正确即错误，有了明确的结论才可能报道，对有争议的题材基本上是搁置起来，等有结果再报道。如果这样，那么这个人才流动的疑难问题也只能放弃不写。

就这么放弃？3位老记很不甘心。难道除了表扬报道和批评报道外就没有其他途径可走啦？

矛盾，痛苦，迷茫，这正是孕育新生命的必然反应，在放弃与坚持的矛盾和较量中，一个全新的报道模式开始在樊云芳的脑子里形成，但此时她恐怕还没有料到，这篇即将诞生的报道不但为中国的人才流动大门的打开助力，并且其报道形式将被载入中国新闻史册：全息摄影报道由此诞生。

第二节　开创全息摄影报道新模式

樊云芳在《记者梦》一书中这样记述了她当年撰写这篇报道时的想法：

我思考"中性"报道已不是一天两天的事了。

自从改革开放以来，我感到报道越来越难写了，难就难在对同一件事、同一个人，人们的看法往往千差万别，有人说是，有人说非，有人赞成，有人反对，特别是对那些冒尖的改革者和改革单位，几乎毫不例外地存在激烈的争议。

一开始我还这样想，不管争议有多大，总有个是非吧，只要采访中下功夫，把来龙去脉弄清就好办了。但事实并非如此。往往采访越深入，看到事物的各个侧面就越多，听到的各种不同声音也就越多。这时就会发现：每个人，每件事都不是绝对的好，也不是绝对的孬；各种意见都不是绝对的正确或绝对的错误。往往是，是与非，功与过，曲与直，得与失，交织在同一个人、同一件事情上，弄得你眼花缭乱，莫衷一是。

特别是那些新冒出来的改革事物，其本身还只是一棵幼小的萌芽，其基本形态还是模糊不清的，谁又能未卜先知地去判断它的是非、功过、曲直、得失呢？

这时我就开始重新思考某些传统的新闻观念：譬如"旗帜鲜明"。在是非分明的情况下，"旗帜鲜明"好办，但假如记者尚且无法判断它的是非曲直，又如何旗帜鲜明？

既然无法"旗帜鲜明"，也就是说无法写出"一边倒"的批评稿或者表扬稿，那就只有退避三舍，把这些"有争议的地段"划为"禁区"了。但令人烦恼的是，随着改革的深入，争议的"禁区"越来越多了：工资问题，物价问题，雇工问题，兼职问题……现在又加上人才流动问题。可是，新闻记者不是历史学家，他的任务不是蹲在改革的幼芽面前，静观它长成参天大树后，再去歌颂它的繁茂与伟大，而是随时把它生长发育的情况介绍给读者，让大家都来为它锄草灭虫，浇水修枝。

何况，为什么我们的新闻报道一定要统统搞成非黑即白、非此即彼、非表扬即批评的"一边倒"呢？有些事情本来就是错中有对、对中有错、亦错亦对、错错对对；或者从眼前看是弊少利多，从长远看确实弊多利少，从甲方角度看不合道理，但从乙方或全局角度看，又是合理的。事物本来就是辩证的、立体的。为什么我们的新闻非把它反映成平面的、机械的？事物的发展本来是全方位的、网络状的，为什么把它反映成封闭式的、直线型的？

其实，对于樊云芳面临的矛盾和纠结，正如后来的《光明日报》总编辑徐光春所说的："没有不可以报道的东西，问题是怎么报道。"这"怎么报道"在某些时候就需要创新。矛盾和纠结促使樊云芳思考着必须另辟蹊径，她决心进行一次探索，从前人从没有走过的地方开辟出一条新通道，将纷繁复杂的事物纳入这一新的载体，奉献给广大读者，让读者自己去评判事物的是非曲直。

于是，三位老记者商定了一个报道原则：

（1）客观报道矛盾各方的："正""反"两面，不回避什么，也不夸大什么，有一说一，有二说二，既不美化，也不丑化，既不褒，也不贬，记者不站出来直接发表意见，用事实来陈述意见。

（2）客观记录事情发展经过，特别是文章结尾，不搞虚假的"大团圆"，而是按照实际情况留下问号。

（3）尽量剔除记者的主观色彩。记者尽管可以有自己的观点，但力求不把自己的观点带进报道中，文章必须从标题、选材、结构、文字包括议论都是中性的，只提供事实，提出问题，而不做任何结论，孰对孰错谁是谁非由读者根据事实来评判。

思路一经确定，写作就顺畅了。就这样，这篇洋洋洒洒六七千字的长篇通讯很快完成了。

当樊云芳把这篇主题模糊、倾向缺失、立场不清，公说公有理、婆说婆有理的四不像稿件交到记者部主任手里时，卢云兴奋不已。卢云马上发现，这是一篇报道形式全新的稿件，这种形式是对中华人民共和国成立以来非对即错是非分明的报道的一个逆反，稿子所呈现的模式完全是创新的。卢云兴致勃勃地拿着稿件去找总编辑杜导正，杜导正一看稿子同样兴奋不已，他就像发现了新大陆，对卢云的意见高度认同："一个字都不要改，马上发！"

第三节　异乎寻常的反响

　　1986年6月17日,《一个工程师出走的反思》在一版头条位置加编者按隆重推出,这是《光明日报》20世纪80年代影响最大的报道之一。报道马上在全国引起轰动,影响空前,引发各方热议,报社收到1600多封来信。

　　《光明日报》乘胜追击,辟出版面展开讨论,6月24日,报纸二版第一篇反响稿刊出:《破除人才单位所有制需要钱亭章》;此后,7月一个月就发了20多篇报道和文章;8月6日一版刊发追踪谢中秋的报道:《知识分子最需要的是理解,是对他事业的支持——谢中秋在京山近况》;8月7日一版头条刊发钱亭章等人的4篇文章,并配发评论员文章;从6月24日到8月27日,两个多月时间共刊出各类报道、文章、评论40余篇。

　　人事部、中组部,湖北、湖南、江苏三省的省委组织部以及人事厅都对这篇报道给予高度的关注和重视。湖北省委组织部专门派出调查组深入十堰市的第二汽车制造厂进行人才流动问题调查,因为这家厂引进了200多个"谢中秋",这些科技人员大都没有户口、没有档案材料、没有组织关系,人虽引进来了,矛盾却在持续,这篇报道触到了该厂的痛处,更引起了这家厂和这些科技人员的强烈共鸣。湖北省委组织部在调查过程中也参加了《光明日报》的大讨论,最后还与该省的劳动人事厅、省科级干部局联合发出《关于妥善解决科技人员在流动中未办理调动、辞职手续的意见》,以解决全省2000多名"三不要"流动人员的悬案。这个文件马上被中组部发现,中组部立即向全国各省、市、自治区转发这一文件以供参考。

　　《光明日报》关于人才流动问题的大讨论更引起了国务院的重视。就在光明日报就谢中秋事件开展大讨论期间,国务院决定采取措施促进科技人员合理流动,《光明日报》1986年7月23日在一版头条刊出了这一消息。报道说,国务院要求各地各部门努力创造人尽其才的环境,大力发掘科技人才资源,继续调整被积压、浪费和使用不当的科技人员,鼓励他们向急需人才的行业和单位流动。配合消息还发表本报评论员文章《对科技人员的合理流动要立足于"促进"》。

　　显然,《光明日报》的报道完全符合国务院的精神,很难说是《光明日报》直接推动了国务院做出这个决定而下发这个文件,但毫无疑问,《光明日报》的报道推动了国务院的决定的颁发,因为在报道推出之后,中组部、劳动人事部都关注到这一报道，中组部还将光明日报的所有反馈报道收集起来进行研究。

新闻推动社会进步！《光明日报》的报道适时提出人才流动问题，引起全社会的高度重视，引发了全社会的大讨论，从而促使有关部门对人才流动问题进行研究，提出对策，促使人才流动规范有序地进行。

这篇报道同样引起中国新闻界的高度关注，《新闻三昧》《光明日报通讯》等专业刊物还发表了《把笔触伸向改革潮流的旋涡》《一篇发人深省的报道》《请注意另一种"典型"》《发人深省的报道》等6篇评论。

《一个工程师出走的反思》成为我国改革开放之后人才流动大门打开的标志性报道。同时也成为新闻报道中创新报道形式的典范——这也是樊云芳新闻业务中最大的成就和最大的贡献，她创造了一种全新的新闻文体——中性报道。

从此，"中性报道"一词便在新闻界流传开来，成为报道复杂事物的一种屡试不爽的文体。当年，这一文体被载入中国新闻大事记中。

这篇新闻名篇当年获得全国好新闻一等奖。

第四节　被撼动的闸门

但是，人才流动并不因为在《光明日报》上发了这篇报道就铁门洞开，也不因为国务院、中组部等相关政策的出台就可以畅通无阻了，旧制度的消亡和新制度的形成需要漫长的时间，尤其是新观念要取代旧观念更需要润物无声，潜移默化。因此，人才部门所有制的固垒依然阻碍着改革开放的进程。因此，《光明日报》对人才流动中出现的问题开始持之以恒的报道。

1987年11月26日一版头条《十二万元押金与一个工程师的流动》，揭示了人才流动的艰难，反映的是人才流动中普遍遇到的具体问题——住房问题。郑中兴是北京重型机器厂中心试验室工程师，从事无损伤探测工作，发表了一批学术论著。因工作中与室负责人有矛盾，兼之该室有人从事与郑相同工作，郑要求借调到北方交通大学并获厂方同意。北京重型机器厂与北方交大还双方签订了借调协议，借调期间工资、奖金由学校支付，并同意期满后如双方同意正式调动，学校要无偿分配给工厂本科大学毕业生一名。学校于借调期满前已分给工厂大学生一名而且工作表现很好，郑的调动应该顺理成章，但借调期满,当他在回厂办理调离手续时,工厂却要他退出住房,或交付12万元押金才能放行。调动因此被卡住。

记者调查发现,该厂住房确有困难,有几百名职工住在农民房里。工厂要求退房或交押金也确有一定道理。

北方交大物理系要建无损伤探测专业,但苦无人才,郑中兴业务好,有专著,是理想的师资。借调以来,为7个系代课,代表系里与上海炼钢厂联合搞一个"钢板测厚技术"的重大课题,双方已谈妥,只待郑中兴签字。在一年中,郑还与人合作出版了《无损伤探测导论与新技术》一书。但是,学校却拿不出这12万元押金。

北京市人才交流中心认为:郑中兴的问题带有普遍性,如果人才流动都有房子等附加条件,那人才就很难真正流动起来。

走投无路中,郑中兴决定舍住房而不放弃事业追求,他放弃了工厂宿舍,搬进了向农民租的房子。

由有房户变成无房户,由单元楼变成农民房,郑中兴为了事业做出了牺牲。报道最后发出感叹:"为什么人人都说人才流动好,而一个人流动一下是那样难?"

1988年6月15日一版头条《一场人才流动的官司》,揭示了科技人员在人才流动中遭遇的困境。报道讲述了发生在内蒙古赤峰市红山区的一起人才流动纠纷。该区乡镇企业推行大面积租赁经营,区政府下文鼓励技术人员去承租乡镇企业。红山区第二建筑公司(以下简称"二建")总工程师陈友才响应号召投标租赁了连年亏损的城郊建筑公司,但二建领导却不放。陈友才到城郊建筑公司后,二建又有7名工程技术人员投奔他而去,此事激怒了二建领导,导致了陈友才与二建关系激化,二建马上采取措施,一边要离开的人交付培训费,退出住房等,并扣发了陈友才等8人1987年全年的奖金;同时,二建领导又找红山区城建局,要求卡住陈友才等8人不让办理调转手续。权力作用很快奏效,陈友才等8人流动受阻。

陈友才为何要走?原因有三:一是他有很多想法在二建得不到实现,如他提出企业在经营上要引入风险机制,管理上要采用现代化手段,如使用电子计算机等,但这些建议均未被采纳;二是他期盼建立一种新的用人制度,即通过竞争选人;三是他认为乡镇企业发展前景广阔,却缺乏人才,他渴望到乡镇企业施展才华,建功立业。

最后是区政府出面调解，仍无效果，这场人才流动"官司"已逾半年，仍无公断。陈友才感到走投无路，租赁合同无法履行；他准备辞职，把此事投诉于法律，期待由法律做出公断。

1988年6月29日一版头条《他该不该被开除公职》一稿，报道了黑龙江省纺织设计院工程师王显臣在流动中遇阻，提出辞职却被开除公职的遭遇。王显臣利用业余时间为一家集体企业设计办公楼和车间，得到2800元报酬，但是因为设计时用了带有单位图标的图纸，被单位处以罚款。经省科干局协调，他接受处罚，同时立即递交了辞职报告。设计院要他交出住房才能放他走。他的辞职因此未批。在此期间，他应哈尔滨国际经济技术开发公司聘请，瞒着原单位以该公司国外工程处工程师的名义代表该公司出国洽谈业务，被发现，最后被原单位开除公职。此事在该单位引发争议，一边认为处分得对，另一方则认为不该处分，一些科技人员还联名写信要求撤销处分。

经过多年的努力，全国人才流动开始出现良好的势头，一些"肠梗阻"也得到了疏通。《光明日报》1987年12月22日在一版头条刊出报道国家科委抽样调查的结果：《全国人才和智力流动出现良好势头》：

本报讯 记者刘敬智报道：国家科委最近组织的抽样调查表明：1984年以来，我国人才和智力的流动有了较大的发展，出现了一批有胆识的科技人员丢掉铁饭碗，承包、领办集体、乡镇企业和创办民办科研机构的好势头，但同时也出现了老少边穷地区、一部分大中型企业人才流失严重的不正常情况，应引起有关地方和部门的注意。

这次调查对象为全国28个省、自治区、直辖市（不含西藏）的研究与开发机构、高等院校、大中型企业中大专以上文化程度和其他具有专业技术职务的科技人员，主要项目是1984年1月1日至1987年6月1日期间的流动情况，数据处理的设计制定工作由中国科学院系统工程研究所承担。这次共抽样调查了1444个单位，占上述3个系统单位总数的10.34%；发调查表1444份，回收1253份。调查结果如下：

1984年1月1日至1987年6月1日，3个系统上述人才的总流入量为22.6万人,总流出量为31.4万人,出超8.8万人。其中,研究与开发机构流入4.4万人,流出6.1万人,出超1.7万人;高等院校流入4.15万人,流出3.71万人,入超0.44万人;大中企业流入14.07万人,流出21.56万人,出超7.49万人。

调查证实,1984年、1985年党中央、国务院关于经济、科技、教育体制改革的决定发表以后,以科技人员为中心的人才流动出现了良好势头。1985年,中央做出关于科技体制改革的决定之后,科技人员流动达到了高潮。1986年,由于各项推动科技人员流动的政策不配套,管理不协调,社会上对"流动"出现了不适当的议论和限制,致使科技人员流动量急剧下降。但到1986年下半年至1987年上半年,在国务院发出《关于进一步推进科技体制改革的若干规定》等一系列方针政策的推动下,科技人员流动量下降的趋势开始有所回升,显示出政策的引导作用,也表明了科技人员流动的潜在能量仍有待于释放。这一时期,3个系统的科技人员流向集体和个体单位的人数呈上升趋势,政策的引导有力地推动了一批有胆有识的科技人员丢掉铁饭碗,去承包、领办集体、乡镇企业和创办民办科技机构。

调查证实,老少边穷地区和大中型企业的科技人员外流现象比较突出。1984年1月1日至1987年6月1日期间,老少边穷地区流入科技人员2839人,流出6844人,出超4000余人。造成这种情况的原因比较复杂,既有当前的,也有历史积累下的因素,但主要还是促进人才正向流动的政策不够完备和配套,或者有了政策落而不实,缺乏具体措施,没有形成一个让科技人员施展才能的良好环境,缺乏对人才的吸引力,需要进一步结合各地实际情况在政策上加以调整和充实。另外,增强企业的活力,使它们产生依靠科学技术的紧迫感,充分发挥科技人员的作用,采取一些吸引科技人员的措施,也是十分必要的。我国企业中科技人员占职工的比例本来就很小,尤其是中小企业,更应该设法留住科技人才。

此外,调查还证实,科技人员流向行政机关的现象比较明显,这与目前改革倡导的方向相悖;沿海地区科技人员流向集体、个体单位人数的比重较大，这在一定程度上反映了改革开放的效果；在流动的原因上，目前主要是为了解决生活需求或摆脱环境压抑。因职务聘任、用非所长和改善工作条件流动的，只占总流量的14%。

《一个工程师出走的反思》刊出一年多后，《中国青年报》1987年12月2日在一版头条隆重推出长篇通讯《命运备忘录》，这篇通讯成为另一篇影响巨大的人才被禁锢的报道力作：首届中美联合培养的38名MBA学员回国后，因为人才部门所有制的束缚，使得这些难得的人才无法找到合适的岗位，被窝在原单位英雄无用武之地；他们出国培训的经费几乎耗费了国家经委全年出国费用的一半，可是这些国家耗费巨资培养出来的稀缺人才，回国后却被束缚在原单位，学非所用，用非所长，青春才华被无端浪费，做着他们不愿意做可又不得不做的事，无法到他们能发挥特长的岗位工作。万般无奈中，他们投书《中国青年报》，对这种人才被禁锢的现状提出控诉："我们年纪轻轻，却无用武之地：报国无门，苦恼不堪；为培养我们，国家耗资百万，我们历尽艰辛，然而，培养与使用完全脱节——我们怀疑，国家耗费巨资办这种人才项目是为了什么？"

一个MBA说："我们只要求一个条件，让我们有流动的自由。那时候，中国没有人才自由流动制度，只要单位领导不放你，你一辈子都走不了。"

《命运备忘录》呼吁："政治体制不进行改革，官僚主义不会被彻底埋葬。MBA在中国的命运已提醒我们：中国人才的危机不是什么别的危机，恰恰是以人治为特征的旧政治体制危机的投影。"

报道见报当天，时任国务院代总理的李鹏就亲自过问此事，由国家经委、国家教委、国家科委、劳动人事部等6个部门出面举行座谈会，座谈会由国家经委副主任袁宝华主持，并邀请中青报记者参加座谈。最后袁宝华拍板：给予这批MBA"特殊政策"，允许他们自由流动。第一代MBA就这样被"解放"了。从他们开始，更多中国人逐渐有了换工作的自由。

记者的最高追求是稿子传播的最大化，稿子刊登后引起轰动，引起全社会的关注，传播越广，反响越大，记者的职业价值就越大，成就也越高。无论是《一个工程师出走的反思》还是《命运备忘录》，这些报道都实现了记者的最高追求，达到了传播的最大化；一个记者的职业使命是用报道记录历史，影响社会，推动社会进步。樊云芳、张建伟等名记者用自己心血铸就的报道影响社会，推动了社会的进步。

20世纪80年代人物报道特色谈之八：
人物报道从高、大、全到平、实、真

  20世纪80年代的人物报道是一个从高、大、全逐渐走向平、实、真的过程，是一个逐渐摒弃假、大、空，逐步摆脱政治化、概念化、公式化、绝对化倾向的过程，是一个从塑造单色调平面英雄到还原为多色彩的立体的人的过程，是一个从政治色彩统领一切到生活气息渐浓人性突显的过程，也是一个逐渐把焦点对准普通人，力求使人物报道可信、可亲、可近、可爱的过程。当然，塑造高、大、全英雄的报道传统绝非短时间能够改变，步鑫生、马胜利等改革英雄的崛起与陨落便是明证，当他们春风得意时浑身都散发着光鲜的亮点，一旦失败落马则各种批评指责加身，缺少的是客观公允的人文关怀和人道体谅。随着媒体竞争的加剧，新媒体的崛起，随着传媒改革的深化，正面报道衍生的造神运动正在逐步消退，更加人性化的人物报道越来越为业界所认可。

  人物报道原有模式的突破是从陈景润开始的。

  中华人民共和国成立后，党报的人物报道受到高度重视，黄继光、邱少云、杨根思、郝建秀、王进喜、时传祥、李顺达等一大批典型人物涌现出来，极大地激励了全国人民建设社会主义国家的热情。而20世纪60年代的雷锋、焦裕禄则使人物报道达到了巅峰，成为广大读者仰望的英雄，心灵中的精神偶像，他们的感人事迹和崇高精神深深地感动了成千上万的读者，镌刻在广大人民的心中。从人物报道的个体来看，雷锋和焦裕禄也是我国党报人物报道的巅峰之作，迄今无出其右。

  然而，反思中华人民共和国成立后的人物报道，我们不得不承认存在着很大的缺点，那就是这些高、大、全人物被推上神坛，不食人间烟火，高居于人民群众之上，远离生活难以接近，读者心中有，群众身边无，这些带有明显缺陷的人物之所以能被读者所接受，皆因当时社会风气纯正，读者思想单纯，而党的威信至高无上，党报公信力强，加上当时报纸广播是人们接收信息的主渠道，获取信息的其他渠道几乎没有，受众对媒体的尊崇发自内心，党报的声音就是党的声音，党报的文章就是党的文件，在这样的社会环境中，这些人物报道虽然存在这样那样的缺点，但还是很容易被读者接受了。

  "文革"将人物报道的缺陷推向极致，媒体上的人物非黑即白，非人即鬼，非正面即反面，政治化、概念化、公式化、绝对化倾向严重，用政治图解人物，根据政治需要选择并塑造人物，像张铁生这样的假、大、空人物，一出现就光芒四射，一张嘴就是豪言壮语，完全不食人间烟火，人物严重缺乏个性，缺乏人情味。报道手法的假、大、空，人物形象的高、大、全，充斥在媒体上的人物报道使人读之生厌，"文革"十年媒体上几乎都是"头上长角，身上长刺"的"反潮流"英雄，张铁生式以不学无术为荣的白卷英雄，虚假做作的活学活用毛泽东思想积极分子，几乎找不出一个真实可信的人物。

1978年2月16日，《光明日报》全文转载了《人民文学》刊发的报告文学《哥德巴赫猜想》。陈景润是"文革"后第一个正面的知识分子形象，这个形象摆脱了高、大、全的旧模式，使人物还原为优缺点鲜明的活生生的常人，作家没有因为他为国家做出巨大贡献，成为新时期的知识英雄而美化拔高他，相反却如实地写出了一个异于常人的书呆气很重的只懂数学不懂生活的怪人。对陈景润缺点的如实描写丝毫没有损害他的高大形象，相反，这些缺点却更衬托出他的可亲、可敬、可爱，让人觉得这是一个生活中可触可摸真实自然的人。

《光明日报》的人物报道，对高、大、全模式的突破有一个渐进的过程。"文革"后的知识分子人物报道普遍存在一种固定模式：国外学成，放弃优厚的生活毅然回国报效祖国，在科研上做出贡献，正当要大展身手时，"文革"开始，饱受磨难，"文革"后又开始走上科研新征途并做出重大贡献。这种人物报道模式持续了很长时间，成为人物报道中的一种老套套。同时，人物报道中的"文革腔"很长时间无法消除。譬如通讯《祖国您的儿女回来了》（载1980年1月18日《光明日报》）中的欧阳本伟博士夫妇主动回国报效祖国，香港长大定居美国的他有理想的工作和优厚的生活，就因为一次回国看到祖国贫穷落后的面貌毅然决定回国工作。稿子没有深入挖掘他回国的动机，却用豪言壮语表达回国的理由："不管祖国怎么样贫穷、落后，她总是我的祖国；就像我的母亲，不管她怎样穷，总是我的母亲！"报道充斥着豪言壮语和空洞说教，而他爱国的理由却很苍白，缺乏说服力，读起来感觉很虚假。

另一类比较多的人物是带病工作，舍弃家庭和个人利益无私扑在工作上的缺乏人文观照的人物。例如，人物新闻《"活着，就要为党拼命干！"》（1982年7月9日一版头条），导语是："北京市龙潭中学语文教师刘能海，身患癌症，术后癌细胞已经扩散，但她面对死神威胁，毫不畏惧，顽强乐观地工作在教学第一线上。她坚定地说：'我永远跟着党，活着，就要为党拼命干！'"报道中，身患癌症并做了大手术的刘能诲不但仍坚持上课，当一位语文教师得病，她这个重病号居然主动接替轻病号去上课。学校召开发展新党员大会，她从病床上爬起来坚持参加，并在会上发表了热情的讲话："党给我的太多了，我对党的贡献却太少了，我一定以实际行动，争取早日加入伟大的中国共产党！"报道中的这个人物语言行动虚假做作，人物缺乏人情味。

随着改革的深化，《光明日报》上的人物报道逐渐从高、大、全回归到平、实、真，报道将视觉对准普通人，用平民视角来观察人物，聚焦基层一线，挖掘凡人善举，选择人物不再局限于政治和道德标准，而突出人物在改革开放中的贡献和作用。报道超越报纸规定的知识分子范围，将工、农、兵、学、商都纳入报道对象中，视野更开阔，多层次、多角度、多类型地报道普通人，许多处于黑与白之间的灰色地带的人物开始出现在版面上，对有争议的人和事也能够见诸报端了，报道不再是结论性的，处于事物发展过程、表达改革中矛盾冲突的人物也纳入报道中，人物报道更加客观真实，不人为拔高，可读性、可信性更强，人物也向可信、可亲、可近、可爱逼近。

从高、大、全到平、实、真，人物报道从畸形回归常态。"平"指的是平常人、普通人，回归则表示走下神坛，回归生活，即使是英雄人物也应该是平常人，而非不食人间烟火的神；"实"是真实而非虚假新闻，这是对人物报道中假、大、空现象的一种颠覆，强调的是新闻的真实性；"真"则是将虚幻的高、大、全的人物还原为读者可亲可近可以接触的真人，这是对人物苍白、单一、片面的颠覆，是真、善、美的真。

平、实、真的人物来自民间、来自大众，是人们身边的人。整个20世纪80年代，《光明日报》报道了大量的凡人、常人、普通人，这些人是从生活中涌现出来的，而绝非记者塑造出来的。1982年之后，大量的普通人成为《光明日报》的报道对象，这些普通人还接二连三地登上头版头条的位置（详情见第十章《80年代人物特色谈之十——让小人物为改革站台》）。

人物报道的平、实、真很重要的一条是真实性。真实是新闻的生命，马克思主义新闻观三个重要的支点是党性、人民性和真实性。新闻一旦失去真实的基础就会丧失生命力。报道手法上的假、大、空和人物形象的高、大、全以及对正面人物无限拔高，优点放大，缺点掩盖的做法是对党报人物报道的极大伤害。而平、实、真的人物描写不避讳弱点和缺点，譬如英雄也有软弱的时候，张志新在狱中受折磨一度精神失常，在监狱里因想念女儿哭了，要是在以前，英雄人物怎么可能软弱到哭鼻子呢？同时期《中国青年报》推出的典型人物张海迪（《中国青年报》，1983年3月1日《生命的支柱——张海迪之歌》），在热烈歌颂她发愤努力积极向上的奋斗精神的同时，也毫不避讳地写出了张海迪曾经有过的迷茫与软弱，特别让人震惊的是，报道还写到她曾有过自杀的念头，这是以前正面人物报道中绝对不可能出现的；《一个能打开局面的企业领导》（《光明日报》1982年8月16日）里的太原市煤气公司总经理白凯就是一个有争议的人，他有胆有识，工作作风大胆泼辣，但他主观武断、简单粗暴、目中无人，正是这样的描写，才使这个人物立体多面，令人信服。

"典型都是真典型，就是让报纸给宣传假了。"有人这样讽刺虚假的人物报道。可见突破虚假报道，回归常态是何等重要。

人物报道的平、实、真呈现给读者的不是单一、苍白的人物，而是丰满、立体的人物，为此就需要大量的细节来展现，细节具有"以一目而尽传精神"的妙用。譬如《追求》中的栾弗出差回来，进门首先跟家里的大黄猫握手，一个细节就使一个热爱生活的普通人跃然纸上；华山抢险中的女学员魏兰新是北京兵，刚入伍时她烫发穿高跟鞋，风纪扣常忘了扣，叠不好被子，是一个问题学员、后进学员。而这些描写与后来在华山抢险中双膝跪在尖硬的石块上从天险处将伤员抬下去的坚强的抢险英雄形成鲜明的对照。这种强烈的反差衬托出一个学员从后进到先进的成长和转变过程，使得这个人物变得立体，显得栩栩如生，也更使这个人物变得真实可信，活灵活现。《一个农民养猪专家的故事》（1980年11月14日）有个很精彩的细节写农民养猪专家岳安林为承包大队养猪场找到公社书记：

> 王金龙书记问明，这是大王大队的社员岳安林。大王猪场已连续亏损了十一年。书记说："安林，你就有这么大的把握？"岳安林说："多出的钱全部交队里，短下的钱全由我一人包赔！"说着掏出一个五千元的存折，啪的一声压在桌子上："大不过是这么多，甘愿立下军令状！"王金龙真正感动了。他说："我们的队干部都要像你这样的干劲，什么都好办了！你干吧，如果真的完不成指标，公社替你担一半罚款。"

5000元存折啪的一声压在桌上，这表现了他的决心和信心，这个军令状立得好。这个细节生动传神，绘声绘色，岳安林的性格特征和敢于担当的性格跃然纸上。

人物只有真才能让读者信服，真是美的基础，人物一旦失真，那就无所谓美了，一个弄虚作假的人物绝对不可能让读者有美的感觉。21世纪媒体倡导的寻找最美乡村教师、寻找最美医生护士、寻找最美基层干部等活动中的一些人物让人感动得掉泪，原因就是读者或观众都觉得这些最美的人是真、善、美的化身，真是美的基础，只有真和美统一才能彰显出善来。

第九章　20世纪80年代的批评报道

在《光明日报》的办报历史中，批评报道曾是20世纪80年代的一大特色。譬如《光明日报》批评山西的"关系牌香烟"，竟然把接受香烟的市委书记、公安厅长的名字登在报纸上，并让他们退赔，胆子不可谓不大；北京怀柔殴打教师事件，通过《光明日报》持续不断的报道，不但引起邓小平的注意，做出批示，将罪犯绳之以法，而且因此促成了教师节的诞生；轰动全国的青海省杨小民杀人案，因为当权者徇私枉法，官官相护，久拖不决，犯罪分子在权力的庇护下逃脱了死刑审判，激起民愤，是《光明日报》的内参披露了此事，终至事情逆转，不但犯罪分子被绳之以法，徇私枉法的多位领导还受到处分。《光明日报》在批评报道上的胆识着实令人钦佩。

新闻工作要直面社会中存在的问题，直面社会的丑恶现象和阴暗面，激浊扬清，针砭时弊。开展批评是新闻工作的职责。回顾《光明日报》批评报道的历史，是为了继承《光明日报》的传统，也为党报如何运用媒体这一武器开展批评提供借鉴。

批评报道，或称舆论监督，就是通过新闻媒体对国家和社会事务进行监督的报道，这是新闻媒体的重要功能，也是新闻工作的重要内容。一个没有批评报道的国度肯定是不正常的，一个没有批评报道的媒体是软弱的，缺乏力量的，也是不被读者重视的。正确地运用舆论监督这个武器，这是党的新闻工作的重要内容。舆论监督对推动社会发展和进步能发挥重要的独特的作用，能起到激浊扬清，净化社会风气的作用，加强和改进舆论监督也是完善民主监督、加强党和人民群众联系的重要方式，是促使执政者少犯错误，避免盲目决策，避免腐败，使执政者更接近人民群众，受到人民群众拥戴的必要方法。

中华人民共和国成立以来有两个阶段对批评报道最为重视，尺度放得最大最开，因而批评报道的作用发挥得较好。第一个阶段是中华人民共和国成立初期到 1957 年反右前,第二个阶段是改革开放后的 10 年。著名新闻理论家甘惜分先生认为,20 世纪 80 年代是党报"公开批评数量之多,挖掘问题之深,已破历史纪录,开创了党报史上的新局面"(《甘惜分文集》第一卷第 110 页)的阶段。

对《光明日报》来说,20 世纪 80 年代是批评报道最集中、最大胆、数量最多、最尖锐也是最不留情面的阶段,是该报批评报道最辉煌的阶段,其间该报对阻碍拨乱反正、阻挠平反冤假错案、干扰落实知识分子政策、打击迫害知识分子、殴打教师、阻碍改革开放、助长歪风邪气的人和事进行了尖锐的毫不留情的批评,这些批评报道对配合中央中心工作,惩恶扬善,激浊扬清,推动社会进步,发挥了巨大的作用。

《光明日报》大量的批评报道是以人物报道的形式呈现的。

第一节 批评报道的二度辉煌

说十年辉煌期是我国新闻史上批评报道的二度辉煌期,是因为在中华人民共和国成立后党报的批评报道曾一度有过辉煌,那就是中华人民共和国成立初期的六七年时间。

1950 年 4 月 19 日,中共中央下发《关于在报纸刊物上展开批评与自我批评的决定》(以下简称《决定》)。《决定》说:

> 吸引人民群众在报纸刊物上公开地批评我们工作中的缺点和错误,并教育党员、特别是党的干部在报纸刊物上作关于这些缺点和错误的自我批评,在今天是更加突出地重要起来了。因为今天大陆上的战争已经结束,我们的党已经领导着全国的政权,我们工作中的缺点和错误很容易危害广大人民的利益,而由于政府领导者的地位,领导者威信的提高,就容易产生骄傲情绪,在党内外拒绝批评,压制批评。由于这些新的情况的产生,如果我们对于我们党的人民政府及所有经济机关和群众团体的缺点和错误,不能公开地及时地在全党和广大人民中展开批评与自我批评,我们就要被严重的官僚主义所毒害,不能完成中华人民共和国的建设任务。由于这样的原因,中共中央特决定,在一切公开的场合,在人民群众中,特别在

报纸刊物上展开对于我们工作中一切缺点和错误的批评与自我批评。

这是中共中央发出的第一个也是迄今为止唯一一个关于新闻舆论监督的专门文件。颁发这一文件的背景是，中华人民共和国成立后，中国共产党如何从领导全国人民夺取政权取得胜利，转向如何领导中国人民建设社会主义新中国，为避免因为没有执政经验，避免在建设社会主义国家中不犯错误或少犯错误，中共中央主动提出了执政后预防骄傲、掌权后防止腐败的有效方法，那就是将各级领导者置于人民群众的监督中，号召人民群众公开、自由批评党和政府的缺点和错误，同时也号召党的各级党委政府必须敞开胸怀接受群众监督与批评。这无疑是一个伟大而英明的举措。其实，早在1945年毛泽东与黄炎培在延安关于中国共产党如何跳出历史周期律的著名的"窑洞对"中就谈到这个问题，黄炎培提出共产党如何避免历史上执政者"其兴也勃，其亡也忽"的周期率时，毛泽东的回答非常明确："我们已经找到了新路，我们能跳出这周期率。这条新路，就是民主。只有让人民来监督政府，政府才会不敢松懈。只有人人起来负责，国家才不会人亡政息。"毛泽东的这一卓见是符合历史发展规律的，是非常英明的，如果能真正贯彻执行，确实能使我们党避免犯错误。但是，可惜的是，这一英明卓见未能很好贯彻执行，毛泽东后来的行为也违背了自己的见解。后来在历次政治运动中党犯下的错误，就是因为没能忠实地贯彻执行毛泽东的这一见解。

而在中华人民共和国成立初期，党号召人民群众公开、自由地批评执政党的错误，正是贯彻执行毛泽东提出的"让人民来监督政府"的指示的最直接最有力的举措。

《决定》还对批评者即记者和编辑的批评行为做出规定，明确批评报道文责自负："凡报纸刊物上公布的批评，都是由报纸刊物的记者和编辑负独立责任。"不但规定文责自负，而且还进而规定："报纸刊物的人员对于自己不能决定真伪的批评仍然可以而且应当征求有关部门的意见，但是，只要报纸刊物确认这种批评在基本上是正确的，即令并未征得被批评者的同意，仍然应当负责加以发表。"也就是说，批评报道可以不征得被批评者的意见，只要记者编辑认为批评是对的就可以发表。这更充分地表明共产党的磊落胸怀，即使批评错了，更正了就是："批评在报纸刊物上发表后，如完全属实，被批评者应立即在同一报纸刊物上声明接受并公布改正错误的结果。如有部分失实，被批评者应即在同一报纸刊物上做出实事求是的更正，而接受批评的正确部分。如果被批评者拒绝表示态度或对批评者加以打击，即应由党的纪律检查委员会予以处理。"

《决定》颁发3天后的4月22日，《人民日报》刊登了《决定》全文，中国共产党以磊落的胸怀，向全国人民公开了接受批评的决心。23日，《人民日报》在一版同时刊发了题为《坚决展开批评与自我批评》和《加强报纸与人民群众的联系》的两篇社论。

中南民族大学文学与新闻传播学院副教授徐晓波在《重温〈关于在报纸刊物上展开批评和自我批评的决定〉》一文中说：《决定》1950年4月19日发布，当月《人民日报》就收到读者批评性稿件1674件，比3月份增加了一倍。从1950年到1953年三年间，《人民日报》刊登批评报道4243篇，平均每天刊发的批评报道即超过4篇。1954年，中共中央《关于改进报纸工作的决议》又对《决定》进行了修改。

《人民日报》解放初期批评报道非常活跃，樊云芳、丁炳昌在《新闻文体大趋势》一书中说：1956年5月下旬，中央正式颁布了百花齐放、百家争鸣的方针，群众思想十分活跃，新闻改革出现了黄金时期。7月1日，《人民日报》发表社论《致读者》，提出一系列改革措施。8月1日，中共中央向各省、市、自治区转发人民日报向中央打的报告，指出："为了便于今后在报纸上展开各种不同意见的讨论，《人民日报》应该强调它是中央机关报又是人民的报纸。""今后《人民日报》发表的文章，除了少数中央负责同志的文章和少数社论以外，一般可以不代表党中央的意见，而且可以允许一些作者在《人民日报》上发表同我们共产党人的见解相反的文章。"《人民日报》改版后，"报社各部门情绪高涨，广大读者耳目一新。报上新闻增多，报道面较前广阔；评论增多，同群众、同实际联系较前密切，针对性加强；批评各种坏人坏事，态度鲜明，笔锋尖锐；着力鼓吹双百方针，有新闻，有本报评论，有众多名人不仅表态拥护并有真知灼见的文章——据不完全统计，7月份登载的有关双百方针的文章、新闻23篇，批评坏人坏事的稿件150篇，表达读者意见的来信292篇，实在显示新闻改革起步不错。"（华夏出版社，1989年，第256页）

执政党要求在公开场合和媒体上对党的各级领导开展批评，这充分显示了共产党的胸怀与诚意。《决定》的颁布为媒体批评提供了依据和有力的保障，使我国解放初期的报纸刊物能正常开展有益的批评。但是，这一良好的做法没能持续多久，1957年"反右"开始，正常的批评报道在党报上逐渐稀缺，党内外批评的空气日益稀薄，《人民日报》也因为"死人办报""书生办报"不再敢大胆批评。

"文化大革命"更是把正常的媒体批评变成了迫害广大干部和知识分子的"批判"。

十一届三中全会之后，这种正常的媒体批评才开始恢复，此后10年是共和国新闻史上批评报道最为繁荣的阶段。

20世纪80年代中期，主持《光明日报》工作的总编辑杜导正在论述关于表扬与批评的关系时说：

> 我们的宣传应以表扬为主，这是绝大部分同志都同意的。因为我们总的形势是好的，主流是好的。但是我们有些表扬的新闻，见物不见人，给人印象不深。实际上好事是人干的，共产主义思想是由人来体现的。我们提倡的有理想，讲道德，有文化，守纪律，也主要是对人的要求。《光明日报》从1982年5月起，用短新闻的形式，在一版显著位置，连续宣传为两个文明做出贡献的先进人物。1983年连续宣传了150多个先进人物，平均一两天就有一个先进人物在《光明日报》上与读者见面。他们活跃在全国各地的各行各业，其中有做出了很大贡献的科学家和工程师，也有甘为他人做服务的后勤人员；有国内外知名的教授，也有默默无闻的山村教师；有心灵美的艺术家，也有自学成才的残疾青年；有领导干部，也有普通社员，还有热爱祖国的华侨，也有刻苦学习的留学生，多数是知识分子，也不乏工农兵中的优秀人物。这些先进人物的新闻刊登之后，在广大读者中引起了较强烈的反响，许多读者来信诉说他们受到的鼓舞，抒发他们的感想，表示要向先进人物学习。报纸上宣传的先进人物，还得到中央领导的重视。长春光机所的知识分子蒋筑英、西安第四军医大学学生张华和最近我们报纸宣传的华山抢险英雄群体的模范事迹见报之后，国务院、中央军委分别授予他们模范称号，中央领导讲话、著文，号召各行各业向他们学习，大大推动了全社会学先进的活动。

新闻以表扬为主，不等于不要批评。我们党内还存在不正之风，社会上还存在落后的甚至丑恶的现象,需要报纸严肃地不断地批评。报纸上不登批评新闻,或登得太少都于我们的事业不利,不符合读者心愿。报纸不愿意碰问题,不敢登批评报道,就是没有尽到自己的责任。

批评新闻与表扬新闻不同,不宜过多,不宜过于集中。实际上,泛泛的批评,哪怕数量很多,等于是雨过地皮湿,不能很好地解决问题,还会使人泄气,效果并不好。不如选中问题,抓住不放,直到批到水落石出使问题得到解决。这样做,暴露面小,教育面大,能使读者受到鼓舞。批评报道数量上虽然少了些,但效果更好,作用也更大。

表扬和批评的力量都在于真实。因此,表扬先进人物必须实事求是,先进人物在一两个方面突出,新闻就表扬这一两个方面,有九分好,绝不说十分。不能去追求什么"完人",不搞面面俱到,更不允许虚构。虚构的先进人物、先进事迹,如同肥皂泡,是没有生命力的,只能失信于读者。失掉人心,不但达不到表扬先进的目的,反而会败坏党报的信誉。批评性的新闻也是如此,必须首先把问题搞实在,把事实搞准确,并且要留有余地。这样的批评才站得住脚,才有可能把官司打赢。

20世纪70年代末80年代初,《人民日报》也恢复了批评的锋芒,如1978年11月13日,《人民日报》头版头条刊出《河南省委副书记王维群带头违法乱纪》的记者调查,中共中央机关报直接批评一个省委副书记,其批评的力度不可谓不大,据称这是我国改革开放后由党报刊发的第一个腐败大案,当然,这位省委副书记的官帽子保不住了。接着,《人民日报》的批评锋芒又指向了更大官员:"渤海二号"沉船事故被公开曝光,石油部长被迫辞职,副总理受到处分;对山西省昔阳县"西水东调"工程的批评则引发了分管农业副总理的下台。当时的媒体确实胆魄空前,《中国青年报》因批评商业部长在丰泽园饭店吃"霸王餐"而导致这位部长受到处分。这些人物报道在当时的中国反响强烈,影响深远。

在这样的氛围中,《光明日报》也高扬批评的武器,锋芒直逼各领域中的坏人坏事,一旦发现可以批评、值得批评的选题就会抓住不放,连篇累牍地进行报道,一直到问题得到解决才停止,如安徽六安农校打击迫害知识分子事件。

第二节 清除极"左"思想

1984年4月11日,《光明日报》的一版刊登通讯《安徽六安农校发生一起打击迫害知识分子严重事件》。安徽农校彭学斌是一位在该校工作了20多年的老校医,曾两度被评为校先进工作者。但因为他敢于与损公肥私的现象进行斗争,爱管闲事,爱给领导提意见,校领导对他非常反感,一直想找机会"修理"他。终于,这样的机会来了:一次,副校长杨善如经过彭学斌借住的木工工房时发现他家堆了一些木工的下脚料,这一发现使该校领导认为找到了整彭学斌的证据。次日,杨副校长和另两位副校长王家楼、王子传一起到彭家进行突击搜查。搜查结果却没有发现一根公家的木料,搜出来的木工下脚料都是从学校分给他家的柴火中拣出来的。面对这样的事实,该校领导却不罢休,采取莫须有的手段,无限上纲、无情打击,决定以"偷窃、毁坏、侵占公物"的罪名对彭学斌停职处分。这一决定首先祸及他的家人,他在学校做合同工的妻子被辞退,同样在学校做合同工的儿子被停职。为了整垮彭学斌,学校接连开了几十次会议,包括多次职工大会,命令所有职工不得与彭学斌接触,将他彻底孤立起来;后来又通过六安行署公安处一位负责人的关系将彭学斌多次传唤到公安处。随着迫害的不断升级,在巨大的压力下,彭学斌崩溃了,最后自杀身死,以死明志。此事惊动了六安地委,地委纪律检查部门介入调查,查清了事实,认为这是一起迫害知识分子的恶性事件。

对这样一件性质严重、事实清楚的迫害知识分子案件,《光明日报》发现后,马上抓住不放进行报道。

4月12日,《光明日报》在报纸一版发表两篇连续报道:《从彭学斌被迫害致死事件中汲取教训》《六安地委决定解散六安农校党总支》。本来,事情已经得到处理,报道可以结束了。但是,《光明日报》没有,而是从这件事情上挖掘造成这起迫害知识分子致死的案件中的深层次问题,那就是极"左"思想的危害。

报道揭示的这起迫害知识分子致死恶性事件说明,"文革"极"左"思潮的流毒在该校根深蒂固,根本没有肃清,该校领导成员中没有一个是专业教师,全是不懂教学的行政人员,这些经历过"文革"而极"左"思想还很严重的非专业人员治校无方,却整人有术,他们习惯于用"文革"的手段对有缺点的知识分子进行残酷的迫害。毫无疑问,彭学斌有缺点,但也是一位对学校有过贡献的知识分子,即使他有缺点哪怕是有错误,也不应该采取残酷斗争、无情打击的手段。该校领导就是因彭学斌爱提意见而怀恨在心,必欲置其于死地。他们无视当时党的知识分子政策,也毫无法制观念,硬是把一个勤勤恳恳工作了20多年的知识分子逼上了绝路。这一事件充分说明,彻底否定"文革",肃清"文革"流毒是何等的重要。

《光明日报》对连续报道驾轻就熟,经验丰富。先是用事实将问题揭露出来,然后通过报道引导舆论,当舆论在社会上产生影响之后,再请当地党委政府的领导人出面就事件表态,一旦当地相关领导人对事件表态,就意味着问题能够得到解决。4月16日,《光明日报》又在报纸一版发表安徽省委副书记杨海波就六安事件发表的讲话:《不允许坚持"左"的路线的人再当领导》。省委副书记的表态当然更有利于问题的解决。

然而,这还不够。4月22日,该报又在一版头条刊登中国政法大学副教授何秉松从法律上分析六安事件的文章:《王家楼王子传非法搜查非法管制彭学斌已造成严重后果 追究其刑事责任完全正确》,把读者的视觉引向法律,让读者从法律角度来思考六安事件。

4月24日,报纸又在一版头条再次推出《六安农校"左"的思想流毒仍然很深》一文,揭示了事件发生后该校仍沿袭"文革"做法,继续压制知识分子,学校管理秩序混乱的现状。同一天在一版转载人民日报评论员文章《就是要彻底否定"文革"》(原载《人民日报》4月23日一版),将六安事件与否定"文革"挂起钩来,从更深的层次揭示六安事件的实质就是"文革"余毒未能肃清的结果,进一步提出彻底否定"文革"的重要性和必要性。

《就是要彻底否定"文革"》一文获当年全国好新闻一等奖,其缘起却与《光明日报》的一篇报道密切相关。就在这一年的4月3日,《光明日报》刊出笔者和当时的光明日报浙江站站长卢良合作撰写的一则记者来信:《"文革"中在杭州大学搞"活人展览"的个别人至今仍然坚持极"左"的错误观点不改》,全文如下:

编辑部:

三月下旬,记者在杭州大学采访时,获悉了这样一件事:杭大党委在进一步检查落实党的知识分子政策时，调查"文革"中在地理系搞"活人展览"摧残知识分子的事件。当学校向当年参与策划这一事件的驻地理系的人员调查了解时，他们竟仍然坚持极"左"的错误观点，认为当年的做法是"严格按照党的方针政策，实事求是做耐心细致的思想工作，以政策开道，严禁逼供信，启发帮助他们讲清自己的问题"的。尤其使人吃惊的是，那位持极"左"观点的原进驻地理系的负责人至今还在杭州一家二千多人的工厂担任工会主席。对此，杭大的教师极为气愤，纷纷向领导部门提出意见。

据有关部门反映，这些人员于1968年夏天进驻杭大地理系。当时该系正在开展"四查""六忆"的"清队"运动。这年冬天，他们别出心裁地搞了个骇人听闻的"活人展览"。七位老教师被当作"牛鬼蛇神活靶子"，在展览馆"展出"，他们用极端侮辱人格的办法来丑化这些老教师：胁迫有的教师穿上长袍马褂，头戴瓜皮小帽，腋下夹着账本，化妆成地主；有的身着旗袍，足蹬高跟皮鞋，涂脂抹粉，化妆成资产阶级太太；有的脖子上挂着串起来的卡片，一手拿剪刀，一手拿胶水，冠之以"不学无术的反动学术权威"；让当时的系主任打着黑伞，象征"牛鬼蛇神"保护人，封之以"活阎王"的绰号。他们还专门派讲解员，用侮辱性语言讲述这些同志的所谓"罪状"。这个展览会轰动一时。系里58名教职工中有20人遭到批斗审查，被扣上了各种政治帽子，受到不同程度的侮辱和迫害。

对这样一件严重迫害知识分子的事件，作为参与策划的当时进驻该系的负责人及其他几个人，却在今年一月杭大党委派人查问此事时，仍坚持自己的错误观点。明明是搞所谓"活靶子展览"，广大教师受到不同程度的迫害，他们却说什么"是严格按照党的方针政策"，"启发帮助他们讲清自己的问题"。这只能说明他们至今仍坚持"四人帮"极"左"路线的立场观点。

据了解，那位今年50岁、高小文化程度的原进驻该系的负责人，长期来一直担任厂党委委员兼工会主席。这次机构调整时，厂里准备提拔他当副厂长，后因上级部门考虑到他年纪大，文化低，不能胜任，才没有批准。他的极"左"思想观点，一直未受到过触动,更谈不上转变,有关部门对他也从无了解。在当前整党和调整机构中出现这样的事,应引起有关部门的严重注意。

编后

在"文革"期间进驻过杭州大学地理系的个别人,至今仍然认为当年那样残酷地迫害知识分子的做法是正确的,这是令人难以容忍的。此事深刻地说明,"左"的错误观点在一些人的头脑中是多么根深蒂固,清除"左"的流毒又是多么重要和迫切。

顽固地坚持"四人帮"极"左"路线的立场观点的人,多数是认识问题,但也不排除其中确有"三种人"。在这次整党中,对此类人要高度注意。属于认识问题的,要认真进行教育,帮助其转变立场;确属于"三种人"的,要坚决地加以清理。

附人民日报评论员文章——《就是要彻底否定"文革"》,人民日报评论员。

在我们国家的政治大舞台上,"文化大革命"这出闹剧已经谢幕多年了,但是,在生活的一些旮旮旯旯里,少数人有时还要掀起一点"文革"的余波微澜。

十多年前,杭州大学地理系曾搞过侮辱人格的"活人展览"。七位老教师被打扮成"地主""资产阶级太太""反动学术权威""'牛鬼蛇神'保护人",受辱于大庭广众之前。这种践踏斯文、戏弄正义的政治恶作剧,令人发指。尤其不能容忍的是,当年进驻杭州大学地理系,参与策划这一事件的个别人,至今仍然认为这种摧残知识分子的做法是正确的,是"严格按照党的方针政策,实事求是做耐心细致的思想工作,以政策开道,严禁逼供信,启发帮助他们讲清自己的问题"的。

这散发着"文革"霉味的语言,不正反映出"文革"在这些人的心目中并没有被推倒吗?党的十一届六中全会通过的《关于建国以来党的若干历史问题的决议》明确指出:"'文化大革命'不是也不可能是任何意义上的革命或社会进步。"这个结论,反映了全党、全国人民的共同认识。对"文革"就是要彻底否定。不彻底否定"文革"的那一套理论、做法,就不可能有三中全会以来的路线、方针、政策,就不可能有政治上安定团结、经济上欣欣向荣的新局面。这是人所共知的。

但是，在这次整党中，一接触到"文革"中的某些问题，有人就"剪不断，理还乱"了。他们拐弯抹角，千方百计，肯定当时的所作所为甚至为搞"活人展览"以及比这更丑的恶行辩护。尽管作这种"表演"的只是极少数人，仍然值得引起我们的严重注意。

粉碎"四人帮"以后，对参与搞"活人展览"之类恶行的人，除了打砸抢分子外，一般都未予查处（有些地方打砸抢分子也未查处）。这是考虑到"文革"的历史背景，不过多地去追究个人责任，也是为了给这些犯错误的人一个认识错误、改正错误的机会。如果他们至今仍然坚持错误，有的甚至身居要职，被当作"接班人"加以培养，人们就有理由责问，这还有什么是非呢？这样的人究竟会是谁家的"接班人"？

这次整党，《关于建国以来党的若干历史问题的决议》是列为必读文件的。认真阅读这个文件，对每个党员都是必要的。尤其是那些在"文革"中犯有严重错误，至今尚无正确认识的同志，更要认真学习，严肃地对照检查，这一课必须补，来不得半点含糊。

就是这样一件曾引起轰动的、性质极端恶劣的陈年旧案，在1984年全国整党时，"文革"搞活人展览的工宣队员受到追查。但是这些制造了"活人展览"的工宣队员在整党中却死不认错，他们坚持认为，当年在杭州大学地理系搞"活人展览"的做法只是执行了党当时的政策，作为党员，作为党的路线方针政策的执行者，自己并没有错，要错也是上级错了、中央错了，而这样的错误作为小小的工宣队员无法承担，这样的错也不应该算到执行者头上。这样的观点在当时非常有代表性，当时全国整党中涉及许多党员在"文革"中的错误，许多党员不承认自己的错误，因为他们只是执行者。

正如有人所说："雪崩时，没有一朵雪花觉得自己应该对此负责。"然而不正是一朵朵雪花才形成积雪，不正是层层叠叠的积雪最终才形成雪崩的吗？"文革"是中华民族的大劫难，而整个民族的疯狂不正是无数个个体的推波助澜形成的吗？对这场民族的灾难，每个参与者都有责任，每个人都需要自省，都需要承担责任，若每个人都推卸自己的责任，每个人都没有一点悔过之心，这个民族还有希望吗？一个不懂得反思不能正视错误的民族是没有前途的！

当然，让一朵雪花对雪崩负责，让一滴雨珠对泛滥的洪灾负责，让一个人对整个疯狂的"文革"负责，这不公平，因为任何个体都是渺小的，任何个体的力量都是微弱的，只有当个体汇入整体中才会显示出力量来，那"压死骆驼的最后一根稻草"也只是一根稻草。这一道理说明，"文革"的劫难是一个个个体汇集而成的，每个个体都必须对这场民族大劫难负责，每个人都需要反思自己在这场灾难中的所作所为，需要检讨自己的行为是如何助长了这场灾难，需要正视自己的错误对国家、民族造成的伤害，只有这样，中华民族才能从"文革"的劫难中走出来，才能理性地对待这场全民族的大浩劫。

虽然党的若干历史问题的决议已经通过，但当时对"文革"的罪责还没能全部追究，同时也还不敢全盘否定"文革"，因为"文革"是毛泽东亲自发动并领导的，彻底否定"文革"会不会伤害毛泽东的威望？正因为"文革"还没有彻底否定，许多参加"文革"的党员坚持认为自己在"文革"中的做法是执行党的政策，"文革"错误的历史责任不应该由个人承担。

《人民日报》的评论员文章从杭州大学搞"活人展览"的人不承认自己错误这一现象出发，提出了彻底否定"文革"的重要性和必要性。这篇评论员文章的发表马上在国际上引起关注，国外媒体评论认为：《人民日报》评论员文章透露出一个强烈的信号：中国将彻底否定"文革"。

《人民日报》评论员文章缘起于《光明日报》的报道，而六安事件又是对《人民日报》评论员文章的一种呼应，一种佐证，两家党中央主管主办的党报互相佐证，目的是共同的：必须彻底否定"文革"，"文革"若阴魂不散，类似六安的事件将会层出不穷地出现。

5月8日，《光明日报》再次在报纸一版头条就彭学斌事件发表评论：《必须彻底否定"文化大革命"——从六安农校原领导人迫害校医彭学斌事件谈起》，这既是对六安事件的深化，也是对《人民日报》评论员文章的呼应。评论进一步将彭学斌受迫害致死这一事件推向纵深，对造成冤案的原因穷追不舍，一直追到"文革"的极"左"影响。同一天还刊登安徽省委组织部就六安事件召开座谈会的报道：《吸取教训进一步肃清"左"的流毒》，报纸还刊登两封读者来信：《六安农校事件为我们敲响了警钟》《六安农校事件表明——极"左"余毒未除"文革"遗风尚在》。

这个连续报道一直持续到一年之后，1985年5月4日，《光明日报》在一版头条刊登处理六安农校事件的最后结果：《安徽省、六安地区重视本报批评解散六安农校领导班子,新领导班子切切实实为教师办了七件好事》,报道说,迫害彭学斌致死的有关人员分别被逮捕和受到留党察看两年处分,教师们心情舒畅对进一步办好六安农校充满了信心。报纸还配发短评:《春风吹进六安农校》。

整个六安事件的报道和评论仅在一版头条就发了6篇。

然而,彻底否定"文革"绝非是一朝一夕的事情,要根除一种思想一种观念需要漫长的时间,《光明日报》正是因此才抓住这个典型事例深挖其根源。

六安事件余波未消,王昇事件风波又起。《光明日报》又抓住了一个事件,开始连篇累牍地在报纸上进行报道。(详见本书第五章)

胡耀邦20世纪80年代曾对表扬报道和批评报道给出一个比例:7∶3,虽然整体上看这个比例并未达到,批评报道少于3而表扬报道大于7,尽管如此,80年代的批评报道已经在我国新闻史上登峰造极,其数量已经达到巅峰。

批评报道难,这是一个老问题,很难解决,只是不同时期表现得程度不同而已。只准报喜不准报忧,这是大多数被批评者对待批评报道的真实态度,部分口头表示赞同批评报道,允许报喜也报忧的,实际上也往往是叶公好龙,口惠而实不至,当真正批评到他或他治下的工作时,便会以家丑不可外扬等理由予以制止,而当批评涉及其本人时,更不会同意,往往会调动一切资源和力量予以制止。在这样的现状下,记者写批评报道之难便可想而知。

《光明日报》20世纪80年代的批评报道的指向是根据中央每阶段的中心工作进行,如拨乱反正、揭批四人帮、清除"文革"余毒、批判极"左"思想、涤荡歪风邪气等。

粉碎"四人帮"后,党报对"文革"以及中华人民共和国成立后极"左"路线的批判就开始了,这种在媒体上展现的批评报道更多地表现为批判和讨伐,此类报道多以林彪"四人帮"以及其推行的极"左"做法、极"左"路线、极"左"政策措施为批评目标进行声讨。表现在人物报道上的则是以某个具体的案例作为靶子,譬如通过报道张志新、遇罗克等人物在"文革"中遭受到的劫难来批判和控诉极"左"路线对知识精英的残酷迫害,揭露"四人帮"的残忍荒谬,这在十一届三中全会前后几年的媒体上表现得尤为突出。这类批评促使人们对极"左"对"文革"对"四人帮"行为的批判和反思,从而推动了拨乱反正、平反冤假错案以及落实知识分子政策的进程。这一点在第一章、第二章里有了详细的记述,这里就不再展开。

对林彪"四人帮"以及极"左"路线的批判常常是通过对他们罪行的控诉来达到的。《光明日报》大量披露遭受极"左"路线,主要是"文革"期间来自林彪"四人帮"的迫害,发掘这些人物典型既是拨乱反正,也是对极"左"政治的控诉。无论是张志新、遇罗克、栾弗还是孙冶方,都有着强烈的控诉情结。

但是,这种控诉都是积极向上的,都表达了这些人物在遭受极"左"迫害,即使在生命不保的情况下,也都是充满了对党、对毛主席的深厚感情,哪怕对毛泽东晚年错误提出批评的张志新,也还是对毛泽东充满深厚的感情。

对党充满感情,对祖国怀抱希望,他们从未绝望过。这些典型除向读者传达了控诉外,也向读者传递出我国知识分子对党、对祖国、对人民的赤子情怀。

在人物报道中的批评报道中,有很大一类是针对打击迫害知识分子行为的批评。例如,1984年1月20日一版头条《仙游林业局某些人压制助理工程师韦梓凯》,评论《落实知识分子政策要继续肃清"左"的流毒》;3月13日进而在一版头条刊登《仙游县委重新处理压制打击归国助理工程师韦梓凯事件》,持续报道了这起迫害知识分子事件从得到处理但处理太草率到重新处理的过程。"文革"期间迫害知识分子事件层出不穷已成常态,知识分子在极"左"势力面前一直是夹着尾巴做人的弱者,经常挨整却难以反抗。这种状态在十一届三中全会后尊重知识、尊重人才的知识分子政策提出后仍在不少地方存在,仙游县的状况便是如此。《光明日报》的批评和持续深究迫使该县对这一事件做出重新处理,县委为此做了自我批评,县林业局副书记被撤职,副书记受到党内警告处分。报纸还配发评论《少作一般号召,发现和解决具体问题——落实知识分子政策中的一个重要问题》。

这种针对个人的打击迫害知识分子事件往往以问题解决为目的。此类批评报道在《光明日报》上大量出现,到1984年更加密集,以下附录的部分篇目仅以1984年为例:

1月21日一版头条:《山西省文体委原副主任胡亦仁受到党内严重警告处分》。

3月22日二版头条:《西安五中教师王义虎惨遭毒打事件主谋康宝玲至今逍遥法外》,还配发记者的调查。

6月8日一版:关于《北京邮电学院副教授彭道明发明奖被压事件得到解

决》的消息，并配发短评，在一版下还刊发长篇通讯，这一报道刊发后反响强烈，报纸开辟专栏刊发连续报道。

6月12日：一版刊登大连第十塑料厂技术副厂长曹永广无端受到打击迫害，冤案长期得不到解决，对冤案制造者提出严厉批评。

6月26日一版头条：《著名中年鸟类专家赵正阶入党问题终获解决》，并配发评论员文章《解决知识分子入党难的关键在领导班子》。

6月26日二版头条：《王贤才医师翻译〈希氏内科学〉困难重重》。

7月5日一版头条：《一个追求者的酸甜苦辣——记上海市计算技术研究所青年科研人员黄迅成的遭遇》。

7月16日一版头条：《工程师朱达汉无辜受害至今仍留"尾巴"》。

12月6日一版头条：《福建物构所陈长章等沿袭"文革"做法诽谤他人受到严肃批评》。

12月18日一版头条：《湖北省为知识分子杜佐华澄清了三十年的冤案》。

12月28日一版头条：《一个扎根延安的艺术家的遭遇——记画家靳之林被迫离开延安又重新返回的经过》。

"文革"期间，知识分子权益被无端剥夺，甚至连发表文章的署名权、发明专利的拥有权、合法收入的拥有权也经常受到侵害或侵占，《光明日报》针对这些现象，通过人物报道进行批评的报道数量不少。譬如以上提到的1984年6月8日一版刊登的《北京邮电学院副教授彭道明发明奖被压事件得到解决》，报纸做了连续报道，直到彭道明问题得到解决才结束。这方面最典型的就是1984年8月26日一版头条报道的姚迁事件，这一事件本章第四节将做专门介绍。

还有一类人物报道是针对社会上的歪风邪气而进行的批评。例如，1985年3月14日一版头条刊出云南记者王茂修的通讯《高县城里的叽叽喳喳——一个英雄模范人物的遭遇》，这篇报道讲述的是社会风气不正给模范人物带来的危害。一个幼儿园老师，在拖拉机冲向孩子时奋不顾身救起了孩子，自己却身负重伤，生命垂危。一个救人英雄在拖拉机面前倒下，一个英雄的形象树起来了，她的壮举受到表彰，于是荣誉迭至，备受称颂。但是，当物质的奖励出现时，人们的妒忌心开始发酵，称赞变成了非议，从非议又变成了诅咒。英雄在叽叽喳喳的非议中倒下。这个典型形象地折射出当时的社会风气，小市民的妒忌心理、社会心理的阴暗歹毒可以杀人。报纸还配发评论员文章：《谭万娴的遭遇说明了什么？》。

甘惜分认为，近百年来，媒体从单一的报纸发展到报纸与收音机、电视及互联网共存的局面，可谓各司其职、各有特色、各显神通。但是，传播载体的多少与舆论引导之间并没有呈现正相关的关系，相反，坊间有人认为，一些不良风气的出现与有些媒体引导不力有关。面对这个问题，甘老说，一个社会的风气是由多方面因素决定的。媒体不可能直接决定社会风气的好坏，但对媒体来说，至少应该做到弘扬正气、批评不良风气。他说，舆论就是群众的思想活动，如果不正确的思想占上风，群众就会吃亏，就需要我们的媒体去引导。媒体的工作就是防止和杜绝不正确的思想在群众中蔓延。类似谭万娴这样遭遇的人不在少数，因此媒体的引导就显得特别重要。

嫉妒是人类品性中的劣根性之一，这也是导致一些手握权柄者迫害知识分子的很大原因。1983年3月9日，《光明日报》刊出报道《湖南大学外语教研室负责人在原党委书记支持下多方刁难和干扰周炎辉教授著书立说》，湖南大学外语教研室周炎辉受出版社委托编写日语教材，但外语教研室兼党支部负责人不许他署名，并公开宣称"署名就是名利思想"，坚持要署外语教研室的名。这位负责人的行为实际是妒忌。曾被无故错划为右派的周炎辉这次选择了抗争，但从此就不断受到欺压和刁难。教育部召开的审稿会议，教研室负责人一会儿不让审"前言"，一会儿硬要塞进"编后"，与会代表了解情况后非常气愤，写信给教育部，要求解决这部教材的署名问题。为此，教育部派专人到湖南大学研究解决办法。校党委为此召开了两次会议，外语教研室负责人竟在党委会上拍桌大骂：教育部助长名利思想，把人们的思想引到邪路上去。而参加会议的校党委书记则在幕后支持这位负责人的做法。当周炎辉完成了整部教材的编写工作后，学校却不许他参加教育部召开的审稿会议。会议因他未到而延误了6天，学校才不得不让他参加，但派了3个干部"陪同"他赴会，实则是监视他。陪同他参加会议的外语教研室负责人还在会上无理取闹。

自此，周炎辉的日子更不好过，在湖南大学党委书记的支持下，外语教研室负责人利用大会小会多次批判他的"名利思想"。这部教材发行了上百万册，出版社寄给他一笔不菲的稿费，教研室却压着不给他。教研室还压制他晋升副教授，理由是他"名利思想严重"，扣住材料不让上报，后在省教育厅干预下才不得不同意申报材料，他才得以晋升为副教授。周炎辉的教材出版后很受欢迎，供不应求。省教育厅让湖南大学报材料，决定授予周炎辉教授职称，学校继续刁难，直到后来拖不下去才拼凑了一份极不像样的草稿报上去。省评审委员会很快就通过周炎辉晋升为教授，对此湖南大学党委书记还表示强烈不满。此时距"四人帮"粉碎已经5年，但极"左"思想仍在该校以及校党委一级领导中顽固存在。

《光明日报》如实报道了这件发生在三中全会之后出现在高校的事件，报道马上引起强烈反响，后来校党委书记和教研室负责人受到了处分。

2016年9月21日，《光明日报》记者部原主任王茂修来杭州，笔者在陪同他时间及他20世纪80年代写的几篇影响巨大的批评报道。王茂修曾任光明日报云南和四川记者站站长，他因为敢于写批评报道，被群众称为"王青天"。四川乐山市苏稽区曾发生一起区委委员、公安特派员邹学林拦街建私房的事。邹学林在苏稽区沙咀街最热闹的集市上新建了一幢私人住房，楼房横占街面的三分之二，民愤很大，当地群众说："哪一天这幢房子能拆掉，我们要买鞭炮来庆祝！"但是，因为他是公安特派员，有权有势，加上区委副书记和镇长等人对他的袒护，他更是有恃无恐。在邹的建房过程中群众就不断告状，甚至告到市委，市委领导指示立即停工，但邹置之不理，还大吵大闹，拒不执行，终于把房子建成。后经查实，这座楼房造价约为13200元，他个人实际能拿出单据的仅3232元，经市纪委查实，邹利用职权挪用国家、集体的物资达5523元。

迫于群众的强烈反响，乐山市纪委、市公安局、苏稽区委的负责人曾代表组织同邹正式谈话。邹气焰极端嚣张，他说："我没有占谁的地方，我是经过批准的。如果段君毅批准我在天安门广场盖房子，我也要在天安门广场盖！"

当王茂修了解到这件事后，非常气愤，决定运用媒体的力量进行干预。他顶住巨大的压力进行采访。1983年1月23日，《光明日报》在报纸二版刊发王茂修的报道：《有恃无恐 肆意霸道乐山市苏稽区区委委员邹学林拦街建房激起公愤》，报道刊出后，正义的力量终于压倒了邪恶，邹受到了应有的处分，他的房子也被拆了，拆房之日，当地群众齐集观看，鞭炮声震天动地。

王茂修的《刘毅被拐记》刊发于1982年12月2日二版。此文在全国引起强烈的反响。有一次他在基层采访，口渴了到一户人家讨水喝，这是一个非常贫困的家庭，他看到这户人家的墙上挂着一个老人的照片，他随便问了一下，得知这是一个老红军，随后这家人向他诉苦，这个老红军的孙子被人贩子拐走了，这就是刘毅。王茂修一听，留下不走了，马上采访。当时全国拐卖妇女儿童的案件非常多,四川尤甚,但是当时认为这样的事在社会主义国家属于阴暗面,党报不能暴露阴暗面。王茂修却认为这种丑恶的现象必须揭露,要给予严厉的打击,他写了内参,揭露了这一现象,并对基层干部和公安部门对拐卖妇女儿童现象麻木不仁的态度进行批评。内参刊发后,报社接到钱学森的电话,钱老说看了这篇内参一个晚上睡不着,社会主义国家出现这样丑恶的事,实在太令人痛心了。另一个看到内参睡不着的是总编辑杜导正,他给王茂修打电话,让他将稿件修改后公开见报。《刘毅被拐记》就这样公开报道出来了。

刘毅被拐记

一种在新中国早已绝迹的丑恶现象,想不到在经历了十年内乱之后又重现了。这是"文革"给我们留下的苦果之一!

这里说的是今年三月,四川巴中县一个两周岁的男孩在街头玩耍时被人拐走,此人以十元钱的价格将孩子卖给了人贩子庞绍泽。庞绍泽弄到孩子后,到了巴中县一个姓黄的共产党员家里窝藏了一夜。第二天,人贩子带着他从黄家启程,到河北某县以450元的价格卖给了该县一名公社社员。

这个孩子叫刘毅。其曾祖父是土地革命时期我党的一个游击大队长,后被还乡团杀害。祖父邓耀祖,曾在红二方面军某师任职,1945年逝世。祖母刘文素,1932年参加红军,1980年逝世。父亲刘爱国,现在四川甘孜丹巴云母矿工作。母亲刘绍雅,从农村转入四川巴中县城后,带着刘毅赋闲在家。

刘毅失踪后,刘绍雅急得神志都快错乱了。半年内,她和丈夫一起找遍了巴中、重庆、南充、通江、南江等市县。七月中旬,正当她感到绝望时,黄某找上门来了。原来他看到了县公安局的寻人通告,感到害怕,决定出来揭发,同时也想趁机敲诈一下刘绍雅。他向刘提出条件:"给我二百元,或至少给我一块全钢的上海表和一台收音机。还要给几百斤米票。"为了找孩子,刘绍雅早已债台高筑,哪里还有这么多钱!结果黄在刘家住了三天,天天酒肉款待。

刘绍雅夫妇根据黄某提供的线索,由巴中县公安局干部刘光远陪同,到了河北某县,找到了县公安局秘书股股长。股长要某公社公安特派员"协助了解刘毅情况"。公安特派员王某对他们的到来却非常反感,说:"这是什么了不起的事!这里连公社书记都买娃娃呢!"

在这里,刘绍雅等三人了解到,这都是该公社一个姓王的社员同人贩子庞绍泽勾结起来干的,王曾经通过庞从四川弄来一个妇女,卖给了他舅父,这次他又指使庞从四川弄一个孩子来。庞曾毫不掩饰地宣称:"这个孩子是偷来的。"

情况弄清了,人的下落也有了,刘绍雅夫妇和刘光远就准备把孩子领走。不料,这时首先遇到的阻力却是县公安局的个别人。那位秘书股长对刘光远说:"你们的介绍信没有说领取孩子。"刘回答:"我们的介绍信明明写着'调查、领取被拐卖的幼儿刘毅!'"股长还是不同意,他说:"不行,你们不能给我们留后遗症。要给钱。他买娃娃不对头,你们不给人家钱也不对头。总不能叫人家(指买孩子的社员)人财两空!"双方争执,互不相让,最后决定请示县公安局长。该局长这样答复:"买来的孩子由巴中县公安局追收领走。孩子在买家的生活、医疗等费用由其父母拿出来。写好协议书才能将孩子带走。"根据这个"指示",股长就叫买孩子的社员算账。此人采取敲竹杠的办法,竟要刘绍雅拿出五百五十元。如刘毅只看过两次小病,医疗费竟被算成六十元。刘绍雅当然不能同意,最后由股长做主,断成二百元,而且说:"再也没有余地了!"刘绍雅夫妇已被弄得灯枯油尽,实在拿不出钱来,后来还是由巴中县公安局将这笔款垫了。

刘毅被带来了。半年光景,一个天真活泼的孩子竟变得又黑又瘦、又痴又呆,背上有许多被掐的伤痕。刘绍雅一见,心疼万分,坐在县公安局院子里的一个石桌子上,嘤嘤哭了起来。这时,股长走了过来说:"不要哭,离婚到法院去!"

"我不是离婚的,我是来领取娃儿的。"刘绍雅这样回答。

这时,股长认出了她是谁,马上发了火:"滚出去,不要影响我们工作!"

"你对人贩子都没有这么凶!"刘绍雅顶了一句。

"你再哭,我把你铐起来!"股长吼叫起来。

"你们对人贩子、对买娃儿的都不敢铐,反要铐我!你铐嘛!你铐嘛!"刘绍雅气得不顾一切了,说完此话就昏了过去。

站在旁边的刘光远实在看不下去了,就上前提出抗议,并要求抢救,股长根本不予理睬。刘光远激愤地说:"她是受害者,你们这样粗暴是不对的!我带有照相机,我要把她拍下来,我们到中央打官司去!"刘光远此言一出,立即招来该局一伙人围攻。这些人大声嚷嚷:"你是哪来的?你是干啥的?"

孩子到了手,不管有多大的为难和委屈,刘绍雅等三人都只好忍气吞声了。为了防止意外,他们带着孩子,连夜离开了这个县。

在巴中县,记者见到了刘绍雅。由于神经受刺激,她说话都颠三倒四了。刘光远感慨地对记者说:"这几年拐卖妇女的现象时有发生,现在连孩子也开始被拐卖了。这些人多半是被拐卖到河南、河北、山东,到那里后心情非常痛苦,都想回来,可是怎么回得来呢!这次,我一到这个县,就告诉他们孩子的身份。他们对先烈的后代尚且如此,对一般老百姓的态度可想而知了!"

据闻,庞绍泽已被逮捕法办,黄某正受党纪处理。现在是各方配合消除这种丑恶现象的时候了!

这篇报道引起了轰动,四川省掀起全省性的打击拐卖妇女儿童运动;全国也成立了打击拐卖人口办公室,康克青为此专门召开座谈会,并把王茂修请去发言。此后拐卖人口的丑恶现象得到遏制。

第三节 杨小民杀人案的内参震惊中央

1985年春天,光明日报全国记者会在北京召开,这是笔者进《光明日报》后第二次参加全国记者会。当时的记者会都要邀请中央领导或知名学者来做形势报告,这一年请的中央领导是当时的中央书记处书记、中宣部部长邓力群。

在邓力群做报告时发生的一幕让笔者这个新记者刻骨铭心,终生难忘。

那天邓力群在《光明日报》做报告,说着说着,他突然发问:"青海的陈宗立来了没有?"这时,一个清瘦儒雅的中年人应声站起。"杨小民的案子怎么样啦?你现在处境怎样?"邓力群问。

第一次开记者会,面对全国记者,笔者是一个也不认识,会议就3天时间,留给记者自由交流的时间不多,因此,第一次记者会笔者对陈宗立毫无印象。此时笔者才注意到这个文质彬彬、头发整齐地向后梳去、脸庞瘦削清秀的男子——《光明日报》驻青海记者。

陈宗立和站长李蔚的几篇内参搅动了中国政坛,导致包括省委书记在内的一批领导人被处分,这恐怕是中华人民共和国成立以来因为记者的报道而受处分者级别最高、人数最多的一件事;关于他写内参的事还载入《邓小平文选》,因此也载入中国新闻史册。

一个中央领导能随便叫出一个普通记者的名字,这说明这个记者已经具备很大的知名度。

陈宗立是因为介入了一个高干子弟杀人案而名震全国的。这是一个因为官官相护、徇私枉法而导致死罪轻判的案件,陈宗立和当时的青海记者站站长李蔚三次写内参揭露此案,引起中央领导的重视,中央三次派调查组和工作组到青海调查,中央书记处专门开会讨论此案,并对包庇杀人犯的各级领导做了处理。此案的最后解决,凶手得以伏法,包庇者受到处分,陈宗立和李蔚的干预起了极大的作用。杨小民杀人案的报道,虽然是内参,但其作用比公开报道更大。

事情的起因非常简单:1979年2月26日上午,25岁的青海省委办公厅副主任杨国英之子杨小民到水房挑水,《青海日报》编辑王水之子、17岁的王强不小心将水溅到杨小民裤子上,两人发生口角。次日上午两人再次在水房相遇并发生争吵。两人本来就熟悉,平时并无芥蒂。从水房回来,王强躺在床上休息。正在此时,杨小民手持藏刀,戴着口罩、眼镜、白色卫生帽突然闯进来,用藏刀连刺王强胸部、腰部,王强连呼救命,并向杨小民哀求:"哥哥饶命!"可是丧心病狂的杨小民却继续猛刺,连刺14刀。邻居们闻讯赶到,王强已躺在地上人事不省。杨小民则手握滴血的藏刀扬长而去。

王强因伤势过重死亡。

杨小民当天就被公安局拘留,接着就转为逮捕。可是这个现代衙内在看守所仍很狂妄,高声扬言:"我不怕,我爸爸是省委办公厅主任,他管保卫,我不怕!"

法律无情,西宁市中级人民法院依法判处杨小民死刑。

事情若果真如此,也就没记者的事了。事情发生在青海省高院复核此案时,杨小民被改判为死缓,无疑,杨小民父亲的地位在各级领导的讨论中起了作用。

杨小民改判的消息一经传出，社会舆论大哗，被害人王强的姐姐王欢茹拿着弟弟的血衣在高院门口向围观的群众哭诉，激起了群众的强烈义愤，围观群众把大街堵得严严实实，当场就有400多名过往群众签名声援。由于围观的人太多，交通为之堵塞。在场的民警因同情死者默默地维持秩序。王欢茹连续3天在高级人民法院大门前哭诉，省高院竟连续3天正门紧闭，工作人员上下班都走后门。

1980年，青海省人代会召开，王欢茹向人大代表下跪哭诉。对此案，人大代表普遍表示同情，纷纷在会上提出质询。王欢茹为讨回公道，五次自费到北京向最高人民法院申诉。中央有关部门和最高人民法院都给青海省高院去函或去电要求复查此案，但没有效果。

李蔚和陈宗立都是很有正义感的记者，获悉此案的来龙去脉之后，他们都非常同情弱者，两人商量后决定介入此案，要把那些袒护罪犯者的丑行昭告天下。但这样一个重大的案子光靠一家媒体的力量不行，他们知道，一方是利益和权力交织在一起的权力集团，而利益一旦和权力交织在一起，产生的力量是巨大的；另一方却是无权无势的普通百姓，他们能和这样一个权力集团较量？他们曾试图找兄弟新闻单位合作，但兄弟新闻单位没有人敢与权势显赫的官宦较量。李蔚与陈宗立没有退缩，他们决定自己干。自此，他们开始收集材料。

然而，就在李蔚和陈宗立进行全面调查的过程中，情况已发生变化。杨小民杀人案发生两年后，杀人凶手的父亲由省委原办公厅副主任升为省委副秘书长兼办公厅副主任，1983年又进而提升为省委副秘书长兼办公厅主任。同时，在杨小民案子中起主要作用的法院院长升任副省长，在杨小民案中"有功"的州公安局长被提拔为省检察院副检察长，有关人员也得到提升。而在监狱服刑的罪犯却在当权者的庇护下，入狱后即被培训了一年，穿上了白大褂，当上了医护人员。入狱两年后，杨犯被改判无期徒刑。权力终于使这个罪大恶极的凶手"死里逃生"。1983年10月，李蔚和陈宗立的第一篇内参发回报社，但这篇内参因故没有刊用。

1984年6月9日，他们发了第二篇情况反映：《青海省委副秘书长杨国英之子杨小民故意杀人重罪轻判群众强烈不满》，这篇内参终于被刊用。

《光明日报》总编辑看到稿件拍案而起，他在内参上批道："卢云同志：能否公开报道呢？我倾向于改改公开报道。实在太可恶！"

可是，因为请中央审稿未获通过，公开稿未能刊出。

但这篇情况反映却产生了比公开报道要大得多的效应：邓小平、胡耀邦、习仲勋、陈丕显、薄一波、胡启立等8位中央领导做了批示。时任总书记胡耀邦批示："徇私枉法，官官相护，封建家族关系，必须严肃查处。"

按照中央领导的批示精神，中央派出了第一个调查组赴青海调查。

迫于压力，青海省委重新研究此案，一方面承认原判决不对，另一方面又认为不宜改判死刑立即执行，他们认为杨小民故意杀人，重罪轻判是工作失误，不存在官官相护问题。

就在中央调查组对此案进行全面调查时，1984年11月5日，《光明日报》刊出第二篇情况反映：《杨小民杀人案值得深究——建议中纪委直接派工作组查处此案》。此稿锋芒直指罪犯的庇护者。情况反映认为，杨小民故意杀人案重罪轻判的主要原因是"党风不正的产物"，建议中纪委直接派工作组查处此案，以"伸张正义，端正党风"。

陈宗立、李蔚插手此案使青海省委个别领导非常恼火，他们开始给两位记者设置种种障碍，有关领导软硬兼施，通过熟人劝说，要两位记者罢手，但李、陈不为所动。该省的一位领导非常恼火，多次在会议上指责《光明日报》记者是"特务"，是"自由化分子"，并公开骂"《光明日报》不光明"。那股保杨势力变本加厉地对两位记者进行攻击，不断发匿名信、漫画、匿名电话，晚上骚扰，朝陈宗立家扔石头，把玻璃窗都打破了，还派人暗中跟踪。

两位记者的处境日趋恶劣，在这种情况下，一批支持《光明日报》记者的各界人士自发组织起来暗中保护他们。省委省政府机关的一些干部也偷偷为两位记者提供各种信息和证据，包括公安、法院和检察院的同志。这么多人的暗中支持给了陈宗立和李蔚巨大的力量。《光明日报》第二篇情况反映中关于请中央派调查组的建议很快被采纳。1984年12月，中央整党指导委员会会同最高人民法院、最高人民检察院组成调查组赴青海调查。此次调查历时4个月，查清楚了杨小民杀人案以及包庇其重罪轻判的事实。1985年6月13日，中央书记处专门就杨小民杀人案召开第212次会议。中华人民共和国成立以来，中央专门就一个杀人案件召开书记处会议进行讨论恐怕是第一次。书记处会议认为："此案搞了5年之久，青海省的群众意见很大，要尽快解决。有些地方搞封建主义、家族关系、官官相护，应引起严重注意。在这个案子的错判和长期未予纠正的问题上，青海省委的一些领导同志是有责任的。对那些在此案中徇私枉法的人，不管是谁，都要实事求是地予以严肃处理。"会后中共中央办公厅还专门发出第228号文件。

7月初，中央第三次派出由中指委、中纪委、中组部、最高人民法院、最高人民检察院等单位联合组成的工作组，协助青海省委和有关政法部门纠正这一错案，对杨案错判中的责任者进行调查，同时提议司法机关依法重新审理此案。

在中央领导和中央有关部门的坚决干预下，青海省委不得不重新讨论杨案，终于做出改判决定，判处杨小民死刑，立即执行。

1985年7月31日，青海省召开公判大会，将杨小民押赴刑场执行枪决。那一天西宁市万人空巷，鞭炮轰鸣，人们争睹这个现代"高衙内"被法律严惩、争睹正义战胜权力的大快人心场面。

1985年12月1日，中央赴青海查处杨案工作组向中央递交调查报告：《关于杨小民错判案有关责任者的错误事实、性质及处理意见的报告》，基本查清了有关责任者，鉴于他们歪曲事实、故意偏袒，枉法裁决，严重渎职，建议中央进行处分。

1986年1月17日，邓小平在中央政治局常委会上讲话时说："杨小民杀人案拖了多少年，×××、×××都没有解决，要给予严肃批评。是一个记者，写了内部材料，向中央做了如实反映，中央派了调查组，进行了调查。案子拖了多年，现在处理了，处理得好，就是这样的案子才会有震动。""在整顿风气中确实有些人要开除党籍，要清理一下。"

两个记者坚持正义，写内参揭露官员徇私枉法，最后导致包括某省委领导在内的8位高级领导干部受到严肃处理，这在中国新闻史上是第一次，在中华人民共和国成立后的半个世纪党的历史上也是唯一的一次。这是一次舆论对强权的胜利，是正义对邪恶的胜利，是一次弱者反击强者的胜利，促使这一胜利的当然是陈宗立和李蔚，这两位记者可以说是中国记者中的英雄，他们为中国的新闻从业者树立了一个良好的榜样。但是，这一胜利却付出了惨重的代价，谁都没料到，陈宗立为此几乎连记者都当不成（李蔚后来调回《光明日报》编辑部工作得以幸免）。从此，青海的许多会议不让他参加，记者站设在省委内的办公室被强行撬开，文件、采访本、用品被洗劫一空，后来他的办公室被占作他用。1993年，陈宗立被调到《光明日报》甘肃记者站。

第四节　姚迁事件

姚迁事件是《光明日报》20世纪80年代批评报道中绕不过去的坎，是一个不幸的事件，《光明日报》的批评报道导致姚迁自杀身死，此事在当时影响很大。

2015年7月11日，笔者采访了当年代表光明日报参与中纪委调查组调查姚迁事件的原光明日报记者部常务副主任殷毅，他对这一事件做了回顾。

姚迁是南京博物院院长兼书记，是新四军老干部。事情的起因是记者部接到江苏记者站站长杨开民的电话，他汇报说，南京博物院一批知识分子状告姚迁剽窃该院多名科技人员的成果，因为江苏考古项目很多，许多考古发掘之后有新发现，科技人员将这些考古成果写稿投给相关刊物，而并没有参与写作的姚迁却利用自己的权力在这些文章上署名，并且常常把自己的名字放在前面，甚至有些文章作者没有署名却署上姚迁的名字。另一件事，南京博物院收藏有许多名画古画，而姚迁把这些画送给高层领导，拿的时候说是借去看看，写有收条，姚迁手里就有一批这样的收条，但画却拿不回来了。对这两种情况，南博内部议论纷纷，有人就将此告到省委，省委宣传部派人对此事进行了调查，并写出调查报告。省委宣传部还专门就这次调查召开座谈会，研究姚迁问题的处理，杨开民也应邀参加了座谈会。省委宣传部有关领导明确表示，希望《光明日报》公开报道揭露姚迁的问题。

但作为一个驻省多年的老记者，杨开民经验丰富，据他了解，姚迁问题非常复杂，牵涉到领导之间的矛盾，批评姚迁，会得罪另一些省领导。这也是驻省记者最难办最纠结的问题。思虑再三，杨开民决定将矛盾上交，由报社决定是否报道和怎样报道。

接到杨开民的报告，《光明日报》编委会进行了研究，决定报道，并派记者部副主任宋名玉和编辑刘仲祥前往江苏采访报道。

宋名玉等到南京后，在杨开民的协助下进行了采访，很快写出报道，送省委宣传部审稿。宣传部领导审阅了稿件，同意见报，但没有在稿子上签字。宋名玉是个老实人，同时他基本上是个编辑，对批评报道的送审流程以及对地方领导的行事风格不甚了解，既然省委宣传部领导已经看了，并表示同意见报，签不签字应该无所谓吧，还怕他们赖掉不成？他就没有坚持，殊不知这疏忽给后来的纠纷埋下了隐患。

见证辉煌
——《光明日报》20世纪80年代人物报道回眸

1984年8月26日,《光明日报》在一版刊出批评姚迁的第一篇报道,并配发评论员文章,这篇评论员文章刊发在一版头条位置:江苏省委宣传部、省文化厅调查组在专题座谈会上介绍调查材料,南博院长姚迁以权谋私,侵占科研人员学术成果。最近几年,他以个人名义,或跟别人联合署名发表的学术文章没有一篇是自己写的:

本报讯 记者宋名玉、刘仲祥报道:南京博物院院长姚迁利用职权,谋取私利,侵占科研人员的学术成果。自1979年以来,他多次以布置"工作任务"为名,叫该院专业人员给他写学术文章,然后以他自己的名义发表,或在他人已写好的学术论文上挂名。据查,最近几年姚迁以个人名义或跟别人联合署名发表的学术文章达二十余篇(本),没有一篇是他自己撰写的。8月24日,中共江苏省委宣传部召开落实知识分子政策专题座谈会,会上江苏省委宣传部、江苏省文化厅调查组同志介绍了姚迁在他人学术文章上署名及其他有关问题的调查材料。

1982年2月,江苏省盱眙县南窑庄出土重要古代文物。同年4月间,姚迁叫该院考古部中年知识分子汪遵国为他赶写一篇学术文章,并提出三点要求:(1)要快,一个月时间完成;(2)要有新意;(3)四千多字。汪看了实物,查阅了三十多篇资料,用了一个多月时间写成初稿。姚看后,提了一些意见,主要有两条:一是把金饼和窖藏时间提前。因这一条与文章的整个中心论点相矛盾,当时没有被采纳。二是把金饼分两类改为三类。汪按此意见对文章作了修改,交给了姚。这篇题为《江苏盱眙南窑庄楚汉文物窖藏》的学术文章连同资料七千多字,只署了姚迁一个人的名字发表在《文物》1982年第5期上。事后,姚迁把此文多处投递,1983年作为他自己的学术论文提交给江苏省首次钱币学术讨论会。《中国钱币》1983年第2期又刊载此文,署名仍然是"姚迁"。

《唐代扬州考古综述》一文是南京博物院研究部主任罗宗真为"唐代扬州考古学术会议"而准备的一篇论文,关于署名问题,罗宗真讲:"在付印前,我曾问他(指姚迁)文章署名问题,当时我建议是否以南京博物院和扬州博物馆两个单位名义发表,他说不太好……

以他个人名义发表较为合适,因此,就以姚迁的名义发表了。"

1981年2月,在邗江县甘泉二号墓出土了一方东汉"广陵王玺"金印。5月间,姚迁叫该院考古部副主任纪仲庆代他写一篇文章,纪查阅了一些资料,写出了《"广陵王玺"的出土及考证》一文,由姚迁署名在《文博通讯》《文物天地》、本报等报刊上发表。日本学者撰写的介绍"广陵王玺"的文章中提及南京博物院院长姚迁先生曾为此撰文,并登了一幅姚的彩色照片。

1978年,南京博物院所属单位专业人员王少华写了一篇长达二万五千余字的论文——《杨秀清论》,准备参加1979年在南京召开的全国太平天国史学术讨论会。姚迁当时也要参加这个会,但没有论文。他几次明确要王少华替他写一篇学术论文,并表示"如果你不单独替我写就合作吧,就写杨秀清吧"。以后,他多次催促王少华"赶快把文章拿出来征求意见"。王少华把自己的论文《杨秀清论》交给姚后,论文迟迟不能打印,直到临开会前,王少华在论文上写上姚迁和自己的名字后,姚立即传话:同意发,赶快排印。据了解,姚迁从未参加对《杨秀清论》的讨论和写作,而他是"同意在这篇文章上署名的"。王少华五易其稿,记者只在第五稿上看到姚迁改动的二十四个字(第二页加"的时候",第四页加"有""洪秀全、冯云山""被""地""所",第七页加"和组织",第八页加"中可能由冲突而至。"),以及姚迁叫原南京博物院专业人员王白坚代他修改王少华文章的笔迹。署名姚迁、王少华的《杨秀清论》于1979年5月提交全国太平天国史学术讨论会,后分成两篇分别在有关刊物上发表。王少华告诉记者,姚迁曾先后在他研究太平天国史的六篇论文上挂名。

在姚迁侵占他人学术成果的事例中,有的带有明显的剽窃性质。1975年,南京大学历史系部分师生在江苏宜兴考察了四十多天,写出宜兴陶瓷发展史梗概。后该系讲师杨振亚等人又经过一年多的实地考察,写出了一本近十万字的文稿——《宜兴陶瓷简史》。1980年上海人民美术出版社与南大历史系副教授蒋赞初等签订合同,拟出版《宜兴紫砂》一书。蒋赞初、杨振亚和宜兴陶瓷研究所的两位同志在《宜兴陶瓷简史》一稿的基础上加工整理,最后由蒋赞初定稿,完成了一篇近三万字的论文。寄给上海人民美术出版社。该出版社编辑杨道敏来宁时，把蒋赞初等人的文章交给姚迁，请他提提意见。当时，姚正要南京博物院保管部金琦给他写关于宜兴紫砂的文章。金写了一个初稿，姚看后不满意，即把蒋赞初等人的稿子交给金琦，要他"看看，把有用之处加以吸收"。金琦参考此稿写出了《宜兴紫砂》一文。这篇文章签上了姚迁的名字，交给了上海人民美术出版社。据上海人民美术出版社编辑杨道敏证明，"姚馆（院）长文是在蒋文章基础上重点压缩写的"。《宜兴紫砂》一书日文版于1982年在日本出版，署名为"姚迁、蒋赞初"。

今年6月，正值江苏省委宣传部、江苏省文化厅调查组对姚迁问题进行调查核实期间，姚迁找到南京博物院陈列部白英，说天津《今晚报》约他写一篇《红楼梦与南京》的稿子，他写了个帽子，叫白英接着写，要求"文字活泼一点"。白英写成一篇近三千字的文章（文稿上未署名），交给姚，姚即附了一封给《今晚报》记者的信，要白英一并誊清寄出。信中说："遵嘱草成《红楼梦与南京》，不知合适否，请裁夺。"对白英则一字未提，落款是"南博姚迁"。这篇文章经编辑删节，于今年8月13日以"曹家与南京"为题，在《今晚报》上刊登，署名"姚迁"。

8月27日，《光明日报》刊发批评姚迁的第二篇报道《姚迁在执行知识分子政策方面存在严重问题》。

又是报道，又是评论员文章，并且在头版头条上刊出，中国知识分子的最大报纸对一个知识分子进行公开的批评，作为知识分子的姚迁非常震撼，感到压力非常大，在单位无法工作，心情异常恶劣，身体一下子就垮了，很快就住进了医院。写报道的记者并不知道，当时姚迁正在闹家庭纠纷，这篇报道也使他在家庭中处于非常不利的地位。住院后，他家人也不来看他，他的心情越来越恶劣，舆论压力越来越大，后来家里人又曾到医院里与他吵了一架，几方面的压力同时作用在他身上，他被压垮了，他选择了自杀。1964年，南京博物院院长曾昭燏跳塔自杀；诡异的是，20年后，曾昭燏的继承者姚迁又在医院上吊自杀；又20年后的2004年，上海博物馆老馆长马承源自杀，这三件事构成了中国博物馆三大震撼业界的大事。

南京博物院院长自杀事件的发生马上在全国知识界引起反响，姚迁的一批战友为他鸣不平，加上家属停尸告状，最后事情闹到中央，中央领导批示，中纪委专门派人到南京调查，殷毅就是代表《光明日报》参与了此次的调查。

当中纪委介入调查时，省委宣传部领导感到问题严重了，遂否定了《光明日报》的报道经过他们审阅同意这一事实。

中纪委调查组经过调查，形成了调查报告。调查报告称：早在1982年冬天，有人揭发姚迁在文章署名中有侵占他人学术成果问题。1983年3月和7月，《光明日报》进行了两次调查，并提出登报批评，当时的省文化厅党组没有同意，认为姚迁的问题属于思想作风上的缺点，对姚迁进行批评教育。姚迁同志1983年7月在党的生活会上也做了自我批评。可是，时隔不久，1983年11月，《光明日报》又在内部"情况反映"上发表了姚迁剽窃、侵占科研人员学术成果的文章。1984年1月初，荣高棠同志来宁时，将《光明日报》内部情况反映交江苏省委一位领导，要这位领导了解和处理。这位省委领导在内参上做了批示，要省委常委宣传部长亲自了解一下，搞清情况后再做处理。部长没有照省委领导的批示亲自去了解，便由省委宣传部和省文化厅组成调查组，对姚迁的剽窃和侵占科技人员学术成果问题进行调查，事后也未向省委领导汇报。

1984年8月24日、25日，省委宣传部部长亲自主持召开座谈会，对姚迁问题进行定性：以权谋私、追求个人名利、侵占他人劳动成果，是极端个人主义恶性膨胀，唯我主义形成的霸道。并宣布调整南博班子，责成姚迁在南博党员大会上检查，派文化厅继续查姚迁的问题。

省委宣传部、省文化厅派调查组调查后对姚迁的问题做了定性："姚迁不但在署名文章上侵占他人学术成果，而且执行知识分子政策上也存在不少问题。"

中纪委的调查报告称：从1984年1月开始调查到同年8月，省委宣传部部长本人没有找姚迁谈过一次话，在没有向本人认真核对事实和听取意见的情况下，做出了上述结论。其间《光明日报》派记者就此事进行采访，并写了稿子送省委宣传部审阅。经宣传部部长和分管副部长同意，《光明日报》于1984年8月26日、27日分两次在报纸上发表《南博院长姚迁以权谋私侵占科研人员学术成果》《对姚迁同志所犯错误问题江苏省委宣传部做出有关决定》和《姚迁在执行知识分子政策方面存在严重问题》3篇报道，同时《光明日报》

配发评论员文章:《知识分子的智力成果不容侵占》。报道中说,姚迁最近几年侵占他人学术成果20余篇(本),姚迁个人主义恶性膨胀,凭借权势,不择手段,把科研人员作为获取名利的摇钱树。还批评姚迁边查边犯。

报道刊出后,姚迁连喊冤枉。

《光明日报》点名批评姚迁后,宣传部那位副部长和文化厅厅长在南京博物院召开全院大会,责成姚迁做严肃认真的自我批评,又派了由文化厅副厅长带队的调查组进一步调查姚迁的问题。在舆论的压力下,姚迁精神负担很重,生病住院。10月31日,宣传部让调查组到医院与姚迁核实材料,受到医生阻止。此后,姚迁情绪更加反常。1984年11月7日坚持出院,次日凌晨即在家中自缢身死。

姚迁事件发生之后,江苏省委和中纪委调查组先后就此事进行调查,两个调查组调查后认为,省委宣传部和省文化厅调查组对姚迁的调查结论性意见和《光明日报》的点名批评,不实事求是,定性错误。

调查报告最后下结论:"根据对以上25篇文章、图录的调查分析,我们认为:省委宣传部认定姚迁在文章署名问题上的侵占他人学术成果,个别文章还带有剽窃性质,不是实事求是的,侵占、剽窃的结论是不能成立的。但姚迁同志在文章署名问题上,也有缺点错误,他不够谦虚谨慎,有名誉思想,这是属于思想作风问题。"

调查报告对《光明日报》上的报道也进行了定性:"光明日报在姚迁事件中,犯有严重错误。《光明日报》记者参加座谈会明知对姚迁同志问题认识上有严重分歧,但却不核实情况,又不听取本人意见,就做了执行知识分子政策的反面典型,连续报道,公开批评。现经查明,《光明日报》的报道严重失实,并且在评论中任意上纲,违反了中央(81)7号文件关于点名批评要慎重,事实一定要核对清楚,事先听取党的有关部门的意见和批评者的个人意见,要注意内外有别的精神。对姚迁这样一个在国内外博物界有一定影响的党内知识分子,轻率地横加罪名,其结果是激化了矛盾,致使姚迁同志含冤去世,严重违背了党的干部政策和知识分子政策,造成严重后果。这个错误是严重的。《光明日报》编委对此事应认真总结教训,向中央做出深刻检查。并以此为戒,切实纠正新闻报道失实的现象,增强报纸宣传的组织性纪律性,对这一错误直接负责的同志做出处理。"

实际上,《光明日报》在此次报道中被利用了,《光明日报》记者不了解江苏省委领导之间对姚迁事件的不同态度，认为省委宣传部作为分管南博的领导机构已经对姚迁事件做了定性，《光明日报》当然相信。从调查报告完全可以看出调查组对省委宣传部长的批评态度。

姚迁的报道主要是宋名玉写的。笔者与宋名玉共事多年，虽然他在编辑部，笔者驻地方，但因为业务往来多，平时联系很多，他常常因为稿子的事给笔者打电话。老宋个性内向，寡言，耿直，正派，富有正义感，工作态度极端认真，非常敬业，任劳任怨。记者部同人赠予他一个形象的比喻："小车不倒只管推"，在记者部，他深得同人的尊敬。

批评报道要注意事实真实准确，细节真实准确，引用资料真实准确，分析要客观。有铁的事实、好的道理，还有优美的文字，令人耳目一新、引人入胜的表达方式。在这篇批评报道中，宋名玉的一个硬伤是没有将稿件送姚迁审阅。没有送审是有原因的。据殷毅介绍，宋名玉曾采访被批评者姚迁，当宋名玉找姚迁时，姚迁正因为家庭纠纷心里很烦，心情恶劣，家事、单位事，事事揪心，而记者去采访又是去批评他的，他心情就更加恶劣，情绪失控，面对记者的采访，态度强硬，与宋名玉发生争吵。姚迁的态度激怒了记者，本来这篇报道可以写得冷静客观，但记者非常恼火。宋名玉因个性内向，不善言辞，不善交往，脾气很犟，姚迁态度的刚与宋名玉个性中的强相撞，双方情绪激化，宋名玉被彻底激怒，情绪一上来，写稿就不留余地，你剽窃的事实省委宣传部都已查实，态度还这么差。稿子完成后，也就不愿意再拿给姚迁看。各种因素叠加，导致了稿子见报后姚迁自杀。

21世纪初风靡美国新闻界的《新闻工作的十大基本原则》一书里的十大基本原则中，第一条是"新闻工作首先要对真实负责"，而真实需要记者去核实，这一点，宋名玉显然没有很好履行；第三条："新闻工作的实质是用核实进行约束"，约束什么？当然是约束记者不要犯新闻失实的错误。该书第4章说："关于事件事实的报道……我定下了一条原则：绝不轻易写下我听到的第一个故事，甚至也不接受自己的一般印象的引导；我描述的事件，有的是我亲历的，如果是从目击者那里听来的，我一定尽可能详尽地进行检查。即便如此，真相还是不容易发现：不同的目击者对同一事件，也有不同的说法，或者因为偏袒某一方，或者因为记忆不完全。"（《新闻的十大基本原则》第94页）事实上如果宋名玉找姚迁谈谈，冷静地让他陈述自己的观点，如果老宋能用樊云芳创立的"全息摄影报道"的方式来展示姚迁事件，事情绝不会发展到后来那么糟。

姚迁事件之后，有一次老宋到浙江，笔者陪他到舟山采访，在岱山县遭遇强台风，我们被关在一个小岛上几天出不来。在那个风雨交加的夜里，我们谈到姚迁事件。好多年过去，老宋一触及这个话题，顿时义愤填膺，脸红脖子粗地激动得声音发颤，他坚持认为自己没有错，因为所有材料都是省委宣传部提供的，结论是省委宣传部下的，对姚迁的处理是省委宣传部做出的，《光明日报》还能不相信一级组织？何况是省一级组织！当然，《光明日报》最后被迫做出公开检讨，其中也有不能为外人道的原因。据参与姚迁事件调查的殷毅说，姚迁曾将作为一级文物的古画借给某有权势者，借条他都亲眼看到，而这件文物归还了吗？只有天知道！正因为姚迁事件这位有权势者替姚迁说了话，这些复杂原因纠缠在一起，使姚迁事件变得更加扑朔迷离。

批评报道切忌感情用事。面对被批评者，记者一定要冷静，采访中如果记者情绪失控，是很难做到客观公正的。如果当时宋名玉能平心静气找姚迁交流，也许姚迁就不至于自杀。对宋名玉来说，虽然后来光明日报出于保护记者的考虑，没有处理他，编辑部承担了全部责任，但这件事在他心中留下了抹不掉的阴影。

《光明日报》原总编辑徐光春曾在一次大会上说了一段让笔者终生铭记的话："记者笔下有人命关天，记者笔下有财产万千，记者笔下有是非曲直，记者笔下有毁誉忠奸。"记者的笔千钧重啊，动一动都可能导致人头落地，可不能歪了！

1985年7月18日下午，一位中央领导办公室的工作人员给《光明日报》总编辑打来电话，传达了这位领导关于姚迁事件的批示：

"姚迁事件看到了。接受教训就好，实际上是省委宣传部有人有意整姚迁同志，记者同志上当了，你们编辑部没有把好关，也有责任。"

1985年8月3日，新华社就中纪委对姚迁事件的调查结果刊发报道，《原南京博物院院长姚迁的错案得到纠正》，《光明日报》次日在报纸上全文转载。《光明日报》也在同一版面发表公开的检查：《本报编辑部关于姚迁事件报道严重失实的检查》。

就在姚迁事件发生的同一年，《光明日报》的另一篇批评报道也受到了"报道失实"的指责，那是关于孙永根的报道：农民呼吁为勇于改革的孙永根平反，江阴县毛纺厂因善于经营的孙永根被捕判刑，生产逐年下降，上海律师叶传岾挺身为孙永根做无罪辩护。

本报讯 无锡市江阴县著名的企业家孙永根受控贪污和受贿罪被判有期徒刑八年,上海市负有声望的律师叶传岇挺身而出,在为被告孙永根作无罪辩护的上诉状中指出:孙永根是为农民开创致富道路的功臣,应宣告无罪。这件发生于1982年的经济案至今仍牵动着新桥乡成千上万农民的心。最近新桥乡的干部和农民纷纷来找本报记者反映情况,为孙永根鸣冤,要求给予平反,让孙永根继续为农民办好乡镇企业。

……

孙永根是在打击经济领域犯罪活动这一运动中被捕并被判刑的。当地领导对《光明日报》的报道非常恼火,不断上告,中央有关部门派来调查组进行调查。由于当时一些特殊原因和复杂背景,调查组最终认定报道失实。1985年4月17日,《光明日报》刊发《本报关于无锡市孙永根一案严重失实,决心从中吸取经验教训,搞好今后的批评报道》,公开做了检讨。姚迁事件和孙永根事件成为当时《光明日报》批评报道中的硬伤,也严重影响了此后批评报道的开展。

20世纪80年代人物报道特色谈之九:批评报道的黄金期

1985年春天,光明日报驻山西记者站站长梁衡到杭州,笔者去民航售票处迎接。当时记者站还没有车,笔者刚到记者站工作,根本没想到应借辆车去迎接,毕竟,梁衡是光明日报的大牌记者,是全国新闻界的知名记者。笔者坦然地蹬着一辆脚踏三轮车去迎接这位大牌记者。梁衡丝毫没有因为如此不恭的接待而有丝毫的不快,相反,他一脚蹬上三轮车,在三轮车一侧的铁架上坐下,便开始嘘寒问暖问起笔者到记者站后的情况。

此时的笔者正为无法适应新闻工作发不出稿痛苦不堪,因个性极度内向采访遇到重重困难,又因不熟悉新闻写作,写出来的稿子不符合要求。加上当时《光明日报》响应改革的倡导开始搞多种经营,驻省记者站开公司、搞企业,笔者也整天不务正业为公司打杂,写稿的机会很少,写出来的稿子发一篇被"枪毙"一篇,因此痛苦不堪。笔者原本无意新闻工作,却误打误撞半路出家成为记者,此时正萌退意想当逃兵。梁衡推心置腹地为笔者指点迷津,一是马上从公司杂务中退出,全力以赴搞报道,不然业务上不去一个年轻记者很可能就毁了。他告诫笔者,一个年轻记者进入新闻队伍必须做到两点,第一是两年内必须在版面上站住脚,否则就会给编辑留下不会写稿的坏印象,以后要重获信任就困难了;第二是驻省记者一定要拿起批评的武器,如果不写批评报道,自动放下批评的武器,不但有违记者职责,而且在地方就无法打开局面,被人瞧不起。

名记一席话如醍醐灌顶,自此,笔者全力以赴投入采访写作中,终于度过不适应期,发稿量增加,逐渐进入职业生涯中的发稿高峰期,并接连刊发一批问题报道和批评报道,产生了一定的影响,因此也尝到了写批评报道的甜头。从这一点说,是梁衡的指点帮助笔者矫正事业的发展方向,走上了正轨。

《光明日报》20世纪80年代的批评报道有如下几个特点。

一、记者敢于写批评报道

20世纪80年代《光明日报》批评报道的一个特点是:大胆泼辣,锋芒锐利。

20世纪80年代,光明日报驻地方记者是一支力量很强的善于写批评报道的队伍,这支队伍在批评报道上贡献至巨,他们一个个都是新闻队伍中的战将,他们肩负党报使命,心系人民厚望,身负时代重托,铁肩担道义,妙手著文章,不畏权势,不畏强暴,秉持正义,无私无畏,与一切恶势力进行斗争,正是因为有了这样一批秉持正义且义无反顾地投身批评报道中的记者写出了一批影响很大的批评报道,这才有批评报道的鼎盛。

譬如敢于与徇私枉法者做斗争的陈宗立、李蔚,他们是真正的英雄——一个中央媒体驻省记者,写内参批评包括省委书记在内的多位高级领导人,结果导致包括省委书记在内的8位高级领导人受到处分,这在中华人民共和国成立后的党的新闻史上绝无仅有。

同样,不畏权贵、不畏地方恶势力的梁衡、王茂修也非常值得尊崇。梁衡写报道直接批评一位国务院副总理,并且,《光明日报》居然还有胆让报道公开刊出。其时,这位副总理还在位上,这需要多大的胆识?

梁衡写过不少批评报道,他揭露违反科学规律、靠特权和专制拍板兴建的山西昔阳"西水东调"工程的通讯《科学思想与封建专制的一场搏斗——山西省水利设计和技术人员抵制"西水东调"工程纪实》(1980年8月23日一版),写了几位技术人员抵制"西水东调"工程的过程,公然提出批评:"这个违反科学的一度被吹嘘为'宏伟壮观,具有国际水平的共产主义奠基工程',是昔阳县委前负责人,以搞特权,逞霸道,强制上马的。"而当时"昔阳前县委负责人"还在台上担任副总理职务,大寨的问题也是处在"将说未说,又不知怎么说"的时候。在这一关键时刻,梁衡依据十一届三中全会关于恢复实事求是的精神,大胆揭露这个工程盲目上马的全过程。尽管《光明日报》胆子很大,但这篇批评报道还是放了一年多不敢发,个中原因不言自明,因为涉及国务院副总理,涉及红了十多年的大寨这个大典型。1980年6月,昔阳"西水东调"工程被正式叫停,《光明日报》才将这篇稿子刊出。这篇词锋锐利,批评锋芒直指副总理的报道见报后一个月,这位副总理才辞去职务。

同一时期,梁衡还接连写了多篇批评报道,为因揭露昔阳问题给中央领导写信而被判刑18年的岳增寿的彻底平反呼吁(《太行奇冤》1980年9月20日二版),为被怀疑在报纸郭凤莲头像上画眼镜而被无辜关押、游街、监禁、开除公职的山西农学院工人武慎修的平反呼吁。

梁衡涉及山西省交城县林科所的批评报道是从表扬该所改革成就开始的。《解进保自荐任林科所负责人取得显著成绩》(1985年5月14日一版)一稿介绍,交城县盛产的名枣骏枣曾参加国际博览会,但"文革"后骏枣产量跌入历史最低点。该县决定成立林科所解决这个问题,解进保自荐任负责人,并采用合同制的办法聘用了一批有栽培骏枣技术的农民参与科研,当年就超额完成任务。科研机构打破铁饭碗,实行合同制,这在当时绝对是一个新鲜事物,报道一出来就受到广泛关注,见报当天就被中央人民广播电台的新闻联播节目摘播,此稿还被评为当年的全国林业好新闻作品。

然而,这篇稿子余波未息,林科所却出事了:林科所相邻的大队治保主任带着一帮农民进林科所攀折引进的名贵树种的树枝,解进保等人去劝阻时遭到蛮横的毒打,5名科研人员被打伤,重点科研项目遭到毁损。当地县委和县公安局对此事却一直置之不理。梁衡获悉后写了一篇内参向上级反映问题。但稿子还没发,对方的告状信已来了,告状信说梁衡吃了林科所一顿5元的招待饭才写的稿,稿子内容是胡编出来的。年轻记者梁衡闻此怒火中烧,杀了一个回马枪回去调查,搞清楚告状者的背景,写了调查纪要发回记者部。后编辑部将内参改成公开稿登了出来(《交城县应迅速处理殴打科研人员的事件》,1980年7月23日),问题很快得到解决。他乘胜追击,又写了林科所改革的第三篇稿子,该所因此成为一个改革的典型驰名全国,全国林业科研现场会被放到这个所召开，解进保还被选为两届全国人大代表。

相传中亚古国花刺子模君王喜欢听好消息，凡送来好消息的信使能得到提升，送坏消息的信使则会被送去喂老虎。某些领导干部也像花刺子模君王，爱听好消息，对发布坏消息——写批评报道的记者，虽说未必会被送去喂老虎，但肯定不喜欢。对他们来说，舆论监督作为修饰官员心胸宽广的装饰品是可以，但最好不要出现在自己的辖区内，尤其是不能针对自己。如果批评报道涉及官员的利益，或者可能使被批评者丢乌纱帽，被批评的官员则是万万不能答应的，他们会调动所有社会关系来与记者对抗，什么手段都敢用，被批评者更要武装到牙齿进行反击（此时肯定会萌发把记者送去喂老虎的念头）。由于官员拥有权力资源，动辄调动整个单位乃至一个地区的权力资源来对付记者，他们根本不怕旷日持久的官司，轻则通过各种关系制止报道见报，或四处告状指责报道失实，重则引发新闻官司。而记者往往孤身奋战，没有充足的时间来对付，对于批评报道能不搞还是不搞算了，以免陷入官司的泥潭。因此，驻省记者写批评报道比编辑部要难得多。

然而另一方面，对记者来说，批评报道容易引起反响，从而使记者增加知名度，记者因此有尊荣感。梁衡对笔者说，一篇批评报道的影响力可以超过10篇表扬稿。这也是一些有作为的记者乐于采写批评报道的原因之一。但是这种尊荣感一旦被放大得过了头，也容易产生负面影响。譬如到80年代后期至21世纪前后，一些记者为了追求轰动效应，追求影响力，追求出名，乐于写批评报道，甚至愿意与被批评者打官司，因为打官司可以增加知名度，可以提高影响力。而一些动机不纯的记者则以批评报道为名，行敲诈勒索之实，这又是另一个问题了。

二、编委会和总编辑敢于承担责任为记者撑腰

如果仅仅是记者敢于写批评报道，这是远远不够的。20世纪80年代《光明日报》记者敢于写批评报道的一个原因是，写批评报道往往得到编委会特别是总编辑的推崇和鼓励，而更重要的一个原因是当批评报道出了问题，编委会和总编辑敢于承担责任，能为记者写批评报道撑腰。

一张报纸的面孔就是总编辑的面孔，是编委会的面孔。"上有所好，下必甚焉"，批评报道的多少和锋芒锐利程度与总编辑以及编委会的引导和对待批评报道的胆识有关，总编辑和编委会能不能、敢不敢、会不会在批评报道引起反响受到压力时挺身而出，甚至在批评报道出了问题时能不能主动承担责任，这是关键所在。譬如，姚迁事件被有关部门认定报道失实，《光明日报》编委会在确认必须公开检讨时承担了责任，公开在报纸上刊登承认报道失实并表示检讨的报道，却不对记者宋名玉做任何处分。江苏孙永根报道被指失实，编委会在报纸上公开检讨，却把记者保护下来，不对记者做任何处分，只是在内部让记者接受教训。正是这样一种责任与担当才使记者敢于直面问题，在批评时无后顾无忧。

笔者20世纪80年代一次参加记者会，总编辑在会上传达了胡耀邦关于批评报道和正面报道三七开的指示。将批评报道和正面报道量化，这在党的最高领导人中还是第一次。记得当时总编辑在明确要求记者多写批评报道时还专门阐述了他的新闻自由观。他说，中国记者有新闻自由，更有采写批评报道的自由，这种自由是"笼子里的自由"，也就是说，采写批评报道的自由有一个边界，这个边界就是党对新闻的要求，是基于维护党、国家和人民利益的基础上的自由，记者必须严格掌握这个边界开展工作，不能超越边界。

《光明日报》还经常将内参改成公开报道刊出，这也可以看出当时《光明日报》领导在批评报道上的胆识和勇气。梁衡的《交城县应迅速处理殴打科研人员的事件》原为内参，因为被批评者在稿子还没有刊登就开始告状，梁衡搞清告状者的背景后写了补充材料发给记者部，后编辑部将内参改成公开稿登了出来，使问题得到解决。陈宗立、李蔚采写的青海杨小民杀人案因为牵涉到省里多位领导，他们是作为内参发回报社的，总编辑看到后，非常愤怒，批示给卢云："太可恨了，能否改改公开见报？"后因为稿子送审没有通过才作罢。王茂修写的《刘毅被拐记》也是由内参改成公开报道的。

三、20世纪80年代的社会环境对批评报道比较宽容

20世纪80年代中央对党报的批评报道是鼓励的。批评报道或曰舆论监督是对偏离或违背社会正常运行规则的行为进行的批评报道，是行政监督、司法监督、党纪监督之外的一种监督方式，它代表的是社会良知和国家、人民的利益。因此，党对党报的舆论监督一直是支持并鼓励的。胡耀邦提出批评报道和正面报道三七开后，1987年10月，党的十三大首次提出要加强"舆论监督"的问题。但从实际看，胡耀邦提出的三七开的比例一直没有达到，尽管如此，20世纪80年代的批评报道已经是在党报历史上发得最多的阶段之一。

20世纪80年代报业竞争还不激烈，报纸数量少，党报在发行和广告上压力不大，不必求助地方部门单位支持，这是党报在批评上较少顾忌的原因之一。而当后来发行广告也成为党报的生存需要时，批评报道就变得瞻前顾后，常常是顾左右而言他。

20世纪80年代党报刊发稿件的自由度相对较大，发什么不发什么一般情况下编辑部能自己决定，而当时上级部门布置的规定动作很少，报纸版面上的内容多为报社自主决定采写的报道，批评报道的空间相对较大。

20世纪80年代批评报道的兴盛与当时的环境氛围有关，那就是党委政府维稳的压力不大，无须以"影响经济工作""影响社会稳定"之名干预批评报道。

四、20世纪80年代在改革过程中问题凸显矛盾交集

批评报道多是因为应该批评的问题多。20世纪80年代，改革在推进过程中触及各种壁垒和矛盾，改革困难重重。譬如当时一个普遍现象是，告状信满天飞，不干事的整干事的，干事的成为被告状的对象，即使是无中生有也会一告一个准，这一现象被称为"八分钱效应"："一封信，8分钱，查半年。"笔者采写了一篇改革者因8分钱告状信搞得焦头烂额的报道：《八分钱效应之一例》(1989年3月19日一版头条)，讲述了一个离奇的改革中的怪现象：企业改革实行聘任制，两位工人落聘，这两位长期躺在社会主义优越性里不肯动弹的下岗工人竟然写了2000多封告状信，结果一年内引来了53批从中央到地方的调查组，企业被查得死去活来，生产无法正常开展，厂里不得不专门成立了"接待调查办公室"来应付这些调查，企业效益一落千丈，工厂生产受到严重干扰。稿子一见报，那两个工人马上掉转枪口对准记者，开始告笔者的状。而在这两个工人的背后，却是被这项改革所触动的几个权力部门。为了维护这两个躺在"社会主义优越性"上享受不干活权利的"国家主人"的权益，总工会和司法系统启动了对记者的问责，召开了反击这一批评报道的专题研讨会。一方是二三十位相关专家参加的庞大阵容，一方是势孤力单的笔者和合作者，笔者愤怒地在研讨会上面对这些专家质问："请问你们有谁到这个企业做过调查？你们知不知道企业因为无休止的调查面临倒闭的危险？一个企业通过改革生产上去了，你们去干预了，但现在企业因为你们的干预面临倒闭危险，你们却不管了！你们这是支持改革还是反对改革？"这篇批评报道最后没有遭遇"公开检讨"的结果，是因为省委书记公开表态支持改革才使风波得以平息。（详情见第十章）

五、批评报道要把握"度"

批评报道要把握一定的度，一定要本着建设性的态度，要有人文关怀，不能将对方逼到墙角，逼到死路上去，导致不可弥补的悲剧后果。在批评姚迁侵占科技人员劳动成果时，如果记者当时能把握好度，即当时姚迁与妻子闹离婚，又受到省委宣传部的严厉批评，他的心境处于非常恶劣的状况，此时记者采写批评他的稿件，这对一个知识分子并且是一个在行业内很有地位的高级知识分子来说，脸面是可以用生命去维护的。如果采访深入，能洞悉姚迁当时的处境心绪，能设身处地为被批评者着想，不采用直接批评的方式，或者将稿件请姚迁审阅，征求他的意见，他也许就不会走上绝路。

记者在采写批评报道时要搞清楚目的是什么，绝对不能把这个目的搞歪了，绝不能为了个人扬名，更不能为了谋求个人或者亲属的利益，批评报道的目的应该是建设性的，那就是解决问题。如果能把握这样的度，批评报道是不会出问题的。

批评报道存在采访难、取材难、取证难、解决问题难、获得支持难等困难，由于批评报道的复杂性，并不是所有批评报道都能发出来，有些批评报道无法刊登，甚至稿子都无法写。但尽管如此，记者的舆论监督者的身份以及批评报道的无形威力同样可以发挥作用。武汉某教育局领导给自己以及儿女分了4套房子，可一位30年以上工龄的老教师却分不到房子，一家四代只能挤住在十几平方米的破房子里。当这位老教师向教育局局长要求分房时，这位领导置之不理，态度蛮横。驻湖北记者樊云芳获得这一信息，非常气愤，马上找到教育局局长，这位局长开始态度蛮横，气焰嚣张，但当樊云芳表示将向上级部门反映此事时，他服软了。最后，教育局则迫于媒体的压力，给这位老师解决了一套住房。樊云芳没有写稿，但问题得到解决。

当然在批评报道中要把握这个合适的度是比较困难的，因为是批评报道，被批评者很容易被置于对立面，要处在这样地位的人保持冷静的心境，能够平心静气地与记者交流，除非这个人非常理性，极有涵养，否则几乎是不可能的。笔者一次在杭州采访一位迫害技术人员的女厂长，一进门这位女厂长就开始撒泼，大骂这位技术人员，当然主要是骂给记者听的。记者希望她冷静，但做不到，最后她直奔向记者而来，质问记者为什么要做这样的采访，为什么要对她的工作挑刺。她的极端恶劣的态度激怒了笔者，采访者和被采访者几乎吵起来。笔者非常愤怒，就开始变得不冷静，幸好当时还有一位记者在场，将笔者劝走。如果真的吵起来，这篇批评报道恐怕就很难客观公正，肯定会带有明显的情绪痕迹。后因笔者当时身处矛盾之中，同时有五六篇批评和问题报道引发争议，疲于应付纠纷，无力写这篇报道。后来这位科技人员离开这家厂，矛盾也自然平息。笔者为此很长一段时间为没能写这篇报道而感到愧对那位无望的科技人员。

第十章　引火烧身

一次看一个反映美国生态环境的电视片，其中有这样一个镜头：两个美国生态学者开着快艇在一条大河里疾驰，汽艇过处惊扰了河里的鱼群，一条条大鱼争先恐后跃出水面，状如捕鱼拉网到最后合围时那样，许多大鱼竟不断跃到船舱里，一会儿工夫，船舱里的鱼就满了。

20 世纪 80 年代的新闻生态就如这条生态河一样，到处是大鱼，不用费力就能捞到。那时候新闻资源极其丰富，媒体少，竞争不激烈，好新闻大新闻到处都是，都不需要记者去发现，新闻都会像生态河里的大鱼一样自动跃进记者的鱼筐，放眼望去到处是新闻。

作为 20 世纪 80 年代《光明日报》人物报道的见证者和参与者，笔者在那一时期也写了一些人物报道。本章将集中记录笔者在人物报道上遭遇的种种经历。

第一节　记者当法官吃足苦头

1988 年，中国的改革开始向纵深推进，改革中暴露出来的矛盾冲突日益紧迫。也就是从这年开始，笔者的发稿进入职业生涯的高峰期，而在这一阶段笔者发得比较多的是人物报道。在品尝人物报道带来的喜悦的同时，笔者也为这些报道付出惨重的代价——因为所写的这些人物中不少触及了改革中的敏感问题而在社会上引起争议、引起关注、引发纠纷，笔者也因此而深陷纠纷难以自拔。

1988 年是笔者批评报道和问题报道最多的一年，从这一年的 1 月到 1989 年 3 月的 15 个月中，笔者在一版头条位置刊发了 21 篇稿件，其中批评和问题报道有 14 篇：

1988年1月19日:《杭州大学七位副教授离校到其他单位工作》。

1988年2月20日:《浙江曲艺团在竞争中求生存图发展》。

1988年3月15日:《飞车皇后吴福妹愤然辞职》。

1988年4月6日:《杭州市一医院新楼落成主管基建副院长辞职》。

1988年4月29日:《一所私立中学的冲击波》。

1988年7月13日:《读书无用论的新冲击》。

1988年10月16日:《从"尿里淘金"到"黄金变尿"》。

1988年12月2日:《一位个体户的科技兴国梦》。

1988年12月17日:《年年先进的校长被投了不信任票之后》。

1989年1月24日:《高级工程师项缙农连续两年获万元》。

1989年2月20日:《读书究竟有没有用?》。

1989年2月27日:《从流失的低谷中跃出》。

1989年3月19日:《八分钱效应之一例》。

1989年3月23日:《倾斜的工程》。

这14篇稿子因为都在一版头条位置刊出,影响较大;同时又因为内容都涉及问题、纠纷、争议甚至直接就是批评,因而引发更大的争议。14篇稿子中,有9篇是人物报道。那时的笔者刚开始接触批评报道,初生牛犊,无知无畏,非常莽撞,也不知道写批评报道会引起那么大的麻烦,一头就扎进旋涡中。特别是1988年3月起,笔者所写的稿子频频引发争议,引起被批评者的强烈不满,他们开始告状,为了应付这些告状,笔者不得不每天沉浸在写答辩材料中,其中有几篇报道已接近诉诸法律,笔者请了律师,准备与告状者对簿公堂。

1988年1月19日一版头条刊出《杭州大学7位副教授离校到其他单位工作》,这是杭州大学为解决职称问题的一个特殊做法,因为"文革"停止了职称评定,大批优秀教师一直无法解决职称问题,以至于开始恢复职称时,因为要求晋升的人太多,职称指标太少无法满足需求,许多单位因此矛盾重重,压力很大,甚至有人因为评不上职称而自杀。为了寻求解脱,杭州大学不得已采取了一个措施:把帽子放在门口,只要要求调离,马上就给一个职称。笔者毕业于杭州大学,写的又是杭州大学的事,结果报道一出来,马上引起反响,报道涉及和没有涉及但命运相同相似的老师纷纷来找,有支持赞赏的,有态度激烈表示反对的,有些老师因为评不上职称委屈得哭了。

见证辉煌
——《光明日报》20世纪80年代人物报道回眸

3月15日一版头条刊发的《飞车皇后吴福妹愤然辞职》（与中国青年报记者全立芳、浙江日报记者杨新元、浙江电台记者金莱合作，由笔者执笔）一稿披露了中国文化体制改革中的一场纠纷，这是一篇传统的批评报道，笔者的报道直接指名道姓批评杭州杂技团撕毁合同，因为被批评者杭州杂技团团长是全国人大代表，而报道刊出时又刚好是全国两会期间，当时的媒体不会因为两会期间为了稳定不刊发批评或问题报道。在这样的时候报纸对这位全国人大代表的做法进行批评，使她感到非常没有面子，于是这位团长就联络多名全国人大代表搞了个提案，批评《光明日报》的报道失实，要求《光明日报》处理记者并公开道歉。全国人大将这一提案批转《光明日报》，要《光明日报》查处，公开赔礼道歉，纠正报道失实。这位团长其实是个很优秀的演员，在国际上得过大奖，很可惜，笔者与她没有进行很好的沟通，虽然事实没有出入，但毕竟没有好好听取她的意见，后来因为纠纷越来越复杂，牵涉的部门越来越多、越来越高，文化部、民进中央专门派人到杭州调查，并公开表示支持改革。这位团长后来曾主动与笔者交流过一次，但最后还是无法达成妥协。这一纠纷持续了4年，最后的结果是，杭州市委召开书记办公会议，公开表明态度支持文艺团体的改革，认定撕毁合同的做法不对，也就是说支持笔者一方的观点。虽然杭州市委明确支持改革一方，其实该市领导对报道非常恼火，毕竟报道出了杭州市的丑，但表面上他们又不得不表示支持改革，在没办法的情况下，在不愿意承担反对改革恶名的情况下，他们才公开表态支持改革。这位杂技团团长后来在一次出访中滞留国外未归，虽然她的这一举动原因复杂，并非笔者报道直接导致，但毕竟是笔者的报道使她在公众舆论面前成为反对改革的一方，损害了她原来的良好的形象，这是很使笔者感到愧疚的。

这篇报道引发的强烈震动还只是笔者当年深陷矛盾的开始。紧接着，一场更大的纠纷因为笔者的一篇报道而引发，这篇人物报道把笔者这一年的纠纷推向了高潮，此事成为当年中国新闻界的一个热点问题：这就是后来被一些人称为全国第一例受表扬者告记者事件。

4月7日，全国两会还在继续，《光明日报》又在报纸一版头条刊出笔者的这篇问题报道：《新楼落成主管基建副院长辞职》。稿件的内容是：杭州市第一人民医院主管基建的副院长，在建病房大楼时备受不正之风的困扰，为建楼，这位正直正派的知识分子不得不向一些主管部门送礼行贿。大楼建成之日，这位党员干部无法忍受不正之风的困扰，终于提出辞职。在这篇稿子里，这位副院长的形象完全是正面的，是报道表扬的对象，稿件锋芒指向的是社会上的不正之风。但是后来的结果却与报道的初衷完全违背，副院长在报道见报后被任命为医院党委书记，辞职之后职务不降反升，而也正因此，报道中批评的那些医院的关系户开始对医院进行报复，断水断电，医院里的医生不知事情的来龙去脉，以为报道是这位过去的老院长现在的新书记自己请记者来写的，更要命的是医院里的一些人认为，正是因为他请来记者为其评功摆好而使他得到荣升，因此骂他既要做婊子又要立牌坊，这位新书记有口难辩，一上任就处在矛盾的风口浪尖中，里外不是人，结果反告记者编造假新闻愚弄读者，详细情况将在下文详述。

两会期间全国精英云集北京，大家都在关注这期间的中央媒体，而就在这样一个重要的时段，《光明日报》接连在一版头条位置批评和揭露杭州市的问题，这使杭州市领导非常恼火。该市一位领导曾在一次大会上公开指责《光明日报》对杭州市的批评太多，一位主要领导曾在一次会议间隙见到记者时当面批评记者"揪住杭州市的问题不放"。

4月23日一版头条刊发的《他能不能上优秀科技人员光荣榜》一稿批评浙江省临海市在评选优秀科技人员时"用衡量政治家的标准衡量科技人员"，指责该市不应该让一个贡献最大、获奖最多而因为在历史上有过污点的科技精英落选。临海是笔者的老家，这篇报道发出后在笔者的家乡引起反响，在科技界引起震动，人们议论纷纷，老家的人指责笔者不给老家面子，揭露了老家的问题，出了老家的丑。

4月27日一版头条刊出的通讯《一所私立中学的冲击波》报道了中国第一所私立高中——安吉县上墅私立中学校长汤有祥在创办学校的过程中遇到的风风雨雨，直接批评教育行政部门阻挠改革，给改革者设置种种障碍。报道马上在浙江省教育界引起强烈反响，省教委对这篇稿件非常恼火，专门派出教育报记者进行调查，并写报道反击。这篇报道加上当年笔者写的另一篇反映教育界热点问题的《议价生现象》使省教委领导极度反感，笔者一位教育系统的友人告诉笔者，省教委专门组织了一个班子，写文章准备批驳笔者的报道。说来也是巧合，最后接受任务写稿子批驳笔者的竟是笔者的同行和好友。

然而还不止于此。20世纪80年代，改革逐步推进，改革中的问题也逐一暴露，一个普遍的现象引起了笔者的关注：改革者常常因为有人不负责任的告状而落马，不干事的整干事的，告状信满天飞，还一告一个准，即使是无中生有，也会严重干扰改革者的改革，这一现象被称为"八分钱效应"（当时一封信只要8分钱），8分钱就可以把一个改革者告倒。这里有两种情况，其一是：搞改革的往往成了运动员，而不改革或反对改革的人成了裁判员，改革者动辄得咎，即使不犯错误也会无端受到指责，更何况要改革就不可能不犯错误，一旦犯了错误，裁判员们就会群起而攻之，使得改革者无所适从，一些改革者因改革中犯了错误而落马。其二是：改革势必要触动一些人的利益，于是这些利益受损者就会调动各种社会资源到处告状。结果就出现了"一封信，8分钱，搞不死你也查半年"的"八分钱效应"。笔者就一直关注这个现象，思考这个问题，寻找合适的报道机会，这个机会终于来了：

浙江省海宁市毛纺厂改革旧的管理体制，实行聘任制，不好好工作的人就会落聘，厂长决定在小范围内进行改革，结果有两位工人落聘。"你砸我的牌子，我砸你的饭碗"，这是与海宁市相邻的海盐县改革明星步鑫生风靡全国的流行语，而就在海宁市毛纺厂两位工人饭碗被砸时，步鑫生的饭碗已被砸掉——他因改革失败而被免职。而海宁市毛纺厂厂长也因为砸了两位工人的饭碗，自己的饭碗也面临被砸的危险。一项仅涉及两位工人下岗的改革，在今天看来，这太正常了。但在当时，兹事体大，不可小觑，长期躺在社会主义优越性里不肯动弹的两位下岗工人，在其优越性被剥夺之后奋起反击，写了2000多封告状信，贴上8分钱邮票，分别向当地市、省和国家有关部门寄送。结果呢？改革过程中的荒诞剧开幕了：在此后的一年多时间里，这些信引来了53批从中央到地方的调查组，企业被查得死去活来，生产无法正常开展，厂里不得不专门成立"接待调查办公室"来应付这些调查，厂长根本无心管理，每天应付调查，结果可想而知，企业效益一落千丈，工厂生产受到严重干扰。

笔者和中国青年报记者全立芳合写的《"八分钱效应"之一例》于1989年3月19日在一版头条刊出，稿子马上引起强烈反响，那两个工人开始掉转枪口对准记者，开始告笔者的状。而在这两个工人的背后，却是对这项改革持反对态度的几个权力部门。笔者的报道捅了马蜂窝，北京多个部门，以维护工人合法权益为由向报社施压，指责报道失实，要求公开道歉；省总工会、省监察厅也给记者站施压，两单位还专门就这一问题召开研讨会，批判这篇报道，结果笔者和中国青年报记者两个人面对30多个专家和官员进行辩论。这场风波持续了一年多，最后，省委书记李泽民公开表态，认为毛纺厂的改革大方向正确，要支持改革。这场风波才得以平息。

第二节 "中国首例受表扬者告记者事件"

尽管时间已经过去近30年，提笔回顾那件发生在1988年的往事时，笔者还清晰地记得当时的许多情景。

这是一件发生在笔者职业生涯终生难忘的事件，也是一件引起中国新闻界广泛关注的新闻事件：笔者满怀激情为一个正直的知识分子抱不平，但是这个知识分子却在报道见报引起强烈反响形成巨大压力的情况下，否定了经他审核的这篇报道，反咬一口，公开指责笔者"采用卑劣的手段，昧着记者的良心，编造虚假的报道愚弄读者"——这就是当时被新闻界同行称为"中国首例受表扬者告记者事件"。

事情的起因是这样的：1988年3月23日上午，笔者的好朋友、传记作家徐星平和他的一位学生前来拜访。闲谈中，他的这位学生说起一件事：杭州市第一人民医院基建办公室主任在建造病房大楼时行贿受贿，楼成之日，他自感与一个共产党员的标准不符，主动提出退党。

闻此，笔者眼睛为之一亮，这可是一条重大新闻！

当时笔者正进入发稿的高峰期，新闻敏感很强，每天像猎犬一样支起耳朵倾听，身上每个细胞都像天线一样张开，接收着外界的信息，一旦发现新闻，就会像猎犬一样扑向猎物。因此，一听到这个消息，笔者当即对徐星平说："我们抽时间再聊，现在我要去采访了！"

笔者立即赶到杭州市第一人民医院，接待笔者的是D和党委办公室的一位同志。然而笔者得到的答复却是：基建办公室主任不是党员，更没人提出辞职。难道是消息来源搞错了？笔者沮丧而归。

回来后，笔者马上找到徐星平的学生核实此事，她却信誓旦旦，说绝对不会搞错，并马上赶到记者站，亲自带着笔者去找提供消息的人。事情马上逆转，内容也得到进一步的充实：辞职者并非基建办公室主任，而是该院分管基建副院长，此前接待笔者的D便是这位刚辞职的副院长。笔者马上抓住机会采访了这位提供消息的知情者，这位知情者说，D的辞职已在杭州市卫生系统引起震动，并传得沸沸扬扬，以至于以讹传讹，说D在搞基建中行贿，自己也接受贿赂，因为这个原因，他才在大楼建成之后提出辞职。

获此消息，笔者已成竹在胸。再次找到D时已经是上午11点。一开始，他拒绝采访，更不同意笔者对此事进行报道。如何撬开他的嘴呢？笔者马上意识到正面说服已不可能，他肯定不愿意把此事公开，因为议论已经很多，他在极力回避。但是，正是因为议论很多，并且这种议论正在损害他的信誉，笔者自信只要讲明采访目的并非猎奇，而是还原事情的真相，他肯定能配合。

"现在整个杭州市卫生系统都在议论你的辞职问题，许多人相信，你是因为在建大楼时行贿同时自己也受贿才最后提出辞职的……"还没等笔者的话讲完，他已经激动地站起来，血脉贲张，脸涨得通红："胡说八道！我什么时候受贿了？我是受不了那些手中有权吃拿卡要的关系单位的刁难才提出辞职的……"接着，他开始滔滔不绝地谈起来，慷慨激昂，一种急于洗刷自己的感情溢于言表。

笔者的采访是在他脸涨得通红，声音因激动而发颤的情况下开始的。

因为已经中午，采访只开了个头就结束了——他邀请笔者晚上上他家详细谈，并当场告知了他家的地址。

当天晚上，笔者赶到他家做进一步的深谈。彼此的交流很快使我们找到共同点：他在1957年"反右"时蒙冤，笔者则是"右派"的儿子，共同的遭遇马上使采访者与采访对象之间建立起相互的信任，距离马上拉近，一种"同是天涯沦落人"的感情油然而生，感情上的障碍很快消除，他开始坦然地、冷静地、开诚布公地谈起自己在主持基建工作期间碰到的种种不正之风，以及自己在这种不正之风面前的无奈和痛苦。他的陈述使笔者深受感动，笔者分明听到一颗正直的心在不正之风践踏下的痛苦呻吟，这颗心在腐败的社会风气的挤压中淌血……

基建是一个比较"黑"的行业，工程队为了接到基建业务，往往要给业主单位的领导行贿，从这一点说，D所处的地位很容易被人怀疑他因掌控着基建业务而有受贿的可能；可是作为业主单位，又要给审批建筑的有关部门好处，否则你的项目就不易被批准，从这一点说，D又有行贿的嫌疑。从笔者与D接触的情况看，D是个耿直的人，一个正派的人，一个正派的人却不得不违心去干自己不愿干的不正派的事，这实际上是对良心的摧残。

3月23日晚上，双方谈得非常投机非常深入，特别是他对当时社会风气的败坏非常愤慨,对腐败现象深恶痛绝,对一些以权谋私的官员特别痛恨,非常渴望风清气正的社会风尚,这一点与笔者的想法非常一致,因此笔者感到与这位采访对象的交流非常投机。笔者是怀着激动的心情结束采访的。因为激动甚至冲动,回家的路上笔者已经感到灵感勃发,许多句子甚至段落不断从脑子里冒出,显然,笔者已提前进入写作状态,一回到家就迫不及待地铺开稿纸奋笔疾书,稿子写得痛快淋漓,一气呵成。在稿子里,笔者为这个正直的共产党员,为这个有骨气的知识分子干部的举动而激动,为他能用辞职这样决绝的方式与不正之风抗衡而激赏。稿子完成,笔者很满意,特别是标题《安得广厦千万间,大庇天下"白蚁"俱开颜——杭州市一医院新楼落成主管基建副院长辞职》。

在稿件中有这样一段描述:"这位一向凭介绍信办事的干部很快发现,庄严的红色大印在'关系网'面前失却了威严,许多该办能办的事光靠大印办不成了。具体经办的同志告诉他,不给关系户一点好处,什么也别想办成。

"原则在'关系'面前退缩了。一切按原则,大楼建成不知何日;向'关系'低头,大楼指日可待。他无可奈何地屈服了。于是,竟一路绿灯:请人吃一顿,办事中的'肠梗阻'马上通畅;给人送一点,关系户脸上的表情肌马上舒展开来。吃送之间,事情往往很快得到解决。

"作为党员干部,副院长感到不应迁就这些行为;作为主管基建的领导,他又觉得不得不这样干。

"就是在这种矛盾心理的折磨下,大楼建成了。但是,楼成之日,他提出辞职:"'望着拔地而起的新大楼,副院长心里酸楚楚的:大楼立起来了,而一个知识分子的尊严、一个党员的党性、一个正直的人的良心却倒了,倒在大楼坚实的地基之下。'"

次日,本想立即将稿子送审,但是却因为《飞车皇后吴福妹愤然辞职》一稿引出的纠纷需要立即写应付材料而搁下。直到3月30日才将稿件送审。

中间有个插曲,3月25日,记者部主管华东片的副主任王庚虎来电话,要求记者站上报近期重要稿件选题,笔者便在电话里将此稿作为选题上报。王庚虎听了大加赞赏,认为这是一篇好新闻,并指示尽快发稿,配评论作为重点稿件推出。

3月30日上午,笔者将稿子送D审阅,D看完稿件后沉吟了,提出要求说最好不要见报,见报会引起麻烦。笔者解释说,不见报已不可能,此选题已上报并得到批准，报社已经将此稿列入选题计划，要撤下来已无可能。再说，按照报社的规定，即使被采访者不同意，只要事实准确，报社照样可以将稿件刊出。笔者是小心翼翼向他表达这层意思的，笔者知道知识分子自尊心很强，非常敏感，一不小心就可能伤了他们的自尊心。但是，笔者的这句话还是使他的自尊心受伤，可能正是这句话伤害了自尊心极强的他，这句话也便成了后来他攻击笔者的利器，他指责笔者"造成既成事实"，迫使他就范。但至少在当时，他一点也没有表露出反感的情绪。他略一沉吟，马上向笔者提出两点意见：第一，稿子里他本人姓名及医院名字必须隐去，不能公开见报；第二，他的辞职原因有三点，文中只写了一点。对第一点，笔者勉强同意，但感觉有难度，难就难在报社未必会同意这样做，一篇没有单位和采访对象名字的稿件有违新闻的基本要求；对第二点，笔者解释说，辞职原因中的另两点如不善于与领导处理关系等涉及他个人，写了对他不利。D沉吟了一下，不再坚持，说："这样吧，稿子留下来我做一些修改。"这样，笔者就回来了。

坚持每篇稿子送审，这是笔者的一贯做法。《光明日报》记者的采访对象大都是知识分子，知识分子对稿件要求比较高，尤其是一些高级知识分子，对用词的要求非常挑剔，一个词用得不当都可能引起被采访者的不满。记得笔者曾与一位作家合作采访一个社科界学者，当时笔者刚参加工作，经验不足，稿子完成后，笔者坚持送审，这位作家却不同意，因为当时报社也要求稿子尽快发回；更要命的是，这位作家用他的生花妙笔根据稿子的需要编了一些观点安在这位学者的身上，稿子见报后，结果可想而知，这位学者非常不满，更要命的是，这位学者是笔者同班同学的父亲，此后遇见，他明确表达了对报道的不满，这使笔者非常尴尬。从此，笔者一直坚持每篇稿子必须送审，以避免被采访者不满。

次日上班，D已派人将改好的稿件送至笔者办公室，并附有一信："叶辉同志：报道改了不少，最主要的一点是：千千万万将真名隐去，否则，得罪了关系户，我将成为市一医院的千古罪人……"

4月6日，此稿在一版头条刊出，他"千千万万"的要求没有得到满足，编辑部在编辑时将杭州市第一人民医院的名字恢复，只是将D的名字隐去，但明眼人一看便知是谁，真是"此地无银三百两"。

按照记者部领导关于对此稿要跟进报道的指示，在稿件见报后笔者数次找D了解情况，笔者发现，笔者与D在采访中建立起来的融洽关系此时已发生变化，他的态度变得冷漠。笔者表示：如果报道之后有关系户找医院或你本人的麻烦，我可以搞连续报道。他马上连连摇手说"没有没有"，笔者也只好作罢。

笔者万万没有想到，在他冷漠的背后，一场纠纷即将以一种特殊的方式爆发。

5月17日，《光明日报》举办读者月，其中一项重要内容是由读者投票评选过去一年内的《光明日报》的好新闻，并在报纸上公布了候选篇目，此稿入选；同时，报纸还公布了好新闻评选委员会名单，评委都是中央主要新闻单位的领导和高校新闻专业的权威。

6月10日，记者部突然来电称，D来信告状，指责笔者采用"卑劣的手段"，"昧着记者的良心"，写了这篇"虚假的报道"来"愚弄读者"。闻此，笔者如坠五里云雾中。记者部将D的告状信传真给笔者，当时的记者部主任金涛在这封告状信上批了一行字："叶辉，这究竟是怎么回事？"这最后的问号硕大无比，覆盖了整张稿纸，可见记者部主任心中的疑惑和强烈的不满。

很快，笔者就了解到记者部主任恼火的原因：好新闻评选已经开始。部主任告诉笔者，D的做法既很内行，也非常决绝：他已根据报上公布的评委名单给每个评委都发了内容相同的告状信，评委都收到了这封告状信。结果当然可想而知，不了解真相的评委对《光明日报》将这样的假新闻列入好新闻评选表示不满。结果这篇"愚弄读者"的"假新闻"被逐出入围作品之列。作为产生"假新闻"的部门领导，记者部主任感到无地自容，记者部怎么能推荐一篇"假新闻"去评选好新闻呢？而报社领导也感到出了丑，批评记者部没有把好关。这使记者部主任更感到压力重重。而这篇"假新闻"就是我炮制出来的。

这究竟是怎么回事？笔者完全蒙了，继而感到血脉贲张，极端愤怒。这是一篇"假新闻"吗？如果说这是一篇假新闻，那么是笔者和被采访者共同作假，因为稿子里的内容都是他告诉笔者的，并且，稿子是经过他认真审核才定稿的。特别让笔者无法理解的是，笔者热情讴歌一个正直的知识分子，他却从背后向笔者捅了一刀，笔者为何要采用卑劣的手段来愚弄读者？为什么要采用卑劣的手段去讴歌一个正面典型？讴歌一个正面典型需要采用卑劣的手段吗？笔者为什么要采用卑劣的手段为一个人鸣不平？笔者用真诚对待这个人，而这个人却报以刻毒的咒骂，这究竟是为什么？！

为了解此事真相，记者部领导让时任浙江站站长的卢良对此事进行了调查。情况很快搞清楚了，D告状的原因是：报道刊发之后反响强烈，因为报道点了许多医院关系户的名，结果可想而知，这些关系户都被得罪了，报复随之开始：医院里一会儿断水，一会儿断电，病人、医生怨声载道，医院里的人便把怨气发泄到这位受表扬者身上。而D呢，在笔者采访他时，他已经辞去职务，无官一身轻；而就在报道见报之前的几天中，他已被任命为医院党委书记。新官上任，他马上面对的却是复杂的局面：一边要忍受医院医生对他"既要做婊子，又要立牌坊"的指责，因为许多医护人员认为，写这篇报道的记者是D本人请来为自己洗刷污名的；另一方面，他又不得不承担起维护医院与关系户的责任，但此时这些关系户却怒不可遏地指责他"出卖"他们，"过河拆桥"，关系户当然不肯买他的账，他是左右为难，里外不是人。

  事情清楚之后，6月17日，卢良站长带着笔者一起去拜访他，希望做一些协调和缓和关系的工作。当时笔者心中有气，对他说："你为什么要写这样的信？这些事实都经过你核实，你的告状信给我造成多大的压力！"他马上激动起来："是你压力大还是我压力大？你的报道使我吃够苦头，你知道医院里的人都怎么骂我的吗？'欺世盗名'，'既要做婊子，又要立牌坊'……"

  当时他的处境确实是猪八戒照镜子——里外不是人。这一切自然都是报道惹下的，笔者的报道给他添了无穷的麻烦和烦恼，为了改善自己的处境，为了对关系户有所交代，他只好把责任往记者身上推。他是否又一次干了违心事？他是否再次受到良心的责备？不得而知。但有一点是明确的，他恨笔者，是笔者的报道给他惹了祸，是笔者使他在医院里无法做人，他原本是个威信很高的知识分子干部，也是一个爱惜羽毛的知识分子，却因为一篇报道威信扫地。笔者的本意是赞扬他用辞职的方式与不正之风抗争，结果适得其反，报道使他处境更加尴尬。在此情况下，除了原谅他的举动，还能干什么？

  在笔者30多年的职业生涯中，受表扬者告记者的事发生过两次，另一次是在笔者退休的2014年。这一年的6月8日，《光明日报》的一版头条通栏大标题刊出笔者的长篇人物通讯《一群皮肤黝黑的农业科学家》。全文8000多字，通讯记述了浙江省嘉兴市农科院育种团队50年中四代育种科技工作者献身科研的感人事迹。其中笔者浓墨重彩倾注感情书写的主要人物却因为极小的细节与笔者翻脸。本来报社已规划搞连续报道，将这个群体典型推为全国重大典型，但因为告状而终止。详情见本章附件《写表扬报道引来的批评》。

  记者的天性确实有些"唯恐天下不乱"，这场纠纷因评选好新闻被引爆后，马上引起新闻界的广泛关注，《中国青年报》1988年8月31日在二版头条刊发记者全立芳的报道：《身受压力推翻自己核定的稿件　邓××改变初衷反告记者》；《法制日报》1988年9月13日刊发王乾荣的评论：《舆论监督亦喜亦忧》，专门就这件受表扬者告记者的事件进行评论；人民大学新闻系主任甘惜分教授8月14日以"读报杂感二则"为题，在《光明日报》上发表文章，针对受表扬者告记者这一现象进行剖析。

此后，《光明日报》把调查结果送交各位评委，并附上由笔者提供的经D修改的审稿的原稿复印件以及D写给笔者的信，真相终于大白，最后这篇多灾多难的报道还是被列入《光明日报》10篇好新闻之列。

记者当法官的经历让笔者备尝艰辛，心力交瘁，铭心刻骨，当时的笔者太幼稚太没有经验也太投入，为了报道得罪了许多部门，笔者妻子的户口是外地的，本来凭记者的行业优势，只要与杭州市搞好关系，解决户口迁杭州是根本不成问题的，但是，因为笔者连续发表批评和揭示杭州市问题的报道，惹恼了杭州市一些人，市领导公开在大会上点名指责笔者专捅杭州市娄子，结果导致笔者妻子的户口一直到笔者高级职称解决后才迁进杭州。

其实，笔者早该避免这样的窘态，完全可以避免在新闻中当法官，不对事物做简单的评判。褒贬时弊、臧否人物固然畅快淋漓，但畅快是畅快，后面却会产生一大堆需要冷静面对的事，需要记者自己去擦屁股。也正因为笔者深切感受到记者当法官的弊端，后来才毫不犹豫地接受了全息摄影报道这一形式，并屡试不爽，从此很少因报道陷身纠纷和矛盾无法摆脱的窘境。

其实，早在1987年笔者就曾跟随名记者樊云芳进行过全息摄影报道的探索。

第三节　《他该不该得伯乐奖？》

1987年，内蒙古举行自治区成立40周年大庆，这是我国少数民族的一件大事，中央各大媒体都组成采访组前去采访报道。《光明日报》采访组由《光明日报》湖北站站长樊云芳、驻内蒙古记者站站长陆永龙任正副组长，笔者为组员，开始为期一个多月的采访活动。

如前所述，这是笔者第一次与樊、陆两位老师一起采访。这两位资深记者与笔者都有特殊的关系，陆永龙与笔者是同乡，是他领着笔者第一次去报社报到的；而樊云芳则是对笔者的职业生涯影响很大的导师。作为一个进报社才

3年的年轻记者，能与这样两位资深记者一起采访，笔者兴奋不已。

此前笔者与樊老师并无接触，但有一件事却给笔者留下深刻印象。那是1985年春天，笔者突然接到一封信，信封是光明日报的，信封上的字苍劲有力，大方美观。此时的笔者入职《光明日报》才一年多，业务上还是一个生手，在报纸上还只能发几篇豆腐干新闻稿。《光明日报》谁会给笔者写信呢？

是樊云芳！名记者樊云芳给记者队伍中的小豆芽菜写什么信呢？

让笔者大为吃惊同时也大为感动的是，樊云芳给笔者写这封信只为了一件事：她看到笔者刚发表的一则几百字的小稿子《话剧苏东坡在杭州首演》。她问，这则消息的导语是怎么想出来的？记得她在信中用了"讨教"一词。

天哪！一个中国新闻界的名记者，向一个初出茅庐的小记者讨教，笔者感动得一塌糊涂。

从此，笔者在内心深处对如此谦虚的前辈更加敬重。

这是笔者与这对名人夫妇交往的开始，此后我们亦师亦友，成为无话不谈的恩师加好友。

这一个多月的采访使笔者对内蒙古有了认识，辽阔的大草原，蓝天白云下成群的牛羊，采访组开车在戈壁滩上追黄羊，追狼，住牧民的蒙古包，吃手抓羊肉，喝奶茶、马奶子酒，遇到了许多新奇的东西。我们采访了呼和浩特、包头、巴盟、伊盟，在去二连浩特途中的戈壁滩上遇到了黄羊，司机马上兴奋起来：今天能吃到黄羊肉了！在中蒙边境，黄羊很多，据说部队为了改善伙食，常常开着卡车去打黄羊，一打就一卡车。当时黄羊还未被列入保护动物，在内蒙古打黄羊是普遍现象。这位蒙古族司机追黄羊很有经验，发现黄羊后，他马上踩下油门加足马力开始追。司机说，黄羊的速度是80码，只要追半小时，黄羊的肺就炸了。在我们车前奔跑的黄羊是一头非常肥硕的公羊，我们距离黄羊就10多米，黄羊强健的后腿肌腱发达，四蹄扬起，步伐强劲有力，给人以美的享受。樊老师不忍，劝司机放弃，但司机却不舍，果然，半小时后，黄羊跑不动了，最后司机用车头轻轻地一撞，黄羊就倒在地上，口吐白沫死掉了。这一天，我们的车追了两头黄羊。但吃到的黄羊肉却有一股膻味，肉太结实，没有绵羊肉鲜嫩。

都说对牛弹琴，草原上的牛却喜欢听"弹琴"——音乐。我们停车休息时，车上播放音乐，旁边的牛竟然停止吃草，侧耳倾听音乐，而且还慢慢向我们的车靠拢，那水汪汪的牛眼睛虔诚地打量着我们这些异类。

第十章　引火烧身

那天我们在伊盟草原上驱车，天色渐晚，锡林郭勒盟宣传部长韩永久陪同我们来到一个牧民的帐篷前。当时的内蒙古草原上还没有商品意识，蒙古包也是随便什么人都可以进去，而蒙古族牧民热情好客，任何陌生人只要到他们的蒙古包，他们都会以牛羊肉、奶茶、马奶子酒来招待。那天我们开了两辆车，有六七个记者，热情的牧民宰了一头牛请我们吃手抓牛肉。那是我第一次吃手抓牛肉，此后也再没吃过手抓牛肉。那鲜美的手抓牛肉伴随着次日早上使人铭心刻骨的一幕永远载入笔者的记忆。

次日早上，草原上的牛圈打开，那惊心动魄的一幕出现了：几百头牛尾巴高扬，"哞哞"叫着狂奔至斩牛处，一贯给人以温驯文静印象的牛此时变得愤怒而暴戾，牛们用蹄子猛烈地刨土，边刨土边仰头发出凄厉的吼叫，场面惨不忍睹。这是一场牛的追悼会，它们在为自己同胞的离世而哭泣。

但是，牛们却没有谴责人类的残忍，依然对人类俯首帖耳，温驯有加。

大草原太养人，内蒙古的牛羊肉太好吃，40多天的采访结束，笔者体重增加了十多斤，腰围剧增，连裤子都不好穿了。8月中旬，我们买好了回京的机票。

可就在离开的前一天晚上，一个重大选题突然出现了。

那天晚上，陆永龙老师带我们到他的一位朋友、内蒙古歌舞团一位演员家吃饭。餐桌上，我们意外地获得一条线索：江西省政协委员王贤才最近给内蒙古自治区组织部领导写了一封请功信，要求表彰和奖励内蒙古人民出版社编辑徐诚。原来，王贤才曾被错划为右派，被发配到内蒙古改造。在内蒙古期间，他耗费了十多年时间翻译了世界医学巨著《希氏内科学》，此书在中国还没有出版过。王贤才到处找出版社，因为右派的身份，也因为一些出版社缺乏眼光，没有一家出版社愿意出版，后来他找到了内蒙古人民出版社科技编辑室主任徐诚。徐诚慧眼独具，意识到这是一部极有价值的巨著，马上组织力量出版，中国终于有了中文版的《希氏内科学》。这部巨著出版后马上引起轰动。此时"文化大革命"已经结束，王贤才这一突出的贡献使他在政治上得到了重用，成为江西省政协委员。他感激徐诚对此书出版所做的努力，因此为他请功。

王贤才的事迹《光明日报》已做过多次报道，1983年8月20日一版头条：《靠对党和人民的坚定信念虽遭牢狱之冤不停译述　王贤才将医学巨著〈希氏内科学〉译成中文》；1984年6月26日二版头条《王贤才医师翻译〈希氏内科学〉困难重重》，1985年11月4日一版头条长篇通讯《一个苦斗者的足迹——记王贤才译述〈希氏内科学〉的历程》。如今王贤才为一位编辑请功，这无疑是一个重大题材。樊云芳兴奋至极，马上决定退掉机票，抓这条大鱼。

当天晚上，我们找到徐诚采访，一直谈到凌晨3点。无疑，从采访了解的情况看，这是一个很好的题材。大家都非常兴奋，决定第二天去出版社采访。

但是，徐诚却给我们泼冷水，他说，出版社是不会同意报道他的，他曾给出版社领导提过意见，出版社领导对他很有看法，与他关系很僵。

果然，当我们第二天找到了内蒙古人民出版社社长采访时，这位蒙古族社长断然否定了我们的设想。他说，这个人不能写！徐诚确实能力很强，工作也出色，但他有许多毛病：清高、骄傲、目中无人、爱提意见、不尊重领导、不听话、作风浮躁、大大咧咧，这样的人怎么能作为正面典型来宣传呢？然而细究这些所谓的毛病，全是些鸡毛蒜皮的小节问题，没什么原则性问题。我们坚持要采访，但社长不让，他无疑是代表一级组织，怎么办？

一方真诚地认为徐诚是功臣，由衷地为他请功；另一方却说他毛病很多，不能宣传。那么，这样一个有争议的典型该不该写，值不值得写，能不能写？

采访陷入困境。但樊老师不甘屈服，她表示，一定要写，这个人物值得写，正因为有争议更值得写！她认为，中华人民共和国成立后的几十年中，媒体对人物的报道基本上是非黑即白，非好人即坏人，好人全都是高、大、全人物，好得完美无缺；坏人都是十恶不赦，五毒俱全，一无是处。处于中间灰色地带的人物不能涉及。久而久之，我们的人物报道逐渐形成了非神即鬼，非英雄即狗熊的固定模式。她认为，我们的报道要打破这一模式，要探索一种全新的模式，不是平面照相式的报道，而应该是立体的全息摄影。这一观点是她在多年记者生涯中形成的看法，这些观点的形成便是驱动她日后写作《新闻文体大趋势》一书的基础：

"中国的新闻报道，不管是消息、通讯、特写、调查报告，也不管是人物新闻、事件新闻，还是报纸的言论，过去绝大多数可以纳入这两大类：'正面'报道或'反面'报道。'正面'报道就是一味地表扬和歌颂；'反面'报道则是纯粹的批评和揭露。因此'正面'报道也称'表扬稿'，'反面'报道也称'批评稿'。一度中央还规定了比例：版面上'正面'报道须占7/10，'反面'报道可占3/10。

"而且，不管是'正面'报道，还是'反面'报道都要求选择'典型'，越是趋向'两极'——即极好极坏——的'典型',就越有重大的'报道价值',而广大'中间地带'的那些'中不溜''一般化'亦好亦坏、亦对亦错'的人物与事件,就被看作是'不典型',也就很少见诸报端。这种'两极'式的典型观,这种非黑即白、非好即坏、非'正'即'反'、非歌颂即暴露的报道模式,也就是'平面照相'最鲜明的特征之一:片面。"(《新闻文体大趋势》,华夏出版社,1989年,第3页、第4页)

决定写,名记者樊云芳有足够的底气,这个底气就是她已经就此进行了长期的思考与探索。她和他的爱人丁炳昌以及好友湖南记者站站长张祖璜已经合作写出了反响巨大的名篇《一个工程师出走的反思》,这篇通讯就是对全息摄影报道的一次成功探索。反思这篇报道引起强烈反响的原因时,樊云芳已经开始思考人物写作的新方法:全息摄影报道!如果说《一个工程师出走的反思》写的是发生在人才流动中的新闻事件,虽然也写谢中秋这个人物,但毕竟是写的新闻事件,是因事写人;而徐诚则完全是一个因人写事的典型人物报道,这样一篇因人写事的人物通讯按照传统的习惯是典型的正面报道,正面典型必须对人物做出倾向性的评价,这样的评价几乎无法回避,因为这代表党报的立场,对一个有明显缺点,并且缺点还不小的人物进行报道并做评价,这是一个新课题。正因此,这个题材对樊云芳来说更具挑战性。而樊云芳是一个喜欢挑战的人,正因为这个人物有很大的争议,就更激发她非写不可的热情。

按照当时党报记者的惯例,既然对方单位尤其是对方党组织不同意采访,一般情况就只好算了(当然,纯粹的批评报道除外)。但是樊云芳是个不达目的决不罢休的人。她说,徐诚是个功臣是毋庸置疑的,仅仅因为他的某些缺点就全部否认他的功绩,这是不公平的,我们又不是评政治家,我们是写一个出版家对中国出版事业的贡献,有什么不可写?!

出版社不同意,她就决定越过出版社找上级单位——自治区党委组织部。我们直接找到了组织部部长。在来内蒙古采访前我们就获悉,报社一位员工的亲戚在内蒙古自治区党委担任组织部长,当时就想到,万一遇到难以克服的困难,我们可以找这位部长帮忙,现在就到了必须请这位部长帮忙的时候了。我们马上给报社那位员工打电话,让她给她的亲戚打电话。经联系,我们找到了这位部长并向他说明了来意。部长是一位温文尔雅的中年知识分子,请功信就是直接寄给组织部的,作为部长,他当然非常了解。他认为像徐诚这样有功的编辑就应该宣传报道,应该嘉奖,作为西北边陲省份的内蒙古,本来就缺人才,宣传人才在边陲发挥作用,做出贡献,这是党委部门必须做的事情。因此他明确表态:同意采访报道,并将他的意见转告了出版社的主管单位新闻出版局。

当我们再次找到出版社社长时,社长的态度明显变了,很显然,组织部长的意见已经发挥作用,社长已无法阻挠我们的采访,他虽然不高兴,却无法拒绝,勉强同意接受采访。

我们的采访这才正式开始,我们分别召开了四五个座谈会。有意思的是,这位社长专门找来与徐诚有意见的人来和我们座谈。但是,大部分人还是有自己的判断,即使对徐诚有意见的人也大都认为,徐诚有缺点,但在出版《希氏内科学》上确实有功,宣传报道他在出版事业上的贡献,没有问题。

白天晚上连轴转,我们采访了3天。采访结束那天晚上,樊云芳开始动笔,笔者和陆永龙则作为助手帮她提供材料,誊写稿件。我们通宵达旦地赶稿子,7000多字的长篇人物通讯《他该不该得伯乐奖?》顺利完成。

这是一篇典型的"公说公有理,婆说婆有理"的稿件,不再是以往那种一面倒的正面人物形象。稿件既全面肯定了徐诚的巨大贡献,也写了徐诚身上存在的缺点,并不避讳出版社一些人对徐诚的看法,包括社长等人对徐诚的批评,甚至还表示批评徐诚的人对徐诚的批评也有一定的道理。稿子送审意外的顺利,即使是对徐诚意见很大的出版社社长也觉得这样写提不出什么意见来;同时稿子送到内蒙古自治区组织部审稿也顺利通过。

但是,稿件在内蒙古自治区组织部顺利通过,在编辑部却遇到了麻烦,引发了争论。第一关——我们的顶头上司记者部主任就通不过。当时的部主任已经是汪波清,这是一位非常正派的延安时期参加革命的老同志,老新闻工作者,业务能力很强。他认为这篇报道不能发,理由是观点不鲜明,看不出记者是支持还是反对,这样一篇立场模糊、观点隐晦,是非不辨的报道,怎么能出现在党报上?党报不应该失去正面的力量。

此时《光明日报》总编辑已是姚锡华。如前文所述,姚锡华不像其前任那样业务上总是亲力亲为,他是甩手掌柜,优点是能极大地发挥部下的积极性和主观能动性,自己却不是事必躬亲。

樊云芳的个性是不屈不挠,她认准的事绝不妥协。她一旦写了一篇自己认为的好稿,就会跑到北京游说,甚至会一直盯住稿件流程,直到稿子上版刊出为止。

第十章 引火烧身

此次也一样，她一回报社就开始在报社领导层游说。但是，这次游说没有立竿见影，稿子被搁置下来。她不得不先回记者站。

我们是 8 月份结束内蒙古采访回来的，徐诚的稿子也是 8 月份就送到编辑部了，但是，稿子却迟迟不见动静。笔者以为，樊云芳的这篇扛鼎之作可能已胎死腹中。

此后，笔者也不再关心此稿。

但是，就在笔者认为稿子已铁定被枪毙的情况下，此稿却毫无征兆地突然向死而生：1987 年 11 月 18 日，《他该不该得伯乐奖？》一稿在一版刊出。稿件一发表，马上引起巨大反响，报社收到了近千封读者来信，鉴于此稿反响强烈，报社组织了连续报道并展开讨论，连续报道持续了一个多月。

这是一篇典型的全息摄影报道。所谓全息摄影报道就是，记者在新闻中不充当"法官"和"教育者"的角色，而是提供全面、翔实的事实，让读者去思考、去判断。稿子表面上没有倾向性，完全采用中性的态度，记者不对任何一方提出倾向性意见，完全用事实说话。这不是传统的表扬报道，因为对被表扬的人有许多批评。但又不是批评报道，批评谁？社长？不是。批评徐诚，更不是。按传统，表扬徐诚就是对出版社的批评，可被批评者对徐诚的批评照样如实披露。当然，完全的中性是不可能的，记者在选择材料时就已经在表露自己的观点了。这种体裁对长期处于法官地位的媒体来说非常有益，可避免许多不必要的麻烦，不会引发纠纷。笔者还将以自己的经历来说明全息摄影报道在避免争端和纠纷上的好处。

对于报道的主人翁徐诚来说，党报的报道马上改变了他的命运，他很快调离，回到他老家山东青岛人民出版社任社长。

虽然笔者参与了这篇全息摄影报道（也称中性报道）开山之作的采访，但写作完全由樊老师独立完成，她思考的历程，报道模式孕育的过程，写作中的探索，笔者并没有切身体会，笔者只是一个参与者与旁观者，并没有领悟到全息摄影报道的真谛。也因此，在次年笔者新闻生涯中批评报道和问题报道高峰期时却没有采用这一方式，而是继续沿袭传统报道模式，结果是身陷纠纷，无法自拔，在经历了深刻的教训之后，笔者才理解了全息摄影报道的妙处，并开始自觉运用这一模式进行报道。

第四节　全息摄影报道是平息争端的良方

樊云芳全息摄影报道的意义在于，创立了一种全新的报道模式，这一报道模式诞生后，马上受到了广大新闻从业人员的关注和称道，一批乐于写批评报道和问题报道的记者从纠纷中脱身，避免了新闻官司的麻烦。用全息摄影报道写的批评报道，被批评者都觉得没有必要再去告状。记者从当法官的窘境中解脱出来，许多以前记者不敢触及的题材可以搞了。这一方法后来被媒体广泛应用。

从读者来说，长期以来新闻板着脸教训人的面孔变了，新闻不再是法官，不再是导师，不再是上对下的教训，身段变柔软了，面孔变柔和了，面目变可亲了。

樊云芳的全息摄影报道被载入中国新闻年鉴。

对笔者来说，全息摄影报道这一全新的新闻范式的出现，马上改变了以往写批评报道和问题报道深陷纠纷困局的困窘，在运用全息摄影报道处理批评报道和问题报道时完全是两种截然不同的境遇。对有争议的报道不再像法官那样公开表达自己的立场和观点。因为做法官，笔者备受纠缠，屡当被告，吃尽苦头；采用全息摄影报道，则平安无事。在改革过程中，在许多事情还处在模糊地带，许多问题还难辨是非时，记者千万不要"旗帜鲜明"，千万不要辨明"是非曲直"，不要对事物进行最后的评判，而是采取中性的立场，不回避，不夸大，报道矛盾各方的正反意见，要相信读者的智商能辨别是非对错，这样一来记者就不会陷入矛盾和纠纷中无法自拔。

笔者一旦采用了这种范式进行报道，马上尝到甜头。譬如披露浙江省一起科技人员因为科技成果权属引发的纠纷《从"尿里淘金"到"黄金变尿"》（1988年10月16日一版头条，与新华社记者虞云达合作，笔者执笔），笔者把矛盾对立双方的意见如实地在稿件中呈现，记者的立场是中性的，而双方的意见在稿子中都得到了表述。稿件发出来后，科技人员感到很满意，认为媒体为他讲了话；而被批评单位也感到写得中肯，他们的意见得到了充分的阐述，没有找记者的麻烦。记者没有因披露这起引起很大纠纷的问题报道而遇到任何麻烦。《年年先进的校长被投了不信任票之后》（1988年12月17日一版头条），报道的是浙江省黄岩县（现台州市黄岩区）一位年年先进的农村校长在民主选举中落选的事，当年中央党校在黄岩挂职的副书记盛天启看了报道后专门给笔者来信说，看了报道非常惊讶，没想到这样的题材还可以这样写，完全是中性的，各方都能接受。《"八五一"效应》（1989年3月31日一版，与陈有仁、乔地合作，笔者执笔）、《该给他什么"说法"》（1993年2月7日一版）、《杭州市中学民办班引起争议》（1996年8月15日）、《如此重奖好干部是否合适》（1995年7月3日，与工人日报记者李刚殷合作，笔者执笔）等一连串有争议题材的报道刊出后，再没有引起大的麻烦和纠纷，20世纪90年代，笔者大量运用全息摄影报道，屡试不爽。笔者终于尝到了全息摄影报道的甜头。

20世纪80年代人物报道特色谈之十：突出小人物在改革开放中的作用

时代的潮流从来都会裹挟着一个个重大事件和重要人物向前推进，这些重大事件和重要人物无不关系着国家命运、民族未来，由于这些人与事进入历史，才使历史变得生动、丰富起来。"人民，只有人民才是推动历史前进的真正动力"，但实际上历史从来不理睬单个的"人民"——小人物。历史只重视大人物，只记得大人物而忽视小人物。

20世纪80年代的《光明日报》却把视觉的焦点对准小人物，大量报道小人物在改革开放中的作为，《光明日报》1983年2月1日一版头条：研究成功"无刻蚀镀铁"新工艺技术水平居领先地位，农民董玉华到处求教自学成才，经省市县考核破格提为副厂长。

本报讯 辽宁省海城县西四公社农民董玉华，经省、市、县有关部门考核，最近被录用为国家干部，担任海城县机械厂副厂长。

只有初中文化程度的董玉华，1978年由生产队抽到公社农机修造厂工作，看到一些拖拉机和汽车因曲、直轴等机件磨损不能修复，严重影响生产，便下决心探索修复办法。他自学了化学、物理等专业知识，到处求教，三年中做了上千次试验，终于研究成功"无刻蚀镀铁"新工艺，用于机件修复，耐磨度极大增强，经专家鉴定，技术水平居全国领先地位。几年来，应用这项工艺的西四公社农机修造厂和海城县机械厂为国家节约资金近百万元。此项成果，已获

见证辉煌
——《光明日报》20世纪80年代人物报道回眸

辽宁省重大科技成果奖。

这则人物新闻仅334个字，写的是一个小人物，并且是一个一般来说不属于《光明日报》报道的知识分子范围的农民，这样一则小消息，能在报屁股上登出来就不错了。但是，《光明日报》是如何处理的呢？头版头条！

一个如此普通的不属于报纸报道对象的小人物，有什么理由登上大报头条？

如果说张志新、遇罗克这些人物是高、大、上的可敬而难学的代表时代的标志性人物的话，那么1982年后，《光明日报》的人物报道开始呈现平民化倾向。在新闻的传播过程中，平民化的人物更容易被读者接受，因为这些平常人就生活在读者身边，可亲可近，生活气息浓。

浏览《光明日报》20世纪80年代的人物报道，在头版头条刊登的这类几百字的小人物很常见，譬如：

1983年1月26日：《社员张文生劳动致富三贴广告》。

1983年2月4日：《劳动致富户张文生将再做五件好事》（这是这个农民第二次登上头版头条）。

1983年2月15日：《农民苗混瞒承包治理小流域闯出新路》。

1983年3月19日：《蒋老汉进城相楼记》。

1983年6月6日：《老工人耿鼎晋升为工程师级技师》。

1984年2月1日：《三贴广告帮乡亲勤劳致富跟党走 张文生光荣入党》（这是这个农民第三次登上头版头条）。

1984年2月5日：《专业户李占民自办畜牧配种站越办越兴旺》。

1984年2月7日：《范成忠一家人售粮十吨多》。

1984年2月18日：《农民吴金安省吃俭用义务办学造福乡里》。

1984年2月20日：《农民梁雄辉捐款三万元办学》。

1984年3月15日：《卢火根承包工厂一年大见成效》。

1984年3月17日：《农民熊炳其给农技人员章康华发奖金》。

这里选取的只是在一年多时间内《光明日报》刊登在头版头条上的部分小人物的报道。

全国最权威的知识分子报纸，为什么会刊登这些既不是知识分子，也没有什么大成就的小人物并且让这些小人物登上头版头条位置？《光明日报》为什么要这么做？

其实这样的做法正是从另一角度印证了《光明日报》的办报方针。

一、用新农民新鲜事为改革助力

改革开放是中华民族数千年来的一次伟大革命，宣传党的改革开放的路线、方针、政策，这是党赋予党报的崇高使命。报道新农村、新农民的新鲜事，报道改革开放给农村带来的新气象、新变化，报道一个个发生在这些小人物身上的生动鲜活有趣的故事，正是对改革开放的推动，也是为改革开放助力。没有家庭联产承包责任制，范成忠一家能向国家出售10多吨的粮食？吃饱饭都成问题啊。没有改革开放，梁雄辉能率先致富并捐款办学？没有改革之后家底殷实起来，熊炳其拿什么给农技人员发奖金？如果不是受惠于改革开放而步入先富起来的行列，张文生怎么能致富不忘乡里帮助乡亲解决困难，带动乡亲们一起致富？改革开放彻底改变了中国农民千百年来求温饱而不得的生活，使他们长年佝偻着的腰杆挺直起来。

山西农民朱勤学因为掌握了知识，懂得信息的重要作用，他自费订阅13种报刊，并到全国多个省市进行市场调查，掌握了大量的信息，这使他在市场上得心应手，他生产的芝麻酱等农产品畅销市场，也使他带动了乡亲致富（1984年4月17日一版头条《听农民朱勤学谈信息》）。知识改变命运，知识就是财富，这不正是《光明日报》的报道范围吗？

《听农民朱勤学谈信息》是《光明日报》驻山西记者梁衡的名作，他是写小人物尤其是写农民的高手，这位毕业于人民大学档案系，曾任《光明日报》驻山西记者，后出任新闻出版署副署长、《人民日报》副总编的优秀记者还曾写过多篇引起轰动的新闻佳作。

《一个农民养猪专家的故事》（1980年11月14日二版）是梁衡的成名作。岳安林是十一届三中全会之后我国政治上开始拨乱反正、意识形态上开始清除极"左"影响后刚被解放出来的典型人物，一个敢于向农村旧势力挑战、积极投身农村改革的新型农民。他是一个普通农村青年，因为出身富农，考上大学却不让上，他就勤奋自学，掌握了四门外语，尤其专注于养猪的知识与技术，承包大队养猪场后，他科学养猪，在育肥时间、投料与产肉比例等主要指标上不仅在全国领先，还接近世界先进水平，成了养猪专家和劳动模范。

选择一个与知识分子完全不同的养猪农民作为《光明日报》的典型人物，从表面上看，这似乎不合适，实际上恰恰相反。农民是知识文化最贫乏的阶层,农村文化落后,在国外已掀起第三次浪潮、新技术革命风起云涌的当时,我国农村还处于第一次农业革命阶段。从经济体制、思想文化到生活习惯,农村是我国与国际差距最大的地方,农民又是被愚昧束缚最重的阶层。在这样的地域,有人开始懂得使用信息,能跟上时代的步伐,这是多么巨大的变化!这个变化是怎么发生的?当然是因为改革。1980年后,我国农村出现了责任制,农民不但可以在自己的土地上发挥聪明才智,还可以打破土地束缚转入非农业生产领域。这是一次经济体制的大变动。这股潮流的意义并不限于农业,它标志着我国正在全面向现代化迈进。在文化知识、科学技术最落后的农村,曾被认为因循守旧、愚昧无知、思想保守、小富即安的农民,却出现了像岳安林、朱勤学这样的先行者,他们冲破农村旧文化的束缚,在改革大潮中脱颖而出,他们掌握现代知识与技术,开始走上知识和技术改变命运的新路,发生在他们身上的变化表明,一批新型的知识分子在农村出现,这正是改革开放带给农村的巨变,这不正是《光明日报》尊重知识、尊重人才所需要的结果吗?在过去认为文化水平最低、知识技术最少的地方发现并报道知识型农民的典型,历史与现实的强烈反差使新闻价值更凸显出来。岳安林的报道刊出后引起轰动,岳安林本人就收到读者来信3000多封,稿子获全国好新闻一等奖。

宣传报道改革开放的成果,传达党有关改革开放的方针政策,这是党报的责任和义务。而这些小人物身上表现出来的尊师重教、尊重知识和人才、致富不忘乡里、富而思乐的追求,通过一个个典型案例,通过一件件发生在他们身上的新鲜事的表达,这比讲多少遍道理都有用得多。刊登这么多普通人的事迹,意在向人们展示在改革的大潮中,中国的小人物们是怎样用自己的智慧和良知推动改革的。

二、富起来的农民更懂得尊重知识、尊重人才

在20世纪80年代《光明日报》的办报方针中,一个重要的目标是积极倡导尊重知识、尊重人才社会风气的形成。经历了中华人民共和国成立后的极"左"路线对知识和知识分子的轻视、藐视、蔑视之后,党的十一届三中全会之后,"尊重知识、尊重人才"成为党的知识分子方略,"科学技术是第一生产力"的口号成为时代的强音。作为一张知识分子的报纸,《光明日报》不但要彻底清算极"左"势力对知识和知识分子的贬损,要彻底改变极"左"造成的轻视知识、轻视知识分子的社会风气,要在全社会形成尊重知识、尊重知识分子的良好氛围,本着这样的办报方针,《光明日报》通过大量的典型人物和典型事例宣传《光明日报》的办报理念,不遗余力地倡导尊重、知识、尊重人才的新风尚,并且通过各个侧面来印证这种这种新风尚的表现。而这些来自最基层最偏远农村的农民,来自底层的工人对知识的向往,是对尊重知识、尊重知识分子的有力佐证。

富起来的农民,他们并不是只满足于"一亩地,一头牛,老婆孩子热炕头"的生活,他们或是充分认识到贫穷的根源是缺乏教育,因此个人掏钱来支持办学(《农民梁雄辉捐款三万元办学》);或是尝到了科技的甜头,像食用菌养殖能手蒋笃义是河南省永城县顺和乡农民,他尝到了靠科技致富的甜头,于是己所欲,施于人,自费办学培训农民(《河南农民蒋笃义在县城自费办学》)。从传播知识传播技术的角度出发,这些农民的举动是符合《光明日报》办报方针的,这样的新闻以更加鲜活更贴近生活和社会的方式出现在报纸上。

三、倡导富起来的农民追求精神生活

改革开放使广大农民富起来了,富起来后干什么?建豪宅,筑坟墓,赌博享乐搞迷信,农村富起来后出现了许多问题。党和政府引导农民富而思乐、富而思学,去追求美好的精神生活。《光明日报》对这些先富起来的农民在精神追求上的报道正是体现了党和政府这种引导。农村家庭联产承包责任制使农民摆脱了千百年追求温饱而不得的窘境,物质的富裕改变了他们单纯求富的追求,"口袋富不算富,脑袋富才算富"。杨泗贤是四川省灌县驾虹公社农民,养长毛兔致富成了万元户,家里建起了新楼。物质富裕了,他开始渴望更丰富的精神生活,在自家新楼落成之时,他掏钱召开了有13位作家参加的文艺座谈会,身为文学青年的他,当着作家们的面提出,反映农村题材的文学作品不够多、不够新,他希望作家能多到农村走走,多写农村题材的作品,以反映十一届三中全会政策给农村带来的新变化(1984年4月20日一版头条《农民杨泗贤举办文艺座谈会》)。

四、为改革中冲破旧藩篱的小人物助力

改革就是要突破,就是要创新,《光明日报》刊发了大量小人物在改革开放中突破旧制度旧体制的报道。

改革冲破职称评定上关于学历、身份以及论资排辈等旧框框,老工人也能晋升为工程师级技师(1983年6月6日一版头条《老工人耿鼎晋升为工程师级技师》);改革使一个工人登上大学讲台成为正式的大学老师(1982年6月8日《工人杨小凯被正式聘请为武汉大学教师》),正是这一破格之举,杨小

见证辉煌
——《光明日报》20世纪80年代人物报道回眸

凯从普通工人成为后来的著名经济学家。在中国几千年的历史上，官可以欺民，民却无力挑战官的权势，因而民不与官斗成为一条铁律。但改革开放颠覆了这个铁律，浙江苍南一农民将官告上法庭，中国首例民告官案件震惊中外（1988年8月26日《苍南一新事：农民告县长》）；一个杂技团飞车走壁演员，与上级部门签订了承包合同，成为中国文化体制改革中的破冰者，却因为承包合同被上级部门无端终止而愤而辞职，因此引发了震动全国的纠纷（1988年3月15日一版头条《飞车皇后吴福妹愤然辞职》）。

《光明日报》把这些凡人新事放在头版头条位置上推出，是因为在这些小人物身上洋溢着的是一种崭新的时代气息，是改革开放赋予他们智慧与力量，也只有在改革开放中，这些生活在社会底层的小人物才有力量与旧制度旧体制抗衡。

在报道这些小人物时，《光明日报》的做法是给予特殊的待遇，常常放在头版头条位置隆重推出，对这些小人物的重视程度，甚至超过中央领导活动的新闻（见第一章第四节）。

附：《写表扬报道引来的批评》

我万万没有想到，在我即将结束新闻生涯之际采写的一篇稿子，一篇重点稿子，一篇我付出辛劳、饱含感情、浓墨重彩去抒写的稿子，见报后却受到这位为我所崇敬并且在写作时几次使我感动流泪的采访对象的严厉斥责。

2014年6月8日，本报在一版头条刊登8000多字的长篇通讯《一群皮肤黝黑的农业科学家》，记述了嘉兴市农科院育种团队50年四代育种科技工作者献身科研的感人事迹。

报道见报的次日下午4:40时，Y突然给我打电话，劈头盖脸一顿训斥，厉声指责我道："你这个记者怎么能这样不负责任？怎么能这样没有一点职业道德！"手持话筒，我一时愣住。

从事新闻工作30多年，我一向告诫自己，一定要信守职业道德，并自认在职业道德上有所坚守，然而在我即将退休之际，竟有人说我是一个没有职业道德的记者，我大感意外。

"Y老师，请不要激动，请告诉我是怎么回事。"我尽量保持心平气和的姿态对他说。

Y："你的稿子我改了两遍，你们登出来的稿子却是我没有改过的稿子！"

第十章　引火烧身

听他这样说，我一下子感到释然了——他误解了，我马上向他解释。我说我把稿子发给嘉兴市委宣传部，请他们送农科院审稿，并且特别交代，一定要给Y看，难道他们没给他看？

"你太不讲职业道德了！我都改了两遍，你却把原来的稿子登了！"他不听我的解释，依然愤愤不平。

我解释说：现在刊登出来的稿子是经过宣传部审核修改的稿子，我以为他们已给你看过了，有多处红字我以为是你改的，所以就发了，我不知道他们没给你看。我马上为自己工作不够细致向他道歉。我说："这是我工作的疏漏，我应该向宣传部核实一下是否给你看过，太对不起了。"

但是，任凭我怎么解释，他不断地反复地指责："你太没有职业道德！你就是一个不讲职业道德的记者！"

尽管他火气很旺，我还是耐心解释并致歉，因为对方是一位农业科学家，一位70多岁的老科技工作者，一位贡献很大的科学家。我反复解释，并一再道歉，我甚至都说了，我的稿子使他不高兴，就为这一点，我也应该道歉！

但是，我的解释丝毫也没有缓解他的气恼，接下来，他的口气更加严厉："你知不知道，你的稿子有严重的政治问题！"

闻此，我又是一愣，若如此可真的太糟糕了！我说："那太抱歉了，我工作做得不细，很对不起，如果我真的错了，我可以登报更正，我可以到你们单位当面向你道歉。请问稿子出了什么严重政治问题？"

他说："你说'Y的育种梦跟饥饿有关'，我什么时候说过这样的话？"

"你不是说过你上高中时吃不饱饭，饱受饥饿，是班里城市户口的女同学给你粮票支援你的吗？"

"那是事实，但这跟育种梦根本没有关系！你知不知道，袁隆平就是因为说了因为饥饿才去育种而被人抓住辫子！"

原来是这样！他担心我的报道会给他带来与袁隆平同样的麻烦！

"你稿子里说，'文革'期间，鱼米之乡的百姓却吃不饱饭，这让Y忧心忡忡。你这是严重的政治问题，知道吗？"他说。

我抽紧的心顿时感到松弛了。"Y老师，我也是农村出来的，'文革'时我就在农村，确实吃不饱饭。"

他马上提高声音："你知不知道，嘉兴当时粮食高产？哪里有吃不饱饭的事？你这是给时代抹黑！给社会抹黑！"

我给时代抹黑？给"文革"这个时代抹黑？我有点儿糊涂了。

"Y老师，你说的时代是'文革'啊！"我说。

他马上气愤地说："'文革'怎么啦，要讲事实，当时嘉兴粮食产量……（记不得了，他讲了个数字），你不能这样写！"

这就是"严重的政治问题"？

他又说："你写L乘火车，什么车厢里都是尿骚味，《光明日报》是全国性大报，怎么能写出这么粗俗的东西来！当然，你这是写L，与我无关，但是这样写，太粗俗了，你们报纸怎么能这么粗俗？"

我有点儿哭笑不得了。

总结他的意见共三点：一、不能说他的育种梦与饥饿有关，他的育种梦与饥饿根本无关；二、说"文革"期间鱼米之乡的农民饿肚子，这是给时代抹黑，给社会抹黑，是严重的政治问题；三、车厢里满是尿骚味，这样的描写太粗俗，这不是大报应该写的。他还表示，我的报道可能会给他带来大的麻烦，有人会把账算到他头上，记者的错误却要被采访者承担结果，为此他很生气。

我知道我遇到了一个非常较真的科学家，这是一个有突出贡献的科学家，是一个我所尊崇的科学家，我完全是出于好意，但好意却招来了他严重的不快。

随后我把这件事与嘉兴市委宣传部沟通了，问他们为什么稿子没有给Y看。分管新闻的副部长表示：我的稿子已送农科院领导班子审核，Y的修改稿却是我稿件送审之后七八天才转给他的，他看了Y改的内容，认为没有大的出入，觉得没必要修改，就没转给我。同时他告诉我，Y是一个很有个性的人，平时一直拒绝记者采访，这次之所以接受我采访，是因为一位和他关系比较接近的市领导出面做工作他才答应的，他是破天荒接受我采访的。副部长说，农科院领导班子已经认真看了我的见报稿，认为写得很生动，完全符合事实，没有什么出入；市委宣传部也经过认真审阅，也认为没有问题，这才把稿子发给我的。没想到Y却因为几处细微的用词大光其火。

10日下午，Y再次给我打电话，依然是怒气冲冲，依然指责我不讲职业道德，把他没有修改的稿子发了。我很奇怪，我已经这样多次解释了，应该解释清楚了，这事如果说我有责任，最多也是不够细心，没有进一步核实宣传部是否给他看过这一事实，从常理来说，要说有责任也不在我啊。他怎么能这样一而再，再而三地指责我呢？再说我的稿子是浓墨重彩表扬他，即使有几处他认为的错误，也完全是可以忽略不计、无伤大雅的细节。但他还是不依不饶，反复说的就是已经跟我说过的话。他还说，已经有人给他打电话，指责他说"文革"期间他所在的地方吃不饱饭是胡说。

当晚，农科院院长给我打电话，他说，他们都看了这篇报道，都认为写得很好，没有问题。他们已经知道Y给我打电话的事，他一再向我道歉，表示会继续做Y的工作。他后来叹息，农科院建院以来，从来没有中央媒体如此大规模的报道，本来他们想乘势而上，进一步好好宣传农科院，但现在不可能了，院长为此感到非常惋惜。

11日，Y给我打来第三个电话，这次，估计是各方做工作后，他的气平息下去了。这次打电话主要是询问我把稿子发给宣传部以及宣传部回复的过程。

接连三次接到Y的电话，我反复考虑，为了平息Y的怒气，决定在反馈报道里公开更正。我把更正的内容发给农科院院长，请他找Y征求意见。院长后来回电话说，Y表示，更正就不要做了，他担心本来人们没注意，一更正反而提醒了别人，影响更加不好。院长说，Y提出，要让报社给他出具一个文件，证明他没有说过"'文革'期间，鱼米之乡的百姓却吃不饱饭，这让Y忧心忡忡"这句话。我当即拒绝，这是绝对不可能的。如果我的报道有失误，责任我来承担，怎么也没想到，当记者一辈子，两次因为写表扬报道而遭遇被表扬者的严厉批评，前者的具体情况可以谅解，后者的批评却不合情理，Y也是我从来没有遇到过的采访对象，尤其是，从来没有采访对象指责我是一个不讲职业道德的记者，这是对我人格的最严厉的伤害。让我百思不得其解的是，他一再说我给"文革"这个时代抹黑，一个生活在21世纪的高级知识分子，竟然对"文革"还会持这样的态度，不可思议。

尾 声

人物报道的第二个高峰

21世纪第二个10年开始,《光明日报》迎来了人物报道的又一个高峰。

2011年4月1日,《光明日报》一版头条刊登河北记者耿建扩和本报通讯员合作的通讯《只为一个永远的约定》(以下简称《约定》)。

这是一个让人感动得泪水奔涌的故事:1996年,河北农业大学园艺系果树93级(01)班学生李宝元在毕业前夕病逝,与其同班的5位同学痛失学友,悲情难抑,在毕业离校前相约:要把同学的父母管起来!

就为了这个简单的约定,15年中,5位同学年年给李宝元的父母寄钱寄信,15年间共寄去15张汇款单和56封信。正是这些年轻人的义举温暖了这对寂寞的老人,使他们有了活下去的勇气。

一个简单的约定,演绎了一段延续15年的真情;这个简单的约定,透露出中国传统文化重诺守信的实质!

报道刊出,反响潮涌,成千上万颗感动的心汇成激动的语言,人们纷纷投书或致电报社以表达自己的心情。

故事也感动了中央领导人,报道见报当天,一位中共中央政治局常委做出批示。

这篇人物报道揭开了《光明日报》人物报道又一座高峰的序幕。

耿建扩进入《光明日报》时间不长,他以善于发掘人物报道见长。进入《光明日报》后,便接连推出很有影响的人物报道。《约定》推出后,他又推出《安放西部的青春与梦想——保定学院近百名毕业生扎根边疆教书育人》《余文丽:带着偏瘫丈夫援疆的好医生》等系列报道。

2011年4月2日,《光明日报》一版头条刊出跟踪报道:《本报〈只为一个永远的约定〉在社会上引起强烈反响——青年学子感受到中华民族美德的力量》，介绍报道在河北高校以及全省各地引起的热烈反响；同时在二版以将近一个版的篇幅刊发4篇各地的反映。

4月3日，"只为一个永远的约定系列报道"栏目正式亮相，首篇报道是耿建扩的长篇通讯：《56封家书，15年的爱与感动》，报道开始向纵深推进。

至此，"约定"报道的主题都是弘扬在今天这个社会已经日渐稀薄的尊老爱老的传统美德，接下去，报道又派生出一个新的主题：信守承诺，诚实守信。

4月4日，又是一版头条，跟踪报道进而披露了病逝学生父亲李维贺诚信还债的故事：《十五年辛勤打工诚信还债》。

4月5日，该报再次在一版头条位置刊登介绍5位同学与李维贺相聚的特写，同时刊登5位同学陪同老人去给他儿子扫墓的通讯。

5天时间，4个一版头条！

时任《光明日报》总编辑的胡占凡，是从业40多年的老新闻工作者，抓重点报道经验丰富，在这个典型人物报道上舍得版面。至此，这个人物报道已获成功，报道在社会上产生了广泛的影响。

"发现典型不能犹豫，一定要第一时间见报，要一鼓作气，一抓到底！"向胡占凡报告当夜新稿《约定》，并亲自指挥这一连续报道的何东平接受笔者采访时这样说。

《约定》一稿是何东平在办公室"挖来"的。何东平回忆说："2011年3月31日晚上10点前后，我正准备回家，'大视野'版主编蔺玉红给我来电话，她刚收到一篇4000多字的人物通讯，非常感人，四版装不下，问我是否可以倒版。我当时是分管'大视野'的副总编。我让蔺玉红先把稿子发给我。我看后，马上觉得这是一篇好稿，放在'大视野'这样的专版上影响力受限，可惜了，应该上新闻版，上一版头条！我马上给占凡总编打电话，建议发一版头条配评论。占凡听我介绍稿子后马上表示同意，并让我写评论。当晚是刘伟副总编值班，总编室已确定了原有的一版头条，马上决定把头条撤下来，换上这篇稿子。第二天，这篇人物通讯便在一版头条刊出。"

新闻敏感是媒体人的职业生命，缺乏新闻敏感的媒体人无法成为优秀的新闻工作者。而对于在第一线采访的记者来说，新闻敏感是发现新闻的必要条件。一个记者必须具备三种能力：发现力——新闻敏感；采访力——采访能力；表现力——写作能力。在这三种能力中，最重要的是发现力，如果发现不了新闻，或发现的是没有价值的新闻，即便花大力气采访写作，最后还是一篇没有任何价值的废稿。而编辑也需要新闻敏感，编辑的新闻敏感常常表现在二度发现上：对记者采写的稿件的再发现。强烈的新闻敏感使杨西光发现了《实践是检验真理的唯一标准》的重大价值——当然，这更缘于他的政治敏感，而政治敏感是新闻敏感的核心——这篇文章才能最大限度地发挥后来的巨大作用。《光明日报》原陕西记者白建钢20世纪80年代凭借考古报道名闻中国新闻界，他写的三星堆考古发现、秦公一号大墓考古报道轰动世界。杜导正曾非常得意地当面向笔者表示，秦公一号大墓的考古报道是他发现的，因为刘炳琦、白建钢将稿件发回编辑部后，原来没有安排在突出位置，杜导正发现后，马上决定在一版头条位置隆重推出，并立即布置后续报道，后来这一报道轰动国内外。同样原因，《只为一个永远的约定》一稿如果没有胡占凡、何东平的二度发现，可能就不会引起后来那样的轰动。

4月7日，《光明日报》一版头条刊登评论员文章：《追求纯粹是一种美——一谈学典型学什么》；4月8日又刊登评论：《善小而为见大义——二谈学典型学什么》；4月14日一版刊登评论文章：《善良可以累积 善举可以传递》。

从4月1日到14日，整个报道延续了半个月，共发稿16篇，其中一版头条5篇。

在经历了20世纪80年代的辉煌之后，《光明日报》的人物报道依旧不断，但不再那样密集。20世纪80年代人物典型经常产生轰动效应，从20世纪90年代到21新世纪，人物报道逐渐回归常态，孔繁森、徐虎、李素丽、李国安、韩素云、李向群等影响很大，就知晓度来说，非陈景润、张志新、遇罗克、蒋筑英等可比，也无法与中华人民共和国成立前后的刘胡兰、董存瑞、黄继光、邱少云、杨根思等英雄相比。时代不同了，战争年代出英雄，和平年代出模范，浩劫期间出先驱，改革开放、发展经济年代出业界先进。21世纪以来，人物典型的神圣光环更加淡化，人物报道的面更广，也变得更平常，人物典型走下神坛，回归本色，人物报道开始把焦点对准各条战线的小人物，人们身边的普通人，因为这些小人物真实可亲，可触可摸，富有人情味，容易接近。

新世纪，新形势，媒体对人物报道的探索依然不断。2005年，《光明日报》在报纸上开辟"走进大家"专栏，栏目一经推出就备受关注。专版将报道对象定位在报道知识界高端人物、中坚人物、做出不普通贡献的普通人物，遴选的是知识界权威人物、热点人物、普通人物、历史性人物、争议性人物、问题性人物、群体人物等，这些人物被分成三个层次：大家、新锐、普通人，以每周一个版、每个版一人或两人的频度推出，这些人物不但彰显了他们在各自领域或行业里做出的重要贡献和杰出成就，也让人们得以感受我国各条战线在改革开放进程中取得的新成就、做出的新贡献，这些人物的人生履痕无不彰显出时代的特色，给人深刻的印象（《人物》版主编邓凯：《试论〈光明日报〉"人物副刊"的特色》）。

然而在报纸版面中，副刊的影响力与新闻版不可同日而语。这些人物因为发在副刊上，影响力自然比新闻版小得多，新闻版的人物报道更加重视新闻性、时效性、政治性，所选人物更加贴近党的方针路线政策和当时的社会现状发展趋向，更具有冲击力和影响力。

2011年11月24日，胡占凡调任中央电视台台长，何东平主持工作。2012年7月5日，中央正式任命何东平为光明日报总编辑。

何东平接任后，《光明日报》充分吸收历任总编辑关于人物报道的经验。这些总编辑，除上文提到的王晨、徐光春、杜导正、胡占凡外，还有姚锡华、张常海、袁志发、苟天林等。在此基础上，他提出人物典型报道三原则：第一，首战就是决战。第一篇就要写成最好的一篇，第二篇开始不断扩大影响（张华华山抢险第一篇报道影响不理想，之后报道重新上马，加强力量，这才有了后来双峰耸峙式典型的重磅推出）。现在的读者耐性不足，开头不吸引人，就会掉头而去。第二，首战用我，用我必胜。这是借用部队激励战斗意志的口号，意思是记者要敢于担当，一旦发现好的人物选题，就要敢于主动出击，把人物写好，使他人难以超越。漏过重要人物线索，则是失职。第三，集中优势兵力打歼灭战。不惜用最好的记者，用最好的材料，用最好的版面，推出最好的报道。按照这样的思路，2012年后的几年中，《光明日报》典型人物迭出，影响很大。

《只为一个永远的约定》获得成功后，《光明日报》开始掀起一个人物报道的高潮。2012年4月9日一版头条以上辟栏的宏大版面隆重推出海南记者魏月蘅、王晓樱的《选择一种有远见的生活方式——27名大学生重建海南鹦歌岭自然保护区工作站纪实》，这一报道把《光明日报》的人物报道推向了一个新的高峰。

"选择一种有远见的生活方式"一语是何东平评论时任湖南记者站站长唐湘岳笔下典型刘真茂时说的，时任《光明日报》记者部副主任袁祥在编辑鹦哥岭一稿时信手拈来，作为鹦哥岭人物典型首篇的标题。此语从此在青年中，尤其是网络上广为流传。报道见报后，反响很大，此时距离团中央五四表彰大会已经很近了，获奖的全国五四奖章得主名单已定。这篇人物报道一刊出，马上引起团中央的高度重视，随即把鹦哥岭大学生群体列入受表彰名单。

4月18日，《光明日报》又在一版头条推出海南记者站魏月蘅、王晓樱的人物报道《泥腿子院长王庆煌》，稿子推出后再度引起强烈反响，全国人大常委会一位副委员长致信《光明日报》，表示感谢；当时的一位中央政治局常委和一位中央政治局委员做了批示。

4月19日，《光明日报》又在报纸一版头条推出河南记者刘先琴等的长篇人物通讯《生活，就是一种精神气——范显良21年英雄路和他的精神世界》。

4月29日，一版头条推出《人民医学家吴孟超》……

从此，《光明日报》的人物报道以相当密集的频度连续不断地推出，形成了《光明日报》报业史上人物报道的第二个高峰。

在这一阶段，《光明日报》地方记者中涌现了一批善于写人物的记者，譬如耿建扩、魏月蘅、杜弋鹏、刘昆、刘先琴、王瑟、郑晋鸣、严红枫、夏静、毕玉才、杨荣、庄电一等，而湖南记者唐湘岳则是写人物最多的记者。

唐湘岳是《光明日报》人物报道中衔接20世纪80年代第一个高峰和21世纪第二个高峰的记者。在20世纪90年代，他写出了引起巨大反响的"举报人命运""解救小人质"、殴打教师事件等报道。在21世纪，特别是第二个辉煌期，唐湘岳是《光明日报》记者中人物报道最多的记者。他独家推出的典型人物有活雷锋刘真茂、教育局长胡昭程、人民艺术家夏雨田、为民医生胡卫民、优秀乡村校长李黎明、最美护士何遥、中国梦典型沈克泉沈昌健父子、信奉"老百姓是天"的退休老干部袁贤光等，先后推出的典型人物有近百名之多。他有70多篇报道获得省部级以上奖励，7次获得中国新闻奖，继1994年获得第二届中国范长江新闻奖提名后，2016年终于获得中国新闻奖最高奖——范长江新闻奖。

据统计，2011年以来，《光明日报》每年以40~50个的频度推出重大典型人物，这些人物许多由《光明日报》首发而被列入中宣部向全国推荐的典型人物名单，其中影响较大的有26年往返库区用小船运送学生上下学的广西小学教师石兰松、扎根海岛39年的医生吴棣梅、"好医生"余文丽、"最美护士"何遥、"传奇老干部"田守诚、"守岛英雄"刘清伟、"裸捐医生"徐立、

"70后"教授王强、"党的好干部"兰辉、"民间外交大使"吴永恒、"马工程"专家陶德麟、"新疆雷锋"阿不力孜、"支教队长"朱启平、孤独守岛28年的王继才王仕花夫妇、"群众把他举得很高很高"的宣传部长毕世祥、扎根基层的"洋博士县长"柴生芳、优秀基层法院院长钟江武、"农业科学家"赵亚夫、"焦裕禄式的好校长"张伟、自愿举家扎根边疆的杭州援疆医生欧阳栋、自学成才从乡镇卫生院登上国际医学舞台的医生叶丽萍、扎根边疆结出累累育人硕果的保定学院支教群体、坚守山坳十多年的浙江"麻风村"年轻医疗群体、创造中国水稻育种史奇迹的浙江嘉兴农科院南繁育种团队……

《光明日报》是中共中央主管主办的全国性党报,是党联系知识分子的桥梁与纽带,是广大知识分子的精神家园。在这个知识分子的精神家园中,知识分子群像耸立,精英迭现,一个个中华民族的骄子光彩照人,他们忠诚于祖国,忠诚于党,忠诚于人民。处逆境饱受磨难时,他们对祖国对党对人民的忠诚永远不变;身处改革潮头,他们豪情满怀,激情澎湃,将自己的智慧贡献给党和人民。《光明日报》的人物报道就是以这些优秀的中华儿女为对象,这些人物报道始终给人启迪,给人深思,给人向上的力量。人是需要榜样的。透过这一个个人物,一篇篇人物报道,中国知识分子在中华民族的伟大时代留下光辉灿烂的群像,而媒体的职责过去是、现在是,并且将永远是:记录历史,影响社会,推动时代的进步。

跋

"城里走，乡里走，山里走；握茧手，握纤手，握棉手；风也受，雨也受，气也受；人还道，名也有，利也有，官也有；伐恶效狮吼，逢善魂相就，道一个天地无垢心无垢！"

中国青年报原副总编辑张飙的这首《塞鸿秋》，激励着笔者走进了改革开放后风流激荡的燃情岁月，走进了《光明日报》20世纪80年代波澜壮阔的历史中，并伴随着笔者，走完自己的职业生涯。

退休后，不再走了，转而抽身回眸走过的岁月。作为20世纪80年代《光明日报》报道的见证者和参与者，在《光明日报》半个多世纪的办报历程中，特意选择了人物报道这一新闻类型进行回眸，除了因为20世纪80年代的人物报道的独特魅力和显著特色，笔者本人对人物报道的偏爱也是原因之一。

《见证辉煌——〈光明日报〉20世纪80年代人物报道回眸》是笔者按照中宣部关于"四个一批"人才自主选题项目所承担的课题。本课题从2014年年底立项，2015年开题，经过两年多断断续续的查阅资料，分析研究，梳理追踪，对1978—1988年这11年中的人物报道进行检索、搜集和汇总，目的无非是给后来者提供研究和参考的资料。

本课题得到了《光明日报》老领导、现任编委会领导、各部门领导及诸多同事、朋友和媒体同行的支持和帮助，他们是：杜导正、何东平、汪远平、李春林、沈卫星、张碧涌、殷毅、阎百琨、张天来、邓加荣、宋言荣、周立文、陈焕敏、傅冬、邓凯、马兴宇、周力、白英、柴如瑾以及记者站严红枫、陆健等（恕我不能一一指名道谢），特别要感谢何东平不辞劳苦，为此书做了修改订正；感谢樊云芳、丁炳昌从审核提纲、接受采访、审核书稿所付出的劳动；感谢苗家生为书稿提出宝贵意见；此外，记者部的俞海萍、原光明日报浙江站实习生朱海洋为笔者查阅资料，统计数据，校订文稿，解决电脑技术问题等提供了诸多帮助，在此一并表示感谢。

叶辉
2017 年 10 月

主要参考文献

《光明日报四十年》编辑小组. 光明日报四十年［M］. 北京：光明日报出版社，1989.

马馨麟，马宝珠. 光明日报50年历程［M］. 北京：光明日报出版社，2000.

梁刚建，喻国英. 光明日报新闻内情［M］. 北京：光明日报出版社，2000.

张义德，彭程. 名人与光明日报［M］. 北京：光明日报出版社，1999.

李春林. 光明日报历任总编辑文选［M］. 光明日报出版社，1999.

光明日报记者部. 岁月［M］. 北京：光明日报出版社，2008.

单三娅，刘志达，宫苏艺，马宝珠. 我们的光明之路［M］. 北京：光明日报出版社，2015.

李向军. 思想的历程［M］. 北京：光明日报出版社，2014.

彭程. 记忆中的星光［M］. 北京：光明日报出版社，2014.

邓加荣. 杨西光传［M］. 北京：光明日报出版社，2011.

七集电视文献纪录片《光明之路》，光明日报社，哈尔滨电视台联合摄制，2014.

中宣部编写小组. 实践中的马克思主义新闻观［M］. 北京：高等教育出版社，2014.

侯增文. 榜样的力量［M］. 北京：中华书局，2013.

罗平汉. 春天——1978年的中国知识界［M］. 北京：人民出版社，2008.

戴煌. 胡耀邦与平反冤假错案［M］. 北京：中国文联出版社，1998.

张黎群,等.胡耀邦传,第一卷[M].北京:人民出版社,中央党校出版社,2005.

满妹.思念依然无尽——回忆父亲胡耀邦[M].北京:北京出版社,2011.

苏双碧.走过的路[M].北京:东方出版社,2016.

樊云芳.记者梦[M].北京:华夏出版社,1989.

樊云芳.我就是我[M].武汉:长江文艺出版社,1987.

樊云芳.新闻文体大趋势[M].北京:华夏出版社,1989.

彭菊华.新闻发现学引论[M].北京:人民出版社,2002.

聂茂,张静.典型人物报道论[M].长沙:湖南人民出版社,2007.

章玉兴.人物新闻采访与写作[M].北京:人民日报出版社,2014.

范敬宜.总编辑手记[M].北京:人民日报出版社,1998.

梁衡.没有新闻的角落[M].北京:人民出版社,1997.

梁衡.新闻绿叶的脉络[M].北京:人民出版社,1997.

梁衡.新闻原理的思考[M].北京:人民出版社,1997.

马雨农.知音曲[M].杭州:浙江教育出版社,1999.

穆青.新闻散论[M].北京:新华出版社,1996.

穆欣.办《光明日报》十年自述[M].北京:中共党史出版社,1994.

徐光春.新闻纵横谈[M].杭州:浙江教育出版社,2000.

傅高义(美).邓小平时代[M].北京:生活读书新知三联书店,2013.

高叙法,陆方遒.韩琨事件揭秘[M].上海:上海人民出版社,2008.

甘惜分.甘惜分文集,1-3卷[M].北京:人民日报出版社,2012.

比尔.科瓦齐,汤姆.罗森斯蒂尔(美).新闻的十大基本原则[M].北京:北京大学出版社,2014.

马国川.我与八十年代[M].北京:三联书店,2011.

《新周刊》主编.我的故乡在八十年代[M].北京:中信出版社,2014.

马原,等.重返黄金时代[M].长春:吉林出版集团,2016.

吴思.亲历记[M].太原:山西人民出版社,2010.

光明日报通讯.光明日报社,1980-1989.

新闻采写经验谈[M].北京:新华出版社,1983.